Online-Marketing-Konzeption

Online-Marketing-Konzeption

Auflage 2020

Der Weg zum optimalen Online-Marketing-Konzept mit den Bausteinen: Affiliate-Marketing, Amazon-Marketing, Content-Marketing, E-Mail-Marketing, SEA, SEO, Influencer-Marketing, Messenger-Marketing, Social-Media-Marketing, Online-PR, Podcast-Marketing, Online-Werbung, Video-Marketing und Voice-Marketing.

Erwin Lammenett

Bibliografische Information der Deutschen Bibliothek
Die Deutsche Bibliothek verzeichnet diese Publikation in der Deutschen Nationalbibliografie; detaillierte bibliografische Daten sind im Internet über http://dnb.ddb.de abrufbar.

Erwin Lammenett
Online-Marketing-Konzeption 2020

ISBN: 9781671444270
Imprint: **Independently published**

Korrektorat: Dr. Carolin Cremer-Kruff

Coverdesign: D V Suresh

Coverfoto: istockphoto.com

Satz & Layout: Johann-Christian Hanke, Erwin Lammenett

URL: www.lammenett.de

Feedback: Ich freue mich über Fragen und Anmerkungen jeglicher Art. Bitte senden Sie diese gerne an: lammenett@lammenett.de. Bitte Anfragen zu kostenfreien Vorlesungsfolien nur von akkreditierten Dozenten.

Newsletter: Etwa einmal im Monat versende ich einen Newsletter mit Online-Marketing Tipps, aktuelle Hinweise auf spannende Veröffentlichungen oder Marketing-Software Reviews. Ich freue mich, wenn Sie dabei sind: https://www.lammenett.de/danke-dass-du-dich-fuer-meinen-newsletter-interessierst

YouTube: Lust auf Online-Marketing im Klartext? Abonnieren Sie meinen YouTube Kanal: https://www.youtube.com/c/LammenettKlartext

5. Aufl. 2020, V1.0, Roetgen

Inhaltsverzeichnis

Vorwort zur 5. Auflage

Online-Marketing ist extrem schnelllebig. Jedes Jahr gibt es Neuerungen, die mehr oder minder starken Einfluss auf die »optimale« Online-Marketing-Konzeption haben. Themen wie Podcasts, Influencer, Messanger, KI oder die Digitalisierung im klassischen TV waren vor wenigen Jahren noch Randthemen oder Zukunftsvisionen. Aktuell sind sie, neben anderen Themen, ein Hype und beeinflussen natürlich das digitale Marketing und damit die Marketing-Konzeption. Zielführendes Online-Marketing wird immer granularer. Tendenziell wird daher eine durchdachte und planvolle Online-Marketing-Konzeption auch immer wichtiger, denn ohne diese ist der suboptimale Einsatz von Marketingbudget geradezu vorprogrammiert. Wer also aus seinem Online-Marketing-Budget wirklich etwas herausholen will, der muss sich zwangsläufig mit dem Thema »Online-Marketing-Konzeption« beschäftigen.

In der fünften Auflage gibt es wieder zahlreiche Ergänzungen. Das Kapitel 5.2 wurde ergänzt und beschreibt Entwicklungen, die in jüngerer Zeit Fahrt aufgenommen haben und die sicherlich im Rahmen einer ganzheitlichen Konzeption zumindest im Bewusstsein der Planer sein sollten. Ob sie dann in einer jeweils individuellen Konzeption tatsächlich eine Rolle spielen, steht auf einem anderen Blatt.

Neu sind ebenfalls die Vorlesungsfolien zum Buch. Aufgrund des Erfolges und etlicher Anfragen habe ich ab der fünften Auflage **Vorlesungsfolien** zum Buch entwickelt, die kostenfrei an akkreditierte Dozenten abgegeben werden. Auch im eigentlichen Konzeptteil »Ansätze für die Online-Marketing-Konzepterstellung« habe ich Aktualisierungen und Ergänzungen vorgenommen. Es findet sich dort nun ein weiterer Konzeptansatz, den ich in jüngerer Zeit häufiger sehr erfolgreich bei KMUs durchgeführt habe.

In diesem Buch geht es primär um Methoden und Wege zur Ermittlung einer zielführenden und wirtschaftlich funktionierenden Online-Marketing-Konzeption. Es geht nicht darum, das Thema Online-Marketing in Gänze zu erläutern oder gar für Einzeldisziplinen erschöpfendes Wissen bereitzustellen. Wer das erwartet, greift besser zu einem bzw. mehreren anderen Werken. Es ist nicht das Ziel dieses Buches, mit den zahlreichen Werken zu einzelnen Disziplinen des Online-Marketings in Konkurrenz zu treten. Ich möchte mich auf das Thema der Konzeption und Methoden einer zielführenden Konzeption konzentrieren. Details zu Einzeldisziplinen sind in diesem Buch daher nur angerissen und mit weiterführender Literatur oder Links belegt. Außerdem ist es nach wie vor mein Ziel, die Anzahl der gedruckten Seiten dieses Buches in Grenzen zu halten. Daher arbeite ich gerne mit Zusatzinhalten, die über Servicelinks erreichbar sind. Aufgrund von Leserhinweisen habe ich ab der vierten Auflage QR-

Codes für die Servicelinks integriert. Die Servicelinks können jetzt auch bequem auf dem Sofa mit dem Handy oder dem Tablet genutzt werden. Nur so kann ich den Aktualitätsgrad verbessern und gleichzeitig die Druckkosten und damit den Buchpreis stabil halten.

An dieser Stelle möchte ich den Lesern meines Buches danken für die vielen positiven Rückmeldungen, Ihre konstruktive Kritik und die Verbesserungsvorschläge.

Viel Spaß beim Lesen.

Aachen, Februar 2020 Dr. Erwin Lammenett

Vorwort zur 1. Auflage

Vor elf Jahren habe ich mein erstes Buch über Online-Marketing geschrieben. Es erschien im Gabler Verlag und wurde ein Bestseller. Heute heißt der Verlag Springer Gabler, mein Buch hat sich zum Standardwerk für Online-Marketing entwickelt und erscheint in Kürze in der 6. Auflage. Weshalb also ein zweites Buch zum Thema Online-Marketing im Selbstverlag? Im Kern gibt es dafür vier Gründe: Geschwindigkeit, Multimedialität, Experimentierfreudigkeit und der Konzeptgedanke.

Konzeptgedanke: Im Gegensatz zu meinem Buch »Praxiswissen Online-Marketing« steht im vorliegenden Werk der Konzeptgedanke im Vordergrund, also die Frage nach dem »richtigen« Online-Marketing-Mix. In diesem Werk möchte ich systematisch Antworten geben auf Fragen wie: Wie viel von jeder Teildisziplin des Online-Marketings ist im optimalen Online-Marketing-Mix einer Organisation oder eines Unternehmens enthalten? Welche Instrumente stützen welche Ziele? Was tun, wenn Budgetrestriktionen eine Konzepterstellung stark beeinflussen? Welche Methoden des Online-Marketings sind unter welchen Umständen oder Rahmenbedingungen Erfolg versprechend?

Geschwindigkeit: Im konventionellen Verlagsgeschäft werden Bücher in einer festgelegten Auflage gedruckt. Je höher die Auflage, desto niedriger die Druckkosten je Stück. Eine Neuauflage erscheint im Normalfall erst dann, wenn der Buchbestand weitestgehend verkauft ist. In der Regel ist das frühestens nach zwei Jahren der Fall. Online-Marketing ist jedoch sehr schnelllebig und unterliegt vielen Veränderungen. Durch Print-on-Demand ist es mir nun möglich, in wesentlich kürzeren Zyklen mein Buch zu veröffentlichen und so einen höheren Aktualitätsgrad zu erreichen.

Multimedialität: Ohne Zweifel kann bei der Wissensvermittlung durch die gleichzeitige Ansprache mehrerer Sinnesorgane ein positiver Effekt erreicht werden. Mittlerweile gibt es technische Möglichkeiten, auch Ton und Bewegtbild in ein Buch zu integrieren. In einem eBook können Links verankert werden, die zu Bildern, externen Artikeln oder Videos führen. In ein iBook können sogar Videos und Bildergalerien mit Zoom-Funktion fest integriert werden. Diese Vorgehensweise spart auch Papier und ist damit umweltfreundlich. Dieses Buch hätte weit über 400 Seiten, würde man die Inhalte der Screencasts im geschriebenen Wort umsetzen.

Experimentierfreudigkeit: Mir erschien es ironisch, dass ich mich im Auftrag vieler Kunden mit dem Thema digitale Transformation auseinandersetze, aber selbst meine Bücher bisher in konventioneller Weise veröffentlicht habe. Ich wollte mit neueren Methoden wie Print-on-Demand und multimedialen Möglichkeiten digitaler Bücher experimentieren. Das vorliegende Buch erscheint daher auch als eBook und soll recht bald zudem als iBook erscheinen. Im Grunde ist das Werk nicht nur ein Buch. Zum Buch gehören dedizierte Screencasts, die einige Sachverhalte sehr anschaulich erläutern. Anschaulicher als dies das geschriebene Wort je könnte.

Mein Buch vermittelt aktuelles Praxiswissen zur Online-Marketing-Konzeption in kompakter und moderner Form. Es richtet sich an Marketing-Verantwortliche, die ihr Unternehmensmarketing planvoller in Richtung Onlinemedien entwickeln möchten oder neue Impulse für ihr Online-Marketing suchen. Ferner an Personen, die ihr Marketing in die eigenen Hände nehmen möchten wie etwa Freiberufler oder Inhaber kleiner bzw. mittelständischer Unternehmen. Das Buch eignet sich ebenfalls für Führungskräfte und Studierende, die sich für eine strukturierte Herangehensweise an das Thema Online-Marketing interessieren. Nebenbei wird ein Überblick über die vielfältigen Möglichkeiten des Online-Marketings vermittelt.

Die Frage nach der Online-Marketing-Konzeption wird nicht vor dem wissenschaftlichen Hintergrund beleuchtet, sondern praxisnah. Es werden auch strategische Aspekte des Online-Marketings betrachtet, beispielsweise welche Entwicklungen heute im Auge behalten werden müssen, um nicht morgen das Nachsehen zu haben.

Es geht mir nicht um eine erschöpfende Detailtiefe in Bezug auf die Einzeldisziplinen. Allerdings werden je Einzeldisziplin Hinweise auf weiterführende Quellen mit entsprechender Detailtiefe gegeben. Insofern ist dieses Buch ein idealer Startpunkt für alle, die in das Thema Online-Marketing-Konzeption einsteigen oder ihr Wissen aktualisieren möchten. Online-Marketing ist sehr schnelllebig und unterliegt vielen Veränderungen. Eine regelmäßige Aktualisierung des Know-hows ist daher bei ernsthafter Nutzung von Online-Marketing im Marketing-Mix ein großer Vorteil. Dieses Buch kann ein wertvolles Werkzeug für eine

Permanentaktualisierung Ihres Know-hows sein. Die Weblinks im Buch werden laufend aktualisiert und das Buch selbst wird dank Print-on-Demand jährlich neu aufgelegt.

Aachen, Mai 2016 Dr. Erwin Lammenett

1 Einführung

Unter allen Herausforderungen, denen Unternehmen aller Art derzeit gegenüberstehen, stellt der Megatrend »digitale Transformation« zweifellos die größte dar. Kein Unternehmen kann sich dem auf Dauer entziehen. Die Fülle digitaler Anforderungen, mit denen sich Unternehmen heute konfrontiert sehen, ist immens. Die digitale Welt entwickelt sich in einem rasenden Tempo. Unternehmen müssen daher neue Fähigkeiten aufbauen. Vielfach muss die Unternehmensorganisation an das veränderte Kundenverhalten und die neuen Erwartungen der Kunden angepasst werden. Es müssen neue Strategien entworfen und Markenbudgets umverteilt werden. Und das alles in einer rasenden Geschwindigkeit. Viele Unternehmen haben Schwierigkeiten, diesem Tempo zu folgen.

Online-Marketing ist ein Kernbaustein der »digitalen Transformation«. Die Mehrheit der deutschen Unternehmen betreibt heute bereits Online-Marketing. Es ist ein fester Baustein in ihrem Marketing-Konzept. In der Praxis agieren viele Unternehmen jedoch ohne durchdachten Fahrplan, was ein Konzept ja schlussendlich ist. Mir sind sogar Unternehmen bekannt, die nennenswerte sechsstellige Summen pro Jahr ausgeben, ohne jemals hinterfragt zu haben, welchen Effekt diese Investition hat und wie der Effekt messbar gemacht werden kann. Oder aber sie beurteilen den Effekt falsch, weil sie kaum relevante Kennzahlen zur Beurteilung heranziehen. In der Praxis kommt es daher häufig zu einem suboptimalen Einsatz von Marketingbudgets.

> Ein Online-Marketing-Konzept ist ein durchdachter Fahrplan. Dieser Fahrplan ermöglicht den optimalen Einsatz von Marketingbudgets vor dem Hintergrund zuvor definierter Ziele. Der Prozess der Online-Marketing-Konzeption beschreibt den Weg zum Konzept.

Eine durchdachte Online-Marketing-Konzeption folgt dabei dem bekannten Pfad: Ziele → Strategien → Mix.

- Die erste Phase der Online-Marketing-Konzeption beschäftigt sich mit den Zielen des Online-Marketings. Diese sind i. d. R. nicht isoliert zu betrachten, sondern im Kontext der gesamten Marketing-Konzeption.
- Die zweite Phase beschäftigt sich mit der Strategie, also der Beantwortung der Frage: Wo entlang führt der Weg zur Zielerreichung?
- Die finalen Fragen im Rahmen der Online-Marketing-Konzeption lauten: Was muss konkret eingesetzt werden? Wie sieht der Mix aus? Wie viel von welcher Teildisziplin ist im Mix enthalten?

Dieser Pfad ist identisch mit den Konzeptschritten aus dem klassischen Marketing. Warum sollte es im Online-Marketing anders sein? Unterschiede ergeben sich auf der Detailebene. Im Online-Marketing kann Erfolg viel kurzfristiger gemessen werden. Die Arbeit mit Kennzahlen funktioniert anders. Eine Aussteuerung und Feinjustierung von Bausteinen im laufenden Prozess ist möglich; was beim klassischen Marketing nicht der Fall ist. Ferner sieht die zweite Zielebene beim Online-Marketing anders aus als im klassischen Marketing.

Wert- und nachhaltige Online-Marketing-Konzepte orientieren sich daher viel früher an relevanten Kennzahlen. Online-Marketing ist ein Stück weit mathematischer als das Marketing in der Offlinewelt. Die Determinierung der »richtigen« Kennzahlen beginnt im Grunde schon bei der Zieldefinition.

Online-Marketing ist sehr vielschichtig und komplex. Es lauern daher viele Risiken und Fallstricke. Einige Teildisziplinen sind noch sehr jung und kaum entdeckt. Beispielsweise gaben deutsche Unternehmen 2016 weniger als zwei Prozent ihres Werbebudgets für Mobile-Marketing aus, was geradezu paradox ist, denn der Durchschnittsdeutsche schaute auch 2016 schon rund 80 Mal pro Tag auf sein Smartphone. Andererseits ist in etablierten Teildisziplinen der Wettbewerbsdruck in den letzten Jahren deutlich gestiegen. Ein Beispiel dafür ist das Keyword-Advertising. Im Laufe der Jahre haben immer mehr Unternehmen das Keyword-Advertising für sich entdeckt. Daraufhin sind die Klickpreise explodiert. Das hat dazu geführt, dass Keyword-Advertising heute nicht mehr in jedem Online-Marketing-Mix eine »sichere Bank« ist.

Es gibt daher viele gute Gründe, Online-Marketing in strukturierter, zielorientierter und konzeptionell sauber ausgearbeiteter Form zu betreiben. Alles andere wäre heute mit unnötigen Risiken behaftet.

2 Lese- und Arbeitsanleitung

Die möglichen Konstellationen im Rahmen einer Online-Marketing-Konzeption sind sehr vielfältig. Ein Industrieunternehmen wird einen anderen Online-Marketing-Mix benötigen, als der Betreiber eines Onlineshops. Ein Unternehmen, welches über starke Marken verfügt, muss anders agieren und konzipieren als ein Unternehmen, welches mit neuen Produkten in einen weitestgehend verteilten Markt eindringen möchte. Zur Erstellung eines passenden Online-Marketing-Konzeptes ist es daher sinnvoll, alle Teildisziplinen des Online-Marketings zu betrachten und auf Relevanz zu überprüfen. Daher ist ein Grundwissen über die Mechanismen und Funktionsweisen der Teildisziplinen unerlässlich.

Um meinen Ausführungen im Kapitel 8 »Der eigentliche Prozess der Konzepterstellung« folgen zu können, sollte dieses Grundwissen vorhanden sein. Natürlich kann ich nicht von jedem Leser erwarten, in allen Teildisziplinen des Online-Marketings firm zu sein. Deshalb habe ich die wesentlichen Mechanismen, Funktionsweisen und Gesetzmäßigkeiten je Einzeldisziplin im Kapitel 7 »Die Inhalte für den Mix« beschrieben. Frei nach dem Motto »ein Bild sagt mehr als 1000 Worte« habe ich in einigen Kapiteln auch Screencasts hinterlegt, in denen ich die wesentlichen Sachverhalte zu den einzelnen Disziplinen erläutere. Durch einen Screencast können die Sachverhalte anschaulicher vermittelt werden als durch das geschriebene Wort. Sollten Sie mit den Details zu den jeweiligen Online-Marketing-Disziplinen vertraut sein, so können Sie die Kapitel überschlagen. Falls nicht, empfehle ich die sequenzielle Abarbeitung der einzelnen Kapitel inklusive der Screencasts.

Screencasts und weiterführende Links sind als Servicelink integriert. Beispiel: Damit Sie den Link http://tv.adobe.com/watch/learn-adobe-digital-marketing/digital-marketing-suite-overview/ (Aufruf 08.01.2019) nicht umständlich abtippen müssen, habe ich diesen Servicelink für Sie erstellt:

www.lammenett.de/583

Sie müssen sich also lediglich die Nummer 583 merken und hinter www.lammenett.de eintippen. Sie werden dann auf den langen Link umgeleitet. Quellenangaben sind allerdings nicht mit einem Servicelink versehen. Damit Sie die Servicelinks auch bequem mit dem Handy oder Tablet nutzen können, habe ich ab der vierten Auflage auch QR-Codes integriert. Ferner habe ich Zusatzinhalte in meinen Blog ausgelagert. Dies geschah im Kern, um die Seitenzahl des Printwerkes - und damit auch den Preis - stabil zu halten. Außerdem ist dieses Vorgehensweise umweltfreundlich, da Papier eingespart wird. Dieses Buch hätte weit über 500 Seiten, würde man die Inhalte der Screencasts und Servicelinks im geschriebenen Wort umsetzen.

Auch Zusatzinhalte erreichen Sie über einen Servicelink oder einen QR-Code. Beispielsweise erreichen Sie die Zusatzinhalte zum Thema »Marketing-Automation« über die lange URL https://www.lammenett.de/onlinemarketing/marketing-automation-teil-1.html oder eben den kurzen Servicelink:

www.lammenett.de/581

In diesem Werk geht es um die Erstellung eines zielführenden Online-Marketing-Konzeptes unter verschiedenen Konstellationen und nicht um eine erschöpfende Detailtiefe in Bezug auf die Einzeldisziplinen des Online-Marketings. Um ein Online-Marketing-Konzept zu erstellen, ist es nicht zwingend erforderlich, jedes Detail aus den Einzeldisziplinen zu kennen. Die Kenntnis der Mechanismen, Funktionsweisen und Vergütungsmodelle sollte jedoch vorhanden sein. In der Praxis werden für die Details ohnehin Experten engagiert. Zu den Teildisziplinen werden jedoch Weblinks (als Servicelinks) und Literaturhinweise angeboten.

Exklusiv für Leser meines Buches habe ich die Excel-Tabelle mit allen Beispielen zum Thema »Das Controlling-Konzept als Bestandteil der Online-Marketing-Konzeption« zum kostenlosen Download bereitgestellt. Die Tabelle richtet sich an Marketingverantwortliche bzw. Executives, deren Aufgabe es sein sollte, für einen permanenten Verbesserungsprozess im Online-Marketing zu sorgen.

www.lammenett.de/tabelle/
Der Download ist passwortgeschützt. Bitte geben Sie als Passwort das siebte Wort im letzten Absatz auf Seite 157 ein. Bitte achten Sie auf GROß- und Kleinschreibung.

Die Tabelle selbst ist nicht geschützt und es existieren keine verborgenen Zellen oder Ähnliches. D. h. Sie können auch alle dort verwendeten Formeln einsehen (F2-Taste). Das letzte Tabellenblatt ist ein Beispiel für ein zusammenfassendes Executive-Reporting, welches sich aus den Inhalten einiger vorgelagerter Tabellenblätter speist. Sicherlich kann die Tabelle in einigen Fällen als Vorlage für die Erstellung eines individuellen Executive-Reportings dienen. Aber Vorsicht: Am Ende des Tages ist jeder Business-Case anders gelagert. Im Normalfall wird daher auch jedes Executive-Reporting sehr individuell sein. In den meisten Fällen kann die Tabelle aber als Anregung und Grundgerüst für Ihr individuelles Executive-Reporting dienen.

3 Damit wir vom Gleichen reden

Damit wir vom Gleichen reden, halte ich es für wichtig, die elementaren Begriffe des Online-Marketings kurz zu erläutern. Klare Begriffsabgrenzungen gibt es nämlich leider nach 20 Jahren immer noch nicht. Begriffe wie »Internet-Marketing«, »Web-Marketing«, »Online-Werbung« und »Online-Marketing« werden von vielen Marktteilnehmern parallel und undifferenziert genutzt. Hinzu kommen weitere Schlagworte und Abkürzungen wie »Performance-Marketing«, »SEM«, »SEO«, »SEA«, »Content-Marketing« und dergleichen mehr. Wenn Sie sich mit Marketing beschäftigen, werden Ihnen diese Begriffe mehr oder minder geläufig sein. In der Praxis kommt es aber immer wieder vor, dass Marktteilnehmer lediglich über ein solides Halbwissen bezüglich der Bedeutung dieser Begriffe verfügen. Auf diese Weise kommt es zu Irrtümern und Missverständnissen. Deshalb möchte ich zu Beginn die im Buch verwendeten Fachbegriffe und Abkürzungen kurz definieren.

Online-Marketing

Der Begriff »Online-Marketing« wird von verschiedenen Marktteilnehmern immer noch sehr unterschiedlich belegt. Bis 2006 war der Terminus in der deutschsprachigen Literatur weder klar definiert noch klar abgegrenzt zu Begriffen wie »Internet-Marketing«, »Web-Marketing« oder »Online-Werbung«. In der Erstauflage meines Buches »Praxiswissen Online-Marketing«, welches 2006 erschien, wurde der Begriff erstmalig klar abgegrenzt. Dieser Abgrenzung haben sich mittlerweile etliche Autoren angeschlossen. *Online-Marketing umfasst demnach Maßnahmen oder Maßnahmenbündel, die darauf abzielen, Besucher auf die eigene oder eine ganz bestimmte Internetpräsenz zu lenken, von wo aus dann direkt Geschäfte gemacht oder angebahnt werden können*[1]. Die folgende Grafik zeigt den Zusammenhang aus dem Blickwinkel der Online-Marketing-Instrumente.

Ob diese Definition und diese Abgrenzung Bestand haben, wird sich zeigen. Denn die Grenzen zwischen Social, Local, Mobile, SEO, SEA und anderen Teildisziplinen scheinen immer mehr zu verschwimmen. Immer öfter ist von Marketing-Integration und kanalübergreifenden Strategien die Rede. Immer schwieriger wird die Abgrenzung. Eine Anzeige, die innerhalb einer sogenannten App erscheint (In-App-Advertising) und die bei einem Klick den Browser des Smartphones öffnet und so auf eine Webseite leitet, wäre per dieser Definition ja noch leicht dem Online-Marketing zuzuordnen. Viele Marktteilnehmer würden eine derartige Anzeige aber wohl eher dem Mobile-Marketing zuordnen.

---

[1] Lammenett: Praxiswissen Online-Marketing. Gabler, Wiesbaden 2006 (Erstausgabe), Seite 17.

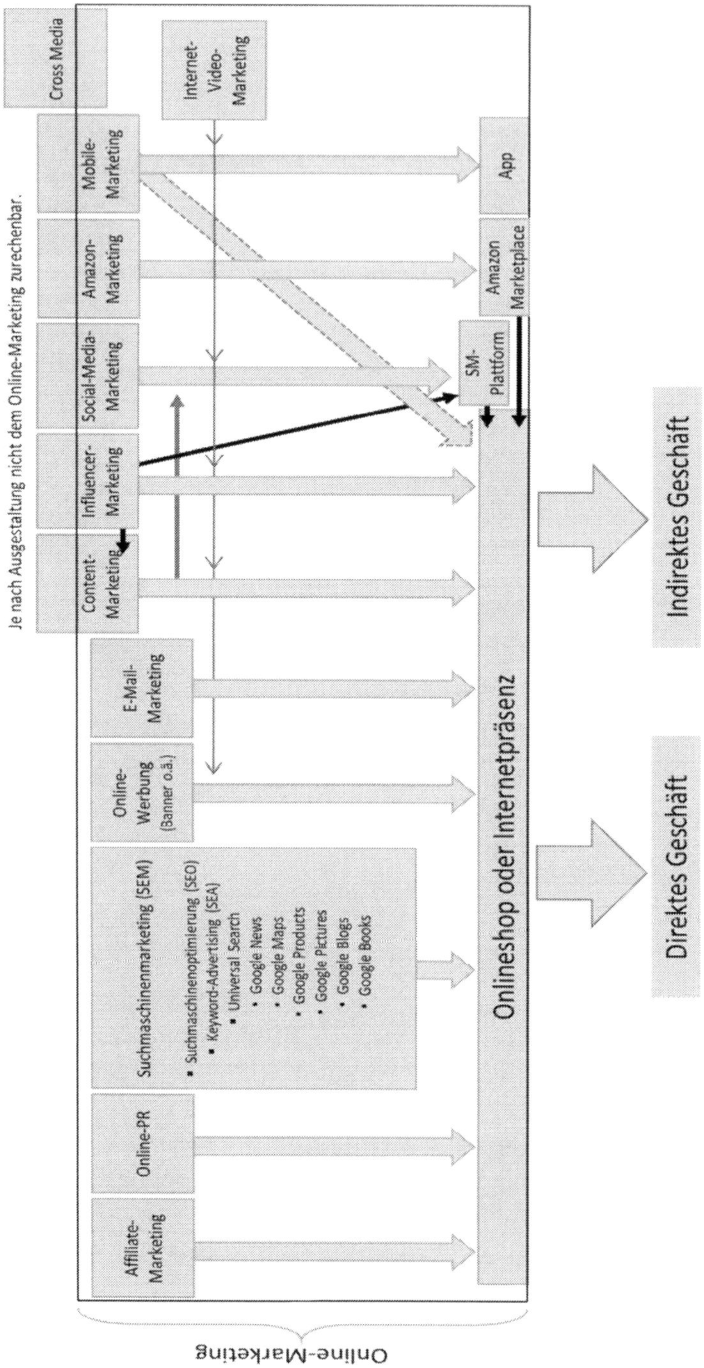

Abbildung 3.1: Online-Marketing-Instrumente

Was aber, wenn der Klick auf die Anzeige zu einer App führt und nicht zu einer Internetpräsenz oder einem Onlineshop? Wie ist eine Anzeige auf dem Amazon-Marketplace einzuordnen, die auf ein Produkt innerhalb des Marketplace führt und nicht auf die Webseite des Werbetreibenden? Wie ist ein Preisalarm einzuordnen, der den Besitzer eines Smartphones darauf hinweist, dass nun der Preis eines von ihm beobachteten Artikels einen Schwellenwert unterschritten hat? Wie ist eine Anzeige zu sehen, die einfach nur ein Video startet, wenn man darauf klickt? Oder eine Anzeige, die auf eine Fanpage bei Facebook führt? Wie ist eine Anzeige zu sehen, die nur eine Telefonnummer zeigt, die der Besitzer des Smartphones durch einen Klick anrufen kann? Was ist mit einer Anzeige, die auf dem Smartphone nur deshalb erscheint, weil man gerade durch die Einkaufsstraße an einem Ladenlokal vorbeigeht, auf dessen Onlineshop man einen Tag zuvor war? Sie merken, messerscharfe Abgrenzungen im Onlinebusiness sind schwierig geworden. Deshalb habe ich ganz bewusst einige Disziplinen nicht vollständig in den Kasten verankert, der die klassischen Teildisziplinen des Online-Marketings beherbergt. Diese können unter bestimmten Bedingungen auch eigenständig stehen. »Internet-Video-Marketing« habe ich ausgeklammert. Genau genommen gibt es keine Online-Marketing-Disziplin »Internet-Video-Marketing«. Vielmehr finden Videos in vielen Teildisziplinen des Online-Marketings Anwendung (vgl. Abschnitt 7.12.1 »Video-Marketing in den Bezug gesetzt« auf Seite 171).

Wichtiger als die genaue Abgrenzung ist aus meiner Sicht das Verständnis für den Gesamtkontext, die Wirkungsweise und die Abhängigkeiten einzelner Teildisziplinen des Online-Marketings.

Internet-Marketing und Web-Marketing

Internet-Marketing bezeichnet die zielgerichtete Nutzung eines Internet-Dienstes oder mehrerer Internet-Dienste (WWW, E-Mail, Usenet, FTP etc.) für das Marketing. Meistens ist die Internetseite eines Unternehmens oder einer Institution der Hauptbestandteil des Internet-Marketing-Mix. Der Internet-Marketing-Mix ist im Idealfall integraler Bestandteil eines Gesamt-Marketing-Mix.

Online-Werbung

Unter Online-Werbung wird im klassischen Sinne die Schaltung von Werbeanzeigen auf dritten Webseiten verstanden. Ursprünglich waren dies primär Banner. Allerdings hat sich die Online-Werbung über die Jahre stark weiterentwickelt. Heute werden nicht mehr nur einfache Banner geschaltet, sondern weit aufwendigere Werbemittel wie Layer-Ads, Interstitials, interaktive Werbemittel oder Video-Anzeigen. Bei Video-Anzeigen ist man auch schnell beim Thema Video-Marketing, welches in den letzten Jahren sehr populär geworden ist. Häufig benutzte Begriffe für Online-Werbung sind auch Display-Werbung oder Display-Advertising.

Influencer-Marketing bzw. Social-Influencer-Marketing

Beim Influencer-Marketing geht es darum, vertrauenswürdige, authentische und glaubwürdige Dritte dazu zu bewegen, öffentlich positive Aussagen über ein Unternehmen oder eine Marke zu tätigen. Zumeist erfolgt dies über Kanäle aus dem Social-Media Umfeld. Im Idealfall passen diese Personen zur jeweiligen Marke, damit dem Aspekt der Glaubwürdigkeit Genüge getan wird. Influencer-Marketing wird immer noch kontrovers diskutiert. Allerdings war die Entwicklung in den letzten Jahren sehr dynamisch.

Performance-Marketing

Performance-Marketing ist ein Oberbegriff und bezeichnet die leistungsbezogene Honorierung bzw. erfolgsbasierte Vergütung von Marketing-Leistungen. Keyword-Advertising und Affiliate-Marketing werden dem Performance-Marketing zugeordnet. Als Leistung wird häufig ein Klick (Vermittlung eines Besuchers), ein Lead (z. B. Vermittlung eines Kunden oder Abonnenten) oder ein Umsatz (Sale) definiert. Die Vergütungsformen werden daher Pay-per-Click, Pay-per-Lead oder Pay-per-Sale genannt.

Suchmaschinen-Marketing (SEM)

Suchmaschinen-Marketing gliedert sich klassisch in die Teildisziplinen Suchmaschinenoptimierung (Search Engine Optimization, SEO) und Keyword-Advertising. Für Keyword-Advertising werden oft auch die Begriffe Paid Listing oder Search Engine Advertising (SEA) benutzt.

Fälschlicherweise wird in Deutschland die Abkürzung SEM oft mit Keyword-Advertising gleichgesetzt.

Da im Wort »Preissuchmaschine« auch das Wort »Suchmaschine« enthalten ist, könnte man darüber diskutieren, ob Preissuchmaschinen-Marketing eine Teildisziplin des Suchmaschinen-Marketings ist. Diese Diskussion möchte ich an dieser Stelle nicht führen. Daher sei lediglich darauf hingewiesen, dass es auch Marketingformen gibt, die sich mit dem gezielten Einsatz von Vergleichsportalen und Preissuchmaschinen beschäftigen.

Search Engine Advertising (SEA)

SEA steht für die Schaltung von Werbeanzeigen auf Basis von Schlüsselwörtern, die zuvor festgelegt wurden. Der Begriff ist mit **Keyword-Advertising** gleichzusetzen. Größter Anbieter in Deutschland ist Google mit seinem Programm Google Ads, ehemals Google AdWords.

Suchmaschinenoptimierung (SEO)

SEO umfasst alle technischen, strukturellen und inhaltlichen Maßnahmen, die zum Ziel haben, die Positionierung einer Webseite auf der Suchergebnisseite einer Suchmaschine zu verbessern oder zu halten. Der Bereich der SEO teilt sich in zwei Schwerpunkte auf, die On-Page- bzw. Onsite- und Offsite-Optimierung. Die Suchergebnisseite wird häufig mit SERP abgekürzt. SERP stammt von dem englischen Begriff **S**earch **E**ngine **R**esult **P**age.

Universal Search

Universal Search (auch Blended Search genannt) bedeutet wörtlich übersetzt »allgemeine Suche«. Gemeint ist die Einblendung von Ergebnissen aus unterschiedlichen Datenbanken auf der SERP. Bei Google sind das beispielsweise Inhalte aus Google News, Google Pictures, Google Shopping u. v. a. m.

Social-Media-Marketing (SMM)

SMM bezeichnet Marketing-Maßnahmen, die unter Einsatz sogenannter Social-Media durchgeführt werden. Social-Media ermöglicht es den Nutzern, sich mithilfe von Social Software untereinander auszutauschen und mediale Inhalte einzeln oder in Gemeinschaft zu erstellen und zu teilen. Typische Anwendungen für Social Software sind Blogs, soziale Netzwerke, Videoportale, Microblogging-Dienste u. v. a. m.

Mobile-Marketing

Mobile-Marketing ist die Umschreibung von Marketing-Maßnahmen unter Verwendung drahtloser Telekommunikation und mobilen Endgeräten, insbesondere dem Smartphone.

Video-Marketing (bzw. Internet-Video-Marketing)

Mit Video-Marketing im Allgemeinen wird versucht, Kommunikations- und Werbeziele mit den Mitteln des Bewegtbildes umzusetzen. Einsatzgebiete des Video-Marketings sind z. B. Video-Werbung, Image- und Produktfilme, virale Videos (Viral-Marketing) oder Video-PR.

Um die Offlinewelt von der Onlinewelt abzugrenzen, findet man bisweilen auch Begriffe wie Web-Video-Marketing oder Online-Video-Marketing. Auch der Begriff Internet-Video-Marketing ist in diesem Kontext nicht falsch. Fälschlicherweise machen viele Marktteilnehmer diese Differenzierung nicht und sprechen von Video-Marketing, meinen dabei aber rein die Onlinefacette.

Inbound-Marketing – Content-Marketing

Inbound-Marketing ist ein relativ neues Buzzword. In manchen Abhandlungen wird das Inbound-Marketing auch dem Content-Marketing gleichgesetzt. In anderen Abhandlungen wird das Content-Marketing eher als zentraler Bestandteil einer ganzheitlichen Inbound-Marketing-Strategie beschrieben. Persönlich habe ich bis heute noch niemanden getroffen, der mir eine messerscharfe Abgrenzung der beiden Begriffe präsentieren konnte. Wer sich für die Entwicklung der beiden Begriffe und einen interessanten Abgrenzungsversuch interessiert, der wird hier fündig: https://www.sem-deutschland.de/inbound-marketing-agentur/online-marketing-glossar/inbound-marketing/ (Abruf 10.01.2020).

Servicelink: www.lammenett.de/31

Content-Marketing wird von unterschiedlichen Marktteilnehmern verschieden definiert. In der Social-Media-Marketing-Szene wird Content-Marketing häufig mit einem Seeding gleichgesetzt. Für Agenturen, die sich mit Suchmaschinen-Marketing beschäftigen, ist Content-Marketing primär ein Mittel der Suchmaschinenoptimierung.

Eine wirklich klare und plausible Definition von Content-Marketing habe ich in einem Blogbeitrag von Dr. Simon Greisler gefunden. Er beschreibt dort Content-Marketing wie folgt:

Content Marketing ist eine Marketingstrategie, die auf 5 Säulen beruht:

1. *Einer datengestützten Analyse, womit sich das Publikum in einem bestimmten Markt beschäftigt, welche Fragen es stellt und welche Probleme es hat. Datenquellen sind v. a. Suchmaschinen (hierzulande v. a. Google) und die Schnittstellen der großen sozialen Netzwerke (Twitter, Facebook etc.) sowie spezielle Analyseinstrumente, die auf diese Schnittstellen zugreifen.*

2. *Spezialisiertem Content, der auf dieser Analyse beruht und entsprechend diese Fragen und Probleme adressiert – und zwar in einer Weise, die hilfreich und unterhaltend ist.*

3. *Einer digitalen Distributionsstrategie für diesen Content, die eine eigene Website als Basis hat, darüber hinaus Social-Media und eCommerce-Kanäle nutzt und den Content kontextuell relevant verfügbar macht – also genau dann und dort, wann und wo er benötigt wird.*

4. *Einer Konversionsstrategie, die auf der Website zum Tragen kommt und dazu dient, Website-Besucher in Newsletter-Abonnenten zu konvertieren und E-Mail-Adressen zu sammeln.*

5. *Einer, die dazu dient, Produkte, auf die der Content kontextuell abgestimmt ist, zu vermarkten, um auf diese Weise den ROI sicherzustellen.*

Ziel des Ganzen ist es, ein klar umrissenes Publikum mittels Content zu erreichen und zu aktivieren, der die Interessen, Fragen und Probleme dieses Publikums adressiert. Gelingt dies, kann sich der Urheber dieses Contents als ernstzunehmender und vertrauenswürdiger Partner dieses Publikums positionieren und dessen Entscheidungen und Gewohnheiten beeinflussen. Aus dieser Position heraus kann er seinem Publikum dann auch die eigenen Produkte anbieten und verkaufen. Content-Marketing ist daher seinem Wesen nach ein strategischer Marketing-Ansatz, weniger eine operative Marketing-Technik mit dem Ziel des direkten Abverkaufs.

KPI

KPI steht für **K**ey **P**erformance **I**ndicator. Damit sind Kennzahlen gemeint, mit deren Hilfe die Leistung von Online-Marketing-Maßnahmen beurteilt und verglichen werden kann. Je nach Zielsetzung des Online-Marketing-Konzeptes werden unterschiedliche KPIs zur Beurteilung herangezogen. Im Abschnitt 8.5 »Das Controlling-Konzept als Bestandteil der Online-Marketing-Konzeption« wird das Thema ausführlicher behandelt.

4 Die Entwicklung des Online-Marketings im Zeitraffer

Im Laufe der letzten 20 Jahre hat sich Online-Marketing immer wieder verändert. In den Anfangstagen war Online-Marketing relativ einfach und von einer Person, nämlich *dem* Online-Marketing-Experten, zu bewerkstelligen. Mit steigender wirtschaftlicher Bedeutung, flächendeckendem Breitbandinternetzugang und technologischem Fortschritt wurde Online-Marketing jedoch vielschichtiger und komplexer. Die Komplexität der Teildisziplinen des Online-Marketings war so hoch geworden, dass sie von einer Person nicht mehr bewerkstelligt werden konnte. Das war die Geburtsstunde der Experten für Teildisziplinen wie SEO, SEA, Affiliate, Online-Werbung etc. In der Folge entwickelten sich Spezialagenturen für die jeweiligen Teildisziplinen.

Ungefähr 2010 setzte ein weiterer Entwicklungsschub ein, der zu einer erneuten Granularisierung des Online-Marketings führte. Das Thema Social-Media-Marketing entwickelte sich stärker und drang in Bereiche ein, die zuvor ausschließlich im klassischen Online-Marketing angesiedelt waren. Das Thema Mobile-Marketing entwickelte sich aufgrund des Siegeszuges der Smartphones immer stärker. Es entstanden Teildisziplinen wie Mobile-Advertising oder In-App-Advertising. Aufgrund der GPS-Fähigkeit von Smartphones und den immer besser werdenden Geotargeting-Möglichkeiten großer Internetplayer wie Google entstand Local-Marketing. In der Folge entwickelten sich Spezialagenturen für Social-Media-Marketing, Local-Marketing oder Mobile-Marketing.

Weitere fünf Jahre später scheinen die Grenzen zwischen Social, Local, Mobile, SEO, SEA und anderen Teildisziplinen immer mehr zu verschwimmen. Immer öfter ist von Marketing-Integration und kanalübergreifenden Strategien die Rede. Im Rahmen der Serie »Zukunftsforschung: Trends und Strategien zum Online-Marketing« hat der HighText Verlag im Onlinemagazin iBusiness eine schöne Info-Grafik veröffentlicht, die diese Entwicklung anschaulich beschreibt. Die Grafik finden Sie auf der übernächsten Seite. Sie beschreibt die Entwicklung des interaktiven Marketings auf der Zeitachse. Mitte der 1990er-Jahre war der Begriff Online-Marketing noch relativ eng gefasst. Er umfasste die drei Unterdisziplinen Online-PR, die Bannerwerbung und E-Mail-Marketing. Doch bald spalteten sich diese Unterdisziplinen des Online-Marketing mehr und mehr auf. Beispielsweise wurde aus der einfachen Bannerwerbung um die Jahrtausendwende die Display-Werbung, die durch Themen wie Targeting, Social-Ads, Rich Media, Video-Ads und dergleichen immer komplexer wurde. Im weiteren Verlauf kamen neue Disziplinen hinzu, andere verschmolzen miteinander. Ferner entstanden neue Disziplinen wie das In-App-Advertising und in bestimmten Märkten verschmolz das Customer-Relationship-Management mit dem Social-Advertising zum Social-CRM.

Tatsächlich spricht einiges dafür, dass Online-Marketing mehr und mehr zu einem Konvergenzmarkt wird. Die Grenzen zwischen den Marketing-Kanälen fallen. Die einzelnen Teildisziplinen verschmelzen zu ganzheitlichen Disziplinen. Indizien dafür sind die Trends, die sich auf großen Online-Marketing-Messen, wie der dmexco, abzeichnen. Bereits 2014 wurde dort anstatt von einer weiteren Granularisierung des Marketings mehr von Crossmedia und Kanalvernetzung gesprochen. Anstelle von neuen Wunderwerkzeugen und Features rückten Themen wie Marketing-Integration und kanalübergreifende Lösungen in den Vordergrund. Dieser Trend setzte sich 2015 und 2016 fort. Das könnte darauf hindeuten, dass die Zukunft im Online-Marketing integrierten Lösungen wie Agenten, Marketing-Suites und kanalübergreifenden Strategien gehört. Wenn es so kommt, wird das unweigerlich zu einer Konsolidierung im Marketing-Sektor führen. Unternehmen benötigen zukünftig dann nicht mehr Dutzende Experten aus unterschiedlichen Teildisziplinen, sondern nur noch einen, der alles kann oder zumindest Werkzeuge beherrscht, die alles können. Damit aber noch nicht genug. Es gibt auch schon Stimmen, die sagen, dass die Kommunikation und das Marketing, also on- und offline, in Zeiten der digitalen Transformation keine singulären Einzeldisziplinen mehr sind. In der Industrie-4.0-Ära steigen die Berührungspunkte und Abhängigkeiten unterschiedlicher Abteilungen eines Unternehmens exponentiell an. Das wird auch die Unternehmenskommunikation im Allgemeinen und natürlich das Marketing, inkl. Online-Marketing, sowie den Vertrieb beeinflussen und verändern.

Was aber bedeutet das für Ihre Online-Marketing-Arbeit heute? Im Grunde lässt sich diese Frage nicht allgemeingültig beantworten. Jedes Unternehmen und jede Institution hat eine andere Ausgangsbasis. Es gibt Unternehmen und Institutionen, die schon lange erfolgreich Online-Marketing betreiben und die demzufolge über die Jahre eine solide Basis für erfolgreiches Online-Marketing geschaffen haben. Es gibt aber auch in Deutschland immer noch viele Unternehmen und Institutionen, die sich bisher wenig mit Online-Marketing beschäftigt haben, sodass entscheidende Grundlagen fehlen. Um ein zielführendes Online-Marketing-Konzept zu erstellen, ist solides Grundlagenwissen und aktuelles Wissen jedoch unerlässlich. Online-Marketing ist sehr schnelllebig, wie das nächste Kapitel zeigen wird. Selbst »alte Hasen« müssen ihr Know-how ständig aktualisieren oder externes Know-how zukaufen.

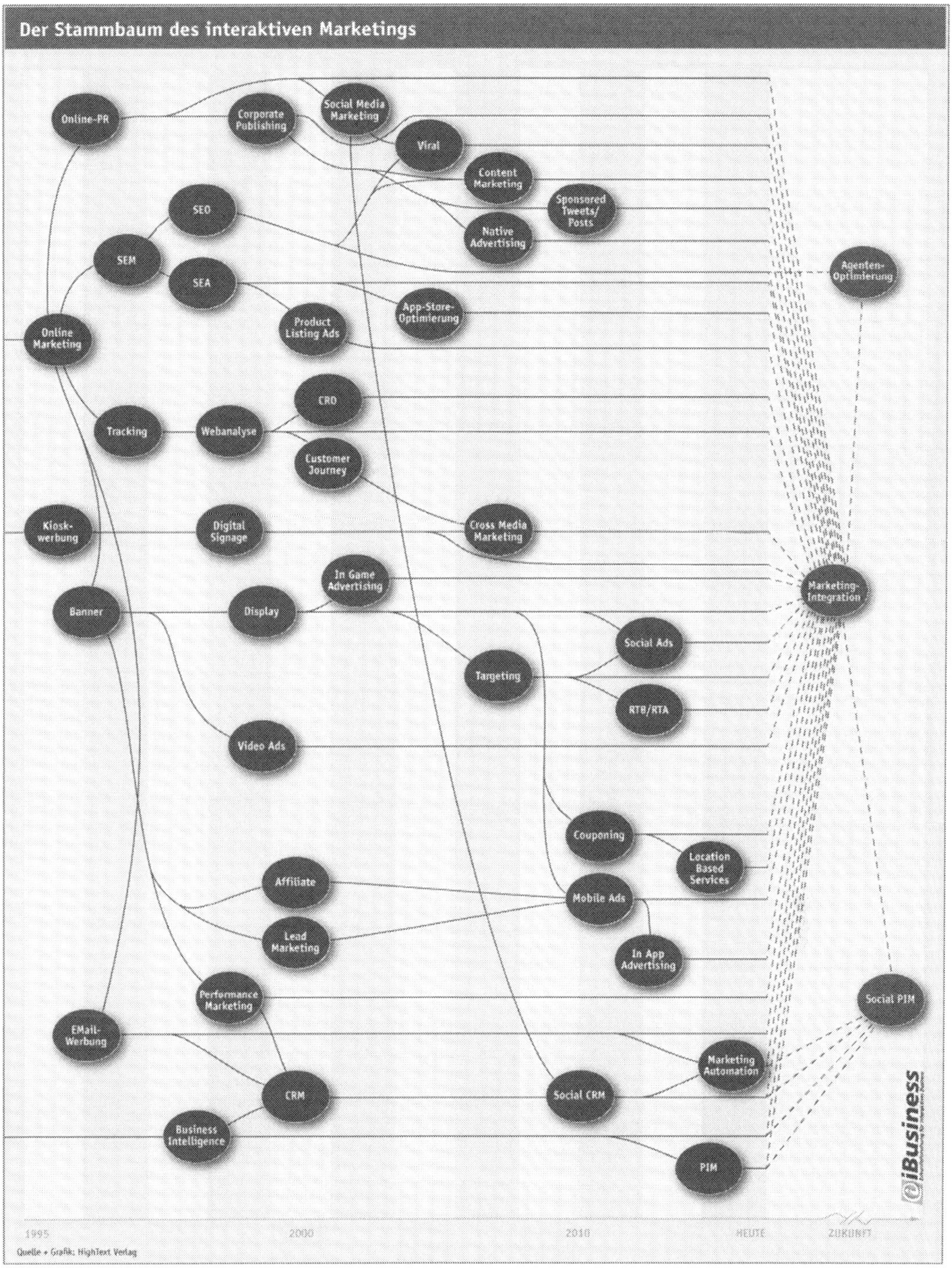

Abbildung 4.1: Der Stammbaum des interaktiven Marketings. Quelle: HighText Verlag Graf und Treplin OHG, URL www.ibusiness.de/charts/ct/44055omni.html

5 Entwicklungen, die Online-Marketing stark verändert haben und/oder es noch weiter tun werden

Das Umfeld, in dem Online-Marketing stattfindet, hat sich in der jüngeren Vergangenheit stark verändert. Als Konsequenz hat sich Online-Marketing ebenfalls verändert und wird es zukünftig noch schneller tun. Allgemeine Trends wie die Platform Economy, das mobile Internet, Social-Media und andere mehr haben zu einem veränderten Medienkonsum und zu einer veränderten Erwartungshaltung der Konsumenten geführt. Online-Marketing muss hierauf reagieren.

Aktuell gibt es viele Aspekte, die darauf hindeuten, dass sich Marketing im Allgemeinen und als allererstes das Online-Marketing in den nächsten Jahren noch stärker verändern wird als dies bisher der Fall war. Seit geraumer Zeit kursieren Buzzwords wie »digitale Transformation«, »das Internet der Dinge« oder »Industrie 4.0« durch die Medien. Das beeinflusst natürlich auch Entscheider in Unternehmen. Der digitale Wandel beschäftigt derzeit die gesamte Wirtschaft. Keine Branche, keine Organisation oder Institution kann sich davor verschließen.

Die Welt wird immer globaler, immer mobiler, immer vernetzter, immer schneller und damit immer komplexer. Je komplexer Sachverhalte und Prozesse werden, desto mehr Vorteile ergeben sich, diese mit technischen Hilfsmitteln zu steuern und zu optimieren. Mit anderen Worten: Die Technologisierung des Marketings ist mittelfristig nicht mehr aufzuhalten.

Stetig kommen neue Kommunikationskanäle sowie Geräte hinzu. Man denke nur an die vielen neuen Entwicklungen und Marketing-Möglichkeiten, die das mobile Internet mit sich gebracht hat. Diese Entwicklung hat ja gerade erst angefangen. Oder an die ersten praktischen Ansätze der Vernetzung von Haushaltsgeräten. Oder an das vernetzte Auto, welches Daten aus dem Internet empfangen und verarbeiten kann. Auch diese Entwicklungen stehen erst am Anfang.

Laut einer jüngeren Accenture-Umfrage, bei der mehr als 3.100 Business- und IT-Entscheider befragt wurden, erwarten 86 Prozent der Befragten in den kommenden drei Jahren Veränderungen, die schneller und tiefgreifender sein werden als je zuvor. Manche sprechen von einem digitalen Kulturschock.

Durch die Vernetzung werden Datenberge heranwachsen. Diese Datenberge werden zunächst im Rahmen von zahlreichen Insellösungen entstehen und anfangs nur auf Umwegen integriert und genutzt werden können. Der Werkzeugkasten an erforderlichen Marketing-Tools wird stark wachsen. Doch irgendwann werden die Marketing-Suites für einen immer höheren Integrationsgrad sorgen. Die Art und Weise, wie Marketing praktisch ausgeführt wird, wird sich stark verändern.

Die digitale Transformation wird zukünftig Marketingverantwortliche vor große Herausforderungen stellen. Die Marketing-Aufgaben werden vielschichtiger und komplexer, die Aufgabenbereiche vergrößern sich. Die Grenze zwischen klassischem Marketing und Online-Marketing wird immer mehr verschwimmen. Ohne technische Hilfsmittel wird eine lohnende Ausbeute aus dem Marketing-Budget irgendwann nicht mehr machbar sein. Und bald werden Marketers mehr und mehr an harten Zahlen gemessen, so wie das im Online-Marketing schon lange möglich und üblich ist. Wie bereits eingangs gesagt: Die Technologisierung des Marketings ist mittelfristig nicht mehr aufzuhalten. In der Folge werden einige Entwicklungen etwas genauer beleuchtet.

5.1 Grundsätzliche Entwicklungen (Makroebene)

5.1.1 Breitbandinternet

Anders als noch vor zehn Jahren verfügt heute fast jedermann über einen Breitbandanschluss. Heute können Videos über das Internet ruckelfrei angesehen werden. Und das sogar jederzeit. Denn das mobile Internet ist mittlerweile auch so weit, dass Flatrates mit einem entsprechenden Datenvolumen zu erschwinglichen Preisen angeboten werden. Das war vor zehn Jahren keinesfalls so. Die folgenden beiden Abbildungen verdeutlichen die Entwicklung eindrucksvoll.

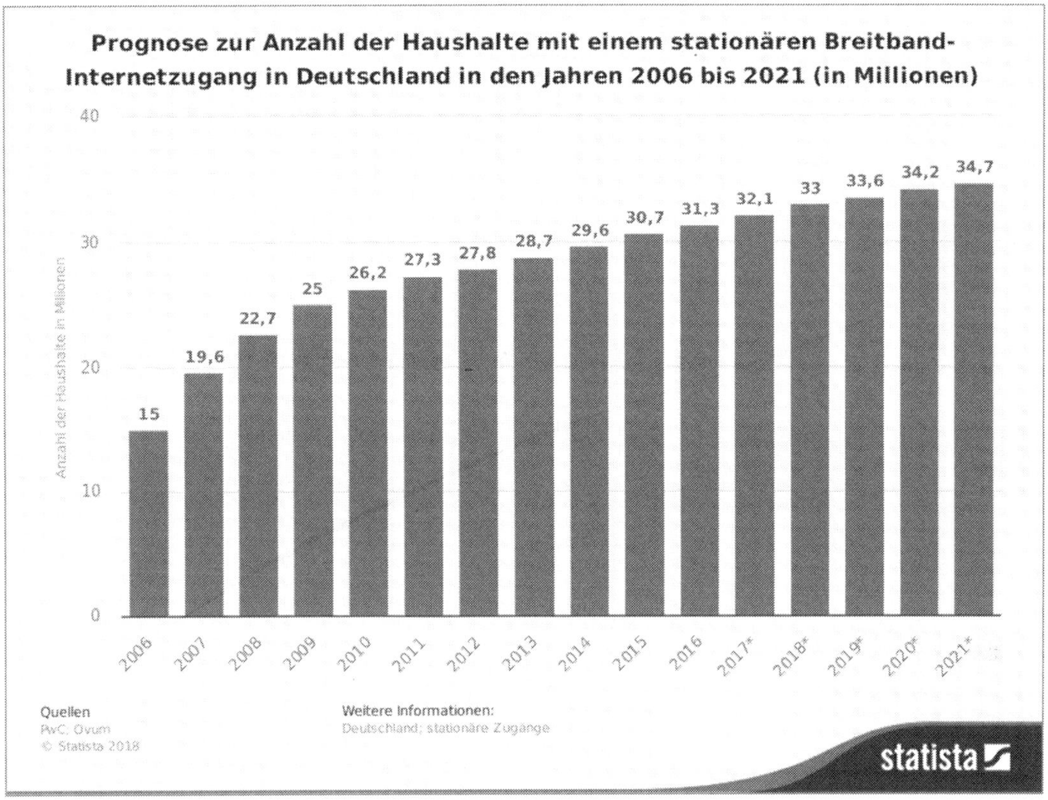

Abbildung 5.1: Prognose zur Anzahl der Haushalte mit einem stationären Breitband-Internetzugang in Deutschland in den Jahren 2006 bis 2021 (in Millionen). Zitiert nach de.statista.com,
URL https://de.statista.com/statistik/daten/studie/154849/umfrage/anzahl-der-haushalte-mit-breitband-internetzugang-in-deutschland/, Abruf 17.01.2020

Breitband schafft die Basis für veränderten Medienkonsum, was wiederum Auswirkungen auf das Marketing, insbesondere das Online-Marketing, hat. Ganz besonders die mobilen Breitbandanschlüsse in Kombination mit dem »Siegeszug der Smartphones« haben einen hohen Anteil am veränderten Medienkonsum, wie im folgenden Kapitel deutlich wird.

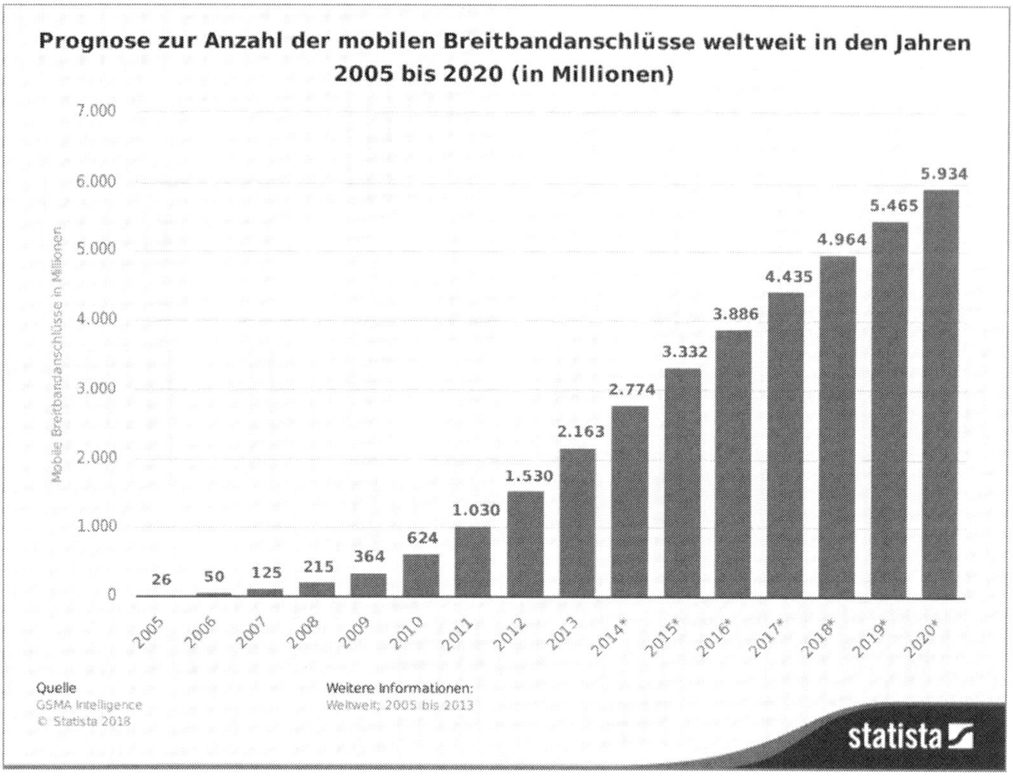

Abbildung 5.2: Prognose zur Anzahl der mobilen Breitbandanschlüsse weltweit in den Jahren 2005 bis 2020 (in Millionen). Zitiert nach de.statista.com, URL https://de.statista.com/statistik/daten/studie/218152/umfrage/anzahl-an-weltweiten-mobilen-breitbandanschluessen-seit-2005/, Abruf 17.01.2020

5.1.2 Mobilfähige Endgeräte und das mobile Internet

Heute hat fast jeder ein Smartphone. Konventionelle Mobiltelefone, wie wir sie vor zehn Jahren kannten, sind fast vollständig vom Markt verschwunden. Die technologische Entwicklung ist in den letzten Jahren geradezu davongaloppiert. Die Kameras in den Smartphones erfüllen heute hohe Qualitätsstandards. Das Smartphone ist immer in der Nähe und griffbereit. Heute kann praktisch jedermann mittels Smartphone zu jeder Zeit Botschaften empfangen und senden.

Egal wen man fragt – die mobile Internetnutzung hat in den vergangenen fünf Jahren stark zugenommen und sie wächst weiter. So verzeichnete die Allensbacher Markt- und Werbeträgeranalyse 2015 (AWA) einen starken Anstieg der

Internetnutzung über mobile Endgeräte. Laut Allensbacher gingen 2014 rund 30 Prozent der Deutschen mit einem Smartphone oder Tablet ins Netz. 2015 waren es schon rund 45 Prozent. Die Initiative D21[2] ermittelt noch höhere Zahlen. Laut D21 waren 2014 rund 50 Prozent der Befragten über mobile Endgeräte im Internet. 2018 sind laut D21-Digital-Index rund 66 Prozent Deutschen mit ihren Geräten im mobilen Internet unterwegs. Mit mehr als 20.000 Befragungen von über 14-jährigen ist die Studie, die zusammen mit dem Marktforschungsinstitut Kantor TNS erstellt wird, die umfassendste Untersuchung der Webnutzung in Deutschland.

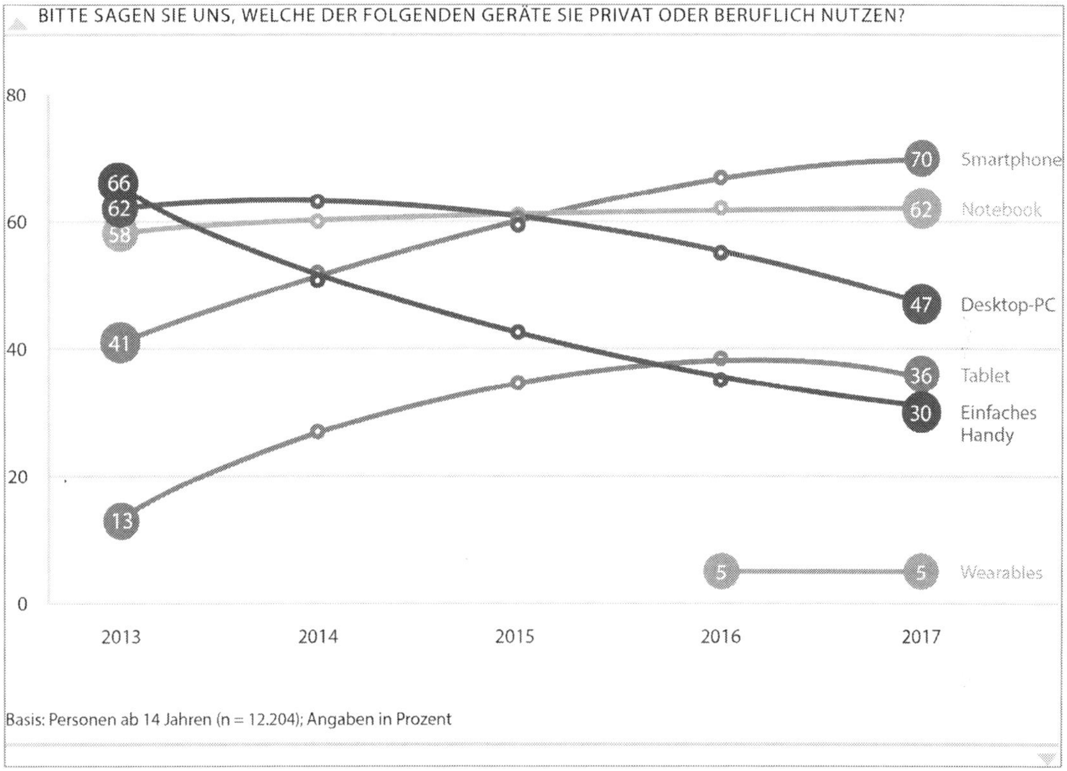

Abbildung 5.3: Gerätenutzung in Deutschland. Quelle: Entnommen aus der „Studie D21-Digiatl-Index 2017 / 2018" und zwecks Lesbarkeit im Printmedium leicht modifiziert. Herausgeber und Rechteinhaber ist die Initiative D21 e. V., https://initiatived21.de, Haftung ausgeschlossen. Hier veröffentlicht gem. CC-Lizenz https://creativecommons.org/licenses/by/3.0/de/.

[2] Vgl. https://initiatived21.de/, Abruf 14.01.2020

Weltweit setzt sich der Trend weg von der stationären Internet-Nutzung hin in Richtung mobiles Internet ebenfalls ungebremst fort. Laut Ende 2017 veröffentlichten Zahlen und Prognosen der Digital-Agentur Go-Globe mit Sitz in Hongkong soll der Anteil von Mobile am gesamten Internet-Traffic bis Ende 2018 auf stolze 61,2 Prozent ansteigen.

Der Trend zur steigenden Nutzung mobiler Endgeräte wird viele Geschäftsprozesse verändern. Teilweise werden das sehr starke Veränderungen sein, die sowohl die Industrie als auch den Handel (alle Handelsstufen) betreffen werden. Einige Beispiele gefällig? Schon heute ist ein Dachdecker, der auf der Baustelle per Handy ein Ersatzteil recherchiert, nichts Besonderes mehr. Oder ein Elektriker, der im Intranet seines Unternehmens einen Schaltplan über Handy einsieht, weil er bei einem Außentermin auf ein Problem stößt. Oder ein Kommissionierer in einem Versandlager, der per Handheld ein Bild der zu kommissionierenden Ware prüft. Oder ein Versicherungsmakler, der im Beratungsgespräch per Handy einen Tarifrechner bedient.

Beim Thema »mobiles Internet« geht es also schon lange nicht mehr nur um den schnöden Einkauf per Handy, obwohl der natürlich auch boomt, wie die Grafik auf der Folgeseite zeigt. Bereits 2014 hatten Smartphones einen Anteil von rund elf Prozent am Onlineumsatz in Deutschland. Laut eMarketer[3] waren es 2016 schon 38 Prozent und bis 2020 sollen es 50 Prozent werden. Das verwundert nicht wirklich. Beispielseise vermeldete Zalando für viele seiner internationalen Shops schon im ersten Quartal 2018 rund 77 Prozent Traffic von mobilen Endgeräten.

Häufiger noch als um Vertrieb geht es um eine Effizienzsteigerung von wirtschaftlich relevanten Prozessen durch die Bereitstellung von Daten/Informationen an praktisch jedem beliebigen Ort. Das mobile Internet wird überall sein und es wird überall »mitreden«: In Ihrem Auto, in Ihrem Wohnzimmer, am Arbeitsplatz oder auf der Straße. Es hat bereits viele Wirtschaftsbereiche deutlich verändert – und das, obwohl es gerade erst in den Kinderschuhen steckt. Bedenken Sie: Das erste iPhone erschien erst 2007 und das erste Tablet erst im Jahr 2010.

---

3 Vgl. https://www.emarketer.com/Article/Mobile-Commerce-Use-Growing-Germany/1016395, Abruf 10.01.2020

Deutsche schauen 80 Mal am Tag auf das Handy. Jugendliche checken alle sieben Minuten ihr Handy und sind über konventionelle Medien wie klassisches TV oder Printmagazine kaum noch zu erreichen.

Paradox: Nur ein Prozent der gesamten Werbeausgaben in Deutschland wurden 2015 für Mobile-Marketing ausgegeben. Voraussichtlich wird sich das aber ändern. Beispielsweise schätzt Dentsu Aegis das Wachstum für mobile Werbung in Deutschland für 2018 auf 38,3 Prozent. Dentsu Aegis stellt halbjährlich Vorhersagen für weltweite Werbeausgaben zur Verfügung. Diese basieren auf Daten aus 59 Märkten der Welt.

Für das Marketing und insbesondere für das Online-Marketing wird diese Entwicklung enorme Auswirkungen haben. Die Entwicklungen im mobilen Internet bergen viele Chancen und für die Unternehmen, die diese Entwicklung verschlafen haben, auch Risiken. Zukünftig wird die klassische Mobilstrategie der letzten Jahre in vielen Branchen und Wirtschaftsbereichen wohl nicht mehr ausreichen, um hinreichend Abstand zwischen Ihrem Unternehmen und dem unliebsamen Mitbewerber zu halten. Die Entwicklung im mobilen Sektor ist zu dynamisch, um sie sich aus der Ferne anzusehen und abzuwarten.

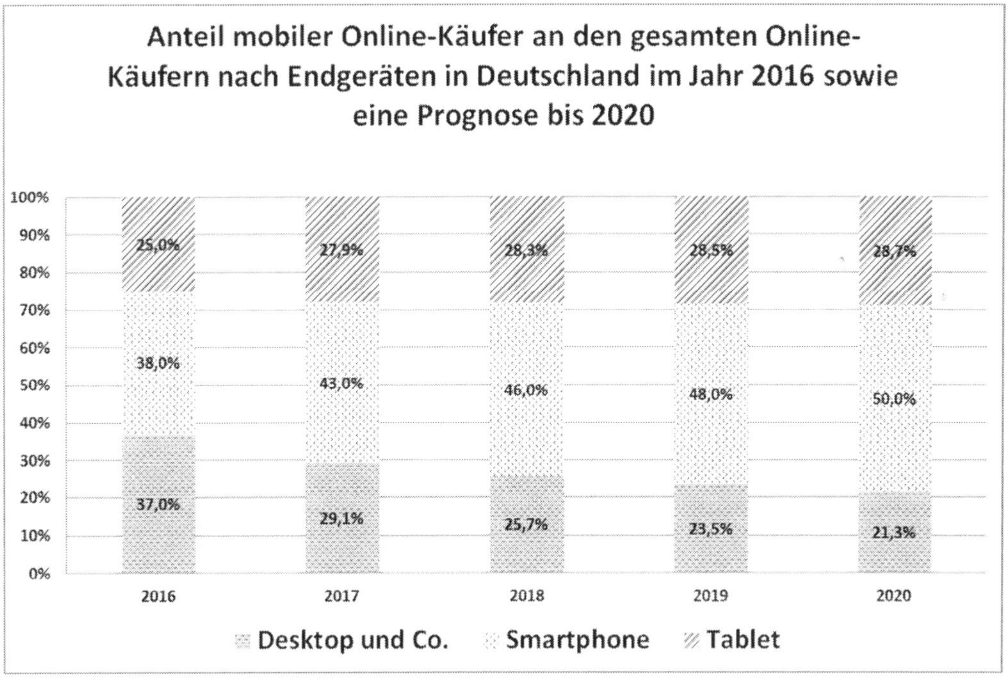

Abbildung 5.4: Onlineumsatz nach Endgerät. Quelle: eMarketer, 2017

5.1.3 Medienkonsum und Mediengewohnheiten

Es gibt viele Institutionen, die das Medienverhalten der Menschen beobachten. Die Zahlen, die von den jeweiligen Institutionen dazu veröffentlicht werden, weichen bisweilen etwas voneinander ab. In der Tendenz sind sich jedoch alle Institutionen einig. Der Medienkonsum in Deutschland steigt seit Jahren. Dabei profitieren digitale Medien deutlich vor analogen. Über die Jahre hat die technologische Entwicklung dazu geführt, dass analoger Medienkonsum nachgelassen hat. Der digitale Medienkonsum hingegen steigt weiter an. Zwei Beispiele sollen diese Aussage verdeutlichen:

- Laut dem Bundesverband Deutscher Zeitungsverleger hatten im Jahr 1991 Tageszeitungen eine tägliche Auflage von rund 27,3 Millionen Exemplaren. 20 Jahre später lag dieser Wert bei weniger als 19 Millionen Exemplaren. Auch die Anzahl der herausgegebenen Tageszeitungen sank dramatisch von 225 im Jahr 1954 auf nur noch 129 60 Jahre später.
- Im Gegensatz dazu stieg der Anteil der Internetnutzer in den letzten 20 Jahren stetig an. Laut D21-Digital-Index[4] belief sich der Anteil der Internetnutzer im Jahr 2017 auf 81 Prozent. 2002 waren es gerade einmal 42 Prozent.

Was die Dauer des täglichen Medienkonsums angeht, so schwanken die Zahlen der Studien zwischen acht und zehn Stunden pro Tag. Laut einer Studie von ZenithOptimedia aus dem Jahr 2015[5] konsumieren die Menschen weltweit jeden Tag mehr als acht Stunden Medien. Die Studie untersuchte, wie viel Zeit Menschen mit dem Lesen von Zeitungen oder Magazinen verbringen, wie viel Zeit sie vor dem Radio, dem TV-Gerät oder im Kino verbringen und natürlich wie oft sie das Internet nutzen und womit. Interessant dabei: Zwischen 2010 und 2014 hat sich die Zeit, die Menschen im Internet verbringen, fast verdoppelt. Bei ZenithOptimedia erklärt man sich die Steigerung der Gesamtzeit auch durch die verstärkte Nutzung von mobilen Endgeräten für den Medienkonsum.

Das mag sich für Marketeers zunächst positiv anhören. Denn bei hohem Medienkonsum steigen die Chancen, Konsumenten mit Marketingbotschaften häufiger zu erreichen. Auf der anderen Seite stellt die Entwicklung im Bereich der Endgeräte das Marketing vor völlig neue Herausforderungen. Waren vor wenigen Jahren noch der Laptop und der Desktop-PC die dominierenden Endgeräte

---

4 Vgl. https://initiatived21.de/app/uploads/2018/01/d21-digital-index_2017_2018.pdf, Abruf 10.01.2020.

5 Vgl. www.zenithoptimedia.com/internet-use-drive-1-4-increase-media-consumption-2015/, Abruf 10.01.2020.

für Onlinemedienkonsum, so kommen heute das Smartphone, das Tablet und die Smartwatch hinzu.

Onlinemedienkonsum findet heute auch nicht mehr nur zu Hause oder im Büro statt. Durch die technologische Entwicklung im mobilen Breitbandsektor in Kombination mit der Entwicklung der Smartphones kann heute fast immer und überall online konsumiert werden.

> Immer mehr Medienkonsum wandert ab in den digitalen Raum. Immer mehr Menschen konsumieren mobil.
>
> Diese Entwicklungen verändern das Marketing. Sie können langfristig von keinem Unternehmen bzw. keiner Institution ignoriert werden.

Auch die verstärkte Nutzung von Sprachassistenten wird die Mediennutzung und damit das Online-Marketing nachhaltig verändern. 2019 hat das Thema Fahrt aufgenommen. Seit Juni 2019 gibt es sogar ein Buch zu diesem Thema bei einem renommierten Verlag.[6] Konkret geht es um die kommerzielle Nutzung von Sprachassistenten (neudeutsch Smart Speaker). Bekannte Vertreter sind Amazons Alexa, Apples Siri, Microsofts Cortana und Google Home. Im Kern geht es darum, Botschaften und/oder Informationen ausschließlich über gesprochene Sprache und/oder Musik zu transportieren. Bitte lesen Sie hierzu auch den Abschnitt 5.2.4 »Voice-Commerce und Voice-Marketing«.

5.1.4 Digitale Markenführung

Neue Möglichkeiten führen zu neuem Verhalten. Die im Abschnitt 5.1.3 erläuterte Veränderung des Medienkonsums hat natürlich auch eine Implikation auf die Führung einer Marke. Wenn Menschen ihren Medienkonsum immer mehr in den digitalen Raum verlagern, und Unternehmen möchten, dass ihre Marke wahrgenommen wird, dann müssen die Unternehmen im digitalen Raum aktiv werden. Damit wären wir beim Thema digitale Markenführung.

Mit dem Thema der digitalen Markenführung tun sich viele Unternehmen in Deutschland noch schwer. Es hat 2015 erstmals ein namhaftes deutsches DAX-Unternehmen gegeben, welches sich in Bezug auf ein bestimmtes Segment seines Produktportfolios von klassischen Medien verabschiedet hat und ausschließlich auf digitale Medien setzte. Die Rede ist von VW. Bei der Kampagne

6 Thomas Hörner, Marketing mit Sprachassistenten, Springer Gabler, 1. Auflage, Juni 2019

für den neuen Sharan verzichtete VW erstmalig vollständig auf Print, TV und Plakat und setzte exklusiv auf Digital.[7]

Seit vielen Jahren beobachte ich bei Neuerungen im Onlinebereich immer wieder das gleiche Phänomen. Fünf bis zehn Prozent der Marktteilnehmer adaptieren Neuerungen schnell und reagieren zügig. 90 bis 95 Prozent reagieren sehr langsam. Wie sonst könnte es erklärt werden, dass 2015 gerade mal ein Prozent der Werbebudgets auf Mobile-Marketing verwendet wurden. Das ist geradezu paradox, denn in Deutschland nutzten laut ARD-ZDF-Onlinestudie[8] bereits 2015 rund 55 Prozent der Menschen das mobile Internet. Das sind fünf Prozent mehr als im Jahr zuvor. AGOF kommt auf ähnliche Zahlen für 2015. 2018 sind laut D21-Digital-Index schon fast zwei von drei Deutschen mit ihren Geräten im mobilen Internet unterwegs. Mit mehr als 20.000 Befragungen von über 14-Jährigen ist die Studie, die zusammen mit dem Marktforschungsinstitut Kantor TNS erstellt wird, die umfassendste Untersuchung der Webnutzung in Deutschland. In der Spitze verbringen die Menschen bis zu vier Stunden pro Tag im mobilen Internet.

5.1.5 Digitalisierung von Geschäftsprozessen

Das Internet hat in den vergangenen 20 Jahren unsere Gesellschaft stark verändert. Getrieben von den technologischen Möglichkeiten wurden Geschäftsprozesse in manchen Branchen geradezu revolutioniert. Diese Entwicklung ist noch nicht abgeschlossen – und wird es vermutlich auch nie sein. In diesem Abschnitt möchte ich diesen Sachverhalt anhand einiger weniger Beispiele beleuchten. Die Digitalisierung von Geschäftsprozessen hat natürlich auch unmittelbaren Einfluss auf das Marketing, welches im Umfeld des digitalisierten Geschäftsprozesses stattfindet.

Beginnen wir mit einigen »alten Hüten«. Onlinebanking ist für die meisten Marktteilnehmer heute eine Selbstverständlichkeit. Auch Onlinebrokerage ist heute gang und gäbe. Das Bankenwesen war eine der ersten Branchen, in der die Digitalisierung von Geschäftsprozessen früh begonnen hat. Sicherlich war dies nicht der einzige Grund, weshalb Banken seit der Jahrtausendwende viele Filialen geschlossen haben. Aber einen nennenswerten Einfluss wird es sicherlich gehabt haben. Das Marketing der Banken hat sich aufgrund der Digitalisierung des Bankengeschäfts in den letzten zehn Jahren ebenfalls deutlich verändert.

---

7 Vgl. www.horizont.net/marketing/nachrichten/Sharan-Launch-Volkswagen-setzt-voll-auf-digitale-Werbung-135114, Abruf 05.01.2020.

8 Vgl. http://www.ard-zdf-onlinestudie.de/archiv-1997-2018/, Abruf 15.01.2020.

Noch dramatischer als das Bankenwesen hat sich die Verlagslandschaft aufgrund der Digitalisierung verschiedenster Geschäftsprozesse verändert. Vor der Jahrtausendwende lebten viele Verlage ganz hervorragend von den Stellenanzeigen, die meistens am Wochenende in den Zeitungen veröffentlicht wurden. Für viele Verlage waren die Stellenanzeigen eine wichtige Umsatzquelle. Mit den Jahren sind die Stellenanzeigen jedoch in das Internet verlagert worden. Es entstanden neue Wettbewerber für die Verlage – nämlich die Jobportale. Einige Verlage versuchten gegenzusteuern und entwickelten eigene Jobportale. Durch den Konkurrenzdruck veränderte sich jedoch das Preisgefüge für Stellenanzeigen. Einige Jahre später führte die technologische Entwicklung auf dem Breitbandsektor dazu, dass Inhalte über internetbasierte Technologien quasi auf Abruf von Konsumenten bezogen werden konnten. Es entstanden zahlreiche neue Dienste und Anwendungsformen. Dies betraf die Verlags- und Medienlandschaft – also auch die TV- und Film-Industrie. Heute können Bücher, Zeitungen und Zeitschriften, Fernsehsendungen, Fernseh- oder Kinofilme online bezogen und auf unterschiedlichsten Endgeräten konsumiert werden. Die Folge dieser Entwicklungen war eine extrem starke Umwälzung und Konsolidierung des deutschen Verlags- und Medienwesens. Natürlich hat sich auch das Marketing in der Verlags- und Medienlandschaft dadurch stark verändert.

Im Grunde zieht sich die Digitalisierung von Prozessen durch fast alle Wirtschaftsbereiche und hilft, Kosten zu reduzieren. Meistens betreffen solche Veränderungen auch Arbeitsplätze. Ein Beispiel soll diese Aussage verdeutlichen: Früher wurde das Ablesen des Stromverbrauchs in den Haushalten von Angestellten der Energieversorger erledigt. Diese gingen von Haus zu Haus und notierten jeweils die Zählerstände. Später gab es Postkarten, auf denen die Konsumenten die jeweiligen Zählerstände selbst eintragen konnten. Heute gibt es zusätzlich die Optionen, den Zählerstand über einen Sprachcomputer oder eine Internetanwendung zu übermitteln. Bei den letzten beiden Methoden entfällt beim Energieversorger auch der Prozessschritt der erneuten Eingabe in deren System. Die Daten werden quasi vom Konsumenten direkt in das IT-System des Energieversorgers eingegeben. Mehr Prozessoptimierung geht fast nicht. Wobei – zukünftig werden die Stromzähler wahrscheinlich über eine eigene Internetverbindung die Zählerstände direkt und ohne Zutun der Konsumenten an den Energieversorger übermitteln. Die folgende Abbildung zeigt einen QR-Code, der direkt zur voreingestellten Internetseite des Energieversorgers führt, wo dann nur noch die Zählerstände eingegeben werden müssen.

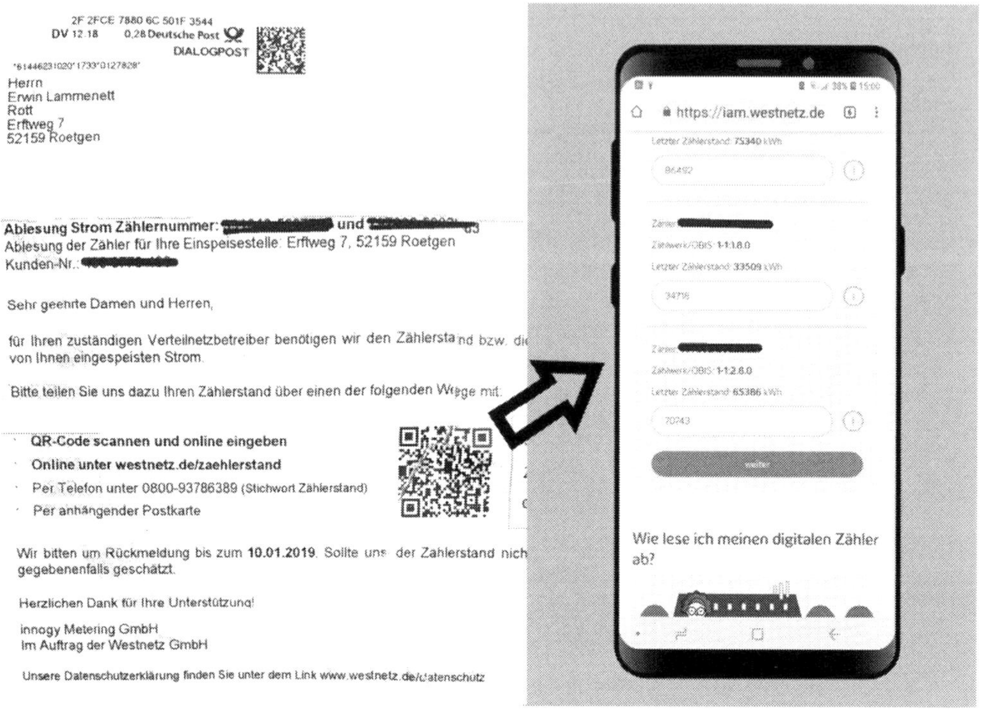

Abbildung 5.5: Digitalisierung des Prozesses »Stromzähler ablesen«

Auch der Handel hat sich in den vergangenen zehn Jahren stark verändert. Zunächst waren es die Onlineshops, die an jahrzehntelang geltenden Gesetzmäßigkeiten rüttelten. Dann waren es die Marktplätze wie Amazon und Co, die immer populärer wurden (Stichwort Plattform Economy). In manchen Branchen hat die Entwicklung des E-Commerce zum Aussterben einzelner Handelsstufen geführt. In den Jahren nach 2012 entdeckten auch Hersteller und Großhändler immer mehr die Chancen des E-Commerce. Der B2B-E-Commerce boomt seither deutlich. Händler und Hersteller, welche die Zeichen der Zeit nicht erkannt haben, bekamen extreme Probleme. Prominente Beispiele waren 2009 die Quelle GmbH und 2012 die Neckermann.de GmbH. Im Juni 2009 meldete Quelle Insolvenz an. Es gab damals nicht wenige Analysten, die das Scheitern von Quelle auf den zu späten Einstieg in den E-Commerce und die Vernachlässigung von Online-Marketing schoben. Am 11. Oktober 2012 wurde offiziell das Insolvenzverfahren gegen Neckermann eröffnet. Die Fachpresse unkte damals über das lange Festhalten am verlustreichen Kataloggeschäft. Dieses war insofern erstaunlich, als dass Neckermann einer der ersten Universalversender war, der in den E-Commerce einstieg. Das war bereits 1995. Doch offenbar wurde der Schwenk zum E-Commerce-Anbieter nie richtig vollzogen. Im Gegensatz dazu steht der

Otto Versand, Hamburg. Im November 2018 wurde der letzte Otto-Katalog gedruckt[9]. Unter www.otto.de und vielen anderen Domains ist das Unternehmen heute ausgesprochen erfolgreich.

Die Digitalisierung von Geschäftsprozessen führte aber nicht nur zu Veränderungen bestehender Geschäftsprozesse. Es entstanden auch völlig neue Geschäftsmodelle, die nur wegen der neuen technologischen Entwicklungen möglich wurden. Drei Beispiele verdeutlichen diese Aussage:

Es entstand eine neue Form des Lieferservice, wie beispielsweise www.lieferheld.de. Die Geschäftsprozesse, die zwischen Besteller, Restaurant und Lieferant (Kurierdienst) ablaufen, werden über eine internetbasierte Anwendung gesteuert. Die jeweiligen Marktteilnehmer verwenden hierzu schwerpunktmäßig sogenannte Apps, die über ein Smartphone zu bedienen sind.

Mit der Smartphone-App mytaxi (https://de.mytaxi.com) kann heute relativ komfortabel von unterwegs ein Taxi bestellt werden. In den meisten größeren Städten funktioniert dies einwandfrei. Am Bildschirm des Smartphones kann man auf einer Landkarte sogar das sich nähernde Taxi verfolgen. Die Bezahlung kann ebenfalls über diese App geregelt werden. Viele Geschäftskunden bevorzugen diese Art der Taxibestellung, weil die lästige Zettelwirtschaft mit den Taxiquittungen so entfällt. Die Rechnung kommt bequem per E-Mail. Dieses Geschäftsmodell wurde nur möglich, weil Smartphones mittlerweile so leistungsfähig sind, dass derartige Anwendungen betrieben werden können. Apps wie mytaxi sind natürlich den Betreibern von klassischen Taxizentralen ein Dorn im Auge. Sie haben zu einer Veränderung der Geschäftsprozesse in dieser Branche geführt und beeinflussen natürlich auch das Marketing. Genau genommen haben sie sogar zu einer Erhöhung des Kundenservice geführt. Die Taxifahrer können von den Fahrgästen bewertet werden. Diese Bewertungen können im Bestellprozess als Filterkriterium eingesetzt werden. Viele Taxifahrer geben sich daher spürbar Mühe im Kundenservice, um gute Bewertungen und damit mehr Kunden zu erhalten.

Ein weiteres Beispiel für völlig neue Geschäftsmodelle kommt aus dem Segment Diktiertechnik. Handdiktiergeräte basieren mittlerweile auf digitaler Technologie. Geräte mit Bändern sind weitestgehend ausgestorben. Seit einigen Jahren gibt es auch Smartphone-Apps, die als vollwertiges Handdiktiergerät fungieren. Ich selbst verwende eine derartige App und die Zeilen, die Sie jetzt gerade lesen, sind mithilfe einer solchen App entstanden. Auf Basis von digitaler Diktiertech-

---

9 Vgl. https://www.wr.de/wirtschaft/otto-chef-otto-katalog-als-schaufenster-zu-klein-geworden-id215913839.html, Abruf 16.01.2020

nologie sind Schreibbüros entstanden, die deutschlandweit Transkriptionsdienstleistungen anbieten. Ein Pionier in diesem Segment ist www.schreibbuero-24.com. Bei diesem Unternehmen sind sämtliche Prozesse über das Internet abgebildet: Von der Auftragseinstellung über die Rückmeldung bis zur Rechnungserstellung. Genau wie die Kunden sind auch die Mitarbeiter des Unternehmens in ganz Deutschland verteilt. Ohne die Digitalisierung der mit diesem Geschäftsmodell zusammenhängenden Geschäftsprozesse wäre ein solches Unternehmen nie entstanden. Konsequenterweise setzt dieses Schreibbüro vollständig auf Online-Marketing.

5.1.6 Erwartungshaltung von Konsumenten

Die Kundenerwartungen und das Kundenverhalten haben sich in den vergangenen Jahren gewandelt und werden sich zukünftig erneut deutlich verändern. Durch die Medienflut im Internet und mit steigender Nutzung von mobilen Endgeräten geht nachweislich die Gewohnheit verloren, im Web längere Textpassagen zu lesen. Gesprochene und visualisierte Informationen liegen im Nutzungstrend. Diese Entwicklung wird das Video-Marketing begünstigen.

Ferner wird die technologische Entwicklung auf dem mobilen Sektor die Erwartungshaltung der Menschen in Bezug auf fast alle wirtschaftlichen Prozesse weiter beeinflussen. Denn jeder hat heute ein Smartphone, für alles gibt es eine Webseite oder eine App und jeder will heute die Antwort auf seine Fragestellung oder sein Problem sofort erhalten. Und was ist morgen? Morgen werden Kunden Inhalte sowie Angebote entlang der gesamten Customer Journey erwarten und zwar Touchpoint-übergreifend zur richtigen Zeit und am richtigen Ort, egal auf welchem Endgerät, egal ob im Onlineshop, im Newsletter, im Rahmen einer Anzeige oder am POS. Die Herausforderungen an das Marketing steigen damit immens.

Industrie und Handel müssen sich den Herausforderungen des veränderten Konsumentenverhaltens und der veränderten Erwartungen stellen. Die Konsumentenanforderungen werden sich in den nächsten fünf Jahren weiter stark verändern. Das gilt für das Informations-, Kauf- und Zahlungsbedürfnis der Marktteilnehmer. Hierauf müssen sich Marketingverantwortliche einstellen.

5.1.7 Social-Media

Social-Media hat unsere Gesellschaft verändert und ferner das Kommunikationsverhalten vieler Menschen, insbesondere junger Menschen. Doch was genau ist Social-Media?

Social-Media entstand im Rahmen der Entwicklungen der Web-2.0-Ära. Der Begriff Web 2.0 wurde erstmals von Tim O´Reilly im Jahr 2004 geprägt. Ein Hauptaspekt von Web 2.0 ist, dass Inhalte im Internet nicht mehr nur von großen Medienunternehmen erzeugt werden, sondern von einer Vielzahl von Individuen, die sich mithilfe spezieller Software untereinander vernetzen. Am Anfang standen Blogs im Zentrum dieser Entwicklung. Doch schnell entstanden neue Formen wie Videoportale, Microblogs, virtuelle Welten, Foto-Sharing-Portale, Instant -Messaging-Dienste, Produkt- und Service-Bewertungsdienste, soziale Spiele und sogenannte soziale Netzwerke. Prominente Vertreter dieser Social-Media-Formen sind das Videoportal YouTube, welches 2005 gegründet wurde, das Instant-Messaging-Programm WhatsApp, gegründet 2009, der Microblog Twitter, gegründet 2006, und natürlich das soziale Netzwerk Facebook, welches 2004 gegründet wurde. Natürlich gibt es noch viele weitere Formen und Anwendung rund um das Thema Social-Media.

Die Entwicklungen, die im Rahmen von Social-Media stattfanden, hatten einen großen Einfluss auf die Medienlandschaft im Allgemeinen und auf das Marketing im Besonderen. Plötzlich waren nicht mehr die Unternehmen selbst die einzigen Marktteilnehmer, die Botschaften zu ihren Produkten über Massenmedien verbreiten konnten. Durch Social-Media und die Vernetzung der Kanäle hatten plötzlich die Konsumenten Sprachrohre, mit denen Massen erreicht werden konnten. Das jahrzehntealte Monopol der konventionellen Medien auf die exklusive Verbreitung von Nachrichten und Botschaften an die Massen wurde durch Social-Media aufgehoben, und das in rasender Geschwindigkeit. Nur um Ihnen einen Eindruck von dieser Geschwindigkeit zu geben, hier einige Zahlen: Um 50 Millionen Nutzer zu erreichen, benötigte das Radio 38 Jahre. Das Fernsehen schaffte die 50 Millionen schon in 13 Jahren. Nur noch sieben Jahre brauchte das World Wide Web. Facebook benötigte gerade mal 1325 Tage und Twitter gar nur 1096 Tage.

5.1.8 Marketing-Automation

> Marketing-Automation ermöglicht die automatische Ausspielung von mehrstufigen Kampagnen mit zielgruppenspezifischen oder vollständig individualisierten Informationen (Werbung, Content, Servicenachrichten, etc.).

Marketing-Automatisierung oder Marketing-Automation ist heute in aller Munde. In den einschlägigen Marketingmedien wird es vielfach als neuer Zukunftstrend beschrieben. Häufig liest man vom »Top-Trend Marketing-Automation«. Tatsächlich aber ist Marketing-Automatisierung, die in der Spitze in automatisiertem One-to-One-Marketing mündet, kein Trend der jüngeren Digitalgeschichte. Im Grunde ist es ein alter Hut, der in jüngerer Zeit in den Fokus der Marketeers gerückt ist. Zwei Aspekte sollen diese Aussage belegen:

- Bereits 1996 hat Wolfgang Stübich, damals Marketingdirektor Deutschland der Firma Digital Equipment Corporation (DEC), bereits Marketing-Automation und One-to-One-Marketing in seinen Vorträgen prognostiziert. Manche Trends sind eben ziemlich langlebig. Den älteren Lesern wird die Firma DEC noch etwas sagen. Sie wurde 1998 aufgelöst. 1990 beschäftigte DEC noch weltweit 126000 Menschen.
- Richtig Fahrt aufgenommen hat das Thema Marketing-Automatisierung ab 2012. Ein starkes Indiz dafür ist der Umstand, dass große und global aktive Marktteilnehmer auf »Einkaufstour« gingen, um sich ein Stück vom »Zukunftstrend« zu sichern. Viele der damals übernommenen Unternehmen hatten zum Zeitpunkt der Übernahme schon mehrere tausend Kunden. Von „neu" kann also gar keine Rede sein. Einige Beispiele belegen diese Aussage:
  - In 2012 kaufte Oracle die Firma ELOQUA.[10] ELOQUA war eines der führenden Unternehmen für Marketing-Automatisierung.
  - 2013 folgte Adobe und kauft Neolane.[11] Neolane wurde bereits 2001 gegründet und gehörte ebenfalls zu den führenden Marketing-Automation Anbietern mit Büros auf vier Kontinenten in acht Ländern. Die Kaufsumme betrug laut Wikipedia 600 Mio. US Dollar.
  - Ebenfalls 2013 schlug Salesforce zu und kauft Pardot. Pardot ist eine auf B2B spezialisierte Software zur Marketing-Automation.
  - 2014 zog IBM dann nach und kaufte Silverpop.[12] Silverpop hat seine Wurzeln im E-Mail-Marketing und Marketing-Automation.

Es kann also festgehalten werden, dass Marketing-Automation kein brandneues Thema ist. Es hat lediglich durch unterschiedliche Faktoren seit 2012 einen enormen Auftrieb erhalten.

Mit dem Thema »Marketing-Automation« habe ich mich intensiv beschäftig. Im Sinne eines ausgelagerten Zusatzinhaltes finden Sie dazu einen ausführlichen Blogartikel unter dieser URL:

---

[10] Vgl. http://www.oracle.com/us/corporate/press/1887595, Abruf 20.01.2020.

[11] Vgl. http://adobe.ly/1apYNbk, Abruf 21.01.2020.

[12] Vgl. http://www.zdnet.de/88190394/ibm-uebernimmt-marketing-cloud-anbieter-silverpop/, Abruf 20.01.2020.

https://www.lammenett.de/onlinemarketing/marketing-automation-teil-1.html.

www.lammenett.de/581

Folgende Themen werden im Artikel behandelt:

- Was genau ist Marketing-Automation?
- Erfolgsfaktoren der Marketing-Automation
- Ursprung von Marketing-Automation-Software
- Datenschutz und Marketing-Automation
- Auflistung einiger Lösungen

5.1.9 Platform Economy

Die Platform Economy oder Digital Platform Economy bezeichnet Geschäftsformen oder -modelle, die auf der Grundlage von internetbasierten Plattformen operieren. Eine Plattform kreiert eine Art Ökosystem, welches für sich stehen kann und verschiedenste Interaktionen zwischen den handelnden Personen ermöglicht. In den vergangenen 20 Jahren sind sehr viele solcher Plattformen in unterschiedlichsten Bereichen entstanden: Auktionsplattformen oder Handelsplattformen wie eBay oder Amazon, Netzwerke wie Facebook oder LinkedIn, Finanz- oder HR-Portale wie Workday, Freelancer oder Elance-oDesk, Logistikplattformen wie Uber, Lyft oder Sidecar oder Vermittlungsportale für Unterkünfte wie Airbnb.

Plattformen dieser Art verändern etablierte Geschäftsprozesse. Teilweise sogar ziemlich massiv. Und sie verändern das Online-Marketing. Teilweise ebenfalls massiv. Sie beeinflussen daher auch die Erstellung einer Online-Marketing-Konzeption.

Alle Ausprägungen der Platform Economy zu erläutern würde den Rahmen dieses Buches sprengen. Deshalb habe ich mir Amazon als exemplarisches Beispiel herausgesucht. Wohl gemerkt - das ist nur ein Beispiel von vielen und steht sinnbildlich für die gesamte Platform Economy.

Deutschland ist für Amazon ein wichtiger Markt. Das ist alleine schon daran erkennbar, dass Deutschland bis 2015 im Amazon Geschäftsbericht als zweitstärkster Markt separat ausgewiesen war. In Deutschland erzielte Amazon 2015 laut Geschäftsbericht[13] 11,8 Milliarden US-Dollar Umsatz. Je nach Umrechnungskurs sind das rund 10,7 Milliarden Euro. Das wären 26 Prozent der B2C E-Commerce-Erlöse, die der Handelsverband HDE[14] für das gleiche Jahr mit 41 Milliarden angibt. Das würde bedeuten, dass Amazon schon 2015 in Deutschland an rund einem Viertel des gesamten B2C E-Commerce Umsatzes beteiligt war. Ab 2016 sind die Zahlen für Deutschland im Geschäftsbericht von Amazon nicht mehr gesondert ausgewiesen. Insgesamt stieg Amazons Umsatz von 107 Milliarden US $ in 2015 auf 178 Milliarden in 2017. Es ist kaum vorstellbar, dass die Zahlen für Deutschland nicht auch weiter deutlich gestiegen sind.

Real dürfte die Marktmacht von Amazon aber noch größer sein. Laut Marketplace Analytics, der nach eigenen Angaben führenden Analyseplattform für Hersteller und Händler auf Amazon, lag die Zahl der Amazon-Anbieter in Deutschland bei rund 40.000. Diese haben in 2014 bis zu 11 Milliarden Euro Einnahmen über den Amazon-Marktplatz erwirtschaftet.

In einem Blogartikel bin ich ausführlich darauf eingegangen, wie die »Platform Amazon« das Marketing verändert. Im Artikel finden Sie folgende Zusatzinformationen:

- Amazon - ein kurzer Rückblick
- Amazon verändert das Suchmaschinenmarketing
- Amazon verändert den Handel - und zwar strukturell

Den Artikel finden Sie unter folgender URL: https://www.lammenett.de/div/amazon-macht-der-platform-economy.html.

www.lammenett.de/591

Detailinformationen zu den einzelnen Programmen von Amazon finden Sie im Kapitel 7.2 »Amazon-Marketing«.

---

13 Vgl. http://phx.corporate-ir.net/phoenix.zhtml?c=97664&p=irol-reportsannual, Abruf 20.01.2020

14 Vgl. http://www.einzelhandel.de/index.php/presse/zahlenfaktengrafiken/item/110185-e-commerce-umsaetze, Abruf 20.01.2020

5.1.10 Das Internet der Dinge

Der Begriff »Internet der Dinge« beschreibt den Siegeszug von »intelligenten Alltagsgeräten«. Alltagsgeräte wie der Kühlschrank, die Waschmaschine oder der Fernseher sind miteinander vernetzt und mit dem Internet verbunden. Der Desktop-PC verschwindet und wird mit der Zeit durch »intelligente Gegenstände« ersetzt. Im Gegensatz zu heute sollen die »Dinge« unmerklich und wie von Zauberhand unterstützen. Die immer kleiner werdenden Computer sollen Menschen ohne abzulenken oder überhaupt aufzufallen in allen Lebenslagen helfen. So werden z.B. miniaturisierte Computer, sogenannte Wearables, mit unterschiedlichen Sensoren direkt in Kleidungsstücke eingearbeitet.

Man stelle sich nun vor, wie das »Internet der Dinge« das Marketing verändern wird, wenn beispielsweise

- der Kühlschrank bei Erreichung der Meldemengen automatisch im Onlinelebensmittelshop bestellt,
- die Heizung sich selbst schon bei der Anfahrt zur Wohnung entsprechend der gemessenen Körpertemperatur reguliert oder
- das Ticket für das Kino automatisch auf Ihr Handy bespielt wird, wenn Sie das Kino betreten.

Sie glauben, Szenarien dieser Art sind Lichtjahre entfernt? Nun, Steve Jobs stellte das erste iPhone im Jahr 2007 vor. Das ist gerade mal zwölf Jahre her. Kennen Sie heute jemanden, der kein Smartphone hat? Bedenken Sie einmal, wie das Smartphone unser Leben und natürlich das Marketing verändert hat. Wie wird es das »Internet der Dinge« erst tun?

5.2 Jüngere Entwicklungen (Mikroebene)

5.2.1 Veränderte Rahmenbedingungen für dein Einsatz von Cookies und deren Einfluss auf das Online-Marketing[15]

Gegebenenfalls wird die EuGH-Stellungnahme aus Oktober 2019 zur Einwilligungspflicht von nicht notwendigen Cookies die digitale Werbewirtschaft noch stark beschäftigen. Es gibt pessimistische Stimmen die sagen, dass Online-Werbung quasi tot ist. Was war geschehen im Oktober 2019?

Am 01.10.2019 hat der Europäische Gerichtshof im Urteil EuGH C-40/17 ein unter Datenschützern lange diskutiertes Thema entschieden. Im Kern geht es um die Verwendung nicht technisch notwendiger Cookies beim Betrieb einer Website. Darunter fallen auch Cookies, die für statistische Auswertungen und für Marketingzwecke genutzt werden. Bisher war strittig, ob für diese Art Cookies eine aktive Einwilligung des Websitebesuchers erforderlich ist. Die im Mai 2018 in Kraft getretene Datenschutzgrundverordnung regelt ja in vielen Bereichen lediglich die Grundzüge der Gesetzgebung. Die konkrete Umsetzung der Normen sollte den Rechtsanwendern (Unternehmen, Aufsichtsbehörden und Gerichte) überlassen werden. Dieses gesetzgeberische »Konzept« führte bei vielen Fragen zu einer vollkommen ungeklärten Rechtslage. Hiergegen sollte teilweise die E-Privacy-Verordnung der EU Abhilfe schaffen. Diese sollte konkrete Fragen klären. Allerdings wartet die Fachwelt nun schon länger auf die E-Privacy-Verordnung. Aktuell weiß niemand genau, wann sie kommen wird.

Dem gesetzgeberischen Akt der E-Privacy-Verordnung hat nun der EuGH vorgegriffen. Natürlich kann der EU-Gesetzgeber in der E-Privacy-Verordnung eine andere Regelung treffen. Doch ist bereits jetzt absehbar, dass auch in dieser Verordnung für die Verwendung von nicht notwendigen Cookies eine aktive Einwilligung des Users erforderlich wird. Damit hat der EuGH also eine in Deutschland bereits jetzt verbindliche Rechtslage geschaffen. Die Umsetzung in nationales (deutsches) Recht ist hierbei nicht erforderlich. Dies hat viele Websitebetreiber vollkommen überrascht. Bislang ist man davon ausgegangen, noch zwei bis drei Jahre aufgrund der Übergangsfrist der E-Privacy-Verordnung Zeit zu haben.

---

[15] Quelle: https://www.lammenett.de/internet-marketing/cookie-management-plattformen-ein-erfahrungsbericht.html unter Mitwirkung von Christian Schlundt von der Rechtsanwaltskanzlei Whitefield aus München.

Es ist sehr wahrscheinlich, dass sich viele Webseitenbetreiber zukünftig von ihrem alten Cookie-Script verabschieden müssen und eine ordentliche Consent-Management-Plattform einsetzen. Je nachdem, wie die aktuellen Forderungen dann genau umgesetzt werden müssen, werden Marketing- und Statistik-Cookies kaum noch eine Bedeutung haben. Warum? Weil kaum jemand freiwillig und aktiv auf »Ja, bitte aktivieren Sie alle Marketing- und Statistik-Cookies« klicken wird. Im November 2019 habe ich dazu einen Feldversuch gemacht mit unterschiedlich gestalteten Cookie-Meldungen. **Das Ergebnis spricht Bände.**

Sehen sie selbst: https://youtu.be/YHZOYzHWeDE.

Wer sich für Consent-Management-Plattformen oder für die juristischen Folgen und Konsequenzen aus Verstößen gegen die sich anbahnende Praxis interessiert, dem empfehle ich meinen Blogartikel https://www.lammenett.de/internet-marketing/cookie-management-plattformen-ein-erfahrungsbericht.html. In diesem Artikel finden Sie auch eine juristische Wertung von Christian Schlundt von der auf Datenschutz spezialisierten Rechtsanwaltskanzlei Whitefield aus München.

5.2.2 TV verändert sich

Seit Jahren stagnieren die Umsätze mit klassischer TV-Werbung. Im Jahr 2000 lagen die TV-Nettowerbeeinnahmen in Deutschland bei 4,72 Milliarden Euro[16]. 2018 waren es 4,54 Milliarden. Im Gegensatz dazu wachsen viele Disziplinen des Online-Marketings seit Jahren kontinuierlich.

Durch die Digitalisierung des klassischen TV werden aber nun auch in diesem Bereich neue Möglichkeiten entstehen, die das Marketing beeinflussen werden und vielleicht der TV-Werbung zu alter Stärke verhelfen werden. Bereits 2016 habe ich auf der Bewegtbild-Konferenz[17] in Köln Referenten über grandiose neue Möglichkeiten der Werbeaussteuerung auf klassische TV-Gerät sprechen hören. Offenbar waren die technischen Hürden aber hoch, denn es hat drei Jahre gedauert, bis das erste zarte Pflänzchen der damals propagierten Visionen, sichtbar wurden.

---

[16] Vgl. https://de.statista.com/statistik/daten/studie/76850/umfrage/einnahmen-am-tv-werbemarkt-seit-1998/, Abruf 14.01.2020

[17] Vgl. https://www.lammenett.de/div/eindruecke-von-der-bewegtbild-konferenz-am-07-04-2016-in-koeln.html, Abruf 14.01.2020

So ging beispielsweise Seven-One Media mit dem sogenannten Addressable-TV im August 2019 in den Regelbetrieb. Addressable-TV bedeutet, dass Fernsehzuschauern in Abhängigkeit von unterschiedlichen Kriterien auch unterschiedliche Werbespots in einer TV-Sendung präsentiert bekommen. Zum Beispiel ist es aktuell möglich, einem Zuschauer in Hamburg eine andere Werbung zu präsentieren, als einem Zuschauer in München. Zu diesem Zweck wird der Standard-Werbespot durch individuelle, auf bestimmte Zielgruppen zugeschnittene, Werbung überblendet. In der Theorie können damit im Fernsehen Kampagnen ähnlich differenziert ausgesteuert werden, wie es in der digitalen Werbung im Internet seit Jahren möglich ist. Allerdings bedingt das von Seven-One Media entwickelte Verfahren ein sogenanntes Smart-TV, welches den HbbTV Standard[18] ab Version 1.5 unterstützt. Einfach ausgedrückt ist das ein internetfähiges Fernsehgerät. Zuschauer die nur über ein konventionelles Gerät verfügen, würden also nicht in den Genuss der individualisierten Werbung kommen. Sie würden schlicht den Standard-Werbespot sehen. In Deutschland stehen laut Seven-One Media[19] im Jahr 2019 rund 12 Millionen TV-Geräte die Addressable-TV unterstützen. Addressable-TV steht erst ganz am Anfang. In der Theorie, und sicherlich auch bei kontinuierlicher technischer Weiterentwicklung in der Praxis, wird damit ein differenziertes Targeting möglich, wie es heute schon bei der Internetwerbung üblich ist. Auch Interaktionen, wie beispielsweise die direkte Bestellung am TV-Bildschirm ist keine Utopie mehr, sondern rückt in greifbare Nähe. Durch Addressable-TV erfährt Fernsehwerbung eine Aufwertung. Es bleibt abzuwarten, wie Werbetreibende diese neuen Möglichkeiten annehmen und einsetzen.

Auch die öffentlich-rechtlichen Rundfunkanstalten, die ja bekanntlich nicht die schnellsten sind, verkennen die Entwicklung im klassischen TV nicht. So war im November 2019 zu lesen, dass die ARD ihre Mediathek mittelfristig zu einem eigenständigen Streaming-Angebot entwickeln möchte. So jedenfalls der Programmdirektor des Ersten Deutschen Fernsehens, Volker Herres, und der ARD-Vorsitzenden, Ulrich Wilhelm lt. eines Artikels in Horizont vom 27.11.2109[20]. Für Display-Werber bedeutet das: Augen auf und Entwicklungen beobachten. Der frühe Vogel fängt bekanntlich den Wurm. Ohne Frage werden die jüngeren Entwicklungen im klassichen-TV das Marketing in Deutschland erneut verändern.

---

18 Vgl. https://de.wikipedia.org/wiki/Hybrid_Broadcast_Broadband_TV, Abruf 14.01.2020

19 Vgl. https://www.sevenonemedia.de/addressable-tv/basisinformation, Zugriff 20.08.2019

20 Vgl. https://www.horizont.net/medien/nachrichten/zaesur-aus-der-ard-mediathek-soll-ein-eigenstaendiger-streaming-dienst-werden-179328, Abruf 11.01.2020

5.2.3 Journalismus verändert sich – und damit die PR-Arbeit

Mit der Veränderung des Journalismus durch Social-Media hat sich auch die PR-Arbeit (Public Relations, Öffentlichkeitsarbeit) von Unternehmen gewandelt. In diesem Zuge hat sich ebenfalls das Marketing verändert, denn letztlich ist PR ein Teilaspekt der Marketingkommunikation (Kommunikationspolitik = Werbung + PR + Verkaufsförderung)[21]. Ähnlich wie Social-Media den Journalismus bereits stark verändert hat, wird auch das Influencer-Marketing den Journalismus und damit die PR-Aktivitäten, inklusive der Online-PR, eines Unternehmens verändern. Die Veränderung des Journalismus vollzog sich meiner Beobachtung nach in mehreren Wellen. Die erste Welle wurde durch die sogenannten Weblogs ausgelöst, die zweite Welle von den Netzwerken, und die dritte Welle könnte nun durch die Influencer-Bewegung ausgelöst werden.

Die erste Welle

Die erste starke Veränderungswelle im Journalismus wurde durch die sogenannten Weblogs (Kurzform Blogs) eingeläutet. 1999 kam die erste freie Blog-Software auf den Markt. 2002 gab es geschätzt eine halbe Million Web-Blogs. 2011 waren es schon 175 Millionen. Ursprünglich wurden in Blogs eher technische Themen behandelt. Um die Jahrtausendwende, besonders nach dem 11. September 2001 aber auch während des Irakkriegs und der Tsunami-Katastrophe im Dezember 2004 erlangten Blogger weltweit Aufmerksamkeit. Sie schilderten ihre persönlichen Eindrücke, berichteten mit Fotos und Videos oft schneller und detaillierter, als es die traditionelle Medien leisten konnten. Später griffen dann traditionelle Medien die Berichte von Bloggern auf. Beispielsweise war dies angesichts der Londoner Terroranschläge am 7. Juli 2005 der Fall. Traditionelle Medien begannen Blogs in ihr eigenes Konzept zu integrieren. Heute gibt es kaum noch ein traditionelles Medienunternehmen, das nicht auch einen Blog betreibt.

Die zweite Welle

Weblogs sind das erste Social-Media Instrument, das den Journalismus nachhaltig beeinflusst und verändert hat. Später kamen andere Social-Media Instrumente, wie Netzwerke oder Videoportale hinzu. Allen voran sind hier Facebook und YouTube zu nennen. Auch diese Instrumente haben dazu beigetragen, dass sich der Journalismus und damit auch die PR-Arbeit von Unternehmen verändert hat. Beispielsweise wird Facebook heute von vielen Marktteilnehmern als Nach-

---

[21] Vgl. https://www.amazon.de/Marketing-Konzeption-Grundlagen-ziel-strategischen-operativen-Marketing-Managements/dp/3800657597/, Abruf 11.01.2020

richtenportal wahrgenommen. In den Jahren 2014 und 2015 erschienen diesbezüglich in renommierten Tageszeitschriften entsprechende Artikel[22].

Die dritte Welle

Spätestens seit dem Erfolg des Videos »Die Zerstörung der CDU«, des Influencers Rezo, ist klar, dass sich der Einfluss von Influencern nicht auf die Konsumgewohnheiten junger Leute beschränkt. Das Video wurde im Mai 2019 geposted, erreichte relativ schnell 1 Million Views und wurde praktisch von jedem namhaften Printmedium und von Nachrichtensendern mehrfach aufgegriffen: Focus, Tagesschau, Die Zeit, FAZ, Manager-Magazin, Tagesspiegel oder der Spiegel sind nur einige wenige erlesene Beispiele.

Die Veröffentlichung des Videos, nur wenige Tage vor der Europawahl, schreckte die politische Klasse in Berlin auf. Das Video erreichte eine publizistische Wirkung, wie sie früher nur Rudolf Augstein oder Alice Schwarzer erreichten. Gleichzeitig war der Umgang etablierter Politiker, allen voran Annegret Kramp-Karrenbauer, geradezu dilettantisch.

Doch was bedeutet es, wenn Influencer nun auch journalistisch tätig werden? Unabhängig davon, wie groß oder wie gering ihre journalistische Kompetenz ist. Inwiefern hat die Influencer-Bewegung einen Einfluss auf die Informationsbeschaffung und die Themengestaltung in der Öffentlichkeit? In welchem Maße werden Zeitungen, Rundfunk und TV abgelöst oder gar verdrängt? Wird sich durch die Macht der Influencer der »herkömmliche« Journalismus verändern? Und welche Bedeutung haben eventuelle Veränderungen für die PR-Arbeit und das Lobbying von Unternehmen und Institutionen?

Zum heutigen Zeitpunkt können diese Fragen nicht beantwortet werden. Eines ist jedoch klar: die Hoheit über die Themen, die in der Öffentlichkeit diskutiert und damit verbreitet werden, haben die Journalisten bzw. die klassischen Medien schon lange verloren. Diese Hoheit fußte ursprünglich darauf, dass Journalisten über die Medien, für die sie tätig waren, die Massen erreichen konnten. Neben den Veränderungen die ohnehin schon durch Social-Media herbeigeführt wurden, kommt nun noch die Influencer-Bewegung hinzu. So mancher Influencer erreicht heute mit einem Post mehr Menschen als die Bundeskanzlerin mit ihrer Neujahrsansprache.

---

22 Vgl. https://www.welt.de/wirtschaft/webwelt/article160309705/Facebook-mutiert-zum-Nachrichtenportal.html oder https://www.faz.net/aktuell/feuilleton/medien/facebook-das-netzwerk-wird-zum-nachrichtenportal-12909911.html, Abruf 12.01.2020

An der PR-Arbeit von Unternehmen kann diese Entwicklung aus mehreren Blickwinkeln nicht spurlos vorbeigehen. Ziel der PR ist es, Sympathie und Verständnis der Öffentlichkeit oder bestimmter öffentlicher Gruppen gegenüber einer Organisation bzw. eines Unternehmens zu fördern oder zu erzeugen. Konkret geht es bei der PR u. a. um die Gewinnung von Meinungsführern, die Beeinflussung politischer Entscheidungsträger (Lobbyismus) und die Okkupation von Begriffen deren Nutzung den Aufbau eines konsistenten und positiven Bildes in der Öffentlichkeit fördert. Influencer sind Meinungsführer. Merken Sie etwas? Ein weiteres Ziel der PR ist i. d. R. der Ausbau des Bekanntheitsgrads einer Organisation. Auch zu diesem Ziel können Influencer Beiträge leisten.

Die Influencer-Bewegung macht die Arbeit von PR-Agenturen und Lobbyisten nicht gerade leichter. Im Gegenteil - sie wird bedeutend Komplexer und vielschichtiger. Es bleibt nun abzuwarten, welche Stilblüten der PR-Arbeit aus den in diesem Abschnitt erörterten Zusammenhängen entstehen.

5.2.4 Voice-Commerce und Voice-Marketing

Ein Trend der seit 2019 ebenfalls Fahrt aufgenommen hat ist das Thema »Voice Marketing«. Seit Juni 2019 gibt es sogar ein Buch zu diesem Thema bei einem renommierten Verlag.[23] Konkret geht es beim Voice Marketing um die kommerzielle Nutzung von Sprachassistenten (Smart Speaker). Bekannte Vertreter sind Amazons Alexa, Apples Siri, Microsofts Cortana und Google Home. Im Kern geht es darum, Botschaften und/oder Informationen ausschließlich über gesprochene Sprache und/oder Musik zu transportieren. Populäre Anwendungsgebiete sind z.B. Podcasts, die ebenfalls seit einigen Jahren sehr boomen. Ein weiteres Beispiel ist die sprachgesteuerte Informationsbeschaffung (zu neudeutsch Voice Search). Mit der zunehmenden Verbreitung der Smart Speaker werden diese Anwendungsbereiche im kommerziellen Sinne immer interessanter. Dieses Phänomen ist ja nicht neu. Überall dort, wo Massen bequem erreichbar sind, entwickelt sich früher oder später ein kommerzielles Interesse unterschiedlicher Marktteilnehmer. Reichweite schafft Begehrlichkeiten. Das war beim TV so, bei Social-Media, bei Influencern und es wird bei Voice nicht anders sein.

---

23 Thomas Hörner, Marketing mit Sprachassistenten, Springer Gabler, 1. Auflage, Juni 2019

Smartspeaker in Zahlen

Im Q4 2018 (Weihnachtsgeschäft) wurden weltweit 38,5 Millionen Smart Speaker verkauft. Im Q1 2019 waren es 25,9 Millionen. Zum Vergleich: Im Q4 2016 waren es nur 4,6 Millionen und im Q1 2017 nur 3,9 Millionen. Salopp ausgedrückt könnte man sagen, dass sich die Verkaufszahlen in drei Jahren verzehnfacht haben. Laut einer Prognose von Strategyanalytics[24] wird der Umsatz mit intelligenten Lautsprechern im Jahr 2022 weltweit bei 5,5 Milliarden US-Dollar liegen. 2017 waren es nur rund 1,5 Milliarden US-Dollar. Aktuell ist dieses schnell wachsende Marktsegment auf dem besten Weg, die Kraftverhältnisse im digitalen Marketing tüchtig durcheinander zu wirbeln.

Vorteile (in der Theorie)

Die Entwicklung von Voice Marketing steht erst am Anfang. Zwar werden Sprachassistenten schon heute in sehr vielen unterschiedlichen Anwendungsbereichen eingesetzt, technologisch ist dieser Bereich jedoch noch lange nicht ausgereizt. Bereits heute kursieren Buzzwords the Voice Messenger, Voice Notification, KI-Lautsprecher, Internet of Voice u. a. m. Fast jedes große Callcenter nutzt heute schon einen Sprachassistenten um im First Level Support Anfragen zu segmentieren und zu steuern. Schon heute werden weltweit Bestellungen im Wert von über zwei Milliarden US-Dollar über Sprachassistenten getätigt. Wie lässt sich dieser kurzfristige Erfolg erklären? Wie erfolgreich werden Voice-Anwendungen erst, wenn die Anwendungen um künstliche Intelligenz ergänzt werden? Die zwei wesentlichen Erfolgsbausteine für Voice Marketing sind Barrierearmut und Natürlichkeit. Kaum ein Kommunikationskanal ist natürlicher und barriereärmer als die gesprochene Sprache. Sprachassistenten sind heute schon in

Abbildung 5.6: Amazon Echo - Photo by Grant Ritchie on Unsplash

[24] Vgl. https://www.strategyanalytics.com/strategy-analytics/news/strategy-analytics-press-releases/strategy-analytics-press-release/2017/02/27/strategy-analytics-intelligent-home-speakers-to-challenge-smartphones-in-home-of-the-future, Abruf 23.01.2020

fast jedem Smartphone implementiert. Sie sind auf jedem PC, auf jedem Laptop, in vielen PKWs oder in Form separater Geräte, wie beispielsweise dem Amazon Echo, im Alltag fast aller Menschen verankert. Was ist natürlicher, bequemer und einfacher, als in den Raum einen Satz zu sprechen wie beispielsweise:

»Alexa, bestelle mir das Buch "Praxiswissen Online-Marketing von Dr. Erwin Lammenett.« oder

»Ok Google, wie sind die Öffnungszeiten der Roetgen Therme heute?« oder

»Ok Google, zeige mir Dachdecker in der Nähe«, oder

»Ok Google, suche mir einen Lieferanten für Schichtdickenmessgeräte«?

Gängige Anwendungsbereiche und Veränderungen der Mediennutzung

Sprachassistenten können auf vielfältige Weise eingesetzt werden. Ich möchte mich im Rahmen dieses Abschnitts auf die aktuellen Top-Themen »Voice Search« und »Voice Shopping« konzentrieren. Grundsätzlich muss aber klar sein, dass Sprachassistenten die Mediennutzung insgesamt deutlich verändern werden. Das Ausmaß dieser Veränderung kann aktuell nur erahnt werden. Kar ist: Das Chancenpotential für nachhaltigen wirtschaftlichen Erfolg ist immens. Für Marketeers bedeutet die Entwicklung aber, dass sie sich im Idealfall schon heute mit dem Thema beschäftigen sollten. Denn wie so oft werden es die frühen Adopter sein, die sich Wettbewerbsvorteile erarbeiten können. Dabei geht es nicht nur um direkte Verkäufe oder die Auffindbarkeit in der Suchmaschine. Auch Themen wie Branding spielen dabei eine Rolle; im Falle von Sprachassistenten eben das Audio-Branding. Im Idealfall ist das Audio-Branding einer Marke so gut, dass es einen positiven Beitrag dazu leistet, die Botschaften des Werbetreibenden fest im Mindset des Konsumenten zu verankern, beispielsweise über Podcasts. Auch die Möglichkeit der Platzierung von Anzeigen (neudeutsch Voice Ads) bietet neue Optionen für das Marketing. Die gesprochene Sprache kann auch bei Chat-Bots und Chat- oder Messaging-Anwendungen eine Rolle spielen. Dazu aber zu einem späteren Zeitpunkt mehr.

Voice Search

Ein aktuell ganz heißer Trend ist das Thema Websuche via gesprochener Suchanfragen. Bereits 2018 berichtete Google, dass 20 Prozent der Suchanfragen an mobilen Geräte über Sprache durchgeführt wurden. Angesichts der Wachstumszahlen gehen einige Experten davon aus, dass im Jahr 2020 bereits bis zu 50 Prozent aller Informationsrecherchen mittels Spracheingabe durchgeführt werden. Die Auswirkungen dieser Entwicklungen sind für das digitale Marketing enorm. Die Entwicklung wirft sofort die Frage auf, was in Bezug auf die SEO-Bemühungen eines Werbetreibenden zu berücksichtigen ist, damit zukünftig sein Eintrag und nicht der eines Mitbewerbers auf der Search Engine Result Page (SERP) oben zu finden ist. Diesbezüglich stellt sich die Frage nach einer sprachoptimierten SEO. In diesem Zusammenhang wird ein semantisch korrekter Aufbau von Webseiten und eine semantisch korrekte Auszeichnung von Inhalten noch wichtiger, als sie ohnehin heute schon sind.

Das es Google mit dem Thema »Voice Search« sehr ernst meint, ist spätestens seit der Entwicklerkonferenz I/O 2018 klar. Dort stellte Google »Duplex« vor. Die Idee hinter Duplex ist, dass der Nutzer, also ein Mensch, einem Sprachassistenten eine Aufgabe stellen kann, ohne dass andere involvierte Mensch merken, dass die Aufgabe von einer sprechenden KI[25] erledigt wird. Beispiel: »Ok Google, reserviere mir einen Tisch im Restaurant Mangold in Aachen für morgen, 19 Uhr auf den Namen Lammenett«. Nun, technologisch sind wir noch nicht so weit. Aber es wird auch nicht mehr ewig dauern, bis Sprachassistenten so weit sind. Spätestens wenn das der Fall ist, wird »Voice Search« noch einmal einen gewaltigen Schub erhalten. Auf diese Veränderung und die Unterschiede sollte sich das Marketing im Idealfall lieber früher als später einstellen. Ein großer Unterschied ist der Wegfall der visuellen Komponente. Während die klassische Google-Suche auf dem Smartphone, dem PC oder einem Tablet als Ergebnis immer eine Webseite oder zumindest eine visuelle Ergebnisanzeige im Such-Interface anzeigt, fällt diese visuelle Komponente bei Sprachassistenten natürlich weg.

Durch »Voice Search« entstehen natürlich auch weitere Datenpunkte, die in der bisherigen Form so nicht zur Verfügung standen. Was für Marketeers daher interessant werden dürfte, ist der Zugriff auf diese Datenpunkte, um potenzielle Kunden zukünftig noch besser »abzuholen«, denn mit den zusätzliche Daten werden sich vermutlich noch genauere und passendere Empfehlungen für Kunden bzw. Interessenten generieren lassen.

Voice Shopping bzw. Voice Commerce

Um es gleich vorweg zu sagen: Voice Commerce ist, zumindest zum jetzigen Zeitpunkt, in Deutschland noch nicht massentauglich. In den USA ist das schon etwas anders. Dort ist Amazon schon auf dem Weg, dem Kunden mit einem Minimum an Nachfragen die gewünschten Produkte des täglichen Lebens ins Haus zu liefern. In den USA[26] werden Funktionen wie »Buy it again« immer häufiger von den Konsumenten angenommen. Auch Funktionen wie die sprachgesteuerte Statusabfrage einer Bestellung erfreuen sich dort steigender Beliebtheit. Dass so etwas in den nächsten Jahren auch in Deutschland populär wird, halten Handelsexperten für durchaus möglich. Noch ist es aber nicht so weit. Allerdings haben sich fast alle Mega-Trends aus den USA auch in Europa durch-

---

25 künstliche Intelligenz

26 Vgl. https://www.amazon.com/alexa-voice-shopping/b?ie=UTF8&node=14552177011, Abruf 22.01.2020

gesetzt - zeitversetzt eben. Auch in Deutschland gibt es bereits erste Unternehmen, die mit Sprachassistenten ihren Umsatz ankurbeln. Die Pizza-Lieferkette Domino's hat beispielsweise im September 2018 die Bestellung per Sprachbefehl ermöglicht.[27]

Die Erwartungen und die aktuelle Realität klaffen derzeit noch weit auseinander. Das kann man u. a. daran erkennen, dass in den Medien Artikel mit so verheißungsvollen Überschriften kursieren wie »Top-Studie: Sprachassistenten sollen sechs Mal mehr Umsatz bringen, und das schon in den nächsten drei Jahren«[28] oder »Revolution im Onlinehandel: Innerhalb der nächsten fünf Jahre wird Voice Ordering etabliert sein, sagt ein Experte«[29] - andererseits aber auch Artikel mit Titeln wie »The Reality Behind Voice Shopping Hype«[30], in dem sehr deutlich thematisiert wird, dass das Interesse und die Verkaufszahlen von Sprachassistenten zwar groß sind, aber nur sehr wenige Konsumenten diese zum Einkauf nutzen. 2018 haben gerade mal zwei Prozent der Besitzer eines Amazon Echo über diesen auch eine Bestellung durchgeführt. Und 90 Prozent dieser Käufer gaben an, nach dem einstmaligen Kauf über einen Sprachassistenten diese Möglichkeit kein weiteres Mal genutzt zu haben.

Insgesamt ist es dennoch nicht verwunderlich, dass es aktuell kaum ein Thema auf E-Commerce-Konferenzen gibt, welches Händler und Dienstleister mit so großen Hoffnungen verknüpfen wie Voice Commerce. Die Bestellung von Waren per Sprache gilt als »das nächste große Ding«. Es lohnt sicher, die Entwicklungen in diesem Bereich im Auge zu behalten.

5.2.5 Messenger-Marketing

Eines der Buzzwords, die in jüngerer Zeit immer häufiger zu hören sind, ist »Messenger-Marketing«. Gemeint ist der kommerzielle Einsatz von Messenger-Anwendungen wie WhatsApp oder Facebook-Messenger. Online-Marketing wird letztlich immer granularer und entwickelt sich immer mehr in Richtung 1:1 Kommunikation. Messenger haben im echten Dialogmarketing natürlich etliche Vorteile. Wobei – was ist heute schon echt? Bald wird man nicht mehr wissen, ob

---

27 Vgl. https://www.dominos.de/%C3%BCber-domino-s/presse/september-18-domino-s-launcht-bestellung-via-sprachbefehl, Abruf 22.01.2020

28 Vgl. https://www.absatzwirtschaft.de/top-studie-sprachassistenten-sollen-sechs-mal-mehr-umsatz-und-das-schon-in-den-naechsten-drei-jahren-122688/, Abruf 22.01.2020

29 Vgl. https://www.businessinsider.de/revolution-im-onlinehandel-innerhalb-der-naechsten-fuenf-jahre-wird-voice-ordering-etabliert-sein-sagt-ein-experte-2018-8, Abruf 22.01.2020

30 Vgl. https://www.theinformation.com/articles/the-reality-behind-voice-shopping-hype, Abruf 22.01.2020

der Gegenüber am anderen Ende des Messengers ein Mensch oder künstliche Intelligenz ist. Aber das ist ein anderes Thema.

In der westlichen Welt gibt es im Kern nur drei verbreitete Messenger, die sich aufgrund der notwendigen kritischen Masse für eine kommerzielle Nutzung eignen. Das sind WhatsApp mit ca. 1,5 Milliarden aktiven Benutzern, der Facebook-Messenger mit rund 1,3 Milliarden Nutzern und Viber mit rund einer Milliarde Nutzern. Der Facebook-Messenger ist sehr populär in den technologisch gut entwickelten Regionen wie Nordamerika oder Australien. WhatsApp hat im Vergleich weniger Funktionen und ist »schlanker«. Daher funktioniert WhatsApp auch bei schlechter Netzabdeckung gut und ist in Regionen populär, wo das Internet noch nicht so weit entwickelt ist wie z. B. Indien oder Südamerika. In Osteuropa ist Viber stark vertreten. Im asiatischen Raum spielen diese Messenger allerdings kaum eine Rolle. Dort gibt es wiederum andere Systeme wie WeChat, KakaoTalk oder QQ.

Mittlerweile haben auch in Deutschland sehr viele Konsumenten WhatsApp, den Facebook-Messenger oder gar beide auf dem Smartphone. Aus kommerzieller Sicht ist es also naheliegend, über diese Systeme mit Konsumenten zu kommunizieren. Denn über das Smartphone sind Konsumenten heute fast permanent online. Es ist daher nicht verwunderlich, dass sich mittlerweile Anbieter entwickelt haben, die Produkte und Dienstleistungen für den Einsatz von Messengern in der Unternehmenskommunikation entwickelt haben. Auch WhatsApp selbst hat das Potential von Messengern in der Unternehmenskommunikation erkannt und bietet unter https://www.whatsapp.com/business/ eine kostenlose App, die speziell für Eigentümer von Kleinunternehmen entwickelt wurde. WhatsApp schreibt dazu: »Erstelle damit einen Katalog, um deine Produkte und Dienstleistungen vorzustellen. Mithilfe von Tools zum Automatisieren, Sortieren und schnellen Beantworten von Nachrichten machst du die Kommunikation mit Kunden kinderleicht«. Natürlich bietet WhatsApp auch eine sogenannte API (Application Programming Interface), sodass Unternehmen WhatsApp in die Unternehmens-Infrastruktur integrieren können – z. B. in ein CRM-System oder eine Chat-Anwendung. Mittels der API können auch Dritte Anwendungen und Dienstleistungen für Unternehmen entwickeln. In Deutschland ist beispielsweise das Unternehmen MessengerPeople (ehemals WhatsBroadcast) recht bekannt. Es gibt aber auch andere Dienstleister mit cleveren Lösungen im Messenger-Umfeld, wie z. B. optimise-it aus Hamburg (https://www.optimise-it.de/de/produkt/module/whatsapp/).

Messenger finden heute primär im Kundenservice Anwendung, wo sie ihre Stärke ausspielen können. Denn in einer Zeit, in der Produkte und Plattformen immer austauschbarer werden und die Markenloyalität sinkt, wird guter Kundenservice immer wichtiger. Schon lange ist bekannt, dass die Kosten für die Akquisition neuer Kunden deutlich höher sind, als die Kosten für die Bindung von Bestandskunden. Leider haben viele Unternehmen diesen Aspekt nicht im Bewusstsein. Sind wir doch mal ehrlich, wo gibt es in unserer »Geiz ist geil« Welt heute noch guten Kundenservice? Viele Unternehmen rationalisieren sich schlank und bauen Personal ab. In den meisten Hotlines quält man sich heute zunächst mit einem Sprachcomputer, um dann nach fünf Minuten einen Satz zu hören wie: »Vielen Dank, sie werden jetzt mit einem Mitarbeiter verbunden. Die voraussichtliche Wartezeit beträgt 15 Minuten«. Messenger, in Deutschland speziell WhatsApp, können unter bestimmten Voraussetzungen der Schlüssel zu einem besseren Kundenservice sein.

5.2.6 Die steigende Popularität von Podcasts

Ein Podcast ist eine Serie von meist abonnierbaren Audio- oder Videodateien, die über das Internet verbreitet werden. Das Kofferwort setzt sich zusammen aus der englischen Rundfunkbezeichnung »Broadcast« und der Bezeichnung für den tragbaren MP3-Player von Apple, »iPod«, der maßgeblich zum Erfolg der Podcasts führte.

Podcasts gibt es schon etwa seit Mitte 2000. Beispielsweise hatte die BMW AG bereits 2005 einen Podcast angeboten.31 Offenbar war BMW damals seiner Zeit voraus. Der Podcast wurde wieder eingestellt. Wahrscheinlich mangels Nachfrage. Denn erst seit 2016 haben sich Podcasts zu einem Trendthema entwickelt. Damit werden Podcasts auch für das Marketing interessant; und zwar gleich aus mehreren Blickwinkeln. Logisch, denn überall wo Massen erreicht werden können, entwickeln sich häufig auch Optionen für das Marketing. Das war beim TV und beim Radio so, bei Social-Media, bei den Suchmaschinen und es wird bei Podcasts nicht anders werden. Heute bietet BMW natürlich wieder einen Podcast an.[32]

Die jüngere Entwicklung

In den USA habe Podcasts mittlerweile eine extrem hohe Popularität erreicht. Laut einer im März 2019 erhobenen Studie[33] von Edison Research und Triton Digital nutzen in den USA heute fast 50 Prozent der Bevölkerung Podcasts.

---

31 Vgl. https://www.podcast.de/podcast/1246/#archiv, Zugriff 24.01.2020.

32 Vgl. https://bmwpod.simplecast.com/, Zugriff 24.01.2020.

33 Vgl. https://www.edisonresearch.com/wp-content/uploads/2019/03/Infinite-Dial-2019-PDF-1.pdf, Zugriff 24.01.2020.

Abbildung 5.7: Anteil der Podcast Nutzer an der Bevölkerung in den USA von 2006 bis 2019 gem. Edison Research und Triton Digital Studie.

Betrachtet man die Entwicklung, zeichnet sich ab, dass der Podcast-Markt sich seit 2016 professionalisiert hat und einen Hype erlebt. Seit dieser Zeit bieten Unternehmen, Medienmarken (Radio- und TV-Sender) und auch Prominente verstärkt eigene Podcast-Konzepten an. Eine besonders erfolgreiche Podcast-Reihe in den USA ist beispielsweise der Krimi-Podcast »Serial«. Er hat einen wesentlichen Anteil am Durchbruch des Mediums Podcast. »Serial« wurde im Oktober 2014 von einem nicht kommerziellen freien Hörfunksender ins Leben gerufen und hat heute über 50 Millionen Abonnenten.

Aktuell sind besonders Informationsformate mit unterhaltenden Elementen beliebt. Auf diese Weise können Hörer etwas lernen, während sie gerade etwas anderes tun. Nach wie vor gehören daher Wissens-Podcast zu den favorisierten Formaten. Ich selbst höre gerne während sportlicher Aktivitäten Marketing-Podcasts. Besonders bei langen Radausfahrten oder im Fitnessstudio, wo der Geräuschpegel bisweilen nervend ist, bin ich in jüngerer Zeit zum Podcast-Fan geworden.

Auch in Deutschland sind Podcasts auf dem Vormarsch. Laut einer Bitcoin-Befragung aus dem Jahr 2018 hören bereits rund 30 Prozent der Deutschen Podcasts.

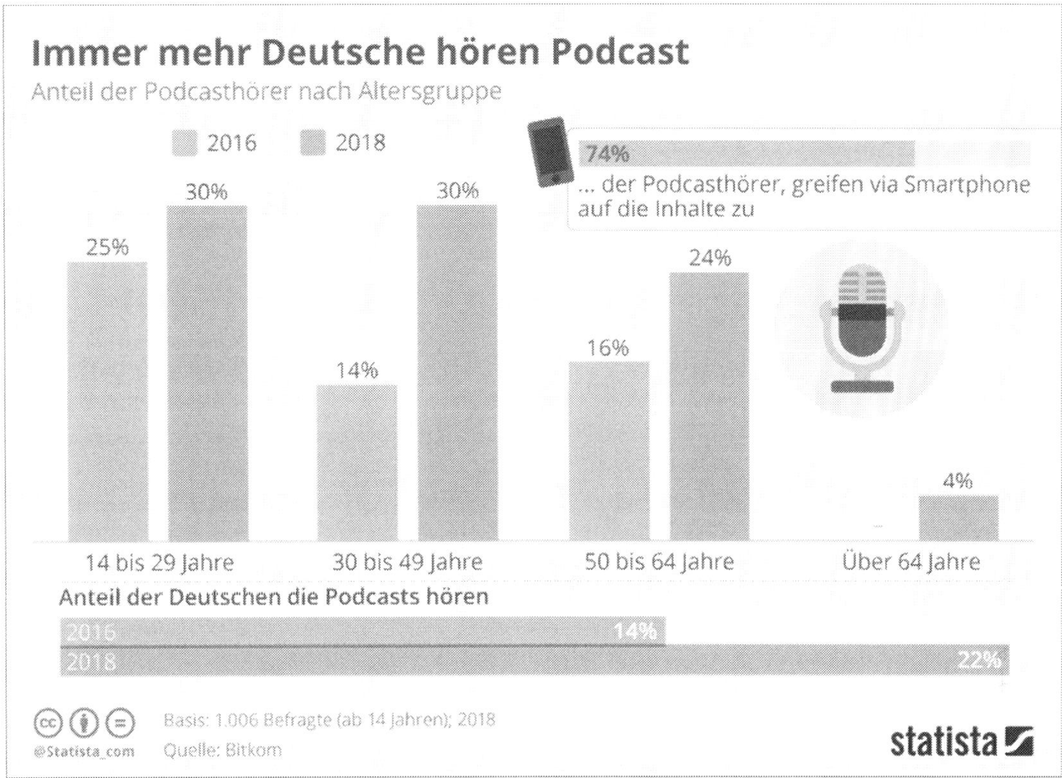

Abbildung 5.8: Immer mehr Deutsche hören Podcast. Quelle: https://de.statista.com/infografik/14569/podcasthoerer-in-deutschland/Anteil der Podcast

In Deutschland nutzen 74 Prozent der Hörer ihr Smartphone, um auf die Audioinhalte zuzugreifen. Man könnte sagen, dass das Smartphone eine Art »Türöffner« für die Podcasts war. Laut der Bitcoin-Umfrage ist das Hören von Podcasts auf Reisen oder beim Sport besonders beliebt. 37 Prozent der Befragten lenken sich beim Putzen und Aufräumen mit Podcasts ab und 35 Prozent lauschen Podcasts beim Einschlafen.

Erfolgreiche Podcasts stammen häufig von Personen, die sich bereits eine gewisse Bekanntheit oder gar Prominenz erarbeitet haben und über eine hohe Anzahl von Fans oder Followern verfügen. In vielen Fällen stellen die Podcasts eine Art Diversifikation der Person bzw. Marken durch die Ergänzung von Audio-Angeboten dar. Letztlich ist so auch der aktuell hohe Anteil von professionellen Medienmachern im Podcast-Markt zu erklären. Dieser hat sicherlich auch zum Erfolg des Formates »Podcast« beigetragen. Nicht selten besteht zwischen Prominenz und Downloadzahlen eine größere Korrelation als zwischen Qualität der Inhalte und den Downloadzahlen. Es lohnt sich deshalb auch in die Podcasts von »Underdogs« reinzuhören, denn letztlich kann jedermann einen Podcast erstellen und verbreiten. Das benötigte Einsteiger-Equipment zur Produktion eines

Podcasts kostet weniger als 100 Euro. Entsprechend vielfältig sind die Formate. Hier einige Beispiele für unterschiedliche Podcast-Formate:

Corporate Podcast
Corporate Podcasts gibt es mittlerweile viele. Internationale Firmen wie Goldman Sachs, Deloitte oder Microsoft sind auf diesem Gebiet Vorreiter. Zumeist ist deren Zielsetzung auf das Unternehmensimage einzuzahlen. Konzerne nutzen Podcasts bisweilen auch für interne Kommunikationszwecke. So bietet beispielsweise Audi auch einen »Mitarbeiter-Podcast« an.

Talk- oder Interview-Podcast
Sehr beliebt sind auch Talk- oder Interview-Formate wie das klassische journalistische Gesprächs- bzw. Interview-Format. Beispiele sind das »7 Minute Job Interview« von trezno.com oder der »OMR Podcast« von Philipp Westermeyer.

Themen-Podcast
Hierbei handelt es sich um monothematische Formate, die sich jeweils um ein bestimmtes Thema ranken. Grundsätzlich kann dabei fast jedes Thema besprochen werden. Beispiele: Sport (Kicker), Finanzen (»Finanzen verstehen, richtig entscheiden« von Ute Grebe-Thiel, MLP Finanzberatung) oder Work Live Balance (»JOY UP YOUR LIFE, Dein Podcast für Seelenfutter und Inspiration« von Chrissi Joy). Dies sind aber nur einige wenige Beispiele. Grundsätzlich gibt es mittlerweile über fast jedes Thema Podcasts.

Tagebücher oder People-Podcast
Im Mittelpunkt steht eine bestimmte Person, die aus ihrem Leben erzählt. Es geht um private und teilweise sehr persönliche Geschichten. Beispielsweise »Tagebuch eines Muslimen« von M. Cem oder »Buchingers Tagebuch Podcast«, in dem der Comedian Michael Buchinger aus dem Nähkästchen plaudert und seine intimsten Gedanken und Geheimnisse offenbart.

Weitere Formate sind: **Gesprächspodcasts**, **Öffentlich-rechtliche-Podcasts**, die für die Sender im Grunde eine Art Zweitverwertung darstellen, **Podcasts von Medien-Unternehmen**, häufig auch Zweitverwertungen wie z. B. Nachrichten oder Informationssendungen oder **unterhaltende Formate** wie Krimi-Podcasts, Fiction-Podcasts, Hörspiele und vieles mehr. Auch **Blogger-Podcasts** werden häufiger. Bei diesen Podcasts vertonen Blogger ihre Artikel. Allerdings werden die Artikel nicht abgelesen, das wäre langweilig, sondern im Idealfall frei vorgetragen.

Vor- und Nachteile von Podcasts
Freie Wahl – und das Zeit- und Ortsunabhängig: Ein Podcast ist im Grunde wie eine gute Radiosendung. Der wesentliche Unterschied besteht darin, dass man als Hörer das Programm jederzeit selbst bestimmen kann. Zeit- und Ortsunabhängig, denn Podcasts kann man auch Downloaden und so auch in Gebieten

oder Räumen hören, in denen es schlechten oder gar keinen Internetempfang gibt.

Sehr große Themenabdeckung, geringe Hürden bei der Produktion: Ein weiterer Vorteil ist, dass es mittlerweile für fast jede Nische und jedes Thema spannende Podcasts gibt. Ich selbst höre gerne unterschiedliche Marketing-Podcast und kann so nebenbei auch noch etwas lernen oder einen Know-how-Abgleich mit anderen Marketing-Experten durchführen. Im Prinzip kann jeder einen Podcast erstellen und diesen über unterschiedliche Portale zum Download bereitstellen. Um einfache Podcasts zu erstellen benötigt man lediglich ein gutes Mikrofon (50 Euro), ein Smartphone (hat eh jeder) und eine App (zwischen kostenfrei und 20 Euro) zum Schneiden der Audiodatei. Bedenkt man wie viele selbstgemachte Videos heute auf YouTube pro Minute hochgeladen werden, kann man grob erahnen, welche Entwicklung Podcasts in den nächsten Jahren noch nehmen werden.

Digital und damit trackbar wie andere Online-Marketing Instrumente: Podcasts sind digitale Audiodaten und können daher getracked werden, wie andere Online-Marketing Instrumente auch. Das konventionelle Radio kann das nicht. Es können individuelle Nutzerdaten erhoben werden. Diese Daten sind für die werbetreibende Industrie von hohem Wert für die passgenaue Aussteuerung von Werbeangeboten.

Unabhängigkeit von Algorithmen: Unternehmen, Institutionen oder auch Einzelpersonen die es schaffen ein Podcast-Konzept zu entwickeln, welches eine hohe Anzahl von Abonnenten generiert, machen sich ein Stück weit unabhängig von den Algorithmen großer Social-Media-Kanäle oder von Suchmaschinen. Das Grundprinzip ähnelt dem des guten alten Newsletters.

Hohe Relevanz und Identifikation der Hörerschaft: Podcasts sind im Grunde Audio-Content und damit nahe beim Content-Marketing. Podcasthörer entscheiden sich aktiv für einen Podcast und abonnieren diesen bewusst. Das Prinzip ist vergleichbar mit dem Abo eines YouTube-Kanals oder dem Followen eines Influencers – gleichzeitig ist es weit weg von allen Kommunikationsformen, die man als Belästigung oder Unterbrechung empfinden könnte. Das bedeutet, sie treten freiwillig und meist aktiv in Kontakt mit einem Unternehmen, einer Marke oder einer Person. Es besteht also eine hohe Identifikation und damit ein Hoher Wert.

Geringere Dateigröße – immer am Mann: Audiodateien sind kleiner als Videodateien. Sie benötigen weniger Speicherplatz. Durch die Nutzung des Smartphones als Abspielgerät ist der Podcast quasi »immer am Mann« und fast immer Einsetzbar. Durch die geringe Dateigröße ist ein Download sogar über mobiles Internet schnell erledigt, was für Smartphonenutzer die unterwegs sind, natürlich interessant ist. Das ist bei Videos anders. Videos sind deutlich größer und benötigen daher eine viel längere Downloadzeit.

Praktikabilität: Viele Podcastfans befinden Hören für bequemer als Lesen. Daher würde ich diesen Aspekt bei bestimmten Podcasts durchaus als Vorteil sehen. Allerdings werden Podcasts im Normalfall sequentiell gehört. Ein »querlesen« wie bei Printmedien ist also nicht möglich. Das empfinde ich als Nachteil. Gerade bei komplexen Sachverhalten oder umfangreichen Themenfeldern befinde ich Podcasts, gegenüber einem Buch, als nachteilig, womit wir bei den Nachteilen angelangt sind.

Potentielle Nachteile: Viele Nachteile fallen mir nicht ein. Der größte ist wahrscheinlich, dass Unternehmen oder Institutionen, die sich damit beschäftigen einen eigenen Podcast ins Leben zu rufen, sich darüber im Klaren sein müssen, dass sie in gewisser Weise eine Verpflichtung eingehen. Hörer erwarten eine »regelmäßige Lieferung«. Ein Podcast ist keine einmalige Geschichte, sondern eine Serie, die sich um ein bestimmtes Thema rankt. Ähnlich wie ein Newsletter, der nur einmal im Jahr verschickt wird, wird auch ein Podcast ein Rohrkrepierer, wenn dahinter kein ordentliches und durchdachtes Konzept steht.

Als weiteren potentiellen Nachteil könnte man anführen, dass, im Vergleich zu anderen Kommunikationsmaßnahmen, die potentiell erreichbare Zielgruppe noch kleiner ist. Aber gut, die Zahlen entwickeln sich ja aktuell sehr dynamisch. Wer weiß wie lange das noch so sein wird.

Der Einsatz von Podcasts im Marketing bzw. der Unternehmenskommunikation

Podcasts können theoretisch in allen Branchen und Unternehmen eingesetzt werden. Grundsätzlich können mit Podcasts interne und externe Kommunikationsziele befriedigt werden. In einer Zeit, in der Audio generell wieder bedeutender wird (Stichworte Spracherkennung, Voice-Commerce, Voice-Search) können Podcasts den Kommunikationsmix der Unternehmen ideal ergänzen.

Für den Einsatz von Podcasts im Marketing und in der Unternehmenskommunikation sehe ich konkret drei Anwendungsbereiche:

- In der nach innen gerichteten Kommunikation kann ein Mitarbeiter-Podcast, ähnlich wie beispielsweise Audi es vormacht, ein spannender Baustein im Kommunikationsmix sein.
- Der eigene Podcast eines Unternehmens, vergleichbar mit einem eigenen Newsletter. Thematisch ist hier vieles möglich.
- Werbung im Podcast von anderen Marktteilnehmern, ähnlich wie die Buchung von Werbung in Newslettern Dritter.

Im Betrieb eines oder mehrerer eigener Podcasts gibt es allerdings vieles zu beachten. Grundsätzlich sind Podcasts ja Serien, die, ähnlich wie ein Newsletter, periodisch erscheinen. Ein Unternehmen das zukünftig Podcasts einsetzen möchte, muss sich darüber im Klaren sein, dass Erfolg nur dann eintritt, wenn sich die Inhalte des Podcasts an den Wünschen, Bedürfnissen und Erwartungen der Zielgruppe orientieren und wenn langfristig strategisch gedacht wird. Ein Podcast ist kein Schnellschuss der zügig Erfolg bringt. Erfolgreiche Podcasts brauchen Zeit, Geduld und kontinuierlich disziplinierte Arbeit. Grundvoraussetzungen für den erfolgreichen Einsatz von Podcasts sind daher eine durchdachte Strategie und ein kluges, stimmiges Konzept.

Grundsätzlich ist Audio in der heutigen Zeit auf dem Vormarsch. Themen wie Voice-Commerce, Voice-Suche, Streaming und Sprachassistenten sind aktuell im Trend und erfreuen sich rapide steigender Beliebtheit. Letztlich sind das alles Audio-Themen; genau wie der Podcast. Strategisch kann es daher durchaus interessant sein, sich heute mit dem Thema »Podcast« auseinanderzusetzen, um im Markt repräsentativ vertreten zu sein, wenn wir in Deutschland/Europa einmal die Nutzerzahlen der USA oder gar höhere erreichen. Denn eines ist klar: Die Entwicklung von Podcasts steht erst am Anfang und »First Mover« haben i. r. R Vorteile gegenüber Mitbewerbern, die die Zeichen der Zeit nicht oder erst zu spät erkennen.

Lese- bzw. Hörempfehlungen

Wer etwas tiefer in das Thema einsteigen möchte, aber nicht gleich 300 Seiten lesen will, für den ist das Buch »Podcast in der Unternehmenskommunikation, 2019. Springer/Gabler« richtig. Ich bin kein Fan der Serie »essentials« aus dem Hause Springer/Gabler. Bisweilen sind die Werke der Serie bessere Masterarbeiten. Aber dieses Buch ist eine Ausnahme und eine absolute Leseempfehlung. Der Autor weiß nicht nur wovon er schreibt, er kann auch noch Schreiben. Diese Kombination ist bei Büchern heute leider keine Selbstverständlichkeit mehr.

Der Link zum Buch: https://amzn.to/2ZAnvaw

Weitere Links zum Thema:

ARD-Werbung SALES & SERVICES GmbH. 2018. Spot on podcast 1+2. https://www.ard-werbung.de/spotonpodcast/. Zugriff 24.01.2020.

Edison/Triton, The Infinite Dial 2019, https://www.edisonresearch.com/wp-content/uploads/2019/03/Infinite-Dial-2019-PDF-1.pdf, Zugriff 24.01.2020.

eMarketer. 2016. What do podcast listeners do after hearing an add? https://www.emarketer.com/Article/What-Do-Podcast-Listeners-Do-After-Hearing-Ad/1014499. Zugriff 24.01.2020.

OMR Podcast #126. 2018. Mit Audible-Chef Nils Rauterberg. https://soundcloud.com/omrpodcast/omr-126-audible-nils-rauterberg. Zugriff 24.01.2020.

5.2.7 Programmatic Advertising: Wundertüte oder dubiose Blackbox?

Unter Programmatic Advertising versteht man den automatisierten Einkauf (auch Verkauf) von Werbefläche im Online-Marketing. Etwas vereinfacht ausgedrückt werden beim Programmatic Advertising Werbeflächen in Sekundenbruchteilen über Auktionsverfahren mit entsprechender Werbung bespielt. Das ganze passiert natürlich computergesteuert und vollautomatisch. Der Werbetreibende definiert seine Nachfrage über eine sogenannte Demand-Side-Platform (DSP), der Anbieter definiert seine Werbeplätze in einer sogenannten Sell-Side-Platform (SSP) und den Rest erledigt die Technik. In Auktionsverfahren werden Angebot und Nachfrage zwischen den beiden Plattformen in Echtzeit abgeglichen. Entscheidend für die Ausspielung ist das Gebot des Werbetreibenden.[34] Das Gegenstück dazu ist die gute alte manuelle Buchung von Werbefläche durch so genannte Insertion Orders. Diese bedingt die Recherche/Suche von geeigneten Werbeplätzen und die schriftliche oder telefonische Preisverhandlung mit den Anbietern.

Programmatic Advertising ist seit etwa 2015 ein Trendthema. Dabei sind die Wurzeln deutlich älter. Sie liegen bei den AdNetworks (Werbenetzwerke), die Anfang 2000 entstanden und Werbetreibende und Vermarkter in einer Art Marktplatz zusammen brachten. Allerdings machten die Werbenetzwerke der Jahrtausendwende den Einkauf von Werbeplätzen nur günstiger, nicht aber effizienter. Die technologische Grundlage war noch rudimentär und brachte keine echten Effizienzgewinne. Es dauerte noch mindestens 10 Jahre, bis Themen wie »Real Time Bidding« (RTB) und »Programmatic Advertising« technologisch marktfähig waren. Einer der Pioniere war die Firma AppNexus, die 2010 ihre erste RTB-Plattform in Betrieb nahm. 2013 hatte Programmatic Advertising laut vieler Experten dann schon einen Marktanteil von rund 15 Prozent.

---

[34] Wer sich für Details zur Funktionsweise interessiert, wird in diesem Artikel der W&V fündig: https://www.wuv.de/marketing/wie_funktioniert_programmatic_advertising, Abruf 14.01.2020.

Theoreitsche Vorteile sind gigantisch und begründen Hype

Auf der theoretischen Ebene bietet Programmatic Advertising einige Vorteile. Die manuelle Buchung von Online-Werbeflächen ist sehr zeitaufwendig und damit auch kostenintensiv. Genau genommen Personalkosten-intensiv. Beim Programmatic Advertising wird die Arbeit von Computern verrichtet, was natürlich günstiger ist. Auch das Targeting soll beim Programmatic Advertising granularer sein und damit weniger Streuverluste verursachen. Besonders interessant ist die Option der extrem kurzen Reaktionszyklen. Programmatic Advertising stellt ja im Grunde einen automatisierten Handel von Werbefläche dar, der in Bruchteilen von Sekunden stattfindet. Ähnlich wie Aktienhandel an einer Börse. Werbetreibende können also durch kurzfristige Gebotsanpassungen eine extreme Hebelwirkung erzielen. Ein Beispiel wäre die Verdopplung der Gebote für eine bestimmte Kategorie von Werbeplätzen in den Stunden nach der Ausstrahlung des eigenen TV-Spots.

Weltweit ist Programmatic Advertising auf dem Vormarsch. Laut einer Erhebung von BCG und Magnaglobal werden die Ausgaben für Programmatic Advertising schon 2020 die Ausgaben für klassisch ausgespielte Online-Display-Werbung bei weitem übertreffen. 2017 waren sie noch in etwa gleich hoch. Die folgende Abbildung veranschaulicht den Sachverhalt.

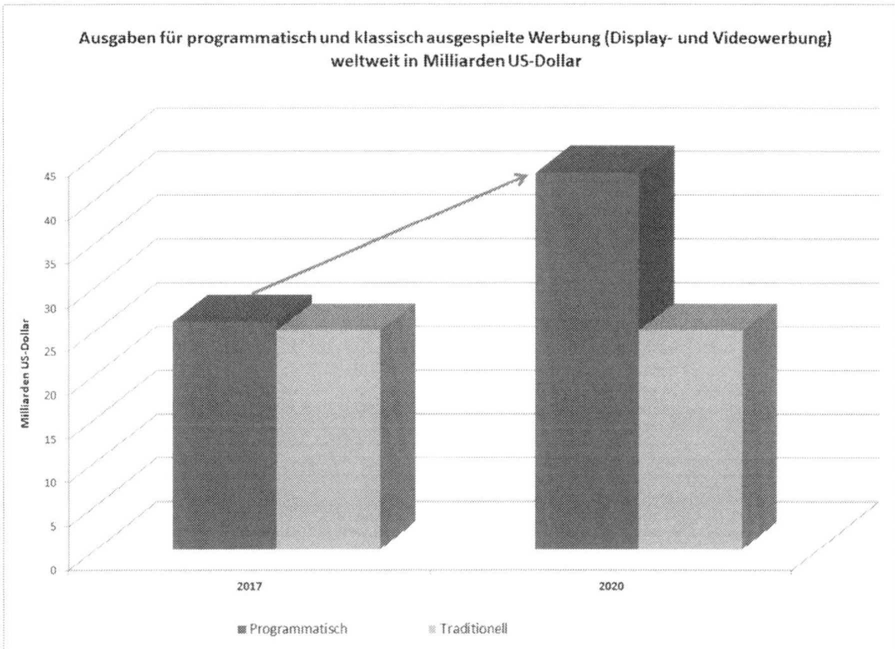

Abbildung 5.9: Ausgaben für Programmatic Advertising 2017 und Prognose für 2020. Quelle: BCG und Magnaglobal

Auch in Deutschland ist Programmatic Advertising auf dem Vormarsch. Laut einer Erhebung von Statista, soll der Umsatzanteil von Programmatic Advertising im Markt für Display-Werbung im Jahr 2023 65 Prozent betragen. Und das trotz der Verunsicherung bezüglich der DSGVO, die meiner Beobachtung nach, in Deutschland deutlich ernster genommen wird, als in anderen europäischen Ländern.

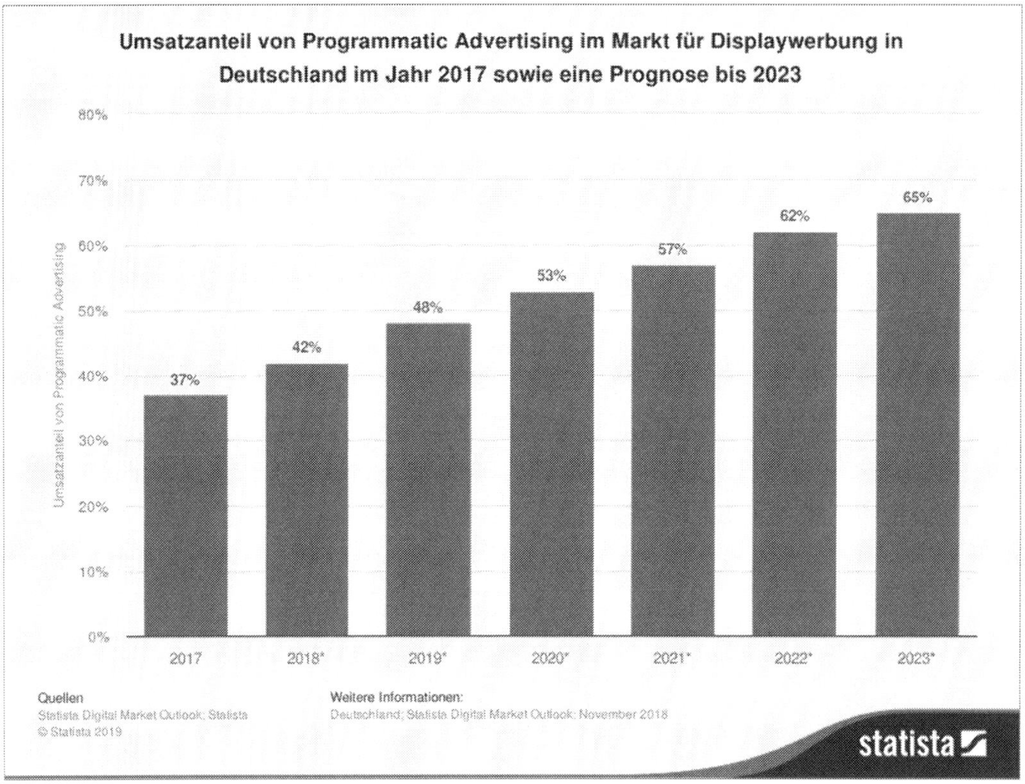

Abbildung 5.10: Umsatzanteil von Programmatic Advertising im Markt für Displaywerbung in Deutschland im Jahr 2017 sowie eine Prognose bis 2023. Quelle: Statista Digital Market Outlook.

Gigantische Volumen, minimales Verständnis

Die absoluten Volumina, die hinter Programmatic Advertising stehen, sind gigantisch. Es geht um Milliarden. Laut einer Prognose der Mediaagentur Zenith werden 2020 weltweit rund 98 Milliarden US-Dollar für Programmatic Advertising ausgegeben. Das Ironische am Hype um Programmatic Advertising ist allerdings, dass kaum ein Werbetreibender die Prozesse und die Pricing-Modelle wirklich versteht. Wo so viel Geld fließt und Prozesse nicht leicht nachvollziehbar sind, treten schnell kritische Stimmen auf den Plan. Immer häufiger fordern Marktteilnehmer mehr Transparenz hinsichtlich der Kosten, der Aufwendungen und der Algorithmen. Bisweilen ist auch von »AdFraud«, also dem Vortäuschen von erbrachter Werbeleistung die Rede. Oder von Kampagnen, die völlig an der Zielgruppe vorbei ausgesteuert werden, was ich auch schon erlebt habe. Dabei sind hohe sechsstellige Summen sinnlos verpulvert worden. Oft taucht auch die Frage auf, wie es um den »Brand Fit« der automatisch ermittelten Platzierungen steht. Tatsache ist, dass der Werbetreibende letztlich mit der Buchung von Programmatic Advertising die Kontrolle über die Platzierung seiner Werbebeiträge aus der Hand gibt.

Nichts für kleine Budgets und geringes Know-how

Die Rufe nach mehr Transparenz im Programmatic Advertising kommen daher nicht von ungefähr. Programmatic Advertising entfaltet ja erst seine Wirkung, wenn ein sehr hohes Datenvolumen zur Verfügung steht um eine automatisierte Optimierung durchführen zu können. In den meisten Fällen bedingt dieses ein hohes fünfstelliges, sechsstelliges oder gar siebenstelliges Budget. Im Klartext bedeutet das, dass sich Programmatic Advertising für kleinere Budgets eher nicht eignet. Persönlich habe ich mehrere Programmatic Advertising Kampagnen im sechsstelligen Bereich betreut. Der Erfolg war mäßig. Transparenz war schlicht nicht vorhanden. Allerdings hat die Branche wohl erkannt, dass sich noch einiges verbessern muss, damit Programmatic Advertising in der Zukunft die hochgesteckten Prognosen erfüllt. Doch Transparenz alleine wird wohl nicht ausreichen, um die Unkenrufe zum Verstummen zu bringen. Auch die Werbetreibenden müssen ihren Teil beitragen. Meiner Beobachtung nach verfügen aktuell die wenigsten Werbetreibenden über das notwendige Know-how um Kampagnen wirklich bewerten zu können. Häufig lassen sie sich durch komplizierte Fachbegriffe, Anglizismen und die Fokussierung auf völlig falsche KPIs verwirren.

Fazit

In Marktsegmenten mit großen Werbebudgets wird Programmatic Advertising in den nächsten Jahren weiter boomen; trotz der Komplexität der Intransparenz und des mangelnden Verständnisses auf Seiten der Werbetreibenden. In vielen B2B-Segmenten oder Nischen wird weiterhin die manuelle Buchung von Werbefläche die Regel sein. Denn die Vorteile von Programmatic Advertising kommen erst bei einer gewissen kritischen Masse zum Tragen.

Da Werbetreibende durch Programmatic Advertising letztlich die Kontrolle über die Platzierung ihrer Werbebeiträge aus der Hand geben, tun sie gut daran, ein entsprechendes Controlling zu implementieren und sich nicht auf die Zahlen der Anbieter zu verlassen. Sicherlich tun sie auch gut daran, sich mit dem Thema zu beschäftigen, Transparenz und Details einzufordern und sich bei der Definition wirklich relevanter KPIs Mühe zu geben.

5.2.8 Ständige Änderungen, dubiose Gerüchte oder gar Unwahrheiten

Auch auf einer noch tieferen Ebene gibt es ständig Änderungen, die letztlich auch eine Online-Marketing-Konzeption beeinflussen. Ferner kursieren ständig Gerüchte und oft auch Unwahrheiten, die bisweilen zu merkwürdigen Stilblüten führen und in Einzelfällen auch zu Fehlentscheidungen bei konzeptionellen Fragen führen können. Ich möchte in der Folge einmal einige Beispiele nennen, die aber keinen Anspruch auf Vollständigkeit haben. Wer am Ball bleiben will, dem empfehle ich das Abonnement meines Newsletters und/oder meines YouTube-Kanals. Etwa einmal im Monat versende ich einen Newsletter mit Online-Marketing Tipps, aktuelle Hinweise auf spannende Veröffentlichungen, Neuerungen oder Marketing-Software Reviews. Ich freue mich, wenn Sie dabei sind:

https://www.lammenett.de/Newsletter

Und hier der Link zu meinem YouTube-Kanal:

https://www.youtube.com/c/LammenettKlartext

Bildersuche wird bedeutender

Die Bildersuche wird in Bezug auf Suchmaschinenoptimierung immer wichtiger. Es gibt mittlerweile Studien die belegen, dass ein nennenswerter Anteil des organischen Traffics einer Website von der Bildersuche stammt. Daraus resultiert, dass Marketeers der Bildersuche einen anderen Stellenwert geben müssen. Bis dato wird die Optimierung mit Hinblick auf die Bildersuche von vielen Unternehmen vernachlässigt. Wer Details zu den Hintergründen erfahren möchte, wir u. a. in einem Video auf meinem YouTube-Kanal fündig: https://youtu.be/NQpV-rH5qBo.

Facebook verliert an Bedeutung

Facebook soll angeblich tot sein. Häufig ist neuerdings zu lesen, dass Facebook im kommerziellen Sinne kaum noch nennenswerte Ergebnisse liefert und sich daher ein Engagement nicht mehr lohnt. Die neuen »Stars« bei den Social-Media-Kanälen sind Instagram, TikTok und Twitch. Pauschale Statements dieser Art sind natürlich völlig an der Realität vorbei. Richtig ist, dass bestimmte Zielgruppen kaum noch in Facebook aktiv sind und sich anderen Netzwerken zugewandt haben. Das betrifft besonders jüngere Menschen. Richtig ist aber auch, dass Facebook immer noch das soziale Netzwerk mit der größten Reichweite ist. Auch wenn die Interaktionsrate in Facebook sinkt, so erreicht man dennoch echte Menschen über Facebook. Man muss eben wissen, wen man wo und wie erreichen möchte – dann kann Facebook immer noch eine Option sein. Ich habe im November 2019 einmal einen Test im B2B-Umfeld gemacht, um herauszufinden ob Facebook, LinkedIn oder Xing zu günstigeren Konditionen Abonnenten für meinen Marketing-Newsletter liefert. Spontan würde man wahrscheinlich sagen, dass im B2B-Umfeld LinkedIn und Xing die Nase vorne haben. Nun dürfen Sie raten, wer wohl gewonnen hat? Die Auflösung gibt es hier: https://youtu.be/YCWen46l-Wc.

Neue Big Player am Social-Media Himmel

Wie im vorhergehenden Abschnitt erwähnt, hat der einstige Platzhirsch unter den sozialen Netzwerken Feder gelassen. Besonders bei jüngeren Menschen ist Facebook in Ungnade gefallen. Facebook kann diese Entwicklung aktuell noch gelassen nehmen, denn Instagram, ebenfalls zum Facebook-Konzern gehörend, wächst immer noch. Doch aktuell bahnt sich der Aufstieg zweier Netzwerke an, die nicht zu Facebook oder Google gehöre. TikTok hat laut einigen Experten das Potential, Instagram die Führungsrolle bei der jüngeren Zielgruppe streitig zu machen. Aktuell hat TikTok immerhin schon 4,1 Mio. Nutzer in Deutschland. Die meisten davon sind unter 23 Jahre. Mit Twitch stellt sich derzeit ein ernstzunehmender Konkurrent für YouTube auf – jedenfalls für das Segment »Live Content«. Je nach Zielsetzung einer Online-Marketing-Konzeption, macht es sicherlich Sinn, diese Entwicklungen genauer unter die Lupe zu nehmen.

Social-Selling

Eigentlich ist sich die Fachwelt einig, dass Social-Media in den meisten Fällen nicht geeignet ist, um den Vertrieb direkt anzukurbeln. Viele Jahre war immer wieder der Satz zu hören: »Social-Media zahlt indirekt, über die Marke, auf den Sales ein«. Besonders nach dem Scheitern von F-Commerce (Facebook-Commerce) vor etwa zehn Jahren, manifestierte sich diese Einschätzung. Doch nun scheint es einen neuen Anlauf zu geben. Einige Social-Media Plattformen starten einen neuen Versuch, um direkt vom e-Commerce zu profitieren. Bei Pinterest heißt die entsprechende Funktion »Shop the look«. Bei Snapchat gibt es die Shoppable Snap Ads und die Shoppable Story Ads und auch Instagram hat 2018 und 2019 neue Shopping-Funktionen eingeführt. In den USA wurde 2019 sogar eine Funktion zum direkten Kaufen in Instagram eingeführt, sodass nun Instagram nicht mehr verlassen werden muss. Sicherlich wird diese Funktion auch in Deutschland bald nutzbar sein. Sie merken: Nichts ist in Stein gemeißelt. Vor 10 Jahren ist Social-Selling in Form von F-Commerce gnadenlos gescheitet. Aktuell scheint es sich aber durchzusetzen.

Künstliche Intelligenz und SEO

Das Content-Marketing seit etlichen Jahren ein Trendthema ist, ist nicht neu. Auch für die Suchmaschinenoptimierung ist guter Content von Bedeutung. Doch Content will erstellt werden. Nun gibt es Stimmen die sagen, dass bald künstliche Intelligenz die Erstellung von Content übernehmen wird. Bereits heute generieren Programme neue Songtexte, Gedichte und Kurzgeschichten. Warum also nicht auch Content für die Suchmaschinenoptimierung. Mittlerweile befürchten einige Experten einen regelrechten »Tsunami« aus KI-Texten für SEO und eine völlige Überschwemmung von Google und Co. Bereits heute gibt es Anbieter, die ihren Kunden versprechen, durch Texte, die von künstlicher Intelligenz erzeugt wurden, ganz oben auf den Such-Ergebnis-Seiten der Suchmaschinen zu landen. Erinnerungen werden wach an die Zeiten sogenannter Content-Farmen vor etwa 10 Jahren. Damals spamten minderwertige Erklärartikel, zu allen erdenklichen Banalitäten des Alltags, die Indizes der Suchmaschinen. Ob KI wohl intelligentere Texte produziert?

Auch wenn die Algorithmen heute noch viel Unsinn produzieren, werden sie doch stetig besser. Je nach Entwicklung wird bald automatisiert generierter Textschrott die Suchmaschinen spamen – und wieder muss man sich genau überlegen, wie man mit dieser Entwicklung umgeht und was sie für das eigene Online-Marketing-Konzept bedeutet.

6 Kernprobleme der Konzepterstellung und die beeinflussenden Faktoren

Inhalt

Der Baukasten, aus dem Online-Marketing-Mix zusammengesetzt werden kann, ist relativ umfangreich. Theoretisch kann jede Teildisziplin ein Baustein im Online-Marketing-Konzept eines Unternehmens sein. Es stellt sich in der Regel also die Frage, wie »der richtige« Online-Marketing-Mix für eine Organisation oder eine Marke aussieht. Was aber ist »der richtige« Mix? Wie viel Keyword-Advertising, wie viel SEO oder wie viel E-Mail-Marketing darf »der richtige« Mix enthalten? Eine eindeutige Antwort auf diese Fragen gibt es nicht. Der »richtige« Mix kann sich von Fall zu Fall stark unterscheiden.

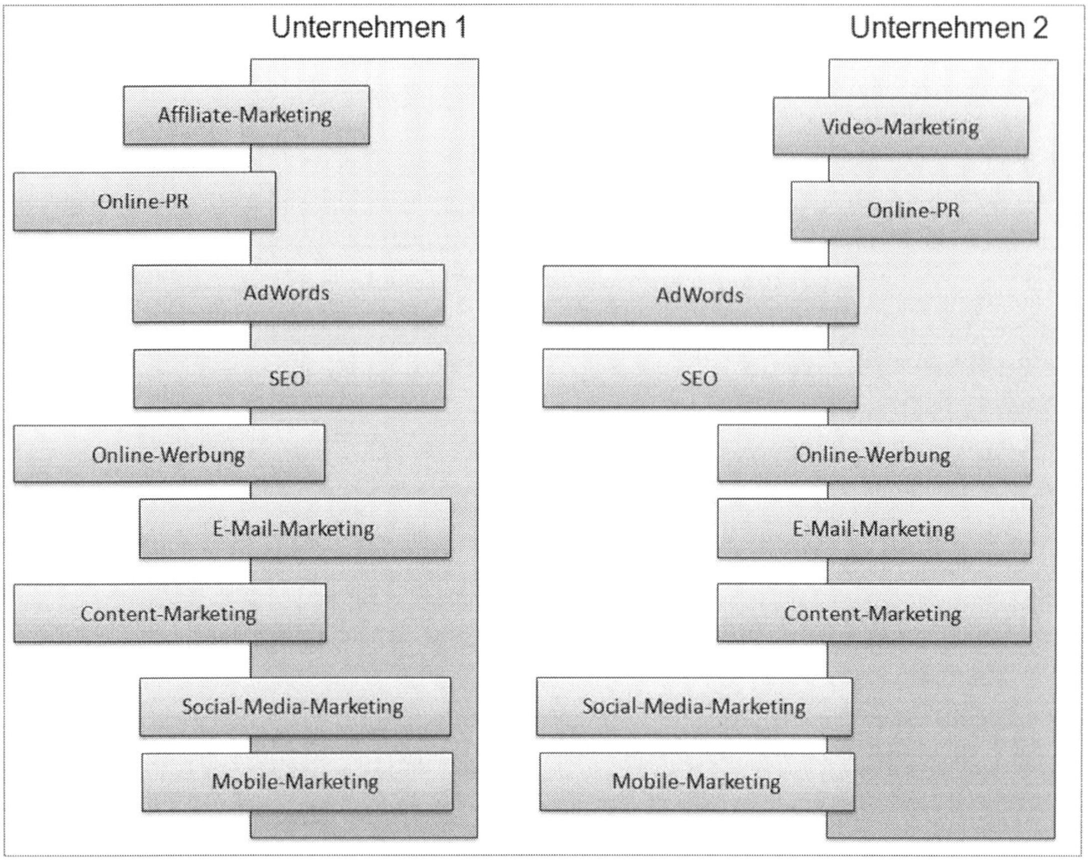

Abbildung 6.1: Welcher Online-Marketing-Mix ist »der richtige«?

Jede Online-Marketing-Disziplin unterliegt eigenen Gesetzmäßigkeiten und hat in Bezug auf die Unterstützung einzelner Unternehmensziele jeweils Vor- und Nachteile bzw. Stärken und Schwächen. Einige Beispiele sollen diese Aussage verdeutlichen. Details zu den einzelnen Disziplinen sind dann in den jeweiligen Kapiteln zu finden.

Affiliate-Marketing wird dem Performance-Marketing zugeordnet und unterstützt tendenziell eher Vertriebsziele. Andererseits kann Affiliate-Marketing auch hervorragende Beiträge zum Branding leisten, wenn das Programm entsprechend konzipiert ist. Google Ads ist tendenziell eher ein Werkzeug, mit dem Vertriebsziele erreicht werden, Online-Werbung wiederum erreicht im Sinne von Vertrieb in der Regel nur Konversionsraten von unter 0,1 Prozent und wäre daher eher ein Instrument, um das Branding zu unterstützen.

Aufgabenstellung der **Online-Marketing-Konzeption** ist es, die wesentlichen Rahmenparameter abzuklopfen und aus dem Baukasten der einzelnen Online-Marketing-Instrumente den für die jeweilige Situation optimalen Online-Marketing-Mix zu entwickeln. Hierbei müssen relevante Rahmenparameter wie Ziele, Mitbewerber, Budgetrestriktionen, strategische Expansionspläne und anderes mehr Berücksichtigung finden.

Ergänzend zu den Ausführungen in diesem Kapitel finden Sie unter der folgenden URL einen Screencast zum Thema »Problemstellung bei der Ausgestaltung des richtigen Online-Marketing-Mix«:

www.lammenett.de/61

6.1 Ziele und Zielgruppen

Ohne Ziele kein Erfolg. Bereits in meinem 2006 veröffentlichten Werk »Praxiswissen Online-Marketing« habe ich diese These vertreten. Auch nach über zehn Jahren hat dieser Kernsatz im Online-Marketing immer noch seine Gültigkeit. Damals schrieb ich:

Ohne Ziele kann Erfolg nicht beurteilt werden. Erfolg im Marketing ist immer verknüpft mit bestimmten, im Idealfall quantifizierbaren Zielen und der kontinuierlichen Messung des Grades der Zielerreichung. Nur so können bei einer Abweichung des gewünschten Zielerreichungsgrades schnell korrigierende Maßnahmen ergriffen werden, um eine suboptimale Budgetverwendung oder gar eine Budgetverschwendung zu vermeiden. Im Prinzip ist damit schon der Regelkreis erfolgreichen Online-Marketings definiert.

Anders als im klassischen Marketing, wo die Messung von Erfolgsparametern oft sehr teuer und komplex ist, können diese beim Online-Marketing viel genauer und vor allem effizienter kontrolliert werden. Durch die technologischen Möglichkeiten ist es sogar möglich festzustellen, welches Banner oder welches Keyword einer Kampagne zu welchem Umsatz geführt hat. Online-Marketing ermöglicht im Extremfall die Messung der Umsatz- und Gewinnwirksamkeit bis auf die unterste Ebene einer Kampagne. Diese Genauigkeit der Erfolgsmessung ermöglicht ein kosteneffizientes Finetuning von Online-Marketing, welches im klassischen Marketing bis dato nie erreicht worden ist und wahrscheinlich auch nie erreicht werden wird.[35]

[35] Lammenett: Praxiswissen Online-Marketing. Gabler, Wiesbaden 2006, Seite 189 (Erstausgabe).

Oberflächlich betrachtet geht es beim Marketing meistens um die gleichen Ziele: Markenbekanntheit und Verkauf/Vertrieb. Blickt man jedoch hinter die Kulissen, so wird man schnell feststellen, dass es selbst innerhalb eines Unternehmens sehr viele unterschiedliche Zielsetzungen für Marketingaktivitäten geben kann. Oft ist es sogar so, dass Unternehmen Produkte vertreiben, die sich an unterschiedliche Zielgruppen richten, beispielsweise Männer und Frauen oder Jugendliche und Rentner. Der Medienkonsum unterschiedlicher Zielgruppen kann sich jedoch stark unterscheiden. Diese Unterschiede müssen bei der Online-Marketing-Konzeption berücksichtigt werden.

Naturgemäß durchlaufen Produkte auch einen Lebenszyklus. Für neue Produkte muss in der Regel zunächst erst einmal ein Markt entwickelt werden. Neue Marken verfügen in der Regel über keine Bekanntheit. Es muss also zuerst einmal ein gewisser Bekanntheitsgrad erreicht werden. Andere Produkte befinden sich vielleicht am Ende ihres Lebenszyklus oder durch äußere Umstände, etwa weil ein Patent ausläuft, droht ein verschärfter Wettbewerb. All diese Aspekte spielen bei der Ausgestaltung eines Online-Marketing-Mix eine Rolle.

Die Kernfragen bei der Erstellung einer Online-Marketing-Konzeption lauten daher zunächst immer:

- Welche Ziele werden mit Online-Marketing verfolgt?
- Wer ist die zu erreichende Zielgruppe? Wie kann diese beschrieben und klassifiziert werden?
- Welche Gewohnheiten hat die zu erreichende Zielgruppe in Bezug auf Medienkonsum und das Suchverhalten?
- Welches Kaufverhalten hat die Zielgruppe (wo, wann, bei wem)?

Maßgeblich für den Erfolg von Online-Marketing ist der richtige Mix der einzelnen Bestandteile und die zielgerichtete Optimierung der Maßnahmen innerhalb eines Bestandteils. Wichtig hierbei ist die Berücksichtigung der Zieldefinition. Lautet das primäre Ziel »Bekanntheitsgrad erhöhen/Marke aufbauen«, wird der Mix anders aussehen als bei der Zielsetzung »Gewinnmaximierung«.

6.2 Mitbewerbersituation

Neben den Zielen und der Zielgruppe ist natürlich die Mitbewerbersituation bei der Konzeption von Online-Marketing-Maßnahmen von Bedeutung. Am Ende des Tages muss ein Online-Marketing-Konzept natürlich auch eine Erfolgschance bieten. Es ist ein riesengroßer Unterschied, ob Online-Marketing in einem Verdrängungswettbewerb stattfindet, in dem es einzig darum geht, Kunden von Mitbewerbern abzuwerben, oder in einem Wachstumsmarkt, in dem es eine mäßige Konkurrenz gibt.

Ein etablierter Markt, in dem es schier übermächtige Platzhirsche gibt, unterliegt wiederum anderen Gesetzmäßigkeiten als Märkte, die relativ jung sind und in denen viele Anbieter auf Augenhöhe um die Gunst der Kunden buhlen.

6.3 Bisherige Erfahrungen

Auch die Erfahrungen, die ein Unternehmen oder eine Institution in der Vergangenheit mit Online-Marketing gemacht hat, haben in der Regel eine Auswirkung auf die Ausgestaltung des Online-Marketing-Mix. In Deutschland geht die Schere zwischen den Unternehmen, die bereits alle Register im Online-Marketing ziehen, und den Unternehmen, die bis dato wenig Erfahrung mit Online-Marketing gemacht haben, sehr weit auseinander. Demzufolge gibt es Unternehmen, die sehr mutig mit dem Thema Online-Marketing umgehen. Diese sind aber noch in der Minderheit. Die meisten tun sich diesbezüglich noch sehr schwer. Einige wenige Unternehmen reden bereits über Marketing-Automation mithilfe von Marketing-Suites. Andere haben gerade erst begonnen, ihre Webseite für Suchmaschinen zu optimieren.

Ein Grund für das verbreitete Defizit in puncto Digitalisierung im Allgemeinen und Online-Marketing im Besonderen ist die Fülle digitaler Anforderungen, mit denen sich Unternehmen heute konfrontiert sehen. Die digitale Welt entwickelt sich in einem rasenden Tempo. Neue Fähigkeiten müssen aufgebaut und digitale Talente an das Unternehmen gebunden werden. Vielfach muss die Unternehmensorganisation an das veränderte Kundenverhalten angepasst werden. Es müssen Strategien entworfen und Markenbudgets umverteilt werden – und das alles in einer rasenden Geschwindigkeit. Damit sind viele Unternehmen überfordert.

6.4 Budgetrestriktionen

In der Praxis finden Entscheidungen über Marketing-Maßnahmen und damit natürlich auch über die Ausgestaltung eines Online-Marketing-Mix nicht ohne Sachzwänge statt. Häufig ist das Budget, welches für Online-Marketing-Maßnahmen zur Verfügung steht, festgelegt. Damit verändert sich im Normalfall die Aufgabenstellung der Konzeption von: »Finde den optimalen Online-Marketing-Mix für die definierte Zielstellung« zu »Finde den optimalen Marketing-Mix unter Berücksichtigung der Budgetrestriktionen und des angegebenen Ziels«.

6.5 Komplexität des Beziehungsgeflechts

Das Beziehungsgeflecht einzelner Online-Marketing-Disziplinen untereinander ist durchaus vielschichtig. Disziplinen unterstützen einander, verstärken einander, bauen aufeinander auf oder ergänzen sich. Die Zusammenhänge und Abhängigkeiten einzelner Disziplinen beeinflussen ebenfalls die Ausgestaltung eines Online-Marketing-Mix. Insgesamt wird das Thema Online-Marketing-Konzeption durch das Beziehungsgeflecht der Teildisziplinen untereinander sehr komplex. Einige wenige Beispiele und die nachfolgende Abbildung sollen diese Aussage untermauern:

- Affiliate-Marketing unterstützt auch SEO. Durch Affiliate-Marketing entsteht Traffic. Webseiten mit viel Traffic werden in der Regel von Google höher angesehen als Webseiten mit wenig Traffic. Ferner kann Affiliate-Marketing auch Backlinks liefern. Und auch wenn Backlinks seit 2015 wohl nicht mehr den hohen Stellenwert haben wie in den Jahren zuvor, so sind sie dennoch ein Mosaiksteinchen im Bemühen um bessere Positionen bei Google.
- Affiliate-Marketing leistet Beiträge zum Branding. Werbemittel sind ein zentraler Bestandteil im Affiliate-Marketing. Schlussendlich stellt der Merchant dem Affiliate ja Werbemittel zur Verfügung. Der Affiliate platziert diese auf seiner Website und partizipiert an einem Sale oder einem Lead, wenn über dieses Werbemittel ein Besucher zur Website des Merchants gelangt und dort die gewünschte Handlung vollzieht. Nicht jeder Besucher auf der Seite des Affiliates wird aber auf ein Werbemittel klicken. Viele Besucher nehmen das Werbemittel zwar wahr, klicken aber nicht. Wenn das Werbemittel gut gemacht ist, entsteht also ein Branding-Effekt, für den der Merchant in der Regel nichts zahlt.
- Erkenntnisse aus Google Ads können im SEO genutzt werden. Häufig stellt sich in der Praxis die Frage, für welche Keywords man die Website optimieren soll. Natürlich kann man sich den Antworten mittels Analysen nähern. Wirklich gute Erkenntnisse kommen aber auch aus Google Ads – vorausgesetzt es wurde ein aussagefähiges Tracking installiert und die Kampagne verfügt über genügend Daten, um statistisch valide zu sein.
- Social-Media unterstützt SEO und Google Ads. Etliche Jahre war die Fachwelt sich darüber einig, dass Backlinks aus dem Social-Media-Umfeld eine positive Auswirkung auf die Suchmaschinenoptimierung haben. Das ist 2015 etwas relativiert worden. Dennoch sind auch Backlinks aus dem Social-Media-Umfeld ein Mosaikstein bei der Suchmaschinenoptimierung. Ferner leistet Social-Media-Arbeit auch Beiträge zum Markenaufbau, jedenfalls wenn sie gut gemacht wird. Starke, vertrauenswürdige Marken werden von Google besser bewertet. Bei Google Ads führt eine starke Marke zu einer er-

höhten Konversionsrate über den Marken-Traffic. Das hat wiederum positive Implikationen auf die Klickpreise der Kampagne.

- Newsletter-Marketing unterstützt auch Content-Marketing. Inhalte, die für Newsletter erarbeitet werden, können auf der Website im Sinne von Content-Marketing zweitverwertet werden. Gegebenenfalls werden im Newsletter die Themen auch nur angeteasert. Auf der Website wird dann der vollständige Beitrag bereitgestellt. Auf diese Weise wird auch die SEO-Flanke gestärkt.

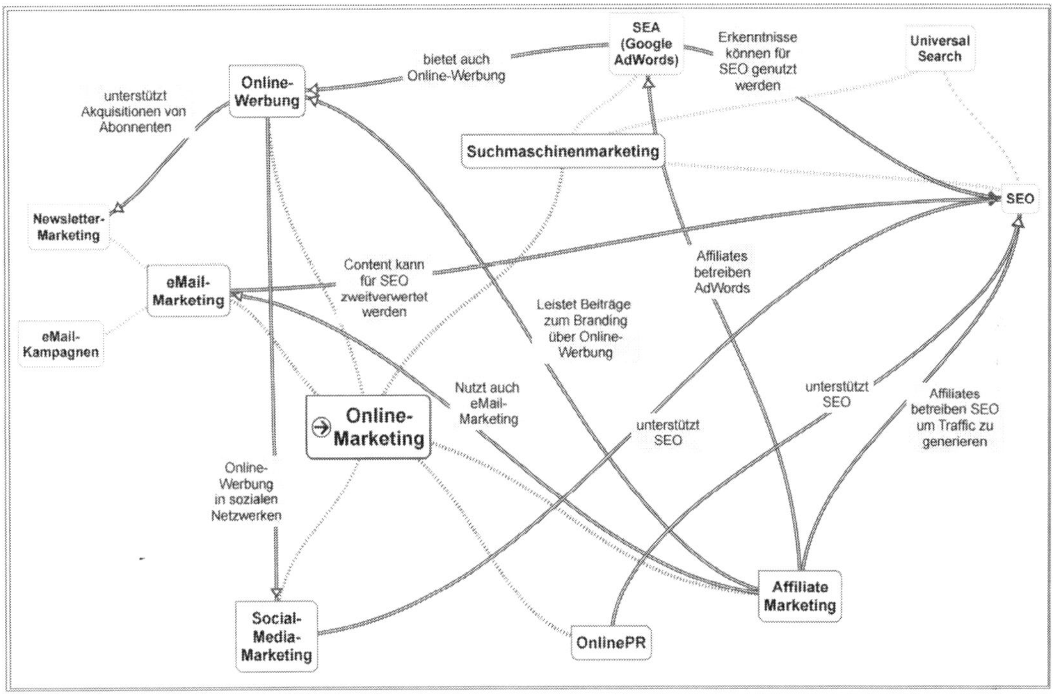

Abbildung 6.2: Beziehungsgeflecht der Online-Marketing-Disziplinen.

6.6 Marke oder Preis

Ein wesentlicher Aspekt, der das Aussehen eines Online-Marketing-Konzeptes beeinflusst, ist die Stärke der Marke. Eine starke digitale Marke hat eine große Strahlkraft, was Implikationen auf fast jede Online-Marketing-Disziplin hat. Drei Beispiele sollen dies verdeutlichen:

- Die Aufnahme in ein Affiliate-Marketing-Netzwerk dürfte für eine starke Marke viel leichter möglich sein als für eine schwache. Erfahrungsgemäß nutzen Affiliates auch die Strahlkraft einer starken Marke, was schlussendlich zu Umsatz führt, an dem auch das Affiliate-Marketing-Netzwerk partizipiert.

- Beim Keyword-Advertising haben starke Marken einen Vorteil durch die Buchung ihres eigenen Marken-Keywords. In der Regel sind Marken-Keywords günstiger zu haben. Markeninhaber haben häufig auch Preisvorteile in Bezug auf Einkaufspreise, weil gute Klickraten zu einem ansprechenden Qualitätsfaktor führen. Ein hoher Qualitätsfaktor begünstigt im Regelfall bessere Einkaufspreise.
- Auch in der Suchmaschinenoptimierung hat die Strahlkraft einer Marke positive Implikationen. Eine Marke mit Strahlkraft schafft Vertrauen. Das kann zu verbesserten Klickraten auf SERP führen, was sich positiv auf das Google-Ranking auswirkt. Auch wiederkehrende Besucher begünstigen ein gutes Ranking. Starke Marken erreichen tendenziell eher eine größere Anzahl wiederkehrender Besucher.

Natürlich verfügt nicht jedes Unternehmen über eine starke Marke. Starke Marken wollen erst aufgebaut werden, was in der Regel ein hohes Marketing-Budget bedingt. In einem Online-Marketing-Mix, der nicht auf eine starke Marke zurückgreifen kann, geht es daher häufig darum, über den Preis zu verkaufen. Mit Preis in diesem Sinne ist das Gesamtpaket der angebotenen Ware oder Dienstleistung zu verstehen und nicht unbedingt nur der Verkaufspreis.

Ein Online-Marketing-Mix, der primär auf den Preis eines Produkts ausgerichtet ist, sieht anders aus als ein Mix, der sich einer starken Marke bedienen kann, oder ein Mix, der zum Ziel hat, eine starke Marke aufzubauen. Lesen Sie hierzu auch den Abschnitt 8.2.5 »Die Rolle der Marke«.

6.7 Lokal, national, international

Auch die geografische Ausrichtung des Online-Marketing-Mix ist ein Aspekt, der das Aussehen des Mix schlussendlich stark beeinflussen wird. Beispielsweise ist es ein großer Unterschied, ob Online-Marketing für ein Fahrradgeschäft betrieben wird, welches im Radius von 50 km seine Ware anbietet, für einen Textilhersteller, der Trachten produziert und primär in Süddeutschland, Österreich und der Schweiz verkauft, für eine Internetagentur, die deutschlandweit ihre Kunden bedient, oder für ein Unternehmen, welches internationale Expansionspläne hegt und sowohl in Europa als auch Asien in neue Märkte eintreten möchte.

Drei Beispiele sollen diese Aussage verdeutlichen. Grundsätzlich kommt es mir an dieser Stelle darauf an, dass Sie als Leser verstehen, welche Faktoren bei der Ausgestaltung einer Online-Marketing-Konzeption von Bedeutung sind und beleuchtet werden müssen.

- Bei der Suche nach einem geeigneten Affiliate-Marketing-Netzwerk wird man bei einer Ausrichtung auf ein Land zu einem anderen Ergebnis kommen als wenn mehrere Länder adressiert werden sollen.

- Bei international ausgerichteten Kampagnen ist Google im Keyword-Advertising lange nicht mehr die einzige Option. Es wird darauf ankommen, geeignete Suchmaschinen zu identifizieren und zu bedienen. Die Kampagnensteuerung ist komplexer, weil die Suchmaschinen in Konkurrenz zueinander stehen.
- Bei internationalen Online-Marketing-Konzepten ist der Baustein SEO deutlich komplexer. Zum einen müssen möglicherweise mehrere Suchmaschinen bedacht werden. Zum anderen ist auch die SEO-wirksame Webseitengestaltung deutlich schwieriger. Möglicherweise muss eine Multi-Domain-/Multi-Language-Strategie entwickelt werden, die zudem auch noch SEO-tauglich sein muss.

6.8 Die Schnelllebigkeit im Online-Marketing

Online-Marketing ist im Vergleich zu konventionellen Marketing-Teildisziplinen sehr schnelllebig. Beispielsweise hat sich die Plakatwerbung oder die Werbung in Zeitungen und Zeitschriften in den letzten 20 Jahren im Kern nicht verändert. Das ist in der Online-Werbung ganz anders. Online-Werbung fing vor 20 Jahren mit einem einfachen Banner an. Heute haben wir es in der Online-Werbung mit Dutzenden unterschiedlichen Werbeformaten zu tun. Hinzu kommen Trendthemen wie die Online-Werbung auf mobilen Endgeräten oder Video-Marketing. Weitere Beispiele sind:

- Im E-Mail-Marketing hat die Flut von Spam-E-Mails in den vergangenen zehn Jahren zu sehr starken Veränderungen auf technischer und juristischer Ebene geführt. Im Vergleich dazu hat es im konventionellen Direkt-Marketing kaum gravierende Veränderungen gegeben.
- Im Keyword-Advertising gibt es fast jeden Monat neue Möglichkeiten der Aussteuerung und des Gebotsmanagements. 2018 benannte Google sein Programm AdWords um in Google Ads, um zukünftig auch im Display-Werbemarkt besser aufgestellt zu sein.
- Social-Media-Marketing ist extrem in Bewegung. Facebook kaufte WhatsApp. Google kooperiert mit Twitter. In Deutschland kamen im Jahr 2015 fast 100 zusätzliche Player auf die Social-Media-Landkarte.
- Bei der Suchmaschinenoptimierung gibt es seit einiger Zeit fast monatlich ein Google-Update. Vor fünf Jahren gab es höchstens zwei oder drei Updates pro Jahr. Ende 2016 startete Facebook einen Marktplatz in den USA und macht damit eBay Konkurrenz. Ist der Marktplatz in den USA erfolgreich, wird er früher oder später auch nach Deutschland kommen.
- Von 2014 auf 2015 sind die Uploads an Video-Content geradezu explodiert. Video-Marketing wird immer attraktiver. 2018 wurden auf YouTube rund 400 Stunden Videomaterial pro Minute hochgeladen.

- In 2016 hat die Kommerzialisierung von Messaging-Systemen begonnen. Facebook beschloss, WhatsApp zukünftig für Privatpersonen weiter kostenfrei anzubieten, dafür aber Werbemöglichkeiten zu integrieren. Im August 2018 wurde bekannt, dass Facebook ab 2019 Unternehmen zur Kasse bitten wird, die WhatsApp nutzen wollen, um Nutzer zu erreichen. Geplant ist auch, innerhalb von WhatsApp Werbeanzeigen zu platzieren. Facebook macht also jetzt ernst und möchte seine 19-Milliarden-Dollar-Investition endlich zu Geld machen.
- Das Thema Mobile-Marketing rückt immer mehr in den Fokus der Marketers. Zwar gaben deutsche Unternehmen 2016 weniger als zwei Prozent ihres Werbebudgets für Mobile-Marketing aus. Doch alle Prognosen verheißen Mobile-Marketing hohe Wachstumsraten.
- Influencer-Marketing hat im Laufe des Jahres 2016 einen enormen Hype erlebt. Nach der Klärung juristischer Unstimmigkeiten und eines Läuterungsprozesses in 2017 dürfte sich diese Disziplin in den kommenden Jahren stark weiter entwickeln.
- Gegebenenfalls wird die Verwendung von Cookies, bzw. insbesondere die EuGH-Stellungnahme aus Oktober 2019 zur Einwilligungspflicht von nicht notwendigen Cookies zu starken Umwälzungen im Online-Marketing führen. Vergleichen Sie bitte dazu: Abschnitt 5.2.1 »Veränderte Rahmenbedingungen für dein Einsatz von Cookies und deren Einfluss auf das Online-Marketing«.

Dieses sind nur einige Beispiele die verdeutlichen, wie schnelllebig Online-Marketing ist. Weitere Beispiele habe ich in Abschnitt 5.2 angesprochen. Grundsätzlich bedeutet diese Schnelllebigkeit für Online-Marketeers, dass sie sich nie ausruhen dürfen auf Erfolgen und immer am Ball bleiben müssen. Denn Kampagnen, die vor drei Jahren noch hervorragend liefen, können heute schon zum Flopp werden.

6.9 Das Dilemma der klassischen Media-Agenturen

Weil Online-Marketing komplex und vielschichtig ist, muss man relativ viel arbeiten, um wirklich gute Ergebnisse zu erzielen. Klassische Media-Agenturen sind das in der Regel nicht gewohnt. Sie verdienen ihr Geld im Regelfall leichter und haben Schwierigkeiten, mit der Dynamik und den Möglichkeiten der zahlenorientierten Aussteuerung umzugehen. Selbst die Online-Media-Agenturen, die als Tochter- oder Schwesterunternehmen bekannter und etablierter Media-Agenturen gegründet wurden, sind häufig noch im Gedankengut der klassischen Media-Agentur gefangen. Die Arbeit von Media-Agenturen besteht im Kern darin, den Kunden im Vorfeld zu beraten und eine entsprechende Media-

Planung durchzuführen. Ist die Media-Planung verabschiedet, werden entsprechende Werbemittel erstellt und die Medienplätze werden gebucht. Im Grunde war es das. Die Media-Agentur überwacht in der Folge die Schaltung der Anzeigen und stellt in der Regel regelmäßig einen bestimmten Prozentsatz des geschalteten Media-Budgets in Rechnung. Da, wo Media-Agenturen üblicherweise aufhören zu arbeiten, fängt die Arbeit beim Online-Marketing aber erst an. Online-Marketing ermöglicht einen permanenten Verbesserungsprozess. Im Sinne dieses permanenten Verbesserungsprozesses, ist es sinnvoll, bereits bei der Konzeption auf ein entsprechendes Controlling zu achten. Nur so entfaltet eine Konzeption eine optimale Wirkung. Bitte lesen Sie zu diesem Themenbereich den Abschnitt 8.5 »Das Controlling-Konzept als Bestandteil der Online-Marketing-Konzeption«.

Hinzu kommt, dass besonders für große Media-Agenturen das Online-Geschäft nur eine Art »Beiwerk« ist, jedenfalls derzeit noch. Daher verdienen sie vergleichsweise wenig. Das wird sich sicherlich in den nächsten zehn Jahren wandeln. Ein vergleichendes Beispiel soll diese Aussage verdeutlichen:

Eine Agentur, die eine TV-Kampagne im Volumen von 10 Mio. Euro betreut, verdient zwischen 3 und 8 Prozent des Media-Budgets, also zwischen 300.000 und 800.000 Euro. Der Aufwand, den sie betreiben muss, nachdem die TV-Platzierungen gebucht sind, ist vergleichsweise gering. Es gibt bestimmt Vorlaufzeiten, die seitens der Sender vorgegeben sind und die eingehalten werden müssen. Begehrte Werbeplätze müssen mit einem gewissen Vorlauf gebucht werden und können auch nicht beliebig geändert oder gar gekündigt werden.
Im Gegensatz dazu ist die Flexibilität bei der Online-Video-Werbung bei einigen Vermarktern sehr hoch. Werbeplätze können kurzfristig zu- oder abgebucht werden. Videos können kurzfristig geändert werden. Es können A/B-Tests mit unterschiedlichen Videos gefahren werden und im Erfolgsfall kann sogar bis zu einem gewissen Grad hochskaliert werden. Es ist also möglich, einen permanenten Verbesserungsprozess zu initiieren[36]. So die Theorie.

In der Praxis sind die Budgets für Online-Videos aber noch viel geringer als für TV. Warum sollte eine Media-Agentur, die es gewohnt ist, nach der Einbuchung der Werbemittel im Wesentlichen nur noch Rechnungen und rudimentäre Reportings zu erstellen, für bedeutend weniger Geld den bedeutend hö-

[36] Vgl. Abschnitt »Das Controlling-Konzept als Bestandteil der Online-Marketing-Konzeption« ab Seite 199.

heren Aufwand im Sinne eines permanenten Verbesserungsprozesses betreiben?

6.10 Das Dilemma der Kunden

Das Dilemma der Kunden ist, dass sie die genauen Zusammenhänge und Mechanismen im Online-Marketing häufig gar nicht kennen. Online-Marketing ist zwar nicht mehr ganz neu, aber es ist sehr umfänglich, sehr komplex und es ändert sich ständig.

Wenn die Zusammenhänge nicht bekannt sind, sind auch die Interessen der unterschiedlichen Marktteilnehmer für den Werbetreibenden nicht transparent. Insbesondere die monetären Interessen sind oft nur vordergründig transparent. Im Normalfall hat der Werbetreibende ohne ein ausgefeiltes Controlling gar keine Möglichkeit, aus dem Bündel der Vorschläge und möglicher Online-Marketing-Maßnahmen, die unterschiedliche Akteure an ihn herantragen, die besten herauszupicken.

In der Praxis sind häufig auch die Möglichkeiten der Erfolgsmessung nicht bekannt, die von den Agenturen präsentierten Kennzahlen werden gutgläubig als das Nonplusultra akzeptiert oder es werden schlicht die falschen Kennzahlen fokussiert. Auch die fehlende Kenntnis darüber, wer an welcher Stelle in unterschiedlichen Online-Marketing-Prozessen verdient, führt zu einer Fehleinschätzung von Vorschlägen und Empfehlungen. Die Folge ist der suboptimale Einsatz von Marketing-Budget.

7 Die Inhalte für den Mix

Inhalt

Die Kernprobleme einer Online-Marketing-Konzeption wurden im Kapitel 6 erläutert. Um meinen Ausführungen im 8 »Der eigentliche Prozess der Konzepterstellung« folgen zu können, ist ein solides Grundwissen zu den Teildisziplinen erforderlich. Im Kapitel 7 werde ich daher dieses Grundwissen vermitteln. Ausdrücklich geht es aber nicht um ausschöpfendes Detailwissen in Bezug auf einzelne Teildisziplinen. Am Ende jedes Abschnitts werden jedoch Hinweise auf weiterführende Literatur und Weblinks gegeben. Neuere Disziplinen, wie »Internet- bzw. Video-Marketing«, »Content-Marketing« und »Mobile-Marketing« werden ausführlicher behandelt. Sie haben aktuell eine hohe strategische Relevanz.

Im Rahmen der Vermittlung des Grundwissens gehe ich auf die wesentlichen Mechanismen, Funktionsweisen und Gesetzmäßigkeiten je Einzeldisziplin ein. Frei nach dem Motto »ein Bild sagt mehr als 1000 Worte« werde ich punktuell mit Screencasts arbeiten, um schnell und effizient die wesentlichen Sachverhalte zu vermitteln. Mithilfe von Screencasts können Sachverhalte anschaulicher vermitteln werden als dies das geschriebene Wort vermag. Sollten Sie mit den Details zu den jeweiligen Online-Marketing-Disziplinen vertraut sein, so können Sie das Kapitel 7 überschlagen. Falls nicht, empfehle ich die sequenzielle Abarbeitung der einzelnen Kapitel inklusive der bereitgestellten Screencasts.

Neben den hier kurz erörterten Online-Marketing Disziplinen, können in einer individuellen Online-Marketing-Konzeption natürlich auch Elemente aus den im Abschnitt 5.2.4, 5.2.5, 5.2.6 oder 5.2.7 angesprochenen Bausteinen enthalten sein. Diese werden im vorliegenden Abschnitt ausgespart, um keine Redundanzen zu erzeugen.

7.1 Affiliate-Marketing

7.1.1 Affiliate-Marketing kurz erläutert

Affiliate-Marketing beruht auf einem seit Jahrhunderten praktizierten Vertriebsmodell, welches in die digitale Welt transformiert worden ist: Eine Person oder ein Unternehmen empfiehlt die Produkte oder Leistungen eines Partners. Kauft ein Dritter bei diesem Partner ein, so erhält der Empfehler eine Provision.

Zunächst hört sich das relativ einfach an. Doch wie so häufig steckt der Teufel im Detail. Besonders in der digitalen Welt. Um diese Grundidee in die digitale Welt zu transformieren, ist ein Trackingsystem notwendig, welches schlussendlich festhält, wann eine provisionsfähige Transaktion stattgefunden hat, von wem sie ausging und wie hoch die Höhe der zu zahlenden Provision ist. Ferner sind zwischen den Parteien vertragliche Regelungen zu treffen. Es wird also auch ein Vertragswerk benötigt.

In der digitalen Welt unterscheidet man zwei grundsätzliche Formen des Affiliate-Marketings:

- In der ursprünglichen Form sind nur zwei Parteien involviert: Der vertreibende Partner, auch Merchant oder Advertiser genannt, und der vermittelnde Partner, auch Affiliate oder Publisher genannt.
- Im Verlauf der weiteren Entwicklungsgeschichte des digitalen Affiliate-Marketings kamen sogenannte Affiliate-Netzwerke hinzu, die eine Vermittlerrolle zwischen den Merchants und den Affiliates einnahmen. In Deutschland bekannte Affiliate-Marketing-Netzwerke sind beispielsweise Awin (ehemals Zanox) und Affili.net, die 2017 zum größten deutschen Netzwerk fusionierten.

In der Praxis funktioniert Affiliate-Marketing meistens so, dass der Affiliate auf seiner Webseite Werbemittel des Merchants platziert, in die ein bestimmter Trackingcode eingebunden ist. Klickt ein Dritter auf das Werbemittel und gelangt so auf die Webseite des Merchants, wird im Falle des Ausführens der gewünschten Transaktion eine Provision gezahlt. Als Werbemittel kann quasi alles fungieren, in das sich ein Trackingcode einbauen lässt. Für die Leser, denen diese Ausführungen zu abstrakt sind, habe ich einen anschaulichen Screencast mit Beispielen erstellt:

www.lammenett.de/7111

Der Vorteil für den Merchant beim Affiliate-Marketing ist, dass er nur im Erfolgsfall eine Provision zahlen muss. Daher wird das Affiliate-Marketing auch dem Performance-Marketing zugerechnet. Initial hat der Merchant für Folgendes Anschubkosten zu tragen:

- die Konzeption des Affiliate-Marketing-Programms
- die Erstellung der Werbemittel und im Falle der Durchführung des Programms in Eigenregie
- die Anwaltskosten, die Kosten für die Tracking-Technologie und die Vermarktungskosten, also die Kosten, die zur Anwerbung von Affiliates entstehen.

Der Vorteil für den Affiliate ist, dass er mit relativ wenig Aufwand Geld verdienen kann. Er muss lediglich die Werbemittel des Merchant auf seiner Webseite installieren.

Die Idee des Affiliate-Marketings hat zu interessanten Stilblüten geführt. Findige Webseitenbetreiber haben zu verschiedensten Themen Webseiten entwickelt und diese mit Werbemitteln und Links aus Affiliate-Marketing-Programmen bestückt. Die Betreiber versuchen im Grunde, Besucher-Traffic zu aggregieren und durch Affiliate-Marketing zu Geld zu machen. Auch basieren heute viele Vergleichs- und Preisportale auf dem Prinzip des Affiliate-Marketing.

Um einmal aufzuzeigen, wie breit das Spektrum der Unternehmen beziehungsweise Institutionen ist, die Affiliate-Marketing heute einsetzen, sollen hier einige Beispiele genannt werden. Die Beispiele sind bewusst sehr unterschiedlich gewählt. Es soll die große Spannbreite der unterschiedlichen Einsatzgebiete aufgezeigt werden.

Anbieter	Netzwerke/ Eigenregie	Produkte/Leistungen	Vergütung
creditmaxx.de	Eigenregie	Privatkredite	Zwischen 12 und 15 Euro pro Lead und 1–2 Prozent Sales-Provision
tchibo.de	Awin AdGoal YieldKit	Blumen, Damenbekleidung, Geschenke & Gadgets, Handy & Tarife, Haushaltsgeräte, Herrenbekleidung, Kaffee & Tee, Kinderbekleidung, Küche & Haushalt, Universalversender	0,20–0,40 EUR pro Lead, 10,00–15,00 EUR pro Sale, 4,00–8,00 Prozent pro Sale
XOVI.de	Eigenregie	Software zur Suchmaschinenoptimierung	10,00–50,00 EUR pro Sale, 10,00–30,00 Prozent pro Sale
expedia.de	Tradedoubler Awin AdGoal YieldKit	Reisen	17,50–70,00 EUR pro Sale, 1,50–5,50 Prozent pro Sale
yves-rocher.de	Tradedoubler AdGoal YieldKit	Bio- & Naturprodukte, Haut- & Haarprodukte, Parfüm	4,00 EUR pro Sale, 15,00–25,00 Prozent pro Sale
winterreifen.net	Adcell Awin	Reifen	5,00 EUR pro Lead, 2–3 Prozent pro Sale
madeleine.de	Tradedoubler AdGoal YieldKit	Exklusive und hochwertige Damenmode	10,00 EUR pro Sale, 10,00 Prozent pro Sale

Tabelle 7.1: Beispiele für Affiliate-Programme. Daten aus November 2019.

7.1.2 Herausforderungen für Unternehmen/Organisationen

Es gibt heute Tausende Unternehmen in Deutschland, die Affiliate-Marketing erfolgreich betreiben. Bei Awin waren im März 2016 rund 2000 Programme gelistet. Bei Affili.net zu dem Zeitpunkt ebenfalls rund 2000 Programme.[37]

Aber es gibt genauso gut Tausende Programme, die sich nie bewährt haben. Mittlerweile ist es sogar so, dass Affiliate-Marketing-Netzwerke sehr selektiv geworden sind bei der Neuaufnahme von Merchants in ihr Netzwerk. Denn natürlich wollen auch die Netzwerkbetreiber etwas verdienen. Das tun sie jedoch nur, wenn über das Affiliate-Programm eines Merchants auch tatsächlich Umsätze generiert werden. Denn die Affiliate-Marketing-Netzwerke partizipieren ebenfalls nur im Erfolgsfall. In der Regel berechnen sie ca. 30 Prozent Provision auf den Betrag, den der Affiliate vom Merchant erhält.

Für ein Unternehmen, welches Affiliate-Marketing in seinen Online-Marketing-Mix integrieren möchte, besteht also zunächst die Herausforderung darin, ein Erfolg versprechendes Programm zu konzipieren. Dazu zählt:

- Eine hinreichend attraktive Ausgestaltung eines Provisionsmodells. Nur ein attraktives Provisionsmodell wird Affiliates dazu bringen, für die Produkte des Merchants zu werben.
- Attraktive Werbemittel. Dazu zählen nicht nur Banner. Im Prinzip kann alles als Werbemittel verwendet werden, in das sich ein Trackingcode installieren lässt, also auch moderne Werbemittel wie Rich Media, Datenbanken mit Produktdaten und dergleichen mehr.
- Die Wahl des richtigen Netzwerkes. Soll das Affiliate-Marketing-Programm nicht in Eigenregie durchgeführt werden, so muss sich das Unternehmen mit der Frage der Wahl des Netzwerkes auseinandersetzen. Es gibt viele unterschiedliche Netzwerke mit unterschiedlichen Ausrichtungen. Es gibt auch Netzwerke, die auf bestimmte Branchen spezialisiert sind.
- Im Falle der Realisierung in Eigenregie muss ein entsprechendes Vertragswerk erstellt werden, und es muss Klarheit über die einzusetzende Tracking-Technologie herbeigeführt werden. Ferner muss die Vermarktung im Sinne der Akquisition von Affiliate-Partnern bedacht werden.

Im laufenden Betrieb verursacht ein Affiliate-Programm Aufwendungen. Kein Programm läuft in der Regel von alleine, sondern will betreut werden. Es entstehen also Personalaufwände oder aber ein Unternehmen lässt das Affiliate-Programm durch eine Agentur betreuen. Typische Betreuungsaufwände sind:

---

37 2017 fusionierten Awin (ehmals Zanox) und Affilinet, zwei der größten deutschen Netzwerke.

- Die Beantwortung von Fragen der Affiliates.
- Die Prüfung der Provisionen und gegebenenfalls die Stornierung von einzelnen nicht gerechtfertigten Provisionen.
- Der gelegentliche Austausch von Werbemitteln.
- Die Initiierung von Aktionen (z. B. Feiertage, Sales, Rabattaktionen).
- Die Vermarktung des Affiliate-Programms im Sinne von Anwerbungen neuer Affiliates. Dieser Aspekt ist besonders relevant, wenn das Affiliate-Marketing-Programm in Eigenregie ausgeführt wird. Bei der Inanspruchnahme der Leistungen eines Affiliate-Marketing-Netzwerkes soll die Anwerbung von Affiliates ja durch die Vermittlungsleistung des Netzwerkes herbeigeführt oder zumindest erleichtert werden. Die wesentlichen Unterschiede dieser beiden Durchführungsformen werden in der folgenden Tabelle gegenübergestellt.

Affiliate-Marketing über Netzwerk (Awin, Tradedoubler etc.)	**Affiliate-Marketing in Eigenregie**
Häufig Setup Fee erforderlich, nicht selten ist das ein mittlerer vierstelliger Eurobetrag.	Keine Setup Fee.
Tracking-Technik vorhanden.	Tracking-Technik muss in Eigenregie implementiert werden, entweder durch Entwicklung oder Zukauf einer Drittsoftware.
Verträge bereits juristisch geprüft und fertig einsetzbar.	Vertragliche Basis muss selbst erstellt werden.
Zusätzliche Provision für das Netzwerk wird erforderlich (ca. 30 Prozent der Provision, die die Affiliates erhalten).	Keine zusätzliche Provision.
Kein Backlink für die eigene Seite, daher nicht relevant für Suchmaschinenoptimierung.	Jeder Affiliate liefert auch einen Backlink zur eigenen Seite, was sich positiv bei der Suchmaschinenoptimierung auswirkt.
Zugang zu großer Zahl von potenziellen Partnern über das Netzwerk. Mitarbeiter des Netzwerkes helfen bei der Akquisition von Partnern innerhalb des Netzwerkes (gilt nicht für alle Netzwerke).	Partner müssen in Eigenregie akquiriert werden. Dieser Prozess ist oft sehr arbeitsintensiv.

Tabelle 7.2: Die wesentlichen Unterschiede der beiden Formen des Affiliate-Marketings. Quelle: Lammenett, Praxiswissen Online-Marketing, Springer Gabler, 2019.

7.1.3 Branche im Wandel

Affiliate-Marketing war weltweit, so auch in Deutschland, jahrelang auf dem Vormarsch. Die Branche erfreute sich teilweise zweistelliger Wachstumszahlen. Doch 2014 stagnierten die Umsätze bei einigen Netzwerken, was daran abzulesen war, dass renommierte Netzwerke bis zu 20 Prozent ihrer Mitarbeiter entlassen mussten. So vermeldete Tradedoubler im Januar 2014, 20 Prozent ihrer Belegschaft in Deutschland entlassen zu müssen. Wenig später meldete auch Zanox, Mitarbeiter am Hauptsitz in Berlin entlassen zu müssen.[38] Auch die Fusion der beiden Platzhirsche Awin (ehemals Zanox) und Affilinet im Jahr 2017 deutet auf eine Sättigung des Marktes hin. Das Kartellamt genehmigte die Fusion der beiden größten deutschen Affiliate-Netzwerke im Spätsommer 2017. Für viele Marktteilnehmer kam die Fusion überraschend. Der Markt der Affiliate-Netzwerke hat sich in den letzten fünf Jahren konsolidiert. Über viele Jahre haben sich die Top 5 den Löwenanteil des deutschen Marktes geteilt. Nach der Fusion von Awin und Affilinet dürften die Kraftverhältnisse in Deutschland relativ einseitig verteilt sein.

7.1.4 Für welche Unternehmen macht Affiliate-Marketing Sinn?

Die Frage, wann der Einsatz von Affiliate-Marketing für ein Unternehmen oder eine Institution Sinn macht, ist nicht leicht zu beantworten. Es gibt viele Aspekte, die es zu beleuchten gilt. Im Rahmen der Erstellung eines Online-Marketing-Konzeptes sind in der Regel mindestens folgende Aspekte zu prüfen. Die Auflistung hat keinen Anspruch auf Vollständigkeit.

- **Isolierte ROI-Betrachtung:** Rein kaufmännisch lässt sich die Frage nach Sinn oder Unsinn ganz einfach beantworten. Affiliate-Marketing macht dann Sinn, wenn die Summe der Ausgaben geringer ist als der *zusätzliche* Gewinn, den ein Unternehmen mit Affiliate-Marketing erwirtschaften kann. In der Praxis ist die Aufstellung einer sauberen ROI-Rechnung jedoch nicht so einfach. Zwar sind die entstehenden Umsätze, und damit auch die Gewinne, relativ genau messbar. Durch Affiliate-Marketing entsteht aber auch ein Branding-Effekt, der in den wenigsten Fällen mit in die Bewertung einfließt.
- **Übergreifende ROI-Betrachtungen:** Im Kontext von Online-Marketing ist Affiliate-Marketing nicht isoliert zu betrachten. In Abschnitt 6.5 bin ich auf das Beziehungsgeflecht der einzelnen Disziplinen eingegangen. Affiliate-Marketing hat einen Einfluss auf andere Teildisziplinen und wird selbst wie-

---

[38] Vgl. www.internetworld.de/onlinemarketing/performancemarketing/zanox-entlaesst-mitarbeiter-in-berlin-298077.html, Abruf 08.01.2020.

derum von unterschiedlichen Teildisziplinen beeinflusst. Diese Aspekte in eine ROI-Betrachtung einzubeziehen, ist sehr schwierig. Ein Beispiel: Durch gut gemachte Werbemittel entsteht im Affiliate-Marketing ein positiver Branding-Effekt. Auch wenn Besucher der Zielwebseite im ersten Schritt nicht gleich etwas kaufen, kann sich der Branding-Effekt später sehr positiv auswirken. So kann sich eine höhere Markenbekanntheit beim Keyword-Advertising bemerkbar machen, wo nicht selten die eigene Marke einer der stärksten Bausteine im Kampagnenkonzept ist. Daraus resultiert, dass Affiliate-Marketing möglicherweise unter gesamtheitlicher Betrachtung sinnvoll ist, auch wenn man bei isolierter Betrachtung vielleicht zu einem anderen Ergebnis käme.

- **Möglichkeit der attraktiven Ausgestaltung:** Affiliate-Marketing funktioniert nur dann, wenn alle Parteien gewinnen. Ein Einstieg macht also nur dann Sinn, wenn das Unternehmen beziehungsweise die Institution die Möglichkeit hat, das Programm finanziell attraktiv zu gestalten. Es gibt jedoch Unternehmen, die es sich schlicht nicht leisten können, von ihrer ohnehin dünnen Marge noch Prozente abzugeben. In diesem Zusammenhang empfiehlt sich auch eine Analyse der Mitbewerber. Ist ein Mitbewerber bereits im Affiliate-Marketing aktiv, so kann in dessen Programmrichtlinien abgelesen werden, welche Provisionen beziehungsweise Vergütungen gezahlt werden. Sollte es nicht möglich sein, ein finanziell attraktives Affiliate-Programm zu schnüren, muss überlegt werden, ob es andere Argumente gibt, die einen Affiliate zum Mitmachen animieren könnten. Ist auch dies nicht der Fall, so macht ein Einstieg kaum Sinn.
- **Befindlichkeiten der Handelsstufen:** Viele Unternehmen vertreiben ihre Produkte in unterschiedlichen Vertriebskanälen über verschiedene Handelsstufen. Affiliate-Marketing ist in den meisten Fällen gleichzusetzen mit einem Direktvertrieb. Damit tritt das Unternehmen in eine unmittelbare Konkurrenz mit seinen Handelspartnern. In der Vergangenheit hat dies häufig zu Problemen geführt. Mir sind sogar Unternehmen bekannt, die Scheinfirmen unter einer anderen Marke gegründet haben, um ihre Handelspartner nicht zu verprellen. Affiliate-Marketing macht sicherlich nur dann Sinn im Online-Marketing-Mix, wenn der Return on Investment größer ist als das, was gegebenenfalls verloren würde durch Auslistungen von Handelspartnern.
- **Personelle Kapazität:** Ein gut gemachtes Affiliate-Marketing-Programm will gepflegt und betreut werden. Der Einstieg macht also nur Sinn, wenn personell entsprechende Kapazitäten vorhanden sind.

7.1.5 Einordnung der Eigenschaften im Raster

Um in einer späteren Phase der Konzeption wesentliche Merkmale einer Online-Marketing-Disziplin schneller »griffbereit« zu haben, ordne ich jede Disziplin in Bezug auf ihre Kerneigenschaften in ein Raster ein. Diese Einordnung ist nicht in Stein gemeißelt. Sie stellt eine Tendenz dar, die natürlich in Teilen einen subjektiven Charakter aufweist. Die Eigenschaften sind:

- Komplexität: Damit ist der Grad der technischen Komplexität in Bezug auf die Mechanismen und das Handling der Disziplin aus Sicht des Werbetreibenden gemeint. Im Affiliate-Marketing ist die Komplexität eher gering, da ein Affiliate-Marketing-Netzwerk dem Unternehmen viele Aufgaben abnimmt.
- Ausrichtung lokal/international: Damit ist gemeint, ob sich die Teildisziplin eher für lokales Online-Marketing oder eher für internationales Online-Marketing eignet. Affiliate-Marketing hat lokal kaum eine Bedeutung. Der Streuverlust ist einfach zu hoch. Beispielsweise würde ein lokal agierender Weinhändler keine Affiliates finden, da diese bei einem eng umrissenen Verkaufsgebiet kaum etwas verdienen könnten.
- Interaktion hoch/niedrig: Beschreibt den Grad der Verzahnung mit anderen Online-Marketing-Disziplinen. Dieser kann im Affiliate-Marketing recht hoch sein.
- Vergütungsmodus Performance/TKP: Beschreibt die übliche Abrechnungsform. Im Affiliate-Marketing wird primär erfolgsabhängig vergütet. Im Gegensatz dazu steht das Abrechnungsmodell Tausender-Kontakt-Preis (TKP). Der TKP gibt an, welcher Geldbetrag bei einer Werbemaßnahme (Fernsehspots, Online-Werbung, Printwerbung) eingesetzt werden muss, um 1000 Personen einer Zielgruppe per Sichtkontakt (im Radio Hörkontakt) zu erreichen.
- Sales-Effekt oder Branding-Effekt: Beschreibt die Relevanz dieser Disziplin in Bezug auf ihre primären Effekte. Affiliate-Marketing ist primär auf Vertrieb, also Sales, ausgerichtet, leistet aber auch Beiträge zum Branding.

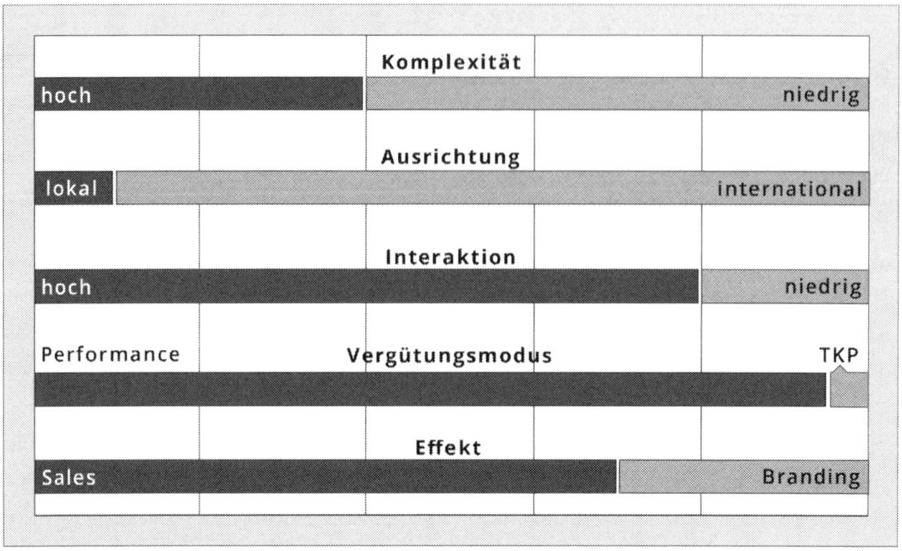

Abbildung 7.1: Einordnung der Eigenschaften von Affiliate-Marketing.

7.1.6 Weiterführende Literatur und Weblinks (Detailebene)

In diesem Werk geht es um die Erstellung eines zielführenden Online-Marketing-Konzeptes unter Berücksichtigung unterschiedlicher Konstellationen. Es geht nicht um eine erschöpfende Detailtiefe in Bezug auf die Einzeldisziplinen des Online-Marketings. Trotzdem soll mein Buch für diejenigen, die mehr Detailtiefe benötigen oder wünschen, keine Sackgasse sein. Daher habe ich hier einige Literaturempfehlungen und Weblinks zum Thema Affiliate-Marketing hinterlegt:

www.lammenett.de/7161

7.2 Amazon-Marketing

Amazon wächst kontinuierlich und wird von Jahr zu Jahr mächtiger. Im Jahr 2017 kam ein Marktplatz für handgemachte Ware hinzu (https://services.amazon.de/handmade.html). Im Oktober 2016 war in »The Economic Times«[39] zu lesen, dass Amazon zukünftig verstärkt in den Bereich Le-

[39] Vgl. http://economictimes.indiatimes.com/industry/cons-products/fmcg/amazon-drives-fmcg-bargain-offers-discounts-upto-50-per-cent/articleshow/54664753.cms, Abruf 21.01.2020

bensmittel bzw. FMCG einsteigen wird. Tatsächlich können seit 2017 bei Amazon, auch in Deutschland, Lebensmittel und Getränke bestellt werden. Auch ein Blick auf die folgende Abbildung macht die Marktmacht von Amazon deutlich. Die Abbildung zeigt die geschätzten Marktanteile von Amazon nach Kategorien im 1. Quartal 2018. Geschätzt wurden die Zahlen von der Universität St. Gallen. Die Ergebnisse wurden am 07.11.2018[40] im Handelsblatt veröffentlicht. Die angegebenen Werte beziehen sich dabei jeweils auf den gesamten Handel (Online- und stationären Handel).

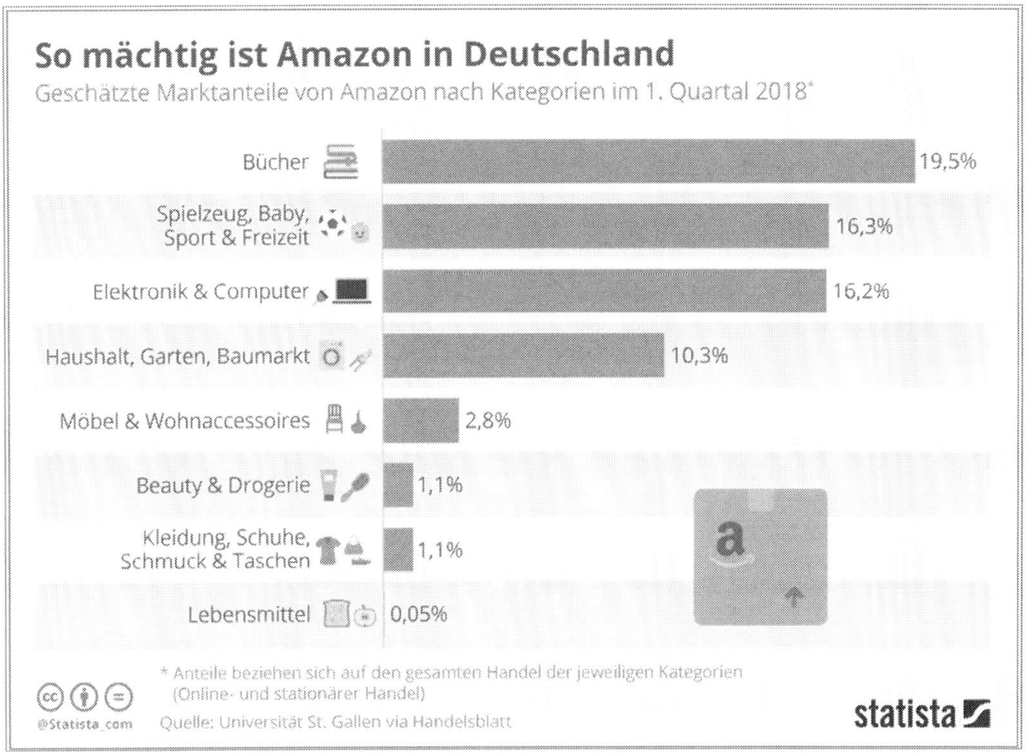

Abbildung 7.2: So mächtig ist Amazon. Quelle: Statista.de, Zitiert nach https://de.statista.com/infografik/16018/marktanteile-von-amazon-in-deutschland/, Abruf 18.01.2020

In einigen Branchen verändert Amazon den Handel - und zwar auch strukturell. Die Entwicklung wird zu einer Zentralisierung auf allen Handelsstufen führen.

Wenn sich immer mehr Teile des Handels auf die Plattform Amazon verlagern, wird es dort eng. Das ist schon heute sichtbar. Betrachten wir beispielsweise

[40] Vgl. https://www.handelsblatt.com/unternehmen/handel-konsumgueter/e-commerce-so-maechtig-ist-amazon-in-deutschland/23578310.html, Abruf 18.01.2020

einmal die Zahl der Amazon-Händler, die einen Umsatz von über 1 Million Euro machen, so kann festgestellt werden, dass deren Anzahl 2017 um 25 Prozent gewachsen ist. Je mehr Händler und neuerdings auch Hersteller auf die Plattform drängen, desto enger wird es dort und desto weniger Raum gibt es zu verteilen für jeden Einzelnen. Im Grunde ist das die Geburtsstunde der Online-Marketing-Disziplin »Amazon-Marketing«. Agenturen, die sich auf Amazon-Marketing spezialisiert haben, gibt es ja schon.

Händler und Hersteller müssen sich zukünftig sehr gut überlegen, wie ihre Online-Marketing-Konzeption aussieht und welche Rolle Marktplätze wie Amazon darin spielen sollen. Zugegeben, ein Blick in die Zukunft ist schwer. Aber die Zeichen der Zeit völlig zu ignorieren ist sicherlich ein großer Fehler. Grund genug, sich die Programme von Amazon einmal näher anzusehen.

7.2.1 Amazon Programme

Im Wesentlichen bietet Amazon derzeit zwei Programme für Händler: »Verkaufen bei Amazon« und zusätzlich »Versand durch Amazon«. Bei »Versand durch Amazon« übernimmt Amazon die Logistik. Das bedeutet, die Ware wird vom Händler zunächst in einer entsprechenden Losgröße an Amazon gesendet. Amazon lagert die Ware ein und versendet sie bei Bestellung an den Endkunden. Der Händler spart also die kleinteilige Logistik und die Lagerhaltung. Wobei – das Wort »spart« trifft es nicht ganz. Amazon lässt sich diese Logistikdienstleistung natürlich bezahlen.

Die beiden zuvor genannten Programme sind wohl die bekanntesten. Daneben gab es bis Januar 2019 noch das Programm »Amazon Vendor Express«. Zu Januar 2019 wird der Service aber komplett eingestellt. Das Programm war primär für kleinere Unternehmen mit neuen Produkten gedacht, die sich nicht für das »Amazon Vendor Central« Programm qualifizieren konnten. Zum klassischen »Vendor Central« Programm lädt Amazon nur selbst ausgewählte Hersteller und Händler ein. Amazon empfiehlt den kleineren Händlern nun den Wechsel ins »Verkaufen bei Amazon« Programm.

Bei dem Programm »Amazon Vendor Central«, und früher auch bei »Vendor Express«, tritt Amazon selbst als Händler auf. Amazon kauft Ware von Herstellern oder Großhändlern und vertreibt diese Ware im eigenen Marktplatz. Wenn man so will, macht Amazon den Händlern, die auf dem Marktplatz ihre Ware verkaufen, Konkurrenz. Immer wieder mal wird Amazon für dieses Verhalten von Händlern kritisiert. Händler werfen Amazon vor, »auf Kosten« der Händler auszuprobieren, welche Produkte im Marktplatz gut laufen, um dann die Händler auszubooten, indem die Produkte in das eigene Handelssortiment aufgenommen werden. Ob diese Kritik begründet ist, möchte ich an dieser Stelle nicht diskutieren.

In der Folge werden die drei angesprochenen Amazon Programme näher besprochen. Weitere Informationen finden Sie auf der Amazon Programmübersicht https://services.amazon.de/programme.html.

Hier der Servicelink:

www.lammenett.de/71111

Verkaufen bei Amazon

Ein professioneller Verkäuferzugang auf der Amazon Plattform kostet im November 2019 gerade mal 39 Euro zzgl. MwSt. monatlich. Der erste Monat ist sogar kostenfrei. Händler, die dieses Programm nutzen möchten, können nach der Registrierung gleich loslegen und Produktdaten bereitstellen. Diese können entweder manuell oder mithilfe spezieller Tools, die von Amazon bereitgestellt werden, auf den Amazon Marktplatz übertragen werden. Dabei ist dies nicht nur auf Amazon Deutschland beschränkt. Produkte können auf allen europäischen Marktplätzen angeboten werden, also amazon.de, amazon.co.uk, amazon.fr, amazon.it und amazon.es.

In der Theorie können Händler, die dieses Amazon Programm nutzen, natürlich mit einem Schlag eine gigantische Reichweite erlangen. Täglich besuchen Millionen von potentiellen Kunden die Amazon Marktplätze, um Produkte zu kaufen, nach denen sie suchen. In der Praxis gibt es aber natürlich auf den Marktplätzen von Amazon eine große Konkurrenz. Von anderen Händlern und gegebenenfalls von Amazon selbst. Dazu später mehr.

Nachdem ein Endkunde auf Amazon Ware eines Händlers gekauft hat, erhält der Händler eine Benachrichtigung und muss die Ware versenden. Der entsprechende Kaufpreis geht zunächst an Amazon und wird dem Händler regelmäßig gutgeschrieben. Dabei werden die Verkaufsprovisionen von Amazon in der Regel abgezogen. Amazon bietet unterschiedliche Preismodelle für Händler. In der Regel zahlen Händler pro verkauften Artikel eine kategorieabhängige Verkaufsgebühr. Diese liegt mit Stand August 2016 beispielsweise bei 15 Prozent in der Kategorie Auto & Motorrad, bei 10 Prozent in der Kategorie Fahrrad und bei 7 Prozent in der Kategorie Computer. In einigen Kategorien wird eine Mindestverkaufsgebühr pro Artikel erhoben.

Details zum Amazon Programm »Verkaufen bei Amazon« finden Sie hier: https://services.amazon.de/programme/online-verkaufen/merkmale-und-vorteile.html

Servicelink: www.lammenett.de/71112

Details zur Preisgestaltung sind hier zu finden: https://services.amazon.de/programme/online-verkaufen/preisgestaltung.html

Servicelink: www.lammenett.de/71113

Versand durch Amazon (Fulfillment by Amazon, FBA)

Beim Programm »Versand durch Amazon«, besser bekannt unter FBA, übernimmt Amazon zusätzlich zu den oben genannten Leistungen die Lagerhaltung und die Distributionslogistik. Amazon betreibt alleine in Deutschland dreizehn Logistikzentren. Nähere Informationen dazu finden Sie hier: http://www.intomarkets.com/amazon-logistikzentren-in-deutschland-und-europa/. Aus Sicht eines Händlers kann es daher sehr interessant sein, das Amazon FBA zu nutzen. Denn mit acht Logistikzentren lässt sich natürlich eine bedeutend schnellere und kundenfreundlichere Logistik bewerkstelligen, als wenn alles aus einem Zentrallager heraus versendet werden müsste. Sicherlich ist auch ein Zentrallager kein Problem, wenn der Kunde Lieferzeiten von zwei bis drei Tagen akzeptiert. Aber der allgemeine Trend geht eher in Richtung kürzerer Lieferzeiten.

Es ist daher auch nicht verwunderlich, dass Amazon Prime auch in Deutschland auf dem Vormarsch ist. Für einen Mitgliedsbeitrag von 69 Euro pro Jahr bietet Amazon seinen Kunden eine Reihe von Vorteilen. Dazu zählt auch der kostenfreie Premiumversand für sehr viele Artikel und die Zustellung bis 12 Uhr am nächsten Werktag (Express-Versand gegen Aufpreis von 5 Euro, Normalpreis 10 Euro). Weltweit wächst die Anzahl der Prime Mitglieder deutlich, was ein klares Signal der Kunden an Online-Händler ist. Laut Marktforschungsberater Millward Brown Digital soll Amazon Prime in den letzten 12 Monaten um rund 53 Prozent zugelegt haben. Amazon selbst hält sich, was die konkreten Zahlen angeht, bedeckt und achtet auf Stillschweigen.

Zum Programm schreibt Amazon auf der entsprechenden Website:[41]

»Da Versand durch Amazon-Produkte von Amazon versandt werden, gilt für diese Produkte das Versprechen von Amazon für einen schnellen Versand und bewährten Kundenservice. Amazon verleiht Ihren für Prime berechtigten Versand durch Amazon-Produkten daher das Prime Logo, sodass diese Produkte zu den ersten gehören, die Millionen von treuen Kunden sehen – u. a. am Prime Day, einem der größten Shopping-Events

---

[41] Vgl. https://services.amazon.de/programme/versand-durch-amazon/merkmale-und-vorteile.html, Abruf 20.01.2020

von Amazon. Mit einer größeren Prime Kundenreichweite können Sie Ihren Umsatz erhöhen.

Amazon verleiht Versand durch Amazon-Produkten das Versand durch Amazon-Logo. Amazon-Kunden in ganz Europa bevorzugen Produkte mit diesem Logo, da sie einen unkomplizierten Versand, einen hervorragenden Kundenservice und eine reibungslose Warenrücksendung versprechen.«

Der letzte Absatz dieses Zitats macht einen weiteren Vorteil von Amazon FBA deutlich: Der zeitnahe EU-weite Versand. Für Händler, die gerne international verkaufen würden und auch international kurze Lieferzeiten bieten möchten, kann Amazon FBA eine spannende Alternative sein.

Natürlich erbringt Amazon diese Leistungen nicht kostenfrei. Details zur Preisgestaltung können Sie hier finden: https://services.amazon.de/programme/versand-durch-amazon/preisgestaltung.html

Hier der Servicelink:

www.lammenett.de/71114

Details zum Amazon Programm »Versand durch Amazon« finden Sie hier: https://services.amazon.de/programme/versand-durch-amazon/merkmale-und-vorteile.html

Hier der Servicelink:

www.lammenett.de/71115

Amazon Vendor Express (eingestellt ab Jan. 2019)

Wie erwähnt wird dieses Programm zum 1. Januar 2019 komplett eingestellt. Amazon empfiehlt den kleineren Händlern nun den Wechsel ins »Seller Central«-Programm (Verkaufen bei Amazon).

Amazon Vendor Central

»Amazon Vendor Central« verläuft ausschließlich über Einladung und ist vor allem für Hersteller, Großhändler und bekannte Marken gedacht. Einen Einstieg mit spartanischen Informationen finden Sie hier: https://sellercentral.amazon.de/.

7.2.2 Amazon-Marketing (Stellschrauben)

Um als Händler erfolgreich Produkte auf einem Amazon Marktplatz verkaufen zu können, muss man dafür sorgen, dass seine Produkte auf dem Marktplatz gut sichtbar sind. Im Idealfall vor den Produkten der Mitbewerber. Um dieses zu erreichen muss man verstehen, wie der Amazon Algorithmus und damit die Amazon-Suchmaschine funktioniert. Das ist schwierig, weil ja keine gesicherten Erkenntnisse vorliegen. Der Algorithmus ist geheim. Es muss vermutet und spekuliert werden. Es muss getestet und experimentiert werden. Aber so ist es beim berühmten Google Algorithmus ja auch. Niemand kennt den Algorithmus wirklich - außer Google natürlich. Google gibt ab und zu Hinweise auf Faktoren, die den Algorithmus beeinflussen. Aber das ist auch schon alles. Das ganze Ausmaß des Algorithmus ist nicht bekannt. Weder bei Google noch bei Amazon.

In der Folge gehe ich auf einige Aspekte ein, die das Ranking auf Amazon vermutlich beeinflussen. Die Ausführungen erheben keinerlei Anspruch auf Vollständigkeit. Sie sind zwar logisch nachvollziehbar, doch nicht gesichert im Sinne einer verifizierten Tatsache.

Grundsätzliche Handlungsparameter und Faktoren der Amazon Ranking-Optimierung

Im Kern gibt es zwei Optimierungsansätze für Händler, wollen sie in der »Suchmaschine Amazon« gut positioniert sein. Für welchen Händler und für welche Produktgruppe welcher Ansatz richtig ist, hängt vom Einzelfall ab.

Zum einen ist das die Ranking-Optimierung und zum zweiten die sogenannte Buy-Box-Optimierung. Die Buy-Box erscheint, wenn es mehrere Anbieter eines Produktes gibt, als umrandeter Kasten rechts auf einer Produktdetailseite unterhalb der Warenkorbschaltfläche. Die folgende Abbildung zeigt eine Buy-Box.

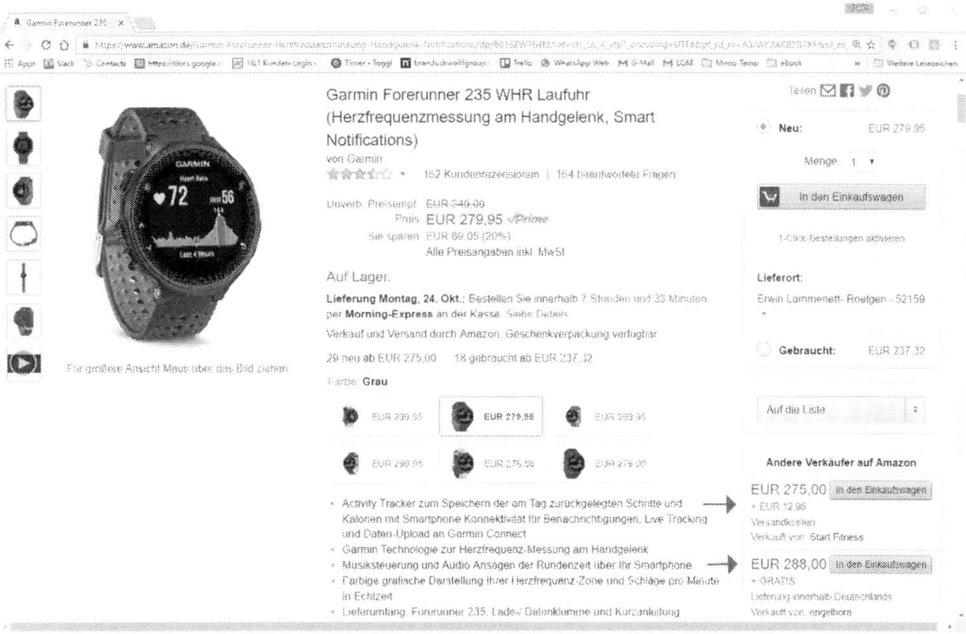

Abbildung 7.3: Beispiel einer Amazon Buy-Box

Bei der Rankingoptimierung geht es um die Beeinflussung der Suchergebnisseite von Amazon. Gibt ein Besucher ein bestimmtes Keyword in die Suchmaske ein, werden ihm in der Regel pro Seite 20 bis 40 Produkte angezeigt. An welcher Position und auf welcher Seite ein Produkt erscheint, entscheidet der Algorithmus A9. Dieser Algorithmus ist wesentlich übersichtlicher als der Google Algorithmus. Dennoch hat sich der Begriff Amazon-SEO etabliert, der die Ranking-Optimierung für den Amazon Marktplatz beschreibt. Mittlerweile gibt es sogar Literatur zum Thema Amazon-SEO. Seit Oktober 2015 sind vier Bücher mit Titeln wie »Amazon SEO«, »Amazon SEO Boost« oder dergleichen erscheinen. Drei davon im Jahr 2016. Auch 2017 und 2018 sind Bücher zum Thema erschienen. In den folgenden Abschnitten möchte ich keinesfalls mit diesen Büchern konkurrieren, sondern lediglich einen Überblick zu den wichtigsten Eckparametern geben.

Bei der Ranking-Optimierung spielen unterschiedliche Faktoren eine Rolle. Bei Amazon sind das beispielsweise die Klickrate und der Absatz. Diese Faktoren werden u.a. durch die Darstellung der Produkte beeinflusst. Mit Darstellung in diesem Kontext sind die Qualität der Produktbilder und der Werbetexte gemeint. Ferner spielen auch die verwendeten Keywords und deren Einbettung auf der Produktseite eine Rolle.

Bei der Buy-Box-Optimierung sind die genauen Faktoren, nach denen Amazon die Händler der Buy-Box hinzufügt, nicht bekannt. Bisweilen ist zu lesen, dass sowohl der Preis als auch die Verfügbarkeit eine Rolle spielen. Das sind vermutlich aber nicht die einzigen Faktoren.

Keyword-Analyse

Wie bei der Optimierung für Google auch, ist erster und zentraler Punkt die Recherche und Auswahl geeigneter Keywords für ein Produkt. Sind passende und relevante Keywords beim Produkt hinterlegt, so steigt die Sichtbarkeit des Produkts auf der Suchergebnisseite von Amazon bei passenden Suchanfragen. Wo die recherchierten Keywords zu hinterlegen sind, erfahren Sie im nächsten Abschnitt.

Platzierung der Keywords und Optimierung der Texte

Grundsätzlich ist die Platzierung geeigneter Keywords vergleichbar mit der Platzierung von Keywords bei der Google Optimierung. Folgende Positionen sind von Bedeutung:

- Der Titel hat für das Ranking eine Bedeutung. Es empfiehlt sich, im Titel passende und häufig gesuchte Keywords zu verankern.
- Die allgemeinen Schlüsselwörter, welche man im Seller Central eintragen kann, haben ebenfalls eine Bedeutung für das Ranking und sollten häufig gesuchte, passende und relevante Keywords enthalten. Die Schlüsselwörter werden auf der Produktseite nicht ausgegeben.
- Natürlich haben die Produktattribute und der Produkttext ebenfalls eine Relevanz für das Ranking bei Amazon.

Es empfiehlt sich allerdings nicht, Keywords ständig zu wiederholen. Bei der Optimierung von Produkttexten und -Attributen geht es vielmehr darum, die Texte so zu gestalten, dass sie »verkaufen«. Im Idealfall sind sie so geschrieben, dass die für einen Leser eine verkaufsfördernde Wirkung haben und für den Algorithmus von Amazon eine rankingfördernde Wirkung. Diese Aussage kommt Ihnen bekannt vor aus der Suchmaschinenoptimierung für Google? Stimmt. Denn auch bei der Google SEO ist die Art und Weise der Texterstellung von Bedeutung.

Texte mit verkaufsfördernder Wirkung enthalten in der Regel ein oder mehrere Nutzenversprechen. Um es mit den Worten von Philip Kotler zu sagen: »Man verkauft immer nur Nutzen, nie ein Produkt«.

Ganz wichtig im Verkaufsprozess sind sicherlich die Produktbilder. Ein Bild sagt mehr als tausend Worte. Und mehrere gute und qualitativ hochwertige Bilder sagen dann möglicherweise mehr als tausend Worte. Es ist wissenschaftlich nachgewiesen, dass gute Produktbilder und auch Produktvideos einen positiven Einfluss auf die Verkaufszahlen in Onlineshops haben. Das dürfte bei Amazon nicht anders sein. Professionelle und durchdachte Produktbilder steigern in der Regel die Conversion-Rate - vorausgesetzt der Preis ist im Rahmen. Damit wären wir beim nächsten wichtigen Punkt: Dem Preis.

Ein wettbewerbsfähiger Preis trägt ebenfalls zu einem guten organischen Ranking bei. Für Händler macht es durchaus Sinn, sich im Vorfeld über das Preisgefüge auf dem Amazon Marktplatz zu informieren. Auch Experimente mit unterschiedlichen Preisen sind sicherlich ein Mittel, um ein Gefühl für einen optimalen Angebotspreis auf der Plattform zu entwickeln.

Die Amazon Rezensionen können den Verkauf eines Produktes ebenfalls positiv beeinflussen. Gut möglich, dass sie auch einen Einfluss auf das Ranking haben. Denn gut bewertete Produkte verkaufen sich besser als schlecht bewertete. Amazon verdient nur, wenn verkauft wird. Ergo hat Amazon ein Interesse, gut bewertete Produkte zu präsentieren. Sie verkaufen sich schneller und besser. Dementsprechend ist es wichtig, auf negative Rezensionen schnell und professionell zu Reagieren.

Auch die Nutzung vom Versandservice FBA soll laut einigen Experten einen positiven Effekt auf das Ranking haben. FBA Produkte sind in der Regel schneller beim Kunden. Da die Anzahl der Amazon Prime Mitglieder in den letzten Jahren stark gestiegen ist, werden immer mehr FBA Produkte bevorzugt gekauft. Denn schnelle Lieferung ist für Prime Mitglieder ja nicht mit Zusatzkosten verbunden.

7.2.3 Weiterführende Literatur und Weblinks (Detailebene)

In diesem Werk geht es um die Erstellung eines zielführenden Online-Marketing-Konzeptes unter verschiedenen Konstellationen und nicht um eine erschöpfende Detailtiefe in Bezug auf Amazon-Marketing. Daher habe ich hier einige Literaturempfehlungen und Weblinks zum Thema »Details« hinterlegt:

www.lammenett.de/71131

7.3 Content-Marketing

Content-Marketing wird von unterschiedlichen Marktteilnehmern verschieden definiert. In der Social-Media-Marketing-Szene wird Content-Marketing häufig mit einem Seeding gleichgesetzt. Für Agenturen, die sich mit Suchmaschinen-Marketing beschäftigen, ist Content-Marketing primär ein Mittel der Suchmaschinenoptimierung. Agenturen aus der Ecke »Unternehmenskommunikation« sehen Content-Marketing häufig eher als zentralen Bestandteil einer ganzheitlichen Inbound-Marketing-Strategie. Inbound-Marketing ist, genau wie Content-Marketing, ein relativ junges Buzzword. In manchen literarischen Abhandlungen wird das Inbound-Marketing auch dem Content-Marketing gleichgesetzt. Im Gegensatz dazu steht das Outbound-Marketing, welches Methoden des klassischen Marketings beschreibt. Die folgende Tabelle stellt die beiden Methoden gegenüber.

Inbound-Marketing	Outbound-Marketing
Im Mittelpunkt stehen die Inhalte. Diese werden von Kunden/Interessenten gefunden und im Idealfall weiterverbreitet.	In der Regel Einwegkommunikation. Botschaft wird an Zielgruppe gesendet. Reichweite wird gekauft.
Kunden kommen selbst, weil sie über interessante Inhalte »stolpern«, z. B. über die Suchmaschine oder Social-Media-Netzwerke etc.	Eingesetzte Medien sind zumeist TV, Radio, Bannerwerbung, Callcenter-Outbound, Anzeigen etc.
Es wird ein Mehrwert über die Inhalte geboten.	Werbung hat in der Regel keinen Mehrwert für die Kunden.[42]
Kunden/Interessenten werden unterhalten, informiert oder angeregt.	Kunden werden belästigt, unterbrochen bzw. zumindest gestört.

Tabelle 7.3: Inbound-Marketing versus Outbound-Marketing.

Der Begriff Inbound-Marketing wurde im deutschsprachigen Raum erstmals von SEOmoz-Gründer Rand Fishkin im April 2012 bei einer Konferenz in München auf die große Bühne gebracht. Im Anschluss daran gestaltete sich das Interesse am Thema Inbound-Marketing sehr positiv, wie man in Google Trends ablesen kann.

Etwas globaler ausgedrückt ist Content-Marketing eine Methode, welche die Zielgruppe ansprechen soll, um sie direkt oder indirekt vom eigenen Unternehmen und seinem Leistungsangebot oder einer eigenen Marke zu überzeugen. Content-Marketing soll Kunden gewinnen oder halten, ohne jedoch zu direkt, zu aufdringlich oder gar störend zu sein. Keinesfalls ist Content-Marketing vordergründig werblich. Es kommt beim Content-Marketing im Grunde darauf an, einen Mehrwert zu liefern. Dies kann mit informierenden, beratenden und unterhaltenden Inhalten geschehen. Es kann über Texte, Bilder, Videos oder Podcasts erfolgen. Content-Marketing stellt nicht das eigene Unternehmen oder das eigene Produkt in den Mittelpunkt, sondern einen Inhalt, der einen Mehrwert bietet.

---

[42] Ausnahmen können beispielsweise Rabattcodes sein, die in der Werbung eingesetzt werden und einen Preisnachlass bieten (Preisnachlass = Mehrwert)

Einen sehr guten Erläuterungsversuch mit einer nachvollziehbaren Struktur habe ich in einem Blogbeitrag von Olaf Kopp gefunden: https://www.sem-deutschland.de/blog/content-marketing.

Servicelink: www.lammenett.de/791

Bei der Suchmaschinenoptimierung wird Content-Marketing immer wichtiger, weil Google und Co verstärkt Wert auf Inhalte legen, die wirklich relevant sind, wirklich interessieren und von Benutzern als werthaltig angesehen werden. Inhalte, welche die Erwartungen der Nutzer befriedigen, sind also im Vorteil gegenüber Inhalten, die ein Benutzer nur kurz ansieht und dann wieder wegklickt.

Es zeichnet sich also ein Paradigmenwechsel ab. In der Vergangenheit ging es vor allem darum, irgendetwas zu einem Thema zu schreiben und dann entsprechende Seitenbestandteile wie Seitentitel und Hauptüberschrift auf gewünschte Suchbegriffe abzustimmen. Doch Google und Co verfeinern ihre Fähigkeiten zur Analyse von Texten immer mehr. Zukünftig wird daher Content-Marketing im zuvor genannten Sinne an Bedeutung gewinnen.

Diese Entwicklung wird auch durch einen eindeutig belegbaren Boom bei ausgeschriebenen Stellen nach Content-Experten belegt. In iBusiness[43] war hierzu schon im November 2015 zu lesen:

Die Nachfrage nach SEO- und Content-Experten hat das stärkste Wachstum

Einen großen Sprung nach oben hat mit der Dmexco die Zahl der ausgeschriebenen Redakteursstellen gemacht. Sie kletterte mit Ende der Sommerferien um gut ein Fünftel nach oben und hält sich seitdem kontinuierlich oberhalb der 200er-Marke. Auch SEO-Experten werden inzwischen wieder verstärkt gesucht. Offenbar sorgt der Boom beim 'Content-Marketing' dafür, dass Unternehmen verstärkt redaktionelle Dienstleistungen nachfragen und deswegen die Agentur-Entscheider Spezialisten in diesem Gewerk suchen.

Klassische Beispiele für Content-Marketing sind Whitepaper, Tutorials, Info-Grafiken, Studien, Lexika oder Ratgeber. Diese werden auf der Webseite eines Unternehmens verankert und sollen im Idealfall dazu führen, dass Besucher die Inhalte teilen oder darauf verlinken bzw. im virtuellen Raum darüber reden.

Ein interessantes Buzzword, welches häufig im Rahmen des Content-Marketings genannt wird, ist das sogenannte »Storytelling«. Bei diesem Begriff muss ich

---

[43] Quelle: www.ibusiness.de

immer an einen Co-Referenten aus einem meiner Seminare denken. Dieser war als Teamleiter Online-Marketing auch für das Content-Marketing der Firma Villeroy und Boch verantwortlich. Sinngemäß sagte er: »Über Kloschüsseln lässt sich nicht viel schreiben. Wenn doch, dann nichts, was die Leute interessiert. Aber über den Orient-Express kann man tolle Geschichten schreiben. Und in dem sind Kloschüsseln von Villeroy und Boch verbaut.« Merken Sie etwas? Villeroy und Boch hatte viele Jahre etliche Geschichten zum Orient-Express auf seiner Website.

Aus Sicht der Suchmaschinenoptimierung verfolgt Content-Marketing zwei Ziele:

- Content-Marketing schafft zusätzlich interessante Inhalte, die Mehrwerte bieten und die nachgefragt werden. Das ist besonders interessant für Unternehmen, deren Produkte sogenannte Low-Interest-Produkte sind. Durch Content-Marketing wird eine Webseite mit weiteren Inhalten angereichert und erscheint im Lichte der Suchmaschine größer, interessanter und werthaltiger.
- Der Aufbau von hochwertigen Backlinks soll beflügelt werden, da Besucher der Webseite die Inhalte teilen und verlinken.

Wie eingangs erwähnt, kann es beim Content-Marketing aber auch um weit mehr gehen, als die Unterstützung der Suchmaschinenoptimierung. Demzufolge gibt es weitere Ziele, die nicht primär der Suchmaschinenoptierung dienen. Der Vollständigkeit halber werden diese hier auch genannt.

Kurzfristige Content-Marketing-Ziele sind:

- Erzeugung von Reichweite über die Verbreitung von Inhalten über Social-Media bzw. im Idealfall die Erzeugung eines viralen Effektes über Social-Media.
- Neue Besucher auf die Unternehmenswebseite bringen.

Langfristig können folgende Ziele angestrebt werden:

- Aufbau einer Marke/Autorität für ein bestimmtes Thema. Damit verbunden ist auch die Schaffung von Vertrauen und der Aufbau oder die Optimierung der Reputation.
- Regelmäßig Leser bzw. Besucher zur Zielwebseite führen und damit verbunden die Erhöhung der Rate von wiederkehrenden Besuchern.
- Verbesserung von Abschlussraten.
- Bindung von Influencern oder Multiplikatoren.
- Begünstigung von langfristig loyalen Kundenbeziehungen.

7.3.1 Beispiele für Content-Marketing

Sicherheitsleitfaden für TYPO3 der TYPO3-Macher:
www.typo3-macher.de/typo3-sicherheitsguide/

Servicelink: www.lammenett.de/7912

Durch die Erstellung und regelmäßige Aktualisierung eines Sicherheitsleitfadens für das Content-Management-System TYPO3 versucht die Firma team in medias, eine Autorität für das Thema Sicherheit aufzubauen. Damit verbunden ist die Unterstützung des Reputationsaufbaus als verantwortungsvoller Dienstleister.

Infografik Firma Hornbach:
www.gutewerbung.net/wp-content/uploads/2013/07/Hornbach-Hammer-Infografik.jpg

Servicelink: www.lammenett.de/7913

Die Infografik enthält viele bekannte Elemente und visualisiert verschiedene Statistiken um das Thema Stahl. Gleichzeitig erzählt sie eine Geschichte über die Herstellung eines Hammers aus Panzerstahl. Hierzu gibt es auch einen Film bei YouTube: www.YouTube.com/watch?v=StOGdOFJv1Q

Servicelink: www.lammenett.de/7914

Infografik Runtastic:
www.runtastic.com/blog/de/ernaehrung-wellness/infografik-fakten-rund-ums-herz/

Infografik zum Thema Herz, Gesundheit, Sport.

Servicelink: www.lammenett.de/7915

Magazin von Heinzfood [Kraft] (Rezepte, Food):
www.heinzfoodservice.de/de-de/recipes/recipefinder

Servicelink: www.lammenett.de/7916

Die Firma Kraft veröffentlicht ein Printmagazin zum Thema Ernährung. Primär sind hierin Rezepte enthalten. Im Video www.YouTube.com/watch?v=VyCOeinYtAQ spricht eine Kraft-Mitarbeiterin über dieses Magazin.

Tipps Fleckenlösung von Vanish:
www.vanish.de/fleckenloesungen

Servicelink: www.lammenett.de/7917

Reckitt Benckiser bietet unter der URL eine sehr umfassende Sammlung von Tipps rund um das Thema Fleckenbeseitigung an. Man kann hier sehr differenziert auswählen, wie der Fleck entstanden ist und ob er sich auf Kleidung oder Teppich befindet. Anschließend erhält man entsprechende Lösungsvorschläge und Tipps für die Beseitigung.

Tipps für Make-up und Schminke:
http://lounge.loreal-paris.de/makeuplounge/

Servicelink: www.lammenett.de/7918

In der Make-up-Lounge bietet L'Oréal viele Tipps zum Thema Kosmetik und Schminken. Es sind u. a. viele Videos mit Schminkanleitungen verankert.

7.3.2 Herausforderungen für Unternehmen/Organisationen

Echtes Content-Marketing bedeutet weit mehr, als Inhalte zu generieren, die halbwegs zum Unternehmen passen, und diese für Suchmaschinen zu optimieren. Im »echten« Content-Marketing liegt die erste Herausforderung darin, Themen zu identifizieren, die eine Brücke zum Unternehmensinhalt schlagen können, die aber gleichzeitig im Interessenfokus einer **hinreichend großen Zielgruppe** stehen. Alle weiteren Arbeiten sind im Grunde nur Handwerk.

In bestimmten Bereichen bedingt eine Content-Strategie ein permanentes Arbeiten und eine permanente Generierung von geeignetem Content. Hierüber müssen sich Unternehmen im Klaren sein. Möchte ein Unternehmen mithilfe von Content-Marketing zu einer Art »Autorität« in einem bestimmten Themenbereich werden, so werden einige wenige Veröffentlichungen nicht ausreichen, um dieses Ziel zu erreichen. Je nach Zielsetzung der Content-Marketing-Strategie ist der dahinterliegende Umsetzungsaufwand also mehr oder minder groß.

Content-Marketing macht sicherlich für Unternehmen Sinn, die ernsthaft Suchmaschinenoptimierung betreiben. Lesen Sie hierzu den folgenden Abschnitt 7.3.3.

Aber auch abseits der Suchmaschinenoptimierung kann Content-Marketing eine sehr spannende Online-Marketing-Disziplin sein. Wirklich attraktiver Content hat auch immer das Potenzial, einen viralen Effekt zu erreichen. Hiermit wäre man dann schnell beim Thema Viral-Marketing. Es hat in der Vergangenheit viele spektakuläre Beispiele gegeben, wie Unternehmen auch mit kleineren Budgets durch die Veröffentlichung von spektakulärem, interessantem, nutzbringendem oder leicht anrüchigem Content Millionen von Menschen auf sich aufmerksam gemacht haben. Auch große Brands haben mittlerweile den Charme des Content-Marketings und sein virales Potenzial entdeckt. Neben den Beispielen im Abschnitt 7.3.1 finden Sie im Abschnitt 7.12.10 »Interessante Showcases« weitere Beispiele aus dem Segment Video-Marketing. Auch Videos sind Content.

7.3.3 Aktuelle Entwicklungen

Content-Marketing erlebt seit einigen Jahren einen Boom. Besonders getrieben wurde dieser von der Suchmaschinenoptimierung. Da die Suchmaschinen, allen voran Google, immer häufiger Algorithmus-Updates veröffentlichen, deren Ziel es ist, die Qualität der Suchergebnisse zu verbessern, sind Webseiten mit wirklich werthaltigem Content im Vorteil. Die Fachwelt ist sich darüber einig, dass dieser Trend noch eine Weile anhalten wird.

Getrieben von diesen Entwicklungen hat sich Content-Marketing in den letzten Jahren stark weiterentwickelt. Es geht mittlerweile lange nicht mehr nur darum, Content zu generieren, der in den Suchmaschinen gut platziert ist und so Besucher auf eine bestimmte Webseite bringt oder auf ein bestimmtes Unternehmen aufmerksam macht. Bester Beleg dafür sind die zahlreichen Veröffentlichungen, die in jüngerer Zeit zum Thema Content-Marketing erschienen sind. Auch ein Blick in Google Trends offenbart, dass Content-Marketing seit 2013 ein Trendthema ist.

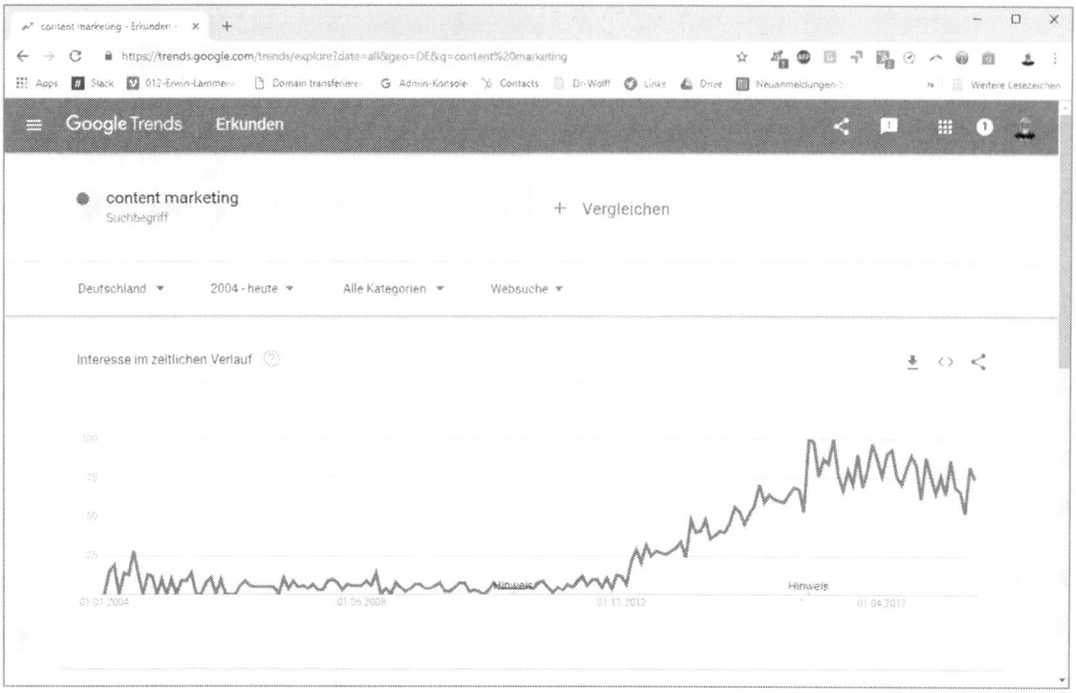

Abbildung 7.4: Entwicklung der Suchnachfrage des Begriffs »Content-Marketing« laut Google Trends. Abruf 05.12.2019.

7.3.4 Einordnung der Eigenschaften im Raster

Um in einer späteren Phase der Konzeption wesentliche Merkmale einer Online-Marketing-Disziplin schneller »griffbereit« zu haben, ordne ich jede Disziplin in Bezug auf ihre Kerneigenschaften in ein Raster ein. Diese Einordnung ist nicht in Stein gemeißelt. Sie stellt eine Tendenz dar, die natürlich in Teilen einen subjektiven Charakter hat. Eine Erläuterung der Kerneigenschaften finden Sie im Abschnitt 7.1.5 oder im Abschnitt 7.6.5.

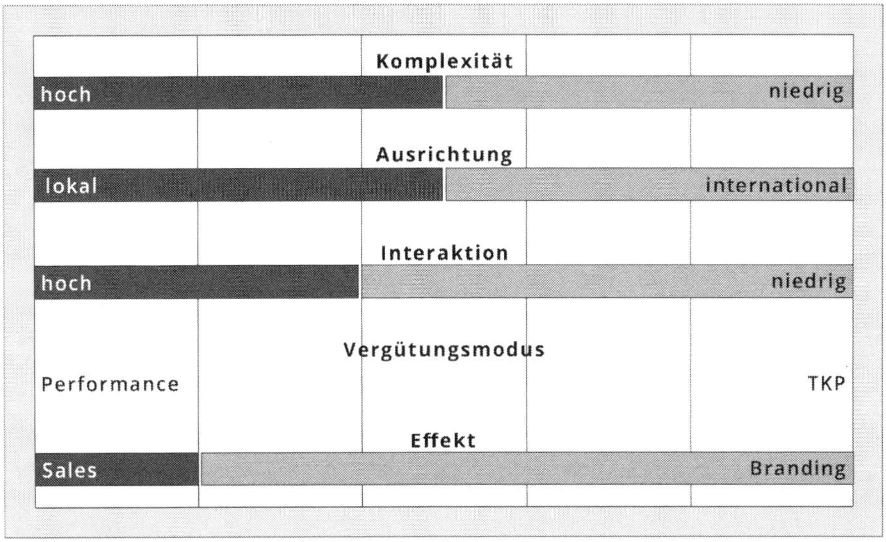

Abbildung 7.5: Einordnung der Eigenschaften von Content-Marketing.

Der Grad der Komplexität ist im Vergleich mit anderen Disziplinen relativ gering. Gutes Content-Marketing lebt von den Inhalten und den Ideen, nicht von der Überwindung technischer Hürden.

Content-Marketing kann sicherlich auch mit lokalem Bezug eingesetzt werden. Primär sehe ich diese Disziplin jedoch mit einer eher nationalen oder gar internationalen Wirkweise.

Der Interaktionsgrad mit anderen Online-Marketing-Disziplinen kann durchaus hoch werden. Zum einen spielt Content-Marketing im SEO ohnehin eine strategisch wichtige Rolle. Zum zweiten gibt es im Video-Marketing ebenfalls starke Berührungspunkte, da Videos auch im Sinne von Content-Marketing fungieren können. Schlussendlich können viele Bereiche des Social-Media-Marketings zur Content-Distribution oder zumindest für das Seeding eingesetzt werden.

Die Vergütung des Content-Marketings erfolgt in der Regel weder über Performance-Faktoren noch über den Tausender-Kontakt-Preis. Deshalb ist der Balken »Vergütungsmodus« leer.

Content-Marketing ist vordergründig nicht werblich. Ich würde daher Schwerpunkte in Richtung Branding und weniger Sales-Relevanz unterstellen.

7.3.5 Weiterführende Literatur und Weblinks (Detailebene)

In diesem Werk geht es um die Erstellung eines zielführenden Online-Marketing-Konzeptes unter verschiedenen Konstellationen und nicht um eine erschöpfende Detailtiefe in Bezug auf Online-Werbung. Daher habe ich hier einige Literaturempfehlungen und Weblinks zum Thema »Details« hinterlegt:

www.lammenett.de/7951

7.4 E-Mail-Marketing (Newsletter-Marketing)

7.4.1 E-Mail-Marketing kurz erläutert

E-Mail-Marketing ist eine der ältesten Online-Marketing-Disziplinen und hat so manche Höhen und Tiefen erlebt. Im Kern geht es darum, Botschaften via E-Mail an den Mann oder die Frau zu bringen. Trotz vieler technischer und juristischer Hürden hat E-Mail-Marketing im Online-Marketing-Mix vieler Unternehmen heute immer noch einen hohen Stellenwert.

Grundsätzlich können drei Formen des E-Mail-Marketings unterschieden werden:

- Kauf von E-Mail-Adressen zur Nutzung in einer oder mehreren E-Mail-Marketing-Kampagnen.
- Die Platzierung von Werbung innerhalb von etablierten Newslettern gegen ein entsprechendes Entgelt. Diese Form des E-Mail-Marketing könnte auch der Online-Werbung zugeordnet werden.
- Der Aufbau und der Betrieb eines eigenen Newsletters. Man spricht dann auch bisweilen von Newsletter-Marketing.

Eine der wichtigsten »Währungen« beim E-Mail-Marketing ist die sogenannte Öffnungsrate. Diese besagt, wie viel Prozent der Empfänger die E-Mail tatsächlich geöffnet haben. Über die Jahre ist die Öffnungsrate stark gesunken. Durch die Flut der Spam-E-Mails sind Internetprovider und Hersteller von E-Mail-Programmen dazu übergegangen, Spam-Filter zu implementieren, die dafür sorgen, dass verdächtige E-Mails gar nicht erst im Eingangspostfach landen. Auch der Gesetzgeber war angesichts der Spam-Flut nicht untätig und hat in mehreren Stufen die Versendung von Werbe-E-Mails stark reglementiert. Die Öffnungsrate sank über die Jahre auf durchschnittlich rund 25 Prozent. Dennoch hat E-Mail-Marketing heute einen festen Platz im Online-Marketing-Mix vieler Unternehmen. E-Mail-Marketing wird häufig als Instrument der Kundenbindung eingesetzt.

7.4.2 Herausforderungen für Unternehmen

Je nachdem, ob E-Mail-Marketing in Kampagnenform oder als laufender Newsletter betrieben werden soll, sind die Herausforderungen unterschiedlich. Bei der Durchführung als E-Mail-Marketing-Kampagne stellt sich zunächst die Frage nach den E-Mail-Adressen. Ähnlich dem Adresskauf für ein postalisches Mailing kann man auch bei Adressbrokern E-Mail-Adressen einkaufen, an die legal Werbung versandt werden darf. Mir persönlich ist es in den vergangenen 20 Jahren jedoch noch nicht gelungen, eine Kampagne mit gekauften E-Mail-Adressen erfolgreich zu gestalten. Ich habe daher keine positiven Erfahrungswerte, über die ich an dieser Stelle berichten könnte.

Beim Newsletter-Marketing stellen sich sowohl redaktionelle Herausforderungen als auch technische. Folgende Kernfragen sind zu beantworten:

- Welche Newsletter-Software soll zum Einsatz kommen? Soll diese whitelisted sein?
- In welchen Abständen soll der Newsletter verschickt werden?
- Mit welchen Inhalten wird der Newsletter bestückt?
- Wo kommen diese Inhalte her?

7.4.3 Für welches Unternehmen macht E-Mail-Marketing Sinn?

In Bezug auf die Durchführung als Kampagne unterliegt E-Mail-Marketing im Grunde ähnlichen Gesetzmäßigkeiten wie Online-Werbung. Daher möchte ich an dieser Stelle auf den Abschnitt 7.8 verweisen.

In Bezug auf die Durchführung als Newsletter kann E-Mail-Marketing hervorragende Beiträge zur Kundenbindung und zur Beziehungspflege leisten. Häufig werden Newsletter im Umfeld von Onlineshops eingesetzt. Ein gut gemachter Newsletter kann erhebliche Beiträge zum Shop-Umsatz leisten. Aber auch in anderen Umfeldern gibt es ganz hervorragend funktionierende Newsletter. Schlussendlich steht und fällt der Erfolg eines Newsletters mit der Attraktivität des Inhalts. Daher macht Newsletter-Marketing für jedes Unternehmen Sinn, welches sich in der Lage sieht, in regelmäßigen Abständen für die Zielgruppe passende, attraktive Inhalte generieren zu können.

7.4.4 Aktuelle Entwicklungen und Trends

E-Mail-Marketing musste sich gerade in der jüngeren Zeit etlichen Herausforderungen stellen. Seit 2015 lesen Empfänger ihre E-Mails auch auf Uhren. Apple brachte im April 2015 seine Watch auf den Markt. Andere Anbieter folgten. Überhaupt hat das Thema »Mobile« auch eine starke Auswirkung auf das E-Mail-Marketing. Denn immer mehr Marktteilnehmer lesen Ihre E-Mails auf dem Smartphone. Je nachdem welchen E-Mail-Provider oder Hersteller von E-Mail-Marketing-Software man fragt, erhält man unterschiedliche Zahlen bezüglich der von Smartphones geöffneten E-Mails. Fast alle geben aber schon für 2015 einen Wert von über 50 Prozent an. Heute werden weltweit rund 2,6 Milliarden Smartphones genutzt. Bis 2021 soll diese Zahl auf über 3 Milliarden wachsen. An erster Stelle der mobilen Internetnutzung steht dabei das Lesen und Schreiben von E-Mails. Schon jetzt ruft die Hälfte der Smartphone-Nutzer Nachrichten bevorzugt unterwegs ab. Responsives E-Mail-Design liegt also im Trend.

7.4.5 Einordnung der Eigenschaften im Raster

Um in einer späteren Phase der Konzeption wesentliche Merkmale einer Online-Marketing-Disziplin schneller »griffbereit« zu haben, ordne ich jede Disziplin in Bezug auf ihre Kerneigenschaften in ein Raster ein. Diese Einordnung ist nicht in Stein gemeißelt. Sie stellt eine Tendenz dar, die natürlich in Teilen einen subjektiven Charakter hat. Eine Erläuterung der Kerneigenschaften finden Sie im Abschnitt 7.1.5 oder im Abschnitt 7.6.5.

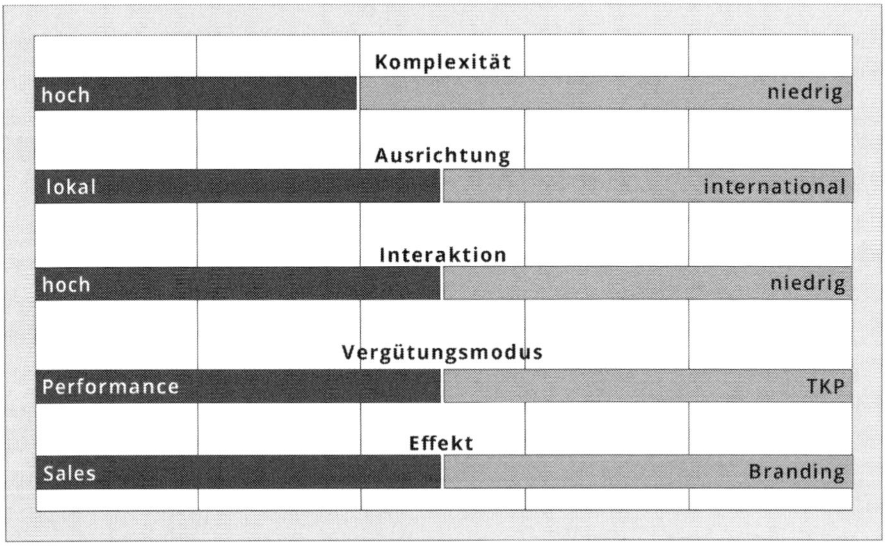

Abbildung 7.6: Einordnung der Eigenschaften von E-Mail-Marketing.

Die Komplexität von E-Mail-Marketing möchte ich auf einem mittleren Niveau einordnen. Als eine der älteren Online-Marketing-Disziplinen gibt es nicht mehr ständig Neuerungen, welche die Komplexität hochhalten. Die Tools und Mechanismen sind weitestgehend etabliert. Technisch komplexer wird es im Bereich des Newsletter-Marketing für Onlineshops. Hier geht es in der Spitze darum, das Kaufverhalten der Shop-Besucher zu analysieren und personalisierte Newsletter zu versenden.

Grundsätzlich kann E-Mail-Marketing sowohl lokal, national als auch international eingesetzt werden.

Der Interaktionsgrad zu anderen Disziplinen ist bedingt vorhanden. Bisweilen nutzen auch Affiliates E-Mail-Marketing, um für die Produkte eines Merchants zu werben. Hier kann es zu Überschneidungen kommen.

Wenn E-Mail-Adressen eingekauft werden oder sich in laufende Newsletter eingekauft wird, so wird dies in der Regel zum TKP vergütet. Beim Aufbau und Betrieb eines eigenen Newsletters entstehen Fixkosten.

E-Mail-Marketing kann sowohl zur Stützung einer Marke als auch mit primärer Vertriebsabsicht eingesetzt werden.

7.4.6 Weiterführende Literatur und Weblinks (Detailebene)

In diesem Werk geht es um die Erstellung eines zielführenden Online-Marketing-Konzeptes unter verschiedenen Konstellationen und nicht um eine erschöpfende Detailtiefe in Bezug auf die Einzeldisziplinen des E-Mail-Marketings. Daher habe ich hier einige Literaturempfehlungen und Weblinks zum Thema »Details« hinterlegt:

www.lammenett.de/7761

7.5 Influencer-Marketing

In Deutschland war das Jahr 2016 das Jahr des Influencer-Marketings. Der Blick in das Tool »Google Trends« lässt daran keinen Zweifel. Die Anzahl der Suchanfragen nach »Influencer-Marketing« ist insbesondere im Jahr 2016 deutlich gestiegen und wird, wenn sich der Trend fortschreibt, bald das Niveau von Content-Marketing erreichen. Die folgende Abbildung verdeutlicht das eindrucksvoll.

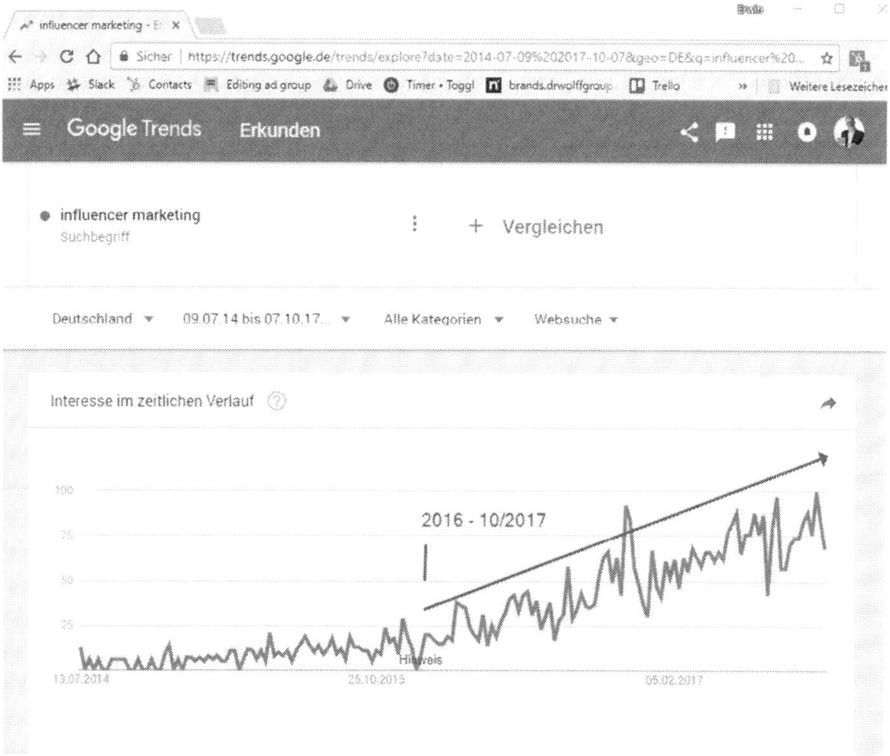

Abbildung 7.7 »Influencer-Marketing« und die Entwicklung in Google Trends

Noch deutlicher wird der Hype, wenn man zusätzlich einmal das Wort »Influencer« in Google Trends ergänzt. Vor 2016 war das Suchinteresse an diesem Begriff ausgesprochen gering. Doch dann setzte der Hype ein, was die folgende Abbildung sehr anschaulich verdeutlicht.

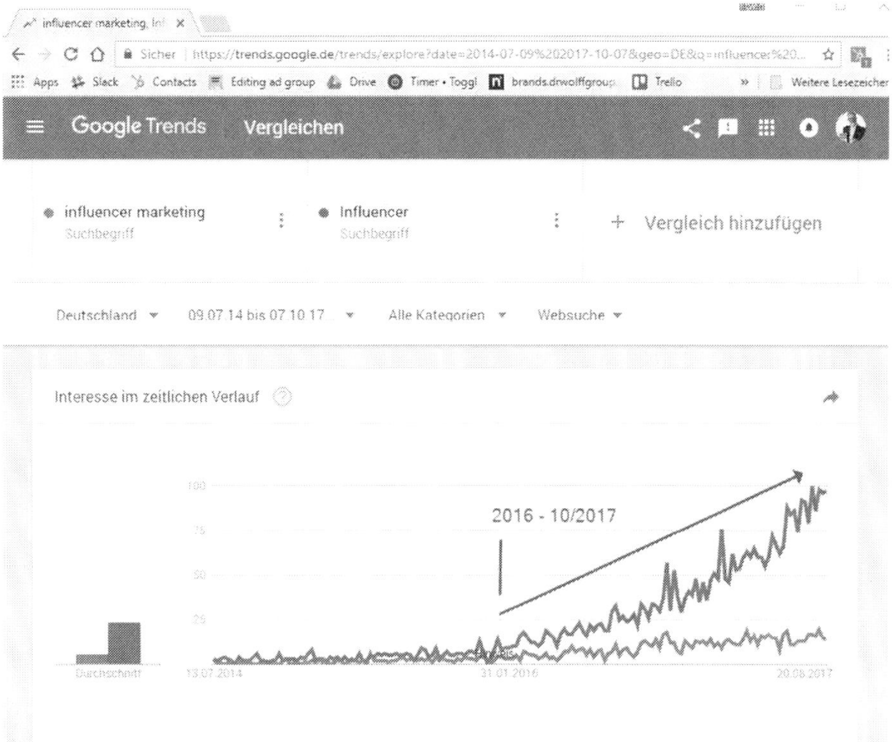

Abbildung 7.8 »Influencer-Marketing« im Vergleich zu »Influencer« und deren Entwicklung in Google Trends

Im Kern geht es beim Influencer-Marketing darum, vertrauenswürdige, authentische und glaubwürdige Dritte dazu zu bewegen, öffentlich positive Aussagen über ein Unternehmen oder eine Marke zu tätigen. Im Idealfall passen diese Personen zur jeweiligen Marke, damit dem Aspekt der Glaubwürdigkeit Genüge getan wird. Persönlichen Empfehlungen vertrauen Konsumenten generell mehr als stumpfen Werbebotschaften. Es geht darum, Menschen mit Einfluss und Ansehen einzuspannen für Unternehmenszwecke. Dieses Vorgehen ist im Prinzip uralt. Es hat jedoch aufgrund von Social-Media in den letzten Jahren eine völlig neue Dimension erfahren. Denn Mittlerweile gibt es auch in Deutschland Personen, die sich aus eigener Kraft über soziale Medien eine beachtliche Reichweite erarbeitet haben und diese nun zu Geld machen. Es muss heute also kein Sebastian Schweinsteiger oder keine Serena Williams mehr sein. Auch mit weniger bekannten YouTube- oder Instagram-Stars lassen sich heute beachtliche Erfolge erzielen. Zudem haben »Influencer-Stars«, die ihre Reichweite selbst aufgebaut haben und die nicht aus Bereichen wie Sport, TV oder Musik bekannt sind auch ihre Vorteile. Diese Influencer sind erfolgreich, weil sie als Person echt, authentisch und unterhaltsam sind. Beispiele solcher Influencer sind Bibi[44], Gronkh[45] oder Pamela Reif[46]. Sie haben es geschafft, sich aus eigener Kraft zur »Marke« zu machen. Manche von ihnen erreichen plattformübergreifend tagtäglich Millionen von Nutzern. So hat beispielsweise der YouTube-Kanal »BibisBeautyPalace« rund 5,77 Millionen Abonnenten (Stand Dezember 2019). Auf Instagram folgen ihr über 6,9 Millionen User. Von diesen Reichweiten träumt so manches TV-Format.

Diese Erfolge schaffen jedoch auch Begehrlichkeit; und so ist es nicht verwunderlich, dass es auch Influencer gibt, die mit der Unterstützung von Bots eine scheinbar große Reichweite auf Instagram oder anderen Kanälen erlangen, um diese dann teuer zu verkaufen. Das wiederum schafft Unsicherheiten und wirft Fragen auf: Wer ist überhaupt noch »echt«? Wer war noch nie »echt«? Follower-Bots und automatisierte Likes sind vielen Instagrammern und Unternehmen ein Dorn im Auge. Dennoch – wo so viel Geld im Spiel ist, wird es auch immer Betrüger geben, die die Zahlen künstlich nach oben treiben. Im August 2017 erschien sogar ein Artikel[47] in Horizont.de, der von einem Experiment einer US-Agentur berichtet, die mit Fake-Accounts etliche Kunden gewinnen konnten. Fallen Werbetreibende auf solche Machenschaften herein, haben sie mit Zitronen gehandelt.

7.5.1 Kontroverse Diskussion seit 2017

In Deutschland ist aufgrund der eingetretenen Konstellation ab Frühjahr/Sommer 2017 eine kontroverse Diskussion entbrannt. Auf der einen Seite erscheinen immer häufiger mahnende Artikel mit Headlines wie »Influencer-Marketing: Das Glaubwürdigkeitsproblem der Social-Media-Stars« oder »Rettet das Influencer-Marketing«. Die W&V hat sogar eine Facebook-Gruppe gegründet, mit dem Titel »Rettet das Influencer-Marketing«. Im August erschien unter der Überschrift »So wird Influencer-Marketing kaputt gemacht!« ein Interview mit Christiane Schulz, die seit 2017 Präsidentin des GPRA e. V. ist. Der GPRA ist, laut eigenem Bekunden, der Unternehmensverband der führenden Kommunikationsagenturen mit PR-DNA in Deutschland. Im Interview[48] geht Frau Schulz

---

44 Vgl. https://de.wikipedia.org/wiki/Bianca_Heinicke, Zugriff 15.01.2020.

45 Vgl. https://de.wikipedia.org/wiki/Gronkh, Zugriff 16.01.2020.

46 Vgl. https://de.wikipedia.org/wiki/Pamela_Reif, Zugriff 15.01.2020.

47 Vgl. https://www.horizont.net/marketing/nachrichten/Influencer-Marketing-So-einfach-bekommen-Fake-Accounts-Werbevertraege-160256, Zugriff 15.01.2020.

48 Vgl. https://www.horizont.net/agenturen/nachrichten/GPRA-Praesidentin-Schulz-So-wird-Influencer-Marketing-kaputt-gemacht-160190, Zugriff 15.01.2020.

mit Mediaagenturen hart ins Gericht, die versuchen, Influencer-Marketing wie Werbung einzukaufen und das Geschäft zu skalieren. Sie prangert die Goldgräberstimmung und den Verstoß gegen professionelle Standards der Kommunikation an. Insbesondere prangert sie den häufigen Verstoß gegen die Kennzeichnungspflicht von Werbung an. Zitat »Wenn jemand für ein Unternehmen spricht und auf irgendeine Weise dafür bezahlt wird, muss das deutlich gemacht werden. Es geht hier vor allem um Transparenz. Ist die nicht gegeben, wird der Konsument getäuscht«.

Andererseits reißen aber auch die positiven Berichte über Influencer-Marketing nicht ab. Im August 2017 erschien der Artikel »Sind Influencer wirklich glaubwürdiger als Zeitung, TV und Co.?«. Im Artikel[49] berichtet Christian Erxleben von einer Studie, welche im April 2017 bei insgesamt 1.604 Online-Nutzern aus Deutschland zu ihrem Kauf- und Informationsverhalten durchgeführt wurde. Im Kern ging es um die Frage nach der Glaubwürdigkeit unterschiedlicher Medien. Laut dieser Studie ist Influencer-Marketing glaubwürdiger als Anzeigen oder gar Artikel in Zeitungen und Zeitschriften. Ebenfalls aus August 2017 stammt der Artikel »Nutzer schätzen gesponserte Inhalte – und handeln danach«. In diesem Artikel beschäftigt sich Annette Mattgey mit einer aktuellen Erhebung von Yougov. Laut dieser Erhebung gaben drei Viertel aller Befragten an, dass sie von Sponsoring in Blogs und Videos wissen, was sie jedoch nicht davon abhält sich weiter zu informieren oder die Markenwebsite zu besuchen. Demnach würde die Erhebung belegen, dass Influencer-Marketing auch sehr gut funktioniert, wenn die entsprechenden Posts klar als Werbung gekennzeichnet sind, was bis August 2017 oft nicht der Fall war.

Ende August 2017 wurde ein dann ein wegweisendes Urteil zu einem der größten Streitpunkte im Influencer-Marketing publik. Das Oberlandesgericht Celle verurteilte die Drogeriekette Rossmann wegen Schleichwerbung durch einen Influencer. Das Gericht urteilte, dass werbliche Instagram-Posts »auf den ersten Blick« auch als Werbung erkennbar sein müssten. Da diese Entscheidung des Gerichts nicht anfechtbar ist, droht Rossmann bei jedem Fall der Zuwiderhandlung zukünftig ein Ordnungsgeld von bis zu 250.000 Euro. Geklagt hatte der Verband Sozialer Wettbewerb, der in den vergangenen Jahren immer wieder mit Abmahnungen auf sich aufmerksam machte. Offenbar hat der Verband nun auch Influencer und Unternehmen, die die Dienste von Influencern in Anspruch nehmen, wegen fehlender Werbekennzeichnung als Abmahn-Kandidaten entdeckt.

---

[49] Vgl. https://www.basicthinking.de/blog/2017/08/08/studie-influencer-marketing/, Zugriff 15.01.2020.

Zwar war dieses Urteil auf den ersten Blick nur ein Urteil gegen Schleichwerbung. Doch natürlich wird es die Online-Marketing-Disziplin »Influencer Marketing« nachhaltig verändern. Sowohl die Drogeriekette als auch Instagram selbst haben sehr zügig auf diesen Präzedenzfall reagiert und ihre eigenen Kennzeichnungsregeln deutlich verschärft.

Heute, fast drei Jahre später, wird Influencer-Marketing immer noch kontrovers diskutiert. Klar ist aber mittlerweile auch, das Influencer-Marketing nach einer Läuterungsphase weiter wachsen und an Bedeutung gewinnen wird. Das Thema wird sich stark weiter entwickeln und mittelfristig Bestandteil im Marketing-Mix vieler Unternehmen werden. Die Vorteile sind einfach zu groß und zu deutlich. Ferner beflügelt der veränderte Medienkonsum, insbesondere bei jüngeren Menschen, das Thema nachhaltig.

7.5.2 Weiterführende Literatur und Weblinks (Detailebene)

In diesem Werk geht es um die Erstellung eines zielführenden Online-Marketing-Konzeptes unter verschiedenen Konstellationen und nicht um eine erschöpfende Detailtiefe in Bezug auf Influencer-Marketing. Daher möchte ich an dieser Stelle mein Buch »Influencer-Marketing« empfehlen. Eine Vorstellung des Buches finden Sie im Abschnitt »B Mehr Literatur von Erwin Lammenett«. Auf Amazon ist das Buch unter dieser URL zu finden:

https://amzn.to/2XtTYtT

7.6 Keyword-Advertising (Google Ads, ehem. AdWords)

7.6.1 Keyword-Advertising kurz erläutert

In Deutschland ist Keyword-Advertising fast mit der Marke Google gleichzusetzen. Das Keyword-Advertising-Programm von Google heißt seit Herbst 2018 Google Ads (ehemals AdWords). Im Kern besagt Keyword-Advertising, dass ein Suchender, der in einer Suchmaschine ein Wort oder eine Suchwortkombination eingibt, auf der Suchergebnisseite dazu passende Anzeigen erhält. Im Grunde ist hiermit schon die große Stärke des Keyword-Advertising beschrieben. Es erreicht Menschen, die im »Suchmodus« sind, also Menschen, die aktuell ein latentes Bedürfnis haben, welches sie durch die Eingabe von Suchwörtern in einer Suchmaschine dokumentieren. Es ist daher nicht verwunderlich, dass sehr häufig Keyword-Advertising der am besten »verkaufende« Baustein im Online-Marketing-Mix ist.

Welche Bedeutung Keyword-Advertising im letzten Jahrzehnt errungen hat, wird deutlich, wenn man sich die Entwicklung von Google ansieht. Im Laufe des Jahres 2016 löste die Google-Mutter Alphabet mehrfach die Firma Apple als wertvollstes Unternehmen der Welt ab.[50] Google erwirtschaftet über 90 Prozent seines Umsatzes mit Keyword-Advertising.

Neben der Firma Google hat es in Deutschland auch andere Unternehmen gegeben, die erfolgreich Keyword-Advertising angeboten haben. Doch schlussendlich hat Google es geschafft, in Deutschland eine marktbeherrschende Stellung zu erlangen. Es gibt aber auch Länder, in denen Google keine marktbeherrschende Stellung hat. In einem Online-Marketing-Mix, der international ausgerichtet ist, wird man also nicht umhinkommen, sich auch mit anderen Anbietern auseinanderzusetzen.

Keyword-Advertising wird im Cost-per-Click-Modus vergütet. Die Werbetreibenden geben ein Gebot ab, welches den Betrag angibt, den sie höchstens für einen Klick und damit für einen Besucher bereit sind zu zahlen. Wenn niemand auf die entsprechende Anzeige klickt, muss der Werbetreibende auch nichts zahlen. Es entstehen dann keine Kosten. Daher wird diese Werbeform auch dem Performance-Marketing zugerechnet.

Im Laufe der Jahre hat Google sein ursprüngliches Angebot auch inhaltlich deutlich erweitert. Heute können über Google auch Display-Anzeigen, also Werbe-

---

[50] Vgl. www.spiegel.de/wirtschaft/unternehmen/google-mutter-alphabet-loest-apple-als-wertvollstes-unternehmen-ab-a-1075164.html, Abruf 05.01.2020.

banner und andere moderne digitale Werbeformate, geschaltet werden. Google bietet hierzu Werbeplätze von unterschiedlichsten Werbepartnern an. Diese stellen Werbefläche auf ihren Webseiten zur Verfügung, die quasi von Google vermittelt wird. Die Werbepartner sind natürlich an den Einnahmen beteiligt. Das Programm bei Google heißt AdSense.[51] Spätestens an dieser Stelle wird deutlich, warum Google sein Programm AdWords im Herbst 2018 in Google Ads umbenannt hat. Denn Google verkauft mittlerweile weit mehr als nur Textanzeigen. AdWords steht aber primär für Textanzeigen.

Auch Video-Marketing lässt sich seit einigen Jahren über Google Ads initiieren. Google hat 2006 YouTube, eines der größten Videoportale weltweit, gekauft. Lesen Sie zum Thema Video-Marketing auch den Abschnitt 7.12 »Video-Marketing«.

7.6.2 Herausforderungen für Unternehmen/Organisationen

Über die Jahre sind das Angebot und damit auch die Komplexität von Keyword-Advertising deutlich gestiegen. Früher ging es häufig nur darum, die richtigen Keywords zu identifizieren und halbwegs passende Anzeigen zu formulieren. Aufgrund der steigenden Popularität ist jedoch auch der Konkurrenzdruck gestiegen. Mit der steigenden Konkurrenz stiegen auch die Preise für die Klickgebote. Heute kommt es daher in vielen Fällen auf eine sehr feine Justierung der Keyword-Advertising-Kampagne an, möchte man finanzielle Erfolge sehe. Um diese feine Justierung vorzunehmen, haben sich die Anbieter in den vergangenen zehn Jahren eine große Menge an Möglichkeiten und Optionen ausgedacht. Diese reichen von:

- unterschiedlichen Geboten für unterschiedliche Endgeräte über
- unterschiedliche Gebote an unterschiedlichen Tagen oder Tageszeiten,
- geografische Targeting-Möglichkeiten,
- verschiedene Gebotsstrategien in einer Kampagne,
- Sprachenaussteuerung bis hin zu
- A/B-Testing-Möglichkeiten.

Keyword-Advertising ist daher in der Spitze sehr komplex geworden. Unternehmen, die sich damit im Detail beschäftigen wollen, müssen heute entweder einen Experten einstellen oder eine auf Keyword-Advertising spezialisierte Agentur beauftragen.

---

[51] Vgl. www.google.de/intl/de/adsense/start/, Abruf 03.01.2019.

Was den deutschen Markt angeht, so entfällt die Notwendigkeit der Anbieterselektion. In Deutschland gibt es eigentlich nur noch Google Ads. Bei internationalen Kampagnen kann das unter Umständen aber anders aussehen. Die Herausforderung in einem solchen Fall wäre es, den richtigen Anbieter herauszufiltern und zu verifizieren.

Neben dem professionellen Set-up einer Google Ads Kampagne besteht eine weitere Herausforderung in der zielgerichteten Steuerung der Kampagne. Angesichts des hohen Konkurrenz- und Gebotsdrucks geht es heute in Google Ads mehr denn je um die Initiierung eines permanenten Verbesserungsprozesses. Dazu wird ein ausgeklügeltes Webcontrolling benötigt. Meiner Erfahrung nach haben die wenigsten Unternehmen ein geeignetes Webcontrolling im Einsatz. Viele Unternehmen erfassen zwar Daten, arbeiten dann aber nicht mit diesen. Oder es werden die falschen Kennzahlen zur Beurteilung herangezogen, was zu falschen Schlussfolgerungen führt. Bei steigendem Konkurrenzdruck wird ein intelligentes Web- und Ad-Controlling immer wichtiger. Der folgende Exkurs verdeutlicht das Dilemma.

Exkurs: Kundenwert als komplexer KPI in der Kampagnensteuerung

Angesichts der steigenden Popularität von Performance-Marketing, insbesondere Keyword-Advertising, steigen in Deutschland die Preise für gewinnbringende Keywords kontinuierlich. In einigen Bereichen sogar sehr stark. Das Ende der Fahnenstange ist noch nicht erreicht. Ich erinnere mich noch gut an die Zeiten, als ich »Rechtschutzversicherung« für einen Euro und »Industrie PC« für zwei Euro eingekauft habe. Heute kostet »Rechtschutzversicherung« fünf Euro und »Industrie PC« über zehn Euro.

Mit dem Eintritt zusätzlicher Marktteilnehmer steigen die Preise, denn der Preisfindungsmechanismus von Google und Co basiert auf einem Auktionsprinzip. Je mehr Marktteilnehmer um die guten Plätze bieten, desto höher wird der Preis. In den USA hatten die Preise für Keywords bereits um das Jahr 2010 ein Niveau erreicht, welches das deutsche, je nach Branche und Keyword, um das zwei- bis vierfache überstieg. Meiner Einschätzung nach sind wir in Deutschland langsam auf diesem Niveau angekommen.

Es stellt sich daher in vielen Branchen die Frage, ob Keyword-Advertising trotz dieses erhöhten Wettbewerbs und dem damit höheren Preisniveau dennoch erfolgreich gestaltet werden kann. Natürlich stellt sich auch die Frage, welche Messgrößen und Kennzahlen in engeren Märkten in den Vordergrund rücken?

Die Antwort auf die Frage, ob eine Keyword-Advertising-Kampagne, ein einzelner Baustein einer Kampagne oder gar ein einzelnes Keyword profitabel ist, lässt sich anhand der Gegenüberstellung von Kosten und Ertrag ermitteln. Der Ertrag wird in der Regel durch den Gewinn definiert, welcher durch die auf das Keyword-Advertising zurückzuführenden Transaktionen entstanden ist. Dieser lässt sich durch Tracking genau ermitteln.

Das folgende Rechenbeispiel verdeutlicht das Dilemma und die immer größer werdende Notwendigkeit der Nutzung komplexer Kennzahlen bei der Kampagnensteuerung:

Beispiel – Teil 1

Ein Unternehmen gibt für Keyword-Advertising im Monat 30.000 Euro aus. Die durchschnittlichen Kosten pro Klick liegen bei 95 Cent, die Conversion- Rate liegt bei vier Prozent. Nachweislich sind von den Besuchern, die durch das Keyword-Advertising zur Webseite des Betreibers gelenkt worden sind, Umsätze im Wert von 200.000 Euro getätigt worden. Der Betreiber rechnet mit einer durchschnittlichen Umsatzrentabilität vor Steuern von 25 Prozent. Demzufolge beträgt der unmittelbar auf das Keyword-Advertising zurückzuführende Gewinn 50.000 Euro. Dem gegenüber stehen die Kosten von 30.000 Euro. Das Keyword-Advertising ist also auf Basis der hier dargelegten Zahlen als profitabel zu bezeichnen.

Wenn sich nun jedoch die Preise für Keywords verdreifachen, was in einigen Branchen in den letzten beiden Jahren der Fall war, so würde der Betreiber für die gleiche Anzahl von Besuchern mindestens 90.000 Euro ausgeben müssen. Dem gegenüber stünden dann 50.000 Euro Gewinn, womit die Kampagne einen Verlust von 40.000 Euro einfahren würde. Der Betreiber käme zu dem Ergebnis, dass Keyword-Advertising nicht rentabel ist und würde es einstellen.

Das vorangegangene Beispiel zeigt, zu welchen betriebswirtschaftlichen Fehlentscheidungen man gelangen kann, wenn die »falschen« Kennzahlen für die Beurteilung des Marketing-Controllings herangezogen werden. Beim obigen Beispiel wird der Kundenwert völlig außer Acht gelassen.

Per Definition stellt der Kundenwert (Customer-Lifetime-Value) den Gewinn dar, den ein Kunde im Laufe der gesamten Geschäftsbeziehung mit einem Lieferanten tätigt. In der amerikanischen Literatur ist die Geschäftsbeziehung als der Zeitpunkt definiert, der zwischen dem Zeitpunkt des Erstkaufs und dem Zeitpunkt des letzten Kaufs liegt.

Unterstellt man einen adäquaten Service und ein gutes Customer-Relationship-Management, so wird der Betreiber davon ausgehen dürfen, dass ein durch Keyword-Advertising gewonnener Kunde nicht nur einmal bei ihm einkauft, sondern mehrfach. Hat ein Unternehmen Erkenntnisse über den Kundenwert, so wird er bei der Beurteilung der Werthaltigkeit seiner Marketing-Investitionen wahrscheinlich zu vollkommen anderen Ergebnissen kommen.

Beispiel – Teil 2

Nehmen wir an, das Unternehmen ist bereits fünf Jahre im Geschäft. Durch die Analyse seiner Verkaufsdaten wurde festgestellt, dass im Durchschnitt der Zeitraum zwischen dem Erstkauf eines Kunden und dem letzten Kauf eines Kunden zwei Jahre beträgt. Der Kundenlebenszyklus (zu Neudeutsch: Customer-Lifetime) beträgt also zwei Jahre.

Nehmen wir weiter an, das Unternehmen hat in den vergangenen fünf Jahren 50 Millionen Euro Umsatz mit 200.000 Kunden gemacht. Von diesen 50 Millionen Euro entfallen 20 Millionen auf Kunden, die noch keine zwei Jahre bei ihm sind. Es handelt sich um 50.000 Kunden. Was bleibt, sind 30 Millionen Euro Umsatz von 150.000 Kunden. Hieraus ergibt sich ein durchschnittlicher Kundenwert (Average Customer Lifetime Value) von 200 Euro (30 Millionen geteilt durch 150.000 Kunden = 200 Euro).

Mit dieser Kennzahl kann nun die Kampagne wesentlich fundierter ausgerichtet und der Erfolg maximiert werden. Kamen wir noch im Beispiel – Teil 1 zu dem Schluss, dass Keyword-Advertising nicht rentabel ist, so muss diese Einschätzung unter Berücksichtigung des Kundenwertes (Beispiel – Teil 2) revidiert werden. Denn: Mit 30.000 Euro werden rund 31.600 Besucher auf die Webseite gelenkt (30.000/0,95). Ausgehend von einer Conversion-Rate von vier Prozent sind das 1.264 Neukunden (31.600*0,04). Bei einem durchschnittlichen Kundenwert von 200 Euro beträgt der Ertrag bzw. Gewinn also 252.800 Euro. Und während der Mitbewerber aus dem Keyword-Advertising aussteigt, weil er immer noch die »falsche« Kennzahl für sein Controlling einsetzt, freuen wir uns über jeden neuen Kunden.

Natürlich wirft die Verwendung des Kundenwertes im Marketing-Controlling auch Fragen auf:

- Was ist zum Beispiel, wenn Ihr Unternehmen noch sehr jung ist und keine empirischen Daten vorliegen?
- Was ist, wenn das Verhalten von Kunden, die durch Keyword-Advertising gewonnen werden, von dem Verhalten eines Durchschnittskunden deutlich abweicht?
- Was ist, wenn der Mitbewerber auch plötzlich das Customer-Lifetime-Value-Konzept erkennt und seine Strategie auch darauf einstellt?
- Was ist, wenn es in Ihrer Branche keine Kundentreue gibt und nur Spontankäufe?

- Oder was ist, wenn es überhaupt keine Käufe gibt, weil Ihre Produkte viel zu erklärungsbedürftig sind, als dass man sie über das Internet verkaufen könnte?

Die Erörterung dieser Fragen würde den Rahmen dieses Buches sprengen. Das Beispiel (Teil 1 und Teil 2) und die Fragen zeigen aber auf, dass die Materie komplex ist und dass es sich lohnt, in das Thema Controlling Zeit zu investieren.

7.6.3 Aktuelle Entwicklungen und Trends

Ein Trend, der das Keyword-Advertising sicher stark beeinflussen wird, ist die Verlagerung von Produktsuchen in Portale wie Amazon. Auch das Thema »automatisches Gebotsmanagement« dürfte für viele Unternehmen immer relevanter werden, insbesondere, wenn nicht nur wenige Keywords und Keyword-Kombinationen bei Google gebucht werden, sondern Tausende. Die manuelle Pflege und Auswertung der Gebote, Suchwörter und Anzeigentexte würde in einem solchen Fall viel zu aufwendig.

Auch die jüngeren Änderungen an Googles Suchergebnisseite dürfen als wegweisende Entwicklung interpretiert werden. Google hat im Februar 2016 die Anzeigen auf der rechten Seite entfernt und eine vierte Anzeige im oberen Bereich der SERP eingeführt. Eine Ausnahme macht Google für die Shopping-Inserate (Product Listing Ads). Diese sollen zunächst auf der rechten Seite verbleiben. In Fachkreisen vertritt man die Auffassung, dass Google mit den Änderungen einmal mehr den »Mobile-First«-Gedanken unterstützt. Werbetreibende, die ein breites Angebot bewerben müssen und bisher über eine günstige Anzeigenposition auf der rechten Seite Traffic eingekauft hatten, mussten ihre Strategie überdenken. Das Preisgefüge hat sich durch die Maßnahme verändert. In einigen Branchen mussten Werbetreibende ihre Gebote spürbar erhöhen, um sich eine Top-4-Positionen zu sichern.

Im Herbst 2018 hat Google das Programm AdWords umbenannt in Google Ads. Offenbar möchte Google nicht mehr primär als Anbieter von Keyword-Advertising wahrgenommen werden. Google verkauft ja auch Display-Werbung und Video-Werbung – macht bis heute aber den Löwenanteil seines Umsatzes mit Keyword-Advertising. Es wird sicherlich spannend zu sehen, welche weiteren Änderungen Googles Bemühungen um eine breitere Aufstellung mit sich bringen werden.

7.6.4 Für welche Unternehmen macht Keyword-Advertising Sinn?

Noch vor wenigen Jahren hätte man diese Frage einfach beantworten können: Für jeden, der etwas an den Mann oder die Frau bringen möchte. Der große Vorteil von Keyword-Advertising ist, dass die Menschen, die über diese Werbeform auf eine bestimmte Webseite gelangen, im »Suchmodus« sind. Sie sind daher besonders kaufaffin. Sie haben ein latentes Bedürfnis, welches befriedigt werden will und welches sich durch das Keyword ausdrückt.

Aufgrund des gestiegenen Konkurrenzdrucks um die Keywords sind die Preise in den vergangenen Jahren jedoch explodiert. Vor neun Jahren kaufte ich das Keyword »Rechtschutzversicherung« für einen Euro, heute sind es fünf Euro und mehr. Das Keyword »Panel-PC« war vor sechs Jahren für unter zwei Euro zu haben. Heute sind es über zehn Euro – um nur zwei Beispiele zu nennen. Es ist heute in der Regel nicht mehr möglich, eine profitable Keyword-Advertising-Kampagne im »Schnellverfahren« aufzusetzen und Geld zu verdienen. Heute fällt die Antwort auf die Frage, für wen Keyword-Advertising Sinn macht, daher wesentlich differenzierter aus.

In der Praxis wird Keyword-Advertising in fast allen Online-Marketing-Konzeptionen eine hohe Bedeutung haben, da diese Online-Marketing-Disziplin sehr kaufaffinen Besucher-Traffic liefert. Aber nicht um jeden Preis. Auch Keyword-Advertising muss profitabel sein.

Die Beantwortung der Frage, ob eine Keyword-Advertising-Kampagne, ein einzelner Baustein einer Kampagne (Anzeigengruppe) oder gar ein einzelnes Keyword profitabel ist, lässt sich anhand der Gegenüberstellung der jeweiligen Kosten und des Ertrags ermitteln. Der Ertrag wird in der Regel durch den Gewinn definiert, der durch die auf das Keyword-Advertising zurückzuführenden Transaktionen entstanden ist.

In der Praxis arbeiten jedoch die wenigsten Unternehmen mit einer Kosten-Ertrags-Gegenüberstellung. In den meisten Fällen ist lediglich das »Google Conversion Tracking« installiert, welches Auskunft darüber gibt, welches Keyword wie häufig eine »Conversion«, also einen Kauf oder eine Kontaktanbahnung, ausgelöst hat. Wie umsatz- oder gewinnstark dieser Kauf bzw. diese Transaktion war, ist zunächst nicht bekannt. Demzufolge kann auch keine Gebotsentscheidung auf Basis dieser Kriterien erfolgen.

Die Tatsache, dass viele Unternehmen sich mit einer Kampagnensteuerung auf Basis von »Conversions« aus Google Ads zufriedengeben, ist eigentlich ironisch. Denn moderne Trackingsoftware bietet viel mehr. Ein Ansatz für eine verbesserte Kampagnensteuerung in Zeiten immer teurer werdender Klickpreise könnte die Ausrichtung am »Kundenwert« sein. Meiner Beobachtung nach tun sich viele Unternehmen jedoch schwer, ihr Online-Marketing anhand von komplexeren KPIs auszurichten.

Fazit

Heute würde man die Frage nach dem Sinn oder Unsinn von Keyword-Advertising häufig erst nach einer ausführlichen Testkampagne und einer soliden und gezielten Webanalyse beantworten. In vielen Fällen wird es dann immer noch so sein, dass Keyword-Advertising zum festen Bestandteil eines Online-Marketing-Mix wird. Insbesondere, wenn die Bewertung anhand des Kundenwertes erfolgt. Es wird aber auch mehr und mehr Fälle geben, wo der Konkurrenzdruck die Preise in Regionen treibt, die Keyword-Advertising für bestimmte Marktteilnehmer nicht mehr rentabel erscheinen lassen.

7.6.5 Einordnung der Eigenschaften im Raster

Um in einer späteren Phase der Konzeption wesentliche Merkmale einer Online-Marketing-Disziplin schneller »griffbereit« zu haben, ordne ich jede Disziplin in Bezug auf ihre Kerneigenschaften in ein Raster ein. Diese Einordnung ist nicht in Stein gemeißelt. Sie stellt eine Tendenz dar, die natürlich in Teilen einen subjektiven Charakter besitzt. Die Eigenschaften sind:

- Komplexität: Damit ist der Grad der technischen Komplexität in Bezug auf die Mechanismen und das Handling der Disziplin aus Sicht des Werbetreibenden gemeint. Im Keyword-Advertising ist in den letzten Jahren sehr komplex geworden. Viele Unternehmen beauftragen daher heute spezialisierte Dienstleister.
- Ausrichtung lokal/international: Damit ist gemeint, ob sich die Teildisziplin eher für lokales oder eher für internationales Online-Marketing eignet. Keyword-Advertising kann aufgrund von Geotargeting-Eigenschaften sowohl im Local-Marketing als auch im international ausgerichteten Online-Marketing hervorragend eingesetzt werden.
- Interaktion: Beschreibt den Grad der Verzahnung mit anderen Online-Marketing-Disziplinen. Dieser erreicht im Keyword-Advertising ein mittelleres Niveau.
- Vergütungsmodus Performance/TKP: Beschreibt die übliche Abrechnungsform. Keyword-Advertising wird erfolgsabhängig, pro Klick, vergütet. Im Gegensatz dazu steht das Abrechnungsmodell Tausender-Kontakt-Preis (TKP). Der TKP gibt an, welcher Geldbetrag bei einer Werbemaßnahme (Fernsehspots, Online-Werbung, Printwerbung) eingesetzt werden muss, um 1000 Personen einer Zielgruppe per Sichtkontakt (im Radio Hörkontakt) zu erreichen. Die über Google Ads zu buchende Banner- oder Video-Werbung kann auch im TKP-Modell gebucht werden.
- Sales-Effekt/Branding-Effekt: Beschreibt die Relevanz dieser Disziplin in Bezug auf ihre primäre Ausrichtung. Keyword-Advertising ist primär auf Ver-

trieb ausgerichtet und leistet so gut wie keine Beiträge zum Branding. Die über Google Ads zu buchende Display- und Video-Werbung ist nicht dem Keyword-Advertising zuzuordnen und wird im Kapitel 7.8 behandelt.

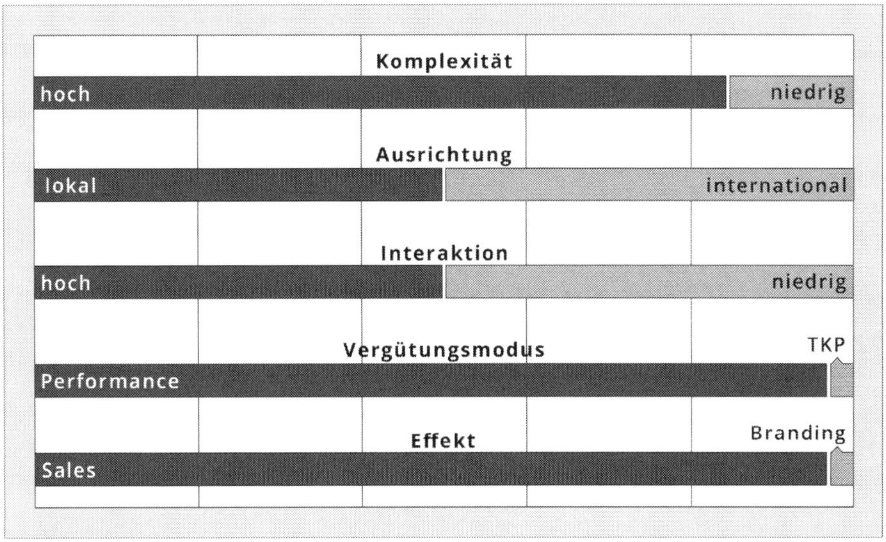

Abbildung 7.9: Einordnung der Eigenschaften von Keyword-Advertising.

7.6.6 Weiterführende Literatur und Weblinks (Detailebene)

In diesem Werk geht es um die Erstellung eines zielführenden Online-Marketing-Konzeptes unter verschiedenen Konstellationen und nicht um eine erschöpfende Detailtiefe in Bezug auf die Einzeldisziplinen des Online-Marketings. Trotzdem soll mein Buch für diejenigen, die mehr Detailtiefe benötigen oder wünschen, keine Sackgasse sein. Daher habe ich hier einige Literaturempfehlungen und Weblinks zum Thema Keyword-Advertising hinterlegt:

www.lammenett.de/7261

7.7 Mobile-Marketing

Um es gleich klar zu sagen: Dieses Kapitel soll keine Konkurrenz für die in jüngerer Zeit erschienene Literatur zum Thema »Mobile-Marketing« oder »Mobile-Commerce« sein. Mir geht es zunächst nur um eine Einordnung im Gesamtkontext des Online-Marketings und um eine Sensibilisierung meiner Leser für eine Entwicklung, die ziemlich große Kreise ziehen wird. Eine Entwicklung, die viele Geschäftsprozesse und damit auch das Online-Marketing stark verändern wird. Die Rede ist von dem Siegeszug der Smartphones und Tablets in

Kombination mit mobilen Internetverbindungen – gleichgültig ob dabei Funktechnologien wie UMTS/HSDPA, LTE, Wireless LAN, Bluetooth oder DVB-H zur Anwendung kommen.

Laut Wikipedia wurde Mobile-Marketing mit Stand 2019 wie folgt definiert:

Mobile-Marketing ist die Umschreibung von Marketing-Maßnahmen unter Verwendung drahtloser Telekommunikation und Mobilgeräten mit dem Ziel, die Konsumenten möglichst direkt zu erreichen und zu einem bestimmten Verhalten zu führen.

Mobile-Marketing bezeichnet jede Art von kommunikativ geschäftlichen Aktivitäten, bei der Anbieter Leistungen auf Basis von Mobilgeräten bereitstellen. Dies können z. B. Media-Inhalte (Spiele, Musik, Videos usw.), Informationen (News, Alerts, Produktinformationen) und/oder transaktionsbezogene Leistungen (online einkaufen, Videostreaming, Zahlungsabwicklung usw.) sein. Ziel ist, damit bei potenziellen Konsumenten Aufmerksamkeit zu erregen und im Idealfall Verkaufsabschlüsse herbeizuführen.

Aktuell ist in Deutschland ein interessantes Phänomen zu beobachten. Einige Bevölkerungsgruppen sind mit traditionellen Medien wie Print und TV nur noch schwer zu erreichen. Der Konsum von konventionellen Medien nimmt ab, der von Onlinemedien nimmt zu, insbesondere der Konsum über mobile Endgeräte. Und das schon seit Jahren. Aber 2016 gaben deutsche Unternehmen weniger als zwei Prozent ihres Werbebudgets für Mobile-Marketing aus. Mittlerweile gibt es viele Studien, die Mobile-Marketing auch in Deutschland hohe Wachstumsprognosen einräumen.

7.7.1 Zahlen und Fakten zum Thema

Mobile-Marketing ist eng mit der mobilen Internetnutzung verflochten. Egal wen man fragt – die mobile Internetnutzung nimmt weiterhin stark zu und wächst extrem dynamisch. So verzeichnet die Allensbacher Markt- und Werbeträgeranalyse von 2014 auf 2015 einen sehr starken Anstieg der Internetnutzung über mobile Endgeräte. Laut Allensbacher gingen 2015 rund 45 Prozent der Nutzer mit einem Smartphone ins Internet. 2014 lag dieser Wert noch bei 30 Prozent.[52] 2018 sind laut D21-Digital-Index fast zwei von drei Deutschen mit ihren Geräten im mobilen Internet unterwegs. Siehe hierzu Abbildung **5.3** im Abschnitt 5.1.2 »Mobilfähige Endgeräte und das mobile Internet«.

---

[52] Quelle: https://www.ifd-allensbach.de/studien-und-berichte/uebersicht.html, Abruf 05.01.2020.

Der Trend zur steigenden Nutzung mobiler Endgeräte wird viele Geschäftsprozesse verändern. Teilweise werden es sehr starke Veränderungen sein, die sowohl die Industrie als auch den Handel (alle Handelsstufen) betreffen werden. Einige Beispiele gefällig? Schon heute ist ein Heizungsbauer, der auf der Baustelle per Handy ein Ersatzteil recherchiert, nichts Besonderes mehr. Oder ein Monteur einer Schaltanlage, der im Intranet seines Unternehmens einen Schaltplan über Handy einsieht, weil er bei einem Außentermin auf ein Problem stößt. Oder ein Vertriebsmitarbeiter, der im Beratungsgespräch per Tablet neue Produkte präsentiert.

Beim Thema »mobiles Internet« geht es also schon lange nicht mehr nur um den schnöden Einkauf per Handy, obwohl der natürlich auch stark boomt, wie die Abbildung 5.4 im Abschnitt 5.1.2 zeigt. Bereits heute haben Smartphones einen Anteil von 46 Prozent am Onlineumsatz.

Häufiger noch als um Vertrieb geht es um eine Effizienzsteigerung von wirtschaftlich relevanten Prozessen durch die Bereitstellung von Daten/Informationen an praktisch jedem beliebigen Ort. Das mobile Internet wird überall sein und es wird überall »mitreden«: In Ihrem Auto, in Ihrem Wohnzimmer, am Arbeitsplatz oder auf der Straße. Es hat bereits viele Wirtschaftsbereiche deutlich verändert – und das, obwohl es noch in den Kinderschuhen steckt. Bedenken Sie: Das erste iPhone erschien erst 2007 und das erste Tablet erst im Jahr 2010.

7.7.2 Worauf sich Unternehmen heute einstellen müssen, wollen sie morgen nicht vom Mitbewerber überrollt werden

Die Entwicklungen im mobilen Internet bergen viele Chancen. Sie bergen für Unternehmen, die diese Entwicklung verschlafen haben, aber auch Risiken. Zukünftig wird die klassische Mobilstrategie der letzten Jahre in vielen Branchen und Wirtschaftsbereichen wohl nicht mehr ausreichen, um hinreichend Abstand zwischen Ihrem Unternehmen und dem unliebsamen Mitbewerber zu halten. Die Entwicklung im mobilen Sektor ist zu dynamisch, um sie sich aus der Ferne anzusehen und abzuwarten. Das responsive Webdesign war nur der erste Schritt. Und sind wir doch mal ehrlich: Es gibt heute noch sehr viele Unternehmen, die das Thema responsives Webdesign noch nicht bedient haben. Wie soll ein Unternehmen, welches ein Kernelement der Mobilstrategie von gestern noch nicht bedient hat, in der mobilen Welt von morgen Wettbewerbsvorteile erzielen?

Die technologische Entwicklung auf dem mobilen Sektor verändert die Erwartungshaltung der Menschen in Bezug auf fast alle wirtschaftlichen Prozesse. Denn jeder hat heute ein Smartphone, für alles gibt es eine Webseite oder eine App und jeder will heute die Antwort auf seine Fragestellung oder sein Problem jetzt sofort. Das gilt für den Handwerker am Bau, der Einsicht in einen Schaltplan braucht genauso wie für den Reisenden, der in einer fremden Stadt ein Taxi bestellen möchte oder für den Sportinteressierten, der Karten für das nächste Spiel bestellen möchte.

In der Industrie wird das Thema mobiles Internet zusätzlich von der Industrie-4.0-Entwicklung begünstigt. Und im Handel wird die Option, sich jederzeit und überall informieren zu können, überall ein Produkt kaufen zu können und es mobil zu bezahlen in den nächsten Jahren zu fundamentalen Veränderungen führen. Schon heute gehen Marktführer auf die technischen Veränderungen und die damit einhergehende veränderte Erwartungshaltung der Konsumenten ein, und proklamieren eine konsequente »Mobile-First«-Ausrichtung. Zalando, Europas größter Onlinemodehändler, wird zukünftig konsequent den »Mobile-First«-Ansatz verfolgen. Kein Wunder, denn schon heute suchen und kaufen immer mehr Kunden von Zalando mobil. Im ersten Quartal 2015 hatte Zalando mit etwa 52,6 Prozent erstmals mehr Zugriffe über mobile Endgeräte als über den klassischen Desktop-Computer. Ende 2018 liegt dieser Wert wohl in einigen Ländern schon bei 77 Prozent.

Vom Grundsatz her gibt es in Bezug auf das mobile Internet viele Chancen, aber nur ein Risiko. Die Chancen sind vielfältig und vielschichtig, denn über das mobile Internet können sehr viele Prozesse beschleunigt und optimiert werden. Egal ob Logistik, Service, Vertrieb oder Marketing, egal ob Handwerk, Handel oder Industrie. Das Risiko im mobilen Internet liegt darin, die Entwicklung zu verschlafen.

Industrie und Handel müssen sich den Herausforderungen des mobilen Internets stellen: Technologisch und aus Sicht des Marketings. Die Konsumentenanforderungen werden sich in den nächsten zwei bis vier Jahren weiter stark verändern. Die Erwartungen der Konsumenten ebenfalls. In Bezug auf das Informations-, Kauf- und Zahlungsbedürfnis der Marktteilnehmer werden mobile Endgeräte mehr und mehr in den Vordergrund treten. Hierauf muss sich das Marketing einstellen. Mehr noch: Als Konsequenz aus dieser Entwicklung werden viele Unternehmen ihre Mobilstrategie anpassen müssen. Und die Unternehmen, die bisher das Thema »mobiles Internet« vernachlässigt haben, werden jetzt zügig damit beginnen müssen, sich überhaupt einmal gezielt mit dem Thema auseinanderzusetzten.

7.7.3 Technischer Hintergrund und Handlungsoptionen

Möchte man erfolgreich Mobile-Marketing betreiben, muss man zunächst den technischen Hintergrund und die Handlungsoptionen verstehen. Technisch und historisch gesehen, gibt es mehrere Lösungsansätze für die Erstellung mobiler Anwendungen oder für die Übermittlung von Informationen auf mobile Endgeräte. Um die Zusammenhänge zu verstehen und Vor- und Nachteile einzelner Alternativen beurteilen zu können, muss man sowohl die historische Entwicklung als auch die technischen Grundlagen verstehen.

Das mobile Internet ist zwingend in Zusammenhang mit mobilen Endgeräten zu sehen. Pionier auf diesem Gebiet war die Firma Apple, die 2007 das erste Smartphone (iPhone) auf den Markt brachte. Zuvor gab es zwar auch schon Endgeräte und Services, die Daten mobil verarbeiteten, doch waren die Möglichkeiten dieser Geräte sehr beschränkt. Zusammen mit dem iPhone kamen die sogenannten Apps (applications = Anwendungen). Apps sind kleine Programme, die auf das Smartphone geladen werden können. Jede App hat in der Regel einen ganz bestimmten Zweck und ist funktional sehr fokussiert und zugeschnitten auf eben diesen Zweck.

Aufgrund des großen Erfolges des iPhones gab es bald etliche Nachahmer, die ebenfalls Smartphones auf den Markt brachten. Laut Statista[53] gibt es 2018 in Deutschland über 57 Millionen Smartphone-Nutzer. Da das Betriebssystem des iPhones jedoch ein Apple-eigenes System ist, basieren die Smartphones der Nachahmer auf anderen Betriebssystemen. Das bekannteste ist Android.

Neben dem iPhone entwickelte Apple wenige Jahre später auch ein Tablet (iPad). Anfangs wurde Apple für diese Erfindung belächelt. Doch auch das iPad wurde ein riesiger Erfolg und fand viele Nachahmer. Bis Ende 2012 hatte das iPad im Tablet-Markt einen Anteil von deutlich über 50 Prozent. Heute dürften es noch um die 25 Prozent sein. Tablets bieten aufgrund des deutlich größeren Displays und der höheren Auflösung mehr Möglichkeiten für die Darstellung von Inhalten und den Betrieb von Anwendungen. Sie sind heute auch WLAN-fähig und verfügen, wie ein Smartphone, über die Möglichkeit, Daten aus dem Internet über UMTS oder LTS zu beziehen. Später kamen andere Formate hinzu wie das iPad Mini.

Technologisch gibt es zunächst zwei Alternativen, um eine internetfähige Anwendung auf das Smartphone oder das Tablet zu bringen:

---

[53] Quelle: http://de.statista.com/statistik/daten/studie/198959/umfrage/anzahl-der-smartphonenutzer-in-deutschland-seit-2010/, Abruf 08.01.2020.

- Die Erstellung der Anwendung als sogenannte App. Hierbei kann man nach Anwendungen unterscheiden, die ohne aktive Internetverbindung funktionieren und solchen, die nur mit aktiver Internetverbindung nutzbar sind.
- Die Erstellung der Anwendung als Webanwendung, die über den Browser des Smartphones/Tablets betrieben wird. Hierbei kann man nach Anwendungen unterscheiden, die mit einer fixen Breite eigens für ganz bestimmte Auflösungen programmiert wurden und nach solchen, die responsive entwickelt worden sind. Bei responsiven Webanwendungen passt sich die Anwendung der Bildschirmauflösung an.

Apps: Ihre Vor- und Nachteile

Der wesentliche Vorteil einer App ist, dass sie auch ohne aktive Internetverbindung funktioniert, wenn keine aktuellen Daten für den Betrieb benötigt werden. Der Markt der Apps ist gigantisch geworden. Mittlerweile gibt es über eine Million Apps für ganz unterschiedliche Problemstellungen. Es gibt heute kaum noch eine Problemstellung, zu der es keine App gibt. Aus kommerzieller Sicht kann man die Apps wie folgt differenzieren:

- Apps, die einen eigenen Zweck verfolgen und entgeltlich oder unentgeltlich abgegeben werden. Beispiele sind Spiele, ein Diktiergerät als App, ein Zeichenprogramm, ein Programm zum Erlernen einer Sprache, eine Scanner-App, die aus einem Foto einen PDF-Scan erzeugt, oder, oder, oder ...
- Apps, die einen bestehenden Unternehmensprozess unterstützen und nur im Zusammenhang mit diesem Prozess einen Nutzen generieren. Beispiele sind Banking-Apps zur Kontoverwaltung, eine Katalog-App, die den Produktkatalog eines Unternehmens enthält und die Bestellung von Produkten ermöglicht, eine App eines Pizza-Services, der die Bestellung von Pizza ermöglicht, die App einer Fluggesellschaft, die das mobile Einchecken vor Ankunft am Flughafen ermöglicht, oder, oder, oder ...
- Apps, die aufgrund der technologischen Möglichkeiten moderner Smartphones und Tablets völlig neue Geschäftsmodelle hervorgebracht haben und nun konventionellen Prozessen Konkurrenz machen. Ein Beispiel ist die App von myTaxi, mit der ein Benutzer ein Taxi bestellen kann. Hierbei wird die Position des Nutzers per GPS ermittelt. Diese App erfreut sich steigender Beliebtheit – sehr zum Ärgernis der etablierten Taxizentralen.

Die hier genannten Beispiele stellen natürlich nur einen winzig kleinen Ausschnitt dessen dar, was es heute in einem App-Store zu finden gibt.

Obwohl Apps, genau wie ein Programm auf einem PC, auch ohne aktive Internetverbindung funktionsfähig sind, benötigen heute sehr viele Apps mindestens punktuell eine Internetverbindung, egal ob per WLAN, UMTS oder LTE. Eine Katalog-App ohne eine Möglichkeit zur Absendung der Bestellung macht eben wenig Sinn. Ok, über WLAN wäre das zeitversetzt möglich. Aber will heute noch jemand warten?

Mittlerweile gibt es an vielen öffentlichen Plätzen kostenlosen WLAN-Zugriff und die Preise für Internet-Flatrates für Handys sind in den letzten Jahren sehr erschwinglich geworden. Salopp könnte man formulieren: Heute ist das mobile Internet (fast) überall.

Die heutige Verbreitung von Smartphones in Kombination mit der heute (fast) flächendeckenden Internetverbindung machen Apps auch für unternehmensinterne Zwecke interessant. So setzen nicht wenige Unternehmen heute bereits Apps mit unterschiedlichen Zielsetzungen zur Prozessoptimierung ein und stellen diese exklusiv ihren Mitarbeitern zur Verfügung. Da heute fast jeder über ein Smartphone verfügt, muss das Unternehmen die Mitarbeiter nicht einmal mehr mit einem Endgerät ausstatten. Früher war das häufig der Fall, als beispielsweise alle Außendienstmitarbeiter mit Laptops ausgestattet wurden, damit sie vor Ort beim Kunden die unternehmenseigene Angebotssoftware einsetzten konnten.

Ein Nachteil von Apps im Vergleich zu Webanwendungen, die über den Browser eines mobilen Endgerätes abgerufen werden, sind Zusatzkosten für die Erstellung und gegebenenfalls für die Vermarktung der App. Denn Apps werden mittlerweile im Universum der App-Stores nicht mehr wie selbstverständlich gefunden und heruntergeladen. Die Programmierung einer App ist ein eigenständiger Prozess und verursacht entsprechende Entwicklungskosten. Möchte man seine App sowohl im App-Store von Apple als auch im Android-Store bereitstellen, so muss die Anwendung, also die App, sowohl für das Betriebssystem von Apple (iOS) als auch für das Betriebssystem Android entwickelt werden. Beides verursacht Entwicklungskosten wie bei jedem anderen Software-Projekt auch.

Webanwendungen für Smartphones und Co

Die Alternative zu einer App ist eine webbasierte Internetanwendung, die im Browser des Smartphones betrieben wird. In der Regel verfügt jedes Smartphone über einen vorinstallierten Browser. Der Benutzer muss also lediglich die URL (Internetadresse) der Anwendung eingeben. Natürlich erfordert dies eine permanente Internetverbindung. Im Gegensatz zu einer »nativen« App muss eine webbasierte Internetanwendung im Moment des Aufrufs vollständig über eine aktive Internetverbindung geladen werden, was bei schlechter Anbindung ein Nachteil ist.

Grundsätzlich gibt es die Möglichkeit, eine Webanwendung für ein Smartphone mit fixer Breite oder variabler Breite (responsive) zu entwickeln. Im erstgenannten Fall werden im Grunde zwei Anwendungen entwickelt, die jeweils für unterschiedliche Auflösungen optimiert sind. Im zweitgenannten Fall wird eine Anwendung entwickelt, die sich dynamisch an unterschiedlichste Bildschirmauflösungen anpasst. Man spricht von responsivem Webdesign (RWD). Nun hört sich der Begriff »Webanwendung« vielleicht etwas hochtrabend an. Und tatsächlich gibt es hochkomplexe Webanwendungen, die eigens für die Bedienung auf einem Smartphone entwickelt worden sind. Aber auch die ganz normale Internetpräsenz eines Unternehmens ist eine Webanwendung oder der Onlineshop eines Händlers. Aktuell gibt es noch sehr viele Unternehmen, deren Internetpräsenz oder Onlineshop auf mobilen Endgeräten schlicht nicht zu bedienen ist. Woran liegt das?

In erster Linie ist die Vielschichtigkeit und die schnelle Entwicklung der letzten Jahre dafür verantwortlich. Es ist gerade einmal fünf Jahre her, da war die Webentwicklung noch relativ einfach gehalten. Es war gang und gäbe, eine Internetanwendung für eine feste Breite zu entwickeln. Lange Zeit war dies die Auflösung 800*600 Pixel. Diese wurde dann abgelöst durch die Auflösung 1024*768. Beispielsweise hatten im Jahr 2007 noch 54 Prozent der Besucher der Webseite w3schools.com die Auflösung 1024*768. 2010 waren es nur noch 20 Prozent und 2015 nur noch vier Prozent.

Zuerst waren es die hochauflösenden Monitore und die Widescreen-Monitore, die Bewegung in die Diskussion über Sinn oder Unsinn einer festen Breite für Internetanwendungen brachten. Dann befeuerte die Entwicklung bei den Laptops, die plötzlich mit unterschiedlichen Seitenverhältnissen daherkamen, die Diskussion um eine feste Breite. Ab dem Jahr 2009/2010 war es der Siegeszug der Smartphones. Seit Erscheinen des ersten iPhones im Jahr 2007 entwickelten sich die Smartphones immer stärker zu Allround-Geräten und machen den Anbietern von Digitalkameras, Navigationssystemen oder MP3-Playern das Leben schwer. Das Smartphone übernimmt heute immer mehr Funktionen – und dies gilt für sehr unterschiedliche Geschäftsprozesse, die Benutzer aus Bequemlichkeit auch direkt am Smartphone durchführen möchten. Es ist daher zu erwarten, dass sich diese Tendenz in den nächsten Jahren noch deutlich verstärken wird.

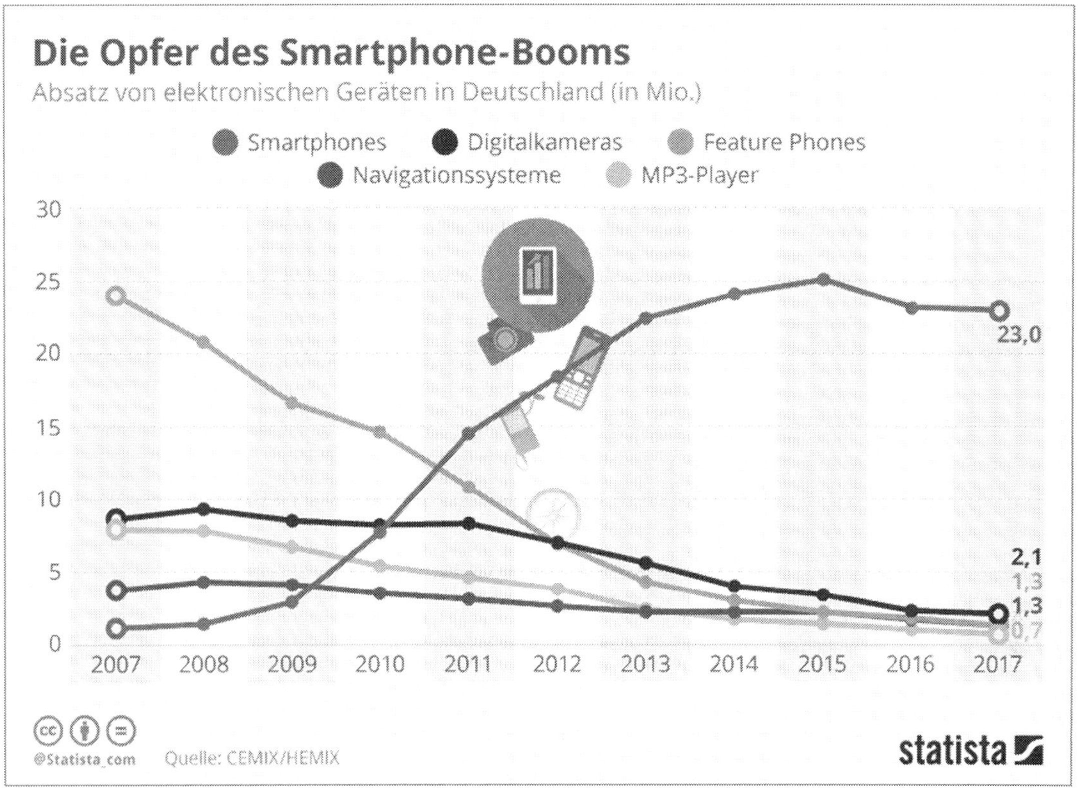

Abbildung 7.10: Die Opfer des Smartphone-Booms. Zitiert nach de.statista.com, URL http://de.statista.com/infografik/1958/geraete-absatz-im-bereich-consumer-electronics/, Abruf 16.01.2020.

Bedenkt man nun, wie fragmentiert der Markt der mobilen Endgeräte heute ist, wird klar, warum viele Unternehmenswebseiten noch nicht auf jedem Endgerät zu bedienen sind. Es ist technisch komplex und damit teuer, eine Webseite oder eine Webanwendung zu entwickeln, die auf allen Endgeräten einwandfrei bedienbar ist. Alleine im Markt der Android-Geräte gibt es mittlerweile Hunderte Auflösungen, wie die nachfolgende Abbildung zeigt. Der Schlüssel dazu ist RWD.

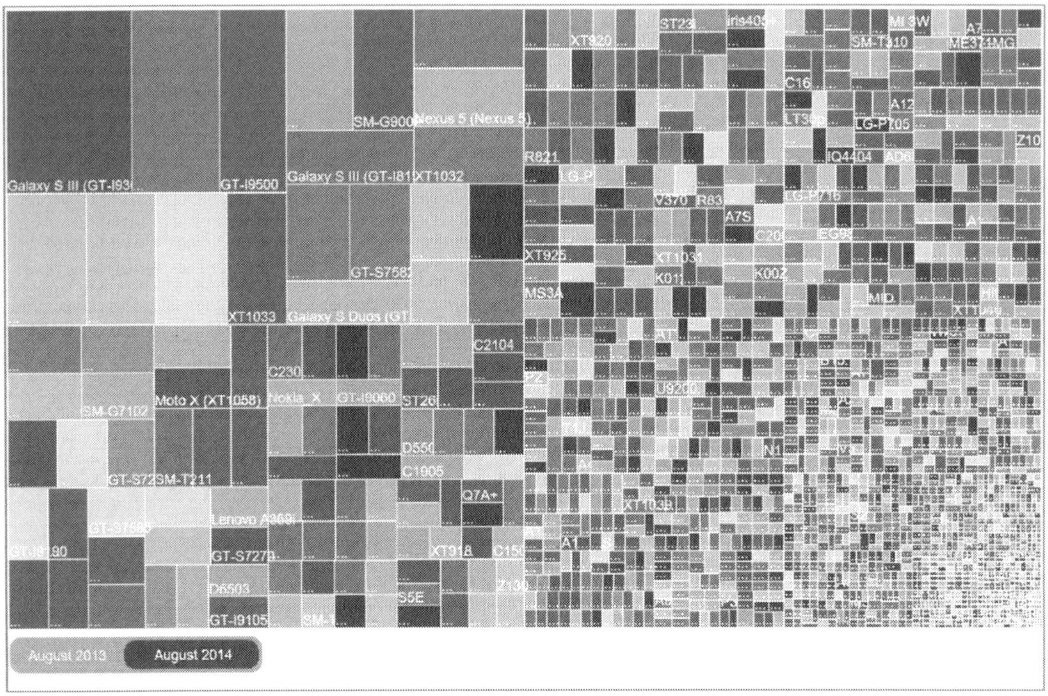

Abbildung 7.11: Android-Geräte und ihre Auflösung. Zitiert nach Opensignal.com.

Anfänglich wurde RWD im Markt schwer akzeptiert, weil die Entwicklungskosten deutlich höher sind. Das ist der Hauptgrund, warum es heute immer noch viele Webseiten und Webanwendungen gibt, die nicht auf allen mobilen Endgeräten bedienbar sind. Heute wird jedoch kaum noch ein Internetprojekt mit fixer Breite entwickelt. Es wird aber noch einige Jahre dauern, bis die veralteten Webanwendungen aussterben.

Die Erläuterung der Vorteile von responsivem Webdesign und die Veränderung auf den Design- und Entwicklungsprozess von Webanwendungen zu schildern, würde den Rahmen dieses Kapitels sprengen. Daher empfehle ich hierzu folgende Veröffentlichungen:

- https://www.amazon.de/Responsive-Webdesign-Techniken-Praxisbeispiele-Standardwerk/dp/3836245787

- http://lobacher.de/files/konferenzen/webinale15-RWD-in-a-Nutshell-Pluswerk-Lobacher.pdf
- http://t3n.de/news/responsive-webdesign-potenzial-lobacher-597408/

Hier die passenden Servicelinks zu den o. g. Weblinks:

www.lammenett.de/71032

www.lammenett.de/71033

www.lammenett.de/71034

7.7.4 Handlungsoptionen im Mobile-Marketing

Mobile-Marketing bezeichnet alle Marketing-Aktivitäten, die ganz gezielt und explizit mobile Endgeräte bedingen. Hierbei werden entweder Werbebotschaften auf verschiedene Weise auf das mobile Endgerät gesendet oder das mobile Endgerät oder eine Teilfunktion des Gerätes (z. B. die GPS-Funktion oder der vorinstallierte Internetbrowser) wird in eine Marketing-Aktion einbezogen. Wie eingangs dieses Kapitels geschrieben, geht es mir hier nicht darum, der in der jüngeren Zeit erschienenen Literatur zum Thema »Mobile-Marketing« oder »Mobile-Commerce« Konkurrenz zu machen. Mir geht es zunächst nur um eine Einordnung im Gesamtkontext des Online-Marketings und um eine Sensibilisierung meiner Leser für vergleichsweise neuere Entwicklungen mit starkem Online-Marketing-Bezug. Schlussendlich sind diese Entwicklungen bei der Online-Marketing-Konzeption von hoher Relevanz. Sie hat zu zahlreichen neuen Marketing- und Werbemöglichkeiten geführt. Es würde jedoch den Rahmen dieses Buches sprengen, würden diese hier alle vollständig behandelt. Dennoch möchte ich die wesentlichen Entwicklungen hier benennen, um zumindest ein Bewusstsein und eine Sensibilisierung dafür zu erzeugen:

- In-App-Advertising bezeichnet Anzeigen, die innerhalb von Apps geschaltet werden können. Häufig gibt es eine App in einer kostenlosen Version, die aber dafür Werbeeinblendungen hat und sich so teilweise finanziert, und in einer kostenpflichtigen, werbefreien Version. Natürlich eignet sich diese Art der Werbung, um sehr eng an eine bestimmte Zielgruppe heranzukommen. Durch die Nutzung einer ganz bestimmten App gibt der Benutzer ja bereits eine Information preis, die für sehr gezielte Werbung genutzt werden kann.
- Mobile-Advertising bezeichnet alle Anzeigenschaltungen auf mobile Endgeräte. Hierbei kann es sich auch um Anzeigen handeln, die über bekannte Online-Marketing-Instrumente lanciert werden. Beispielsweise ist es möglich, über Google Ads eine Keyword-Advertising-Kampagne zu erstellen, die ausschließlich Smartphones bedient. Natürlich gibt es mittlerweile auch Dienstleister, die sich auf die Schaltung von Anzeigen für mobile Endgeräte spezialisiert haben.
- App-Store-Optimierung bezeichnet Maßnahmen zur Verbesserung der Auffindbarkeit und Wahrnehmung einer bestimmten App im App-Store. Da heute 1,6 Millionen Apps im App-Store und 1,7 Millionen Apps im Google Play Store verfügbar sind, ist es nicht mehr selbstverständlich, dass eine App dort gefunden wird.
- In-Game-Advertising bezeichnet Anzeigenschaltungen innerhalb von Spielen. In Bezug auf Mobile-Advertising sind dies natürlich Spiele, die auf einem Smartphone oder Tablet gespielt werden können.
- Video-Ads bezeichnet Anzeigen, die entweder in Videos selbst oder häufig auch im Umfeld von Videoportalen gebucht werden können. Eigentlich hat das nicht primär etwas mit Mobile-Marketing zu tun, doch erfreut sich die Nutzung von Videoportalen auf Smartphones einer sehr hohen Beliebtheit. Daher ist eine hohe Relevanz zu unterstellen.
- Location-Based-Marketing bezeichnet Marketing-Maßnahmen, die primär eine regionale Wirkung haben sollen. Sie sind zumeist ortsbezogen. Das Prinzip dieser Art Werbung beruht häufig darauf, den aktuellen Aufenthaltsort der Nutzer zu berücksichtigen. Aufgrund der GPS-Fähigkeit von vielen mobilen Endgeräten ist dies ja problemlos möglich. So können beispielsweise für gewünschte Produkte oder Dienstleistungen das günstigste Angebot oder besondere Aktionen im näheren Umkreis angezeigt werden. Viele weitere Konzepte und Ideen sind vorstellbar. Location-Based-Marketing steht erst am Anfang einer sicherlich interessant werdenden Entwicklung.

7.8 Online-Werbung

7.8.1 Online-Werbung kurz erläutert

Online-Werbung ist heute ein gigantischer Markt. Angefangen hat alles mit einem Banner. Heute gibt es unzählige Werbeformate. Dazu zählen verschiedenste Rich-Media-Formate, Video-Formate, Stick-Ads, Sticky-Ads, Screenflyer und vieles mehr. Wer einen Einblick haben möchte, was heute an Formaten in der Online-Werbung gängig ist, der sollte einmal einen Blick in diese Bibliotheken werfen:

- United Internet Media hat unter der URL https://www.united-internet-media.de/de/showroom/adgallery/ eine Sammlung von Formaten unter den Rubriken Großformate, Rich Media, Standardformate, Special Interest und Video kategorisiert.

  Servicelink: www.lammenett.de/7511

- Google (ehemals DoubleClick) führt unter der URL www.richmediagallery.com/ Rich-Media-Beispiele auf.

  Servicelink: www.lammenett.de/7512

- Ströer hat Vergleichbares im Bereich »Kreative Highlights« verankert (https://www.stroeer.de/digitale-werbung/kreation/kreative-highlights.html).

  Servicelink: www.lammenett.de/7513

Die primäre Stoßrichtung von Online-Werbung ist der Aufbau oder die Stützung von Bekanntheit. Sehr häufig geht es in der Online-Werbung um Markenbekanntheit. Oft fällt auch der Begriff »Branding«, worunter die Entwicklung einer Marke zu einem starken Aushängeschild eines Unternehmens zu verstehen ist.

In der Regel wird Online-Werbung zum Tausender-Kontakt-Preis (TKP) abgerechnet. Das bedeutet, dass der Werbetreibende einen festen Betrag für tausend Sichtkontakte zahlt. Im Gegensatz hierzu steht das Abrechnungsmodell Pay-per-Klick, wie wir es aus dem Keyword-Advertising kennen.

Online-Werbung erreicht in der Regel Konversionsraten, die unter 0,1 Prozent liegen. Im Grunde liegt das in der Natur der Sache. Online-Werbung ist nicht primär eine verkaufsstarke Online-Marketing-Disziplin, sondern eher eine, die das Branding unterstützt. Nichtsdestotrotz erreichen sehr gut gemachte Onlinewerbemaßnahmen auch schon einmal Konversionsraten, die deutlich über 0,1 Prozent liegen.

Möchte man heute Online-Werbung einkaufen, so hat man die Qual der Wahl. Das Angebot ist gigantisch. Grundsätzlich lassen sich die Anbieter von Onlinewerbefläche in Deutschland wie folgt unterteilen:

- klassische Onlinevermarkter,
- Google (über Display, heute Googel Display Network [GDN]),
- soziale Netzwerke (z. B. Facebook),
- Werbenetzwerke und Marktplätze sowie
- eigenvermarktete Angebote.

Klassische Onlinevermarkter: Neben den großen und bekannten Onlinevermarktern wie Ströer Digital, Axel Springer Media Impact oder SevenOne Media gibt es eine Vielzahl mittelgroßer Onlinevermarkter, die zwischen 30 und mehreren Hundert Webseiten im Portfolio haben. Die meisten dieser Werbevermarkter vermarkten eigene und fremde Titel (Webseiten). Die folgende Tabelle ist eine gekürzte Version einer Übersicht verschiedener Online-Vermarkter aus Oktober 2018. Vollständige und jeweils aktuelle Zahlen finden Sie auf der Webseite der AGOF. Leider ändert AGOF recht häufig seine Website und oft auch die Struktur. Die vollständige Übersicht für Oktober 2018 finden Sie unter der URL https://www.agof.de/download/Downloads_daily_digital_facts/Downloads_ddf_09_2018/ddf_September_2018_Vermarkter_Ranking_Digital.pdf. Aktuellere Daten sind mit Stand Dezember 2019 hier zu finden: https://www.agof.de/studien/daily-digital-facts/aktuelle-ergebnisse/.

Der Servicelink lautet:

www.lammenett.de/7514

Vermarkter	Rang	Reichweite in % (bezogen auf Internet-User letzte 3 Monate)	Netto-Reichweite Mio. Unique User
Ströer Digital	1	85,3	50,47
Ad Alliance	2	74,7	44,20
Media Impact	3	71,1	42,06
BurdaForward	4	64,3	38,04
United Internet Media	5	63,0	37,27
eBay Advertising Group Deutschland	6	62,3	36,84
SevenOne Media	7	57,8	34,21
iq digital	8	50,8	30,03
Scout24	9	30,2	17,89
gutefrage.net	10	26,9	15,94
BCN - Burda Community Network	11	24,0	14,17
Yieldlove	12	15,9	9,39
MAIRDUMONT NETLETIX	13	13,8	8,15
Urban Media	14	13,4	7,94
netpoint media	15	13,2	7,82
Weischer Online	16	10,3	6,07
YOC	17	8,0	4,75
madvertise Media	18	7,7	4,57
HiMedia Deutschland	19	7,7	4,54
VICE Digital	20	6,3	3,74
CondeNast	21	5,4	3,21
CommonMedia	22	4,5	2,68
onvista media sales	23	3,7	2,22
teltarif.de Onlineverlag	24	2,7	1,62
QUARTER MEDIA	25	2,3	1,36
HIFI.DE	26	2,3	1,33
Mediengruppe Deutscher Apotheker	27	2,0	1,17
Cinema Management Services	28	1,8	1,07
inside-intermedia	29	1,6	0,97

Tabelle 7.4 Auszug aus: daily digital facts 01.10.2018 / Rangreihe. Zitiert nach AGOF, URL Quelle: https://www.agof.de/download/Downloads_daily_digital_facts/Downloads_ddf_09_2018/ddf_September_2018_Vermarkter_Ranking_Digital.pdf, Abruf 06.12.2019.

Google und Facebook: Es ist heute ohne Probleme möglich, Online-Werbung über Google (Google-Display-Network [GDN]) oder im Social-Media-Umfeld einzukaufen. Beispielsweise hat sich Facebook in den letzten fünf Jahren zu einem der größten Onlinewerbevermarkter der Welt entwickelt. Vor einigen Jahren hat Google die klassischen Onlinewerbevermarkter nervös gemacht, als Google plötzlich in die Display-Werbung einstieg. Heute dürfte Facebook die etablierten Werbevermarkter nervös machen. In den USA ist Google mittlerweile der zweitgrößte Player im Display-Werbemarkt mit etwa 8 Prozent Marktanteil. Auch in Deutschland spielt Google mittlerweile eine gewichtige Rolle. Die OMG e.V. (Organisation der Mediaagenturen) schätzt die Einnahmen von Google für Display-Werbung in 2018 auf rund 570 Millionen Euro. Facebook hatte bereits

2016 in den USA einen Marktanteil von 35 Prozent bei der Display-Werbung. Bei der mobilen Display-Werbung waren es sogar 44 Prozent. Für Deutschland weist Facebook keine separaten Umsatzzahlen aus. Die Organisation der Mediaagenturen e. V. (OMG) schätzt den Umsatz in Deutschland auf über eine Milliarde Euro. Damit würde Facebook in Punkto Display-Werbung auch hierzulande vor Google stehen.

Werbenetzwerke oder Marktplätze: Diese Angebote richten sich meistens an kleine und mittlere Unternehmen (z. B. www.adshot.de). Zu dieser Gattung gehören auch die sogenannten Blind Networks. Hier stellen Vermarkter ihre Restplätze ein, die dann von jedermann themenbezogen anonym gebucht werden können. Auf welchen Webseiten die Anzeigenbanner dann geschaltet werden, bleibt geheim.

Eigenvermarktete Angebote: Zusätzlich zu den in den vorangegangenen Kapiteln geschilderten Angeboten diverser Marktteilnehmer kommt noch hinzu, dass viele kleine und mittlere Anbieter ihre Werbeplätze in Eigenregie vermarkten. Aktuelle Zahlen liegen zwar nicht vor, 2004 lagen eigenvermarktete Werbeflächen bei rund 66 Prozent Marktanteil.

Insofern ist das Angebot an Onlinewerbeflächen enorm groß, und der Werbetreibende hat die Qual der Wahl.

7.8.2 Herausforderungen für Unternehmen/Organisationen

Wer die Wahl hat, hat die Qual. Aufgrund des sehr hohen Angebotes und der vielfältigen Möglichkeiten ist es wahrscheinlich eine der größten Herausforderungen für Unternehmen, die optimalen Werbepartner für eine Onlinewerbekampagne zu identifizieren. In der Regel werden bei größeren Volumina Media-Agenturen zurate gezogen. Die Kernfragen, und damit die Kernherausforderungen der Online-Werbung, lauten:

- Wer ist meine Zielgruppe?
- Welche Onlinemedien liest, sieht oder hört meine Zielgruppe?
- Welche Gewohnheiten (Lese-, Hör- oder Sehgewohnheiten) hat meine Zielgruppe?
- Desktop, Mobile oder beides?
- Über welche Medien und Werbeplätze komme ich der Zielgruppe am nächsten?
- Sind die Kosten dafür vertretbar?

Weitere Herausforderungen liegen sicherlich auf der Detailebene. Die Gestaltung einer Kampagne, die Gestaltung der Werbemittel und das laufende Controlling haben ebenfalls einen großen Einfluss auf den Erfolg von Online-Werbung.

7.8.3 Für welche Unternehmen macht Online-Werbung Sinn?

Online-Werbung ist, wie bereits erwähnt, keine vertriebsstarke Teildisziplin des Online-Marketings. Primär macht sie dann Sinn, wenn das Unternehmen ganz bewusst den Aufbau oder die Bekanntheit einer Marke steigern möchte. Die Macht einer starken Marke darf in der digitalen Welt keinesfalls unterschätzt werden. Eine starke Marke kann Online-Marketing entscheidend zum Erfolg führen. Sie hat in der Regel Auswirkungen auf die gesamte Gestaltung einer Online-Marketing-Konzeption. Es gibt etliche Berührungspunkte mit anderen Online-Marketing-Disziplinen:

- Eine starke Marke kann zu besseren Abschluss- bzw. Konversionsraten führen, da das Vertrauen in eine bekannte Marke größer ist. Das macht sich besonders im Onlinehandel bemerkbar. Nicht selten sind Marken-Keywords in Google Ads der stärkste Baustein einer Kampagne und nicht umsonst lieben Affiliates die Programme starker Marken. Durch die besseren Klickraten von starken Marken erhöht sich auch der sogenannte Qualitätsfaktor in Google Ads, was zu geringeren Klickpreisen führt.
- Das größere Vertrauen führt in der Regel auch zu verbesserten Klickraten auf der SERP. Das wirkt sich wiederum positiv auf das Ranking bei Google im Allgemeinen aus. Davon profitieren Markeninhaber und Händler der Marke gleichermaßen.
- Etablierte Marken führen zu größerer Kundenbindung und Loyalität, was sich in einer größeren Anzahl wiederkehrender Webseitenbesucher auswirken kann. Auch hierdurch entstehen positive Nebeneffekte auf das Ranking bei Google im Allgemeinen.
- Starke Marken haben in sozialen Netzwerken eine größere Strahlkraft. Es ergeben sich schneller virale Effekte. Inhalte von starken Marken werden schneller geteilt. Das führt zu einer höheren Reichweite im Social-Media-Marketing. Auch das Content-Marketing wird dadurch erleichtert. Das Seeding im Rahmen von Viral-Marketing dürfte ebenfalls leichter fallen.
- Domains von Marken, die sich im Sinne der Suchmaschinenoptimierung in einem Bereich oder mehreren thematischen Bereichen als Autorität entwickelt haben, werden mit Inhalten eher bei Google gefunden als nicht etablierte Domains.

7.8.4 Aktuelle Entwicklungen und Trends

Der digitale Werbemarkt unterliegt nach wie vor einem sehr dynamischen Wandel. Ständig bringen Entwicklungen neue Chancen und Möglichkeiten. Aktuell sind es die Kommerzialisierung von WhatsApp durch Facebook, der allgemeine Trend hin zum Bewegtbild, der das Video-Marketing in den Fokus rücken lässt, und natürlich der Siegeszug der Smartphones, der das Mobile-Marketing erst ermöglicht hat. Derzeit sehen die Prognosen für Programmatic Advertising wieder sehr gut aus. Programmatic Advertising ist etwa seit 2015 ein Hype-Thema. Doch richtig in Fahrt kommen soll es erst jetzt – was natürlich den Markt für Online-Display-Werbung tüchtig aufwirbeln wird. Bitte vergleichen Sie dazu den Abschnitt 5.2.7 »Programmatic Advertising: Wundertüte oder dubiose Blackbox?«. Ferner werden auch die veränderten Rahmenbedingungen für den Einsatz von Cookies nicht spurlos am Display-Werbemarkt vorbeigehen. Vgl. Abschnitt 5.2.1 »Veränderte Rahmenbedingungen für dein Einsatz von Cookies und deren Einfluss auf das Online-Marketing«.

Bei dieser rasanten Entwicklung den Überblick zu behalten, ist nicht leicht. Vor allem auch deshalb nicht, weil unterschiedliche Marktteilnehmer die Entwicklungen auch unterschiedlich beurteilen und darstellen. So schrieb beispielsweise der BVDW in seinem OVK Online-Report 2016/1:

Mobile-Advertising erfreut sich unverändert einer großen Nachfrage – so ist die Display-Werbung auf mobilen Endgeräten für 2015 im Vergleich zum Vorjahr um 53 Prozent gewachsen. Damit wurde die ursprüngliche Prognose von der Unit Mobile-Advertising (MAC) des OVK im BVDW sogar noch um 3 Prozentpunkte übertroffen und liegt um einen Prozentpunkt über der Wachstumsrate von 2014. Insgesamt wurde mit Mobile-Display-Werbung im deutschen Markt im vergangenen Jahr ein Umsatz von 204 Millionen Euro netto erzielt, das sind 50 Millionen Euro mehr als 2014. Betrachtet man den Zeitraum von 2013 bis 2015, belaufen sich die absoluten Zuwächse der letzten zwei Jahre auf 116 Millionen Euro netto.

Das hört sich zunächst sehr rasant an. Tatsächlich ist es das aber nicht. Denn 2016 setzten deutsche Unternehmen weniger als zwei Prozent ihres gesamten Werbebudgets für Mobile-Marketing ein. Das ist paradox, bedenkt man, wie viele Menschen heute geradezu an ihrem Handy kleben. Gleichzeitig zeigt es auf, welche Chancen neuere Entwicklungen haben. Man muss sie nur für sich entdecken.

7.8.5 Einordnung der Eigenschaften im Raster

Um in einer späteren Phase der Konzeption wesentliche Merkmale einer Online-Marketing-Disziplin schneller »griffbereit« zu haben, ordne ich jede Disziplin in Bezug auf ihre Kerneigenschaften in ein Raster ein. Diese Einordnung ist nicht in

Stein gemeißelt. Sie stellt eine Tendenz dar, die natürlich in Teilen einen subjektiven Charakter besitzt. Eine Erläuterung der Kerneigenschaften finden Sie im Abschnitt 7.1.5 oder im Abschnitt 7.6.5.

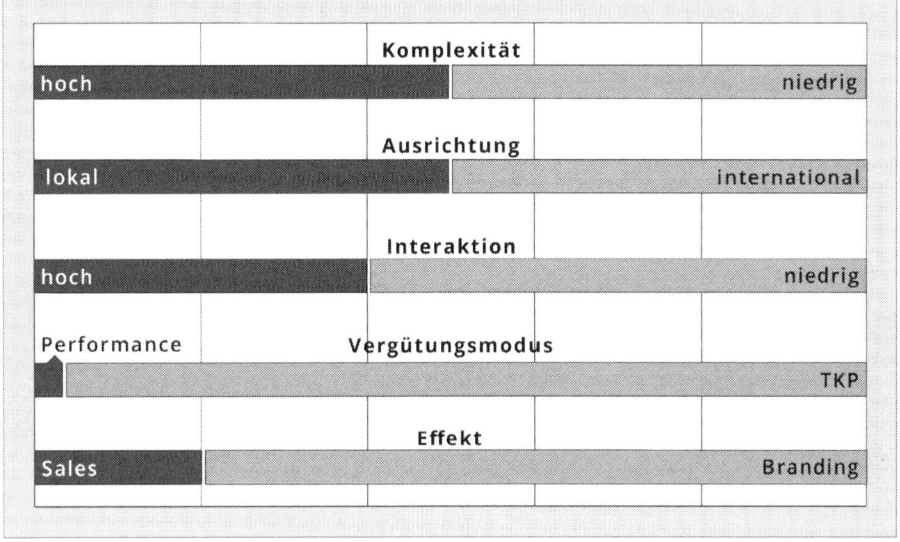

Abbildung 7.12: Einordnung der Eigenschaften von Online-Werbung.

Die technische Komplexität von Online-Werbung hat in der jüngeren Vergangenheit deutlich zugenommen. Themen wie Mobile-Marketing und Video-Marketing addieren Komplexität in beträchtlichem Maße.

Aufgrund von Geotargeting kann Online-Werbung sowohl im regionalen Bereich als auch im internationalen Bereich eine Rolle spielen.

Der Interaktionsgrad erreicht meiner Einschätzung nach ein mittleres Niveau. Die Abrechnung erfolgt im Normalfall nach TKP und die Wirkrichtung ist primär auf Branding und weniger auf Sales ausgerichtet. Online-Werbung erreicht in der Regel Conversion-Raten, die unter 0,1 Prozent liegen. Zum Vergleich: Keyword-Advertising schafft auch schon mal zwei Prozent.

7.8.6 Weiterführende Literatur und Weblinks (Detailebene)

In diesem Werk geht es um die Erstellung eines zielführenden Online-Marketing-Konzeptes unter verschiedenen Konstellationen und nicht um eine erschöpfende Detailtiefe in Bezug auf Online-Werbung. Daher habe ich hier einige Literaturempfehlungen und Weblinks zum Thema »Details« hinterlegt:

www.lammenett.de/7561

7.9 Online-PR

7.9.1 Online-PR kurz erläutert

PR steht für Public Relations – zu Deutsch: Presse- und Öffentlichkeitsarbeit. Im Grunde verfolgt Online-PR die gleichen Ziele wie klassische PR – allerdings mit den Mitteln der Onlinewelt.

In der Vergangenheit hat sich eine weitere Spielart der Online-PR entwickelt, deren Ziel nicht die Öffentlichkeit oder Journalisten waren, sondern die Suchmaschine. Bei dieser Spielart der Online-PR ging es primär darum, in Presseportalen und -verzeichnissen Backlinks für die eigene Webseite zu erlangen. Diese Maßnahme diente also eher der Suchmaschinenoptimierung im Sinne von OffSite-Optimierung als einem originären PR-Ziel. Seit 2014 hat Google jedoch mehrfach kritisch auf Backlinks aus dem Umfeld von Verzeichnissen, dazu zählen auch PR-Portale, hingewiesen. Im Laufe des Jahres 2015 wurde ferner offensichtlich, dass mittel- bis langfristig Backlinks bei der Suchmaschinenoptimierung an Stellenwert verlieren werden. Daher hat die genannte Spielart der Online-PR an Bedeutung verloren.

Heute geht es in der Online-PR darum, Journalisten, Fachjournalisten oder die Öffentlichkeit mit relevanten Informationen aus dem Unternehmens- oder dem Produktumfeld zu versorgen. In Bezug auf Journalisten steht hinter den Maßnahmen natürlich die Hoffnung, dass die Unternehmensnachrichten oder Botschaften aufgenommen und weiterverarbeitet werden. Auf diese Weise entsteht im Idealfall ein Multiplikatoreffekt, der die Reichweite von Unternehmensbotschaften deutlich erhöht.

Je nachdem wie ein Unternehmen organisiert ist, verschwimmt die Online-PR mit dem Content-Marketing oder dem Social-Media-Marketing. Ähnlich wie Content-Marketing ist Online-PR nicht vordergründig werblich oder gar werblich aggressiv. Außerdem befasst sich Online-PR eher mit Themen aus dem engeren Unternehmensumfeld.

Technisch kann sich Online-PR verschiedenster Instrumente bedienen. Das kann ein Newsletter-Tool sein, mit dem akkreditierte Journalisten mit Informationen versorgt werden. Das kann auch eine Webseite sein mit einer Art Unternehmens-Presseportal, auf dem akkreditierte Journalisten Bild- und Videomaterial sowie Pressetexte herunterladen können. Das kann aber auch ein schlichter E-Mail-Verteiler sein, mit dem Pressemeldungen an Journalisten versandt werden, oder eine Facebook Fanpage, über die das Unternehmen mit der Öffentlichkeit in einen modernen und eher zwangloseren Dialog tritt.

7.9.2 Herausforderungen und Einsatz

In den meisten Unternehmen wird Online-PR keine führende Rolle im Online-Marketing-Mix einnehmen. In der Regel ist sie eher ein begleitendes Instrument, welches einen Online-Marketing-Mix abrundet. Der Komplexitätsgrad ist relativ überschaubar. Richtet sich Online-PR an Journalisten, so ist die größte Herausforderung sicherlich, einen relevanten Presseverteiler aufzubauen und über die Mittel der Onlinewelt eine Beziehung zu Journalisten zu etablieren.

Online-PR macht sicherlich Sinn für Unternehmen, die langfristig denken und grundsätzlich über Inhalte verfügen, die bei professioneller Aufbereitung Journalisten zu Veröffentlichungen anspornen könnten. Im Grunde kann dies jede Art von Unternehmen sein, vom Start-up bis zum etablierten Großkonzern.

Entscheidet sich ein Unternehmen für Online-PR, so ist die professionelle Durchführung sicherlich eine Herausforderung, wenn keine Vorkenntnisse aus dem Bereich PR vorliegen. Denn wie bei anderen Online-Marketing-Disziplinen auch, steckt der Teufel im Detail. Ein Beispiel soll dies verdeutlichen. Es stammt aus meinem Buch Praxiswissen Online-Marketing, Springer Gabler, 7. Auflage, Seite 426:

Im Jahr 2007 habe ich gemeinsam mit meiner Tochter den Vokabeltrainer AZ6-1 entwickelt, der gut ein Jahrzehnt an vielen Schulen eingesetzt wurde. 2007 gab es bereits Vokabeltrainer wie Sand am Meer. Viele Schulbuchverlage hatten ihre eigenen Programme am Markt, zudem gab es etliche kostenfreie Low-End-Programme, die man sich über das Internet herunterladen konnte. Ich musste mir also die Frage stellen, warum ein Journalist oder Redakteur ausgerechnet über AZ6-1 berichten sollte.

Auf rein sachlicher Ebene hatte der Vokabeltrainer einige Funktionen, die bis dato neu waren. Diese würden im Normalfall aber allenfalls dafür reichen, in einem Fachmagazin einen Beitrag zu bewirken. Ich aber wollte die breite Masse erreichen.

Möchte man als Nobody auffallen, so benötigt man eine witzige, skurrile, außergewöhnliche oder gar provokante Story. In einer Brainstorming-Sitzung versuchten wir Witziges, Skurriles, Außergewöhnliches oder Provokantes zu AZ6-1 herauszufiltern. Doch im Grunde kamen wir immer nur auf Sachpunkte, die uns als Entwickler zwar ausgesprochen faszinierten, die aber allesamt nicht dazu geeignet waren, einen Journalisten oder Redakteur hinter dem Ofen hervorzuholen. In einer weiteren Brainstorming-Sitzung kam dann die zündende Idee: Bei der Entwicklung des Vokabeltrainers hat meine damals 10-jährige Tochter mitgewirkt. Im Grunde war sie der Ausschlag dafür, dass der Vokabeltrainer überhaupt entstand. Während der Entwicklung half sie sowohl bei der Gestaltung der Screens als auch beim Testen des Vokabeltrainers. Und so titelten wir dann in der Pressemeldung anlässlich der Produktveröffentlichung: »10-Jährige entwickelt Vokabeltrainer«. Sicherlich war diese Überschrift, rein sachlich betrachtet, übertrieben. Sie war nicht gelogen, aber eindeutig übertrieben. Doch sie war außergewöhnlich und er-

reichte darum ihr Ziel – nämlich die Aufmerksamkeit verschiedenster Journalisten und Redakteure.

Im Ergebnis wurde die Pressemeldung in der ursprünglichen Form oder in modifizierter Form in folgenden Medien abgedruckt:

- *Kölner Express, verkaufte Auflage laut IVW 2/2011 196.161 Exemplare,*
- *Frau von Heute, verkaufte Auflage laut IVW 2/2011 166.927 Exemplare,*
- *Auf einen Blick, verkaufte Auflage laut IVW 2/2011 1.139.022 Exemplare,*
- *Aachener Zeitung, verkaufte Auflage laut IVW 2/2011 127.808 Exemplare,*
- *Wochenspiegel, Druckauflage geschätzt circa 800.000 Exemplare,*
- *Super Sonntag, Druckauflage geschätzt circa 100.000 Exemplare.*

Ferner wurden mehrere Interviews fürs Radio aufgenommen und zwei TV-Beiträge gedreht: ein Beitrag vom WDR, der wenige Tage nach Veröffentlichung der Pressemeldung in der WDR Lokalzeit ausgestrahlt wurde, und einer von der Stern-TV-Redaktion. Zu meinem Bedauern wurde dieser Beitrag nicht ausgestrahlt. Des Weiteren lag eine Anfrage von Stefan Raab vor, der meine Tochter Annika gerne in seiner Sendung gehabt hätte. Bedauerlicherweise fand meine Frau diese Idee nicht so gut.

Die Resonanz auf die Pressemeldung hätte nicht besser ausfallen können. Nun stellen Sie sich einmal vor, die Überschrift der Pressemeldung hätte anders gelautet, beispielsweise: »Neuer Vokabeltrainer mit Hausaufgaben-Erinnerungsfunktion«. Glauben Sie, diese Meldung hätte eine ähnliche Aufmerksamkeit erregt?

7.9.3 Einordnung der Eigenschaften im Raster

Um in einer späteren Phase der Konzeption wesentliche Merkmale einer Online-Marketing-Disziplin schneller »griffbereit« zu haben, ordne ich jede Disziplin in Bezug auf ihre Kerneigenschaften in ein Raster ein. Diese Einordnung ist nicht in Stein gemeißelt. Sie stellt eine Tendenz dar, die natürlich in Teilen einen subjektiven Charakter hat. Eine Erläuterung der Kerneigenschaften finden Sie im Abschnitt 7.1.5 oder im Abschnitt 7.6.5.

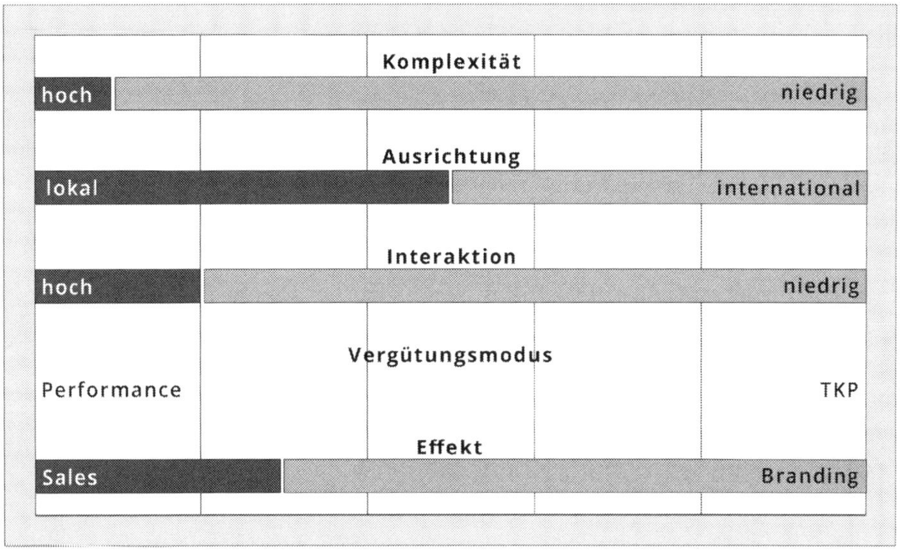

Abbildung 7.13: Einordnung der Eigenschaften von Online-PR.

Die technische Komplexität von Online-PR ist niedrig. Im Kern geht es um die Verteilung von Unternehmensbotschaften per E-Mail, Presseportal oder soziale Medien. Aussteuerungsmöglichkeiten sind daher vom lokalen bis zum international Umfeld gegeben. Eine Interaktion mit anderen Teildisziplinen ist gering. Vor Jahren war Online-PR im Sinne von SEO von Bedeutung. Doch die Backlinks aus Portalseiten sind heute nicht mehr so relevant. Die Wirkungsweise von Online-PR ist keinesfalls vertriebsorientiert.

7.10 Suchmaschinenoptimierung (SEO)

7.10.1 SEO kurz erläutert

Bei der Suchmaschinenoptimierung geht es um die Durchführung von Maßnahmen, die dazu beitragen, dass eine bestimmte Webseite auf der sogenannten Search Engine Result Page (SERP) bei relevanten Suchanfragen gut positioniert ist. Suchmaschinenoptimierung gliedert sich in OnPage- und OffPage-Optimierung. Manchmal werden hier auch die Begriffe OnSite- und OffSite-Optimierung verwendet.

Die OnPage-Optimierung beschreibt alle Maßnahmen, die auf der zu optimierenden Webseite selbst durchgeführt werden. Die OffSite-Optimierung beschreibt Maßnahmen, die auf dritten Webseiten durchgeführt werden und zu einer Stärkung der Zielwebseite führen sollen. Im Kern geht es hierbei meistens um die Beschaffung von sogenannten Backlinks. Backlinks sind Verweise auf dritten Webseiten, die bei einem Klick zur eigenen Webseite führen. Noch vor wenigen Jahren hatten Backlinks in der Suchmaschinenoptimierung eine sehr hohe Bedeutung. Seit 2015 nimmt deren Bedeutung jedoch stetig ab. Noch vor wenigen Jahren galt die Devise: Je mehr Backlinks, umso besser. Heute setzt man jedoch auf qualitativ hochwertige Backlinks. Viele Unternehmen sind sogar dazu übergegangen, ihr Backlinkprofil zu bereinigen und minderwertige Backlinks für ungültig zu erklären.

Bei der OnPage-Optimierung sind im Wesentlichen drei Ansätze zu sehen. Zum einen beziehen sich die Optimierungsmaßnahmen auf technische Optimierungen. In diesem Bereich geht es primär um eine semantisch korrekte Auszeichnung der HTML-Seiten, um eine ansprechende Geschwindigkeit und einen korrekten, validen Programmcode. Bei der OnPage-Optimierung geht es aber auch um strukturelle und inhaltliche Aspekte. Insgesamt ist die Suchmaschinenoptimierung eine Wissenschaft für sich geworden. Nicht umsonst gibt es zahlreiche Bücher, die sich ausschließlich mit diesem Thema beschäftigen. Die meisten davon habe ich gelesen. Am Ende dieses Kapitels finden Sie meine Literaturempfehlungen.

7.10.2 Herausforderung für Unternehmen

Suchmaschinenoptimierung ist die schillerndste aller Online-Marketing-Disziplinen. Sie ist ein Haifischbecken sondergleichen, in dem sich sehr unterschiedliche Marktteilnehmer tummeln. Für den Laien ist es extrem schwer, seriöse Anbieter von Scharlatanen zu unterscheiden. Eine der großen Herausforderungen in der Suchmaschinenoptimierung ist die seriöse Abwägung des Kosten-Nutzen-Potenzials. Denn Suchmaschinenoptimierung kostet in der Spitze Geld, manchmal sehr viel Geld. Hat man sich dazu entschieden, das Thema Suchmaschinenoptimierung ernst zu nehmen, so ist die erste Herausforderung die Bestimmung von relevanten Keywords und die Durchführung einer Mitbewerberanalyse. Viele Unternehmen scheitern bereits bei der Feststellung nach relevanten Suchbegriffen. In anderen Fällen werden relevante Suchbegriffe zwar identifiziert und deren Optimierung auch angegangen, jedoch wird übersehen, dass die Konkurrenzlage so übermächtig ist, dass die Chancen auf gute Positionen nahe Null liegen. Es bedarf einiger Erfahrung, um bereits an dieser Stelle die Weichen richtig zu stellen. Geschieht dies nicht, dann können alle Folgeaktionen zwangsläufig nicht optimal ausgestaltet werden.

Für die Leser, denen diese Ausführungen zu abstrakt sind, habe ich einen anschaulichen Screencast mit Beispielen erstellt:

www.lammenett.de/7321

7.10.3 SEO: Aktuelle Entwicklungen und Trends

Bei der Suchmaschinenoptimierung wird es nie langweilig. Suchmaschinen bemühen sich ständig um eine qualitative Verbesserung der Suchergebnisse. Gab es früher höchstens zwei Algorithmusänderungen (sogenannte Google-Updates) pro Jahr, so sind es heute bis zu einem Dutzend pro Jahr. Tendenz steigend. Google nutzt mehr als 200 Ranking-Faktoren, um die Qualität und Relevanz einer jeden einzelnen URL zu bestimmen.

2018 vollzog Google einen Epochenwechsel. Wurde bisher die Desktop-Version einer URL als Hauptindikation für die Evaluation von Webseiten und die Ermittlung von Rankings verwendet, erfolgt dies seit September 2018 durch die mobile Version einer Seite. Einfach ausgedrückt bedeutet das, dass Google nun für die Platzierung von Ergebnissen auf der Suchergebnisseite (SERP) den sogenannten Mobile-Index anwendet – und zwar für alle Endgeräte. Bereits sehr bald werden also auch Suchergebnisseiten auf dem normalen PC vom Mobile-Index abhängen. Webseiten, die nicht für mobile Endgeräte optimiert sind, werden dann chancenlos sein in der Schlacht um die vorderen Plätze. Mit diesem Schritt trägt Google dem Umstand Rechenschaft, dass seit 2015 mehr Suchanfragen von mobilen Endgeräten stammen als von Desktop-PCs und Laptops.

Nicht mehr ganz so neu ist die Entwicklung bei der Bedeutung der Backlinks. Es scheint derzeit so zu sein, dass Backlinks im Allgemeinen an Bedeutung verlieren. Auch Links aus dem Social-Media-Umfeld haben leicht an Bedeutung verloren. Google geht mehr und mehr dazu über, Webseiten im Sinne von Semantik zu bewerten. Zwar geistert das Thema »semantische Suche« schon seit 2013 durch die Fachmedien, doch richtig ernst scheint es erst jetzt zu werden.

Begünstigt werden Webseiten, die zu den gesuchten Begriffen wirklich etwas zu sagen haben und nicht nur vorgeben, etwas dazu sagen zu können. In jüngerer Zeit scheint daher das Thema »Content-Marketing« immer mehr ein SEO-Thema zu werden. Wer sich für die Ranking-Faktoren im Detail interessiert, der wird bei Searchmetrics fündig (https://www.searchmetrics.com/knowledge-base/ranking-factors). Lange gab Searchmetrics jährlich eine Studie zu allgemeinen Ranking-Faktoren heraus. Allerdings erhob Searchmetrics diese letztmalig im Jahr 2016. Ab 2017 veröffentlicht Searchmetrics für unterschiedliche Branchen auch unterschiedliche Ranking-Faktoren.

Hier die Servicelinks:

www.lammenett.de/7332

7.10.4 Für welche Unternehmen macht SEO Sinn?

Suchmaschinenoptimierung macht im Prinzip für jedes Unternehmen Sinn, welches eine reelle Chance hat, mit bestimmten Suchbegriffen oder mit dem Long Tail auf der ersten oder zweiten Suchergebnisseite zu landen. Platzierungen weiter hinten haben nur in wenigen Fällen einen kommerziellen Wert. Ein starkes Indiz dafür ist eine von der Firma Sistrix im Jahr 2015 veröffentlichte Studie. Im Rahmen der Studie wurden über 124 Millionen organische Klicks ausgewertet. Fast 60 Prozent entfielen auf Position eins. Position zwei erhielt mit rund 15 Prozent nur noch ein Viertel der Klicks der ersten Position. Danach erfolgte ein moderater Abfall der Klickwahrscheinlichkeit. Details können der folgenden Abbildung entnommen werden. Die Klickwahrscheinlichkeit war auf den unterschiedlichen Geräteklassen (Desktop, Smartphone und Tablet) in etwa gleich verteilt.

Diese Studie ist nicht repräsentativ und kann daher nur als Indiz gewertet werden. Sie basiert auf rund 124 Millionen Klicks, die über die Google Search Console API bezogen wurden. Die Firma Sistrix hatte hierzu die Erlaubnis einiger Kunden erhalten. Welche Kunden das sind und in welchen Branchen diese Kunden aktiv sind, ist unklar. Eine allgemeingültige Aussage kann daher nicht getroffen werden. Als Fazit kann man jedoch vorsichtig formulieren: Unabhängig von der Wahrnehmung der SERP ist die Wahrscheinlichkeit hoch, dass organische Rankings auf der ersten und zweiten Position deutlich häufiger geklickt werden, als Rankings ab Position drei.

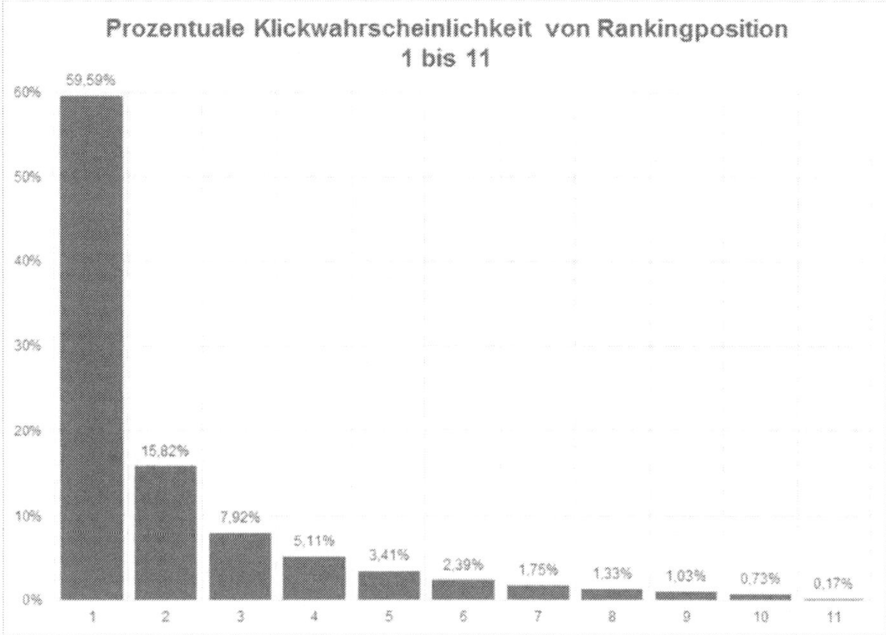

Abbildung 7.14: Prozentuale Klickwahrscheinlichkeit von Ranking-Positionen. Zitiert nach Sistrix, URL www.sistrix.de/news/klickwahrscheinlichkeiten-in-den-google-serps, Abruf 10.01.2020.

Die geringe Klickwahrscheinlichkeit der hinteren Einträge muss jedoch nicht zwangsläufig bedeuten, dass SEO keinen Sinn macht. Denn:

1. auch die Frage des Suchvolumens ist von Bedeutung. Eine Optimierung von sehr häufig gesuchten Begriffen oder Begriffskombinationen ergibt auch bei nur 0,1 Prozent Klickwahrscheinlichkeit ein nennenswertes Besuchervolumen.
2. neben den klassischen organischen Listings gibt es seit Längerem noch andere Einträge auf der SERP. Die Rede ist von Universal Search. Wenn Sie die erste Suchergebnisseite heute betrachten, so werden Sie in den meisten Fällen dort auch Einträge finden, die aus Google News stammen, aus Google Images, aus Google Video oder YouTube; aus Google Shopping, aus Blogs oder aus Google Maps. Diese Einträge fallen oft stärker ins Auge und unterliegen daher anderen Regeln.

Schlussendlich muss natürlich eine gewisse Wirtschaftlichkeit gegeben sein. Suchmaschinenoptimierung kann Handwerk oder Wissenschaft sein. Sind die Herausforderungen so komplex und ist die Konkurrenzlage so hoch, dass SEO eher einer Wissenschaft gleichkommt, so ist mit hohen Kosten zu rechnen. Es stellt sich dann natürlich die Frage nach der Rentabilität möglicher SEO-Maßnahmen. Im Zweifel sollte am Anfang eines SEO-Projektes eine ROI-Betrachtung stehen.

7.10.5 Einordnung der Eigenschaften im Raster

Um in einer späteren Phase der Konzeption wesentliche Merkmale einer Online-Marketing-Disziplin schneller »griffbereit« zu haben, ordne ich jede Disziplin in Bezug auf ihre Kerneigenschaften in ein Raster ein. Diese Einordnung ist nicht in Stein gemeißelt. Sie stellt eine Tendenz dar, die natürlich in Teilen einen subjektiven Charakter hat. Eine Erläuterung der Kerneigenschaften finden Sie im Abschnitt 7.1.5 oder im Abschnitt 7.6.5.

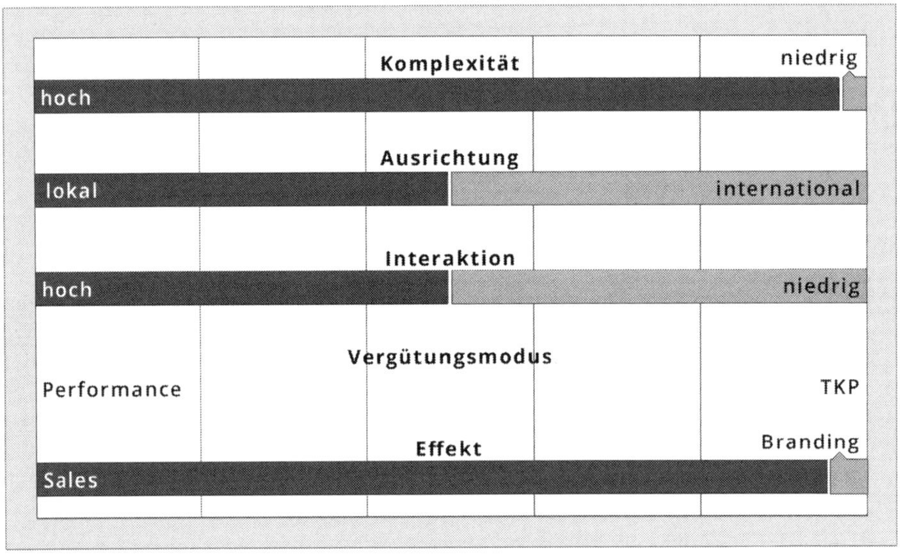

Abbildung 7.15: Einordnung der Eigenschaften von SEO.

Suchmaschinenoptimierung ist ein Haifischbecken. Die Komplexität würde ich daher hoch einschätzen.

Sowohl im lokalen als auch nationalen und internationalen Bereich kann Suchmaschinenoptimierung von Bedeutung sein. Lokale SEO dürfte leichter zu bewerkstelligen sein, da meist auf eine Suchwortkombination optimiert wird, bei der die Konkurrenzlage nicht so hoch ist.

Der Interaktionsgrad mit anderen Online-Marketing-Disziplinen ist beschränkt. Berührungspunkte gibt es mit dem Content-Marketing, mit Affiliate-Marketing, wenn Affiliates auch SEO betreiben, und bedingt mit dem Social-Media-Marketing in Bezug auf Backlinks.

Die Vergütung erfolgt weder performanceorientiert noch nach TKP. Daher ist in der Abbildung 7.4 kein Balken aufgeführt.

SEO leistet beschränkt Beiträge zum Branding. Im ersten Schritt sieht der User auf der SERP ja lediglich einen kleinen Texteintrag. Bilder oder gar Emotionen lassen sich so wohl kaum transportieren.

7.10.6 Weiterführende Literatur und Weblinks (Detailebene)

In diesem Werk geht es um die Erstellung eines zielführenden Online-Marketing-Konzeptes unter verschiedenen Konstellationen und nicht um eine erschöpfende Detailtiefe in Bezug auf die Einzeldisziplinen des Online-Marketings. Daher habe ich hier einige Literaturempfehlungen und Weblinks zum Thema »Details« hinterlegt:

www.lammenett.de/7361

7.11 Social-Media-Marketing

7.11.1 Social-Media-Marketing kurz erläutert

Social-Media-Marketing ist ein sehr weites Feld. Im Grunde ist die Überschrift dieses Absatzes etwas anmaßend, denn eine kurze Erläuterung ist gar nicht möglich. Social-Media hat unsere Gesellschaft verändert. Es hat ferner das Kommunikationsverhalten vieler Menschen, insbesondere junger Menschen, verändert. Daher versuchen auch immer mehr Unternehmen, ihre Kunden über soziale Medien zu erreichen. Viele Firmen haben eigene Mitarbeiter für die Pflege ihrer Accounts eingestellt und statten das Social-Media-Marketing mit ansehnlichen Budgets aus. Doch meiner Beobachtung nach agieren die meisten Unternehmen in Deutschland immer noch nicht zielführend. Bitte sehen Sie hierzu auch den Abschnitt 7.11.3 »Herausforderungen für Unternehmen/Organisationen«. Oft beschränken sich die Aktivitäten auf die Vorstellung neuer Produkte oder Angebote. Auf der Facebook-Fanpage finden sich nur wenige, veraltete Beiträge, und die Twitter-Tweets folgen Schema 0-8-15. Dass solche Social-Media-Aktivitäten wenig Interesse wecken, verwundert kaum.

Dennoch hat Social Media auch das Marketing im Allgemeinen und das Online-Marketing im Besonderen verändert und beeinflusst. Wie auch bei den anderen Disziplinen erläutere ich an dieser Stelle die Eckdaten und verweise, was die Details betrifft, auf weiterführende Literatur. Im Kern kommt es bei der Erstellung eines Online-Marketing-Konzeptes nicht darauf an, alle Details der Einzeldisziplinen zu kennen. Im Normalfall erledigen die Details ohnehin spezialisierte Dienstleister oder Agenturen.

Social-Media-Marketing ist im Wesentlichen getrieben von Inhalten, die durch die User erzeugt wurden. Die Rede ist vom sogenannten »User-generated Content«. Eines der ersten Instrumente von Social-Media waren die Blogs. Heute gibt es neben den Blogs viele weitere soziale Medien, über die User ihre Inhalte veröffentlichen und mit anderen teilen können. Das sind beispielsweise:

- Microblogging-Systeme wie Twitter,
- soziale Netzwerke wie Facebook oder XING,
- Videoportale wie YouTube
- oder Messenger wie WhatsApp – um nur einige zu nennen.

Wer sich für die Vielfalt von Social Media in Deutschland interessiert, dem empfehle ich die Infografik »Social-Media- Prisma« von ethority (http://ethority.de/social-media-prisma/, Abruf 05.01.2020). Hier der Servicelink:

www.lammenett.de/7411

Das Social-Media-Prisma von ethority liefert einen vergleichsweise aktuellen Überblick über die deutsche Social-Media-Landschaft mit den wichtigsten Social-Media-Plattformen und -Werkzeugen. Es sind aktuell über 200. Seit Veröffentlichung der ersten Version des Social-Media-Prismas im September 2012 sind über 100 neue Plattformen hinzugekommen.

Besonders eindrucksvoll wird die »Macht des User-generated Content« durch die Geschichte der Blogs. Natürlich sind die Erfolgsgeschichten von Facebook, LinkedIn, Twitter und YouTube auch herausragend. Sie alle zu erzählen würde den Rahmen dieses Buches sprechen. Darum beschränke ich mich auf die Blogs:

Der Begriff Weblog tauchte erstmals 1997 auf. Er leitet sich aus den Wörtern Web und Logbuch ab. Es ist also eine Art Logbuch für das World Wide Web. Die Kurzform lautet Blog.

Der erste freie Blog wurde 1999 in den USA verfügbar und basierte auf der Software »Pitas«. Die Zahl der Blogs stieg schnell an. Während Anfang des Jahres 1999 lediglich 23 Blogs existierten, gab es 2002 bereits geschätzte 500.000 weltweit.

Ursprünglich wurden in Blogs primär technische Themen behandelt. Nach der Jahrtausendwende wurden verstärkt öffentlich relevante Themen behandelt. Nach dem 11. September 2001 entstanden viele Blogs, in denen Menschen über Ihre Gefühle, Meinungen und Beobachtungen schrieben. Plötzlich berichteten Blogger kritisch und perspektivenreich über Dinge, die in konventionellen Medien keinen Platz fanden. Blogs begannen, das Mediensystem zu verändern. Einige Beispiele verdeutlichen diese Aussage:

- Nach der Tsunami-Katastrophe in Südostasien im Dezember 2004 erlangten verschiedene Blogger weltweit Aufmerksamkeit, weil sie von ihren Eindrücken berichteten. Sie veröffentlichten Fotos oder Videos im Internet – oft schneller und detaillierter als die traditionellen Medien.
- Nach den Terroranschlägen von London am 7. Juli 2005 griffen traditionelle Medien auf Berichte von Bloggern zurück. Erst später hatten sie eigene Quellen und Augenzeugen.

Ab 2004/2005 begannen traditionelle Medien, Blogs in ihr Konzept zu integrieren. In Deutschland waren es Medien wie »Die Zeit«, der »Berliner Tagesspiegel«, die »Süddeutsche Zeitung« und die »ARD-Tagesschau«.

Ab 2005 entdeckte auch die Politik die Macht der Blogs und engagierte sich. Primär wurden sogenannte Wahl-Blogs oder Bürger-Blogs populär. Eine Politisierung der Blogosphäre ähnlich wie in den USA blieb aus.

Blogs haben nachhaltig die Medienlandschaft, das Medienverhalten und das Marketing verändert. **Vor deren Existenz hatten die Unternehmen die Hoheit über die Massenmedien, was die Versendung von Massenbotschaften (zumeist Werbebotschaften) an Konsumenten anging.** Das hat sich durch Blogs geändert. Blogs haben den Zugang zur »Kommunikation« maßgeblich verändert. Die Hoheit über das, was in der Öffentlichkeit gesagt und verteilt wird, haben nicht mehr nur die werbetreibenden Unternehmen. Ein Beispiel verdeutlicht diese Aussage: Als im Dezember 2004 der Blogger Johnny Häusler auf seinem Weblog »Spreeblick« die Verkaufspraktiken des Mobilfunk-Klingeltonanbieters Jamba kritisierte, griffen andere Blogger das Thema auf, setzten Hyperlinks auf Spreeblick und schrieben kritische Kommentare unter Häuslers Beitrag. Wegen des hohen Google-Rankings und der dadurch entstandenen negativen Publicity versuchten Jamba-Mitarbeiter, mit Kommentaren auf Spreeblick ihre Firma positiv darzustellen. Als dies entdeckt wurde, berichteten auch traditionelle Medien über den Fall, woraufhin Jambas Image stark litt.

Das zuvor genannte Beispiel ist nur eines von vielen, die ich unter der Überschrift »Shitstorm« hier besprechen könnte. Auch könnte ich noch Beispiele aus anderen Social-Media-Bereichen hier anführen. Aber mir geht es an dieser Stelle nicht darum, das Thema Social-Media in Gänze zu erläutern. Mir kommt es nur auf die wesentlichen Parameter an, die Sie als Leser verstehen müssen, um eine Online-Marketing-Konzeption erfolgreich durchführen zu können. Diese sind:

- Es gibt Hunderte Social-Media-Werkzeuge und -Tools (vgl. Social-Media-Prisma von ethority).
- Diese Tools bedienen unterschiedliche Bedürfnisse und adressieren unterschiedliche Zielgruppen.
- Der Vernetzungsgrad der Werkzeuge ist meistens sehr hoch.

- Die Art der Kommunikation vom Unternehmen zum Konsumenten hat sich durch Social-Media verändert. Die Hoheit über die Gesprächsinhalte liegt nicht mehr bei den Unternehmen.
- In vielen dieser Medien kann man heute auch Werbung gegen ein entsprechendes Entgelt platzieren.
- Aufgrund des Vernetzungsgrades eignen sich viele dieser Werkzeuge für Viral-Marketing.
- Der Umgang mit solchen Medien will gelernt sein, möchte man einen sogenannten Shitstorm unbedingt vermeiden.

7.11.2 Die wichtigsten Werkzeuge des Social-Media-Marketings

Das Social-Media-Prisma von ethority liefert einen vergleichsweise aktuellen Überblick über die deutsche Social-Media-Landschaft mit den wichtigsten Plattformen und Werkzeugen:

http://ethority.de/social-media-prisma/
Abruf 05.01.2020

Hier der Servicelink:

www.lammenett.de/7411

Populäre Instrumente und Werkzeuge sind:

- Facebook – ein soziales Netzwerk. Es wurde 2004 gegründet und ist aktuell das Netzwerk mit den meisten Mitgliedern. Facebook richtet sich an jedermann.
- Instagram – ein soziales Netzwerk, welches ursprünglich stark auf Fotos konzentriert war. Heute sind auch Videos zugelassen. Im Unterschied zu Facebook sind keine Links in den Posts möglich und lange Textpassagen daher unsinnig. Seit August 2012 gehört Instagram zur Facebook Inc. Für die Akquisition zahlte Facebook eine Milliarde US-Dollar. Besonders jüngere Menschen bevorzugen heute Instagram und haben Facebook den Rücken gekehrt.
- Xing – ebenfalls ein soziales Netzwerk. Es handelt sich jedoch eher um ein beruflich genutztes Netzwerk. XING wurde 2003 in Deutschland gegründet und hieß bis 2006 openBC (Open Business Club).
- LinkedIn – ein internationales soziales Netzwerk zur Pflege bestehender Geschäftskontakte. Es wurde ebenfalls 2003 gegründet und hat über 450 Millionen Nutzer in mehr als 200 Ländern.

- YouTube – eine Videoplattform. Das Unternehmen wurde 2005 gegründet und gehört seit 2006 Google Inc. Es gehört heute zu den bedeutendsten Portalen seiner Art.
- Twitter – ein sogenannter Microblogging-Dienst. Es können Kurznachrichten versendet werden, ähnlich einer SMS. Das Unternehmen wurde 2006 gegründet und verfügt heute über mehr als 320 Millionen Nutzer.
- WhatsApp – ein Instant-Messaging-Dienst. Er erschien im Jahr 2009. Benutzer können damit Text-, Bild- und Videonachrichten versenden. Die Versendung kann an eine Person oder an eine Gruppe von Personen geschehen. 2014 wurde WhatsApp von Facebook übernommen.
- MySpace – ursprünglich ein Anbieter für kostenlose Datenspeicherung im Internet. Gegründet wurde das Unternehmen bereits 2003, also vor Facebook. Es entwickelte sich im Laufe der Zeit zu einem sozialen Netzwerk. Seit MySpace 2008 von seinem Hauptkonkurrenten Facebook in Hinblick auf die Mitgliederzahl überholt worden ist, arbeitet das Unternehmen daran, sich stärker von Facebook abzugrenzen. Primär ist MySpace auf den englischsprachigen Raum ausgerichtet.

7.11.3 Herausforderungen für Unternehmen/Organisationen

Die größte Herausforderung im Social-Media-Marketing (SMM) ist die strategisch zielführende Ausrichtung der Social-Media-Aktivitäten. Mir sind viele Unternehmen bekannt, die in Bezug auf Social-Media in blinden Aktionismus verfallen sind, ohne strategische Aspekte jemals bedacht zu haben. Sie beschäftigen sich mit Social-Media-Marketing primär aus dem Blickwinkel der Werkzeuge und Instrumente. Werkzeuge und taktische Aspekte sind jedoch nur die Spitze des Eisbergs im Social-Media-Marketing. Es ist daher nicht verwunderlich, dass sehr viele Unternehmen mit Social-Media-Marketing scheitern.

Im Grunde besteht die erste Herausforderung schon in der Definition der Ziele:

- Welche Ziele werden überhaupt verfolgt? Viele Unternehmen sind der irrigen Meinung, dass es beim Social-Media-Marketing primär um Vertrieb geht. Die folgende Abbildung zeigt, dass es um bedeutend mehr gehen kann.
- Wie genau sieht die Zielgruppe aus? Welche Gewohnheiten hat sie?
- Welche Social-Media-Instrumente und -Werkzeuge sind geeignet, um die Zielgruppe zu erreichen?

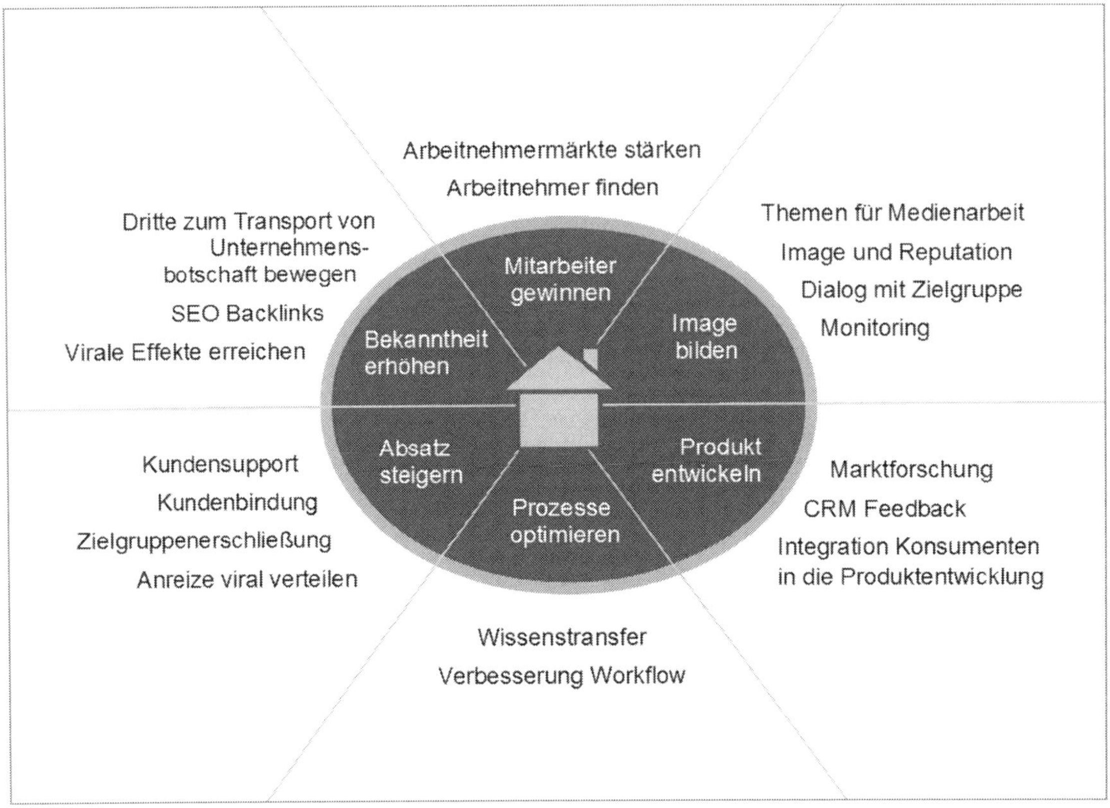

Abbildung 7.16: Mögliche Ziele für Social-Media-Marketing. Quelle: Lammenett, Praxiswissen Online-Marketing, Springer Gabler, 2019, Seite 431.

Die zweite Herausforderung besteht darin, einen strukturierten Ansatz zu finden und nicht in Aktionismus zu verfallen, nur weil der Mitbewerber dieses tut. In der Vergangenheit haben viele Unternehmen bitteres Lehrgeld dafür bezahlt, dass sie ohne Reflexion strategischer Aspekte in das Thema Social-Media eingestiegen sind. So könnte ein strukturierter Ansatz aussehen:

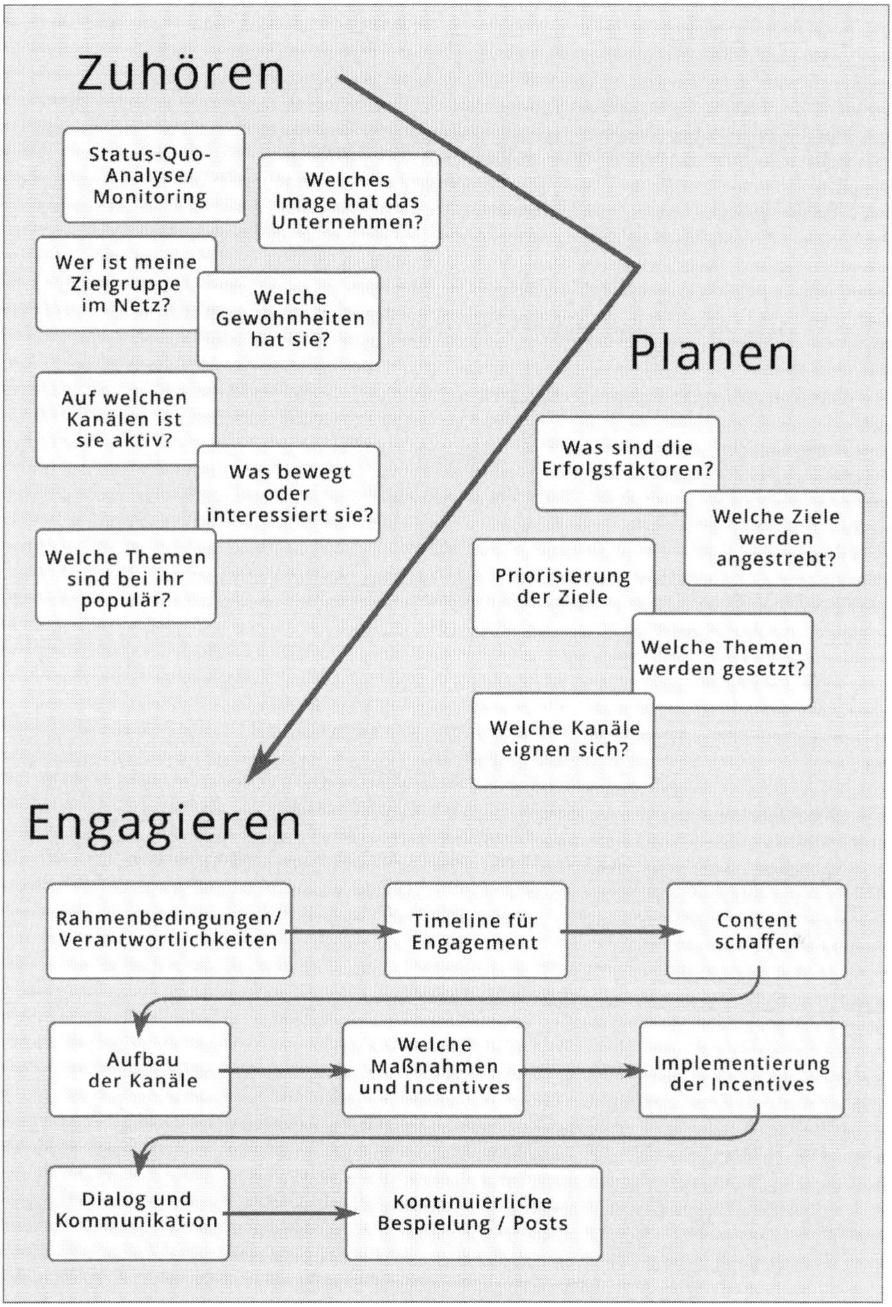

Abbildung 7.17: Strukturierter Lösungsansatz für den Einstieg ins SMM.

Der von mir vorgeschlagene strukturierte Ansatz basiert auf bekannten Mustern aus der Betriebswirtschaftslehre. Er ist mit »Zuhören – Planen – Engagieren« überschrieben. Das Zuhören kommt dabei einer Ist-Analyse gleich, wie sie aus vielen Disziplinen der Betriebswirtschaft bekannt ist. Der Unterschied ist allerdings, dass es im Fall von Social-Media-Marketing tatsächlich im ersten Schritt um eine Art Bestandsanalyse durch das Hineinhören in unterschiedliche Social-Media-Kanäle geht. Im Rahmen der Ist-Analyse geht es zunächst darum, herauszufinden, was und wie über das Unternehmen und seine Produkte in unterschiedlichen Social-Media-Kanälen gesprochen wird. Auch das »Wo« ist von Bedeutung. Mittlerweile gibt es Monitoring-Software, welche die Erstellung einer solchen Analyse effizient unterstützen kann.

Im Rahmen der Ist-Analyse sollte zumindest herausgefunden werden, ob und wenn ja, in welchen Social-Media-Kanälen über das Unternehmen und die Produkte bereits gesprochen wird. Diese Informationen sind insofern relevant, als ein Engagement in Kanälen, in denen ohnehin schon über ein Unternehmen gesprochen wird, natürlich weitaus mehr Sinn macht, als sich in Kanälen zu engagieren, in denen üblicherweise nicht über ein jeweiliges Unternehmen oder seine Produkte gesprochen wird. Auch die Frage, in welchen Kanälen die Zielgruppe eines Unternehmens typischerweise aktiv ist, sollte im Rahmen einer Ist-Analyse beleuchtet werden. Weitere relevante Aspekte sind die Gewohnheiten der Zielgruppe innerhalb sozialer Medien, deren Interessensgebiete und ggf. Kernthemen, über die häufig gesprochen wird.

Erst im nächsten Schritt gelangt man auf die Planungsebene. Im Rahmen der Planungsebene sollte man tunlichst die Ziele reflektieren, die durch Social-Media-Marketing unterstützt werden sollen. Eine Priorisierung der Ziele und die Ergründung von Erfolgsfaktoren sind weitere Maßnahmen, die helfen, sich dem Thema Social-Media-Marketing in einer strukturierten Art und Weise zu nähern.

Erst nachdem klar ist, weshalb und mit welcher Zielsetzung sich ein Unternehmen über welche Social-Media-Kanäle engagieren möchte, sollten die Rahmenbedingungen und die Verantwortlichkeiten geplant werden. Erst wenn jeder weiß, was wann zu tun ist, erst wenn ein Redaktionsplan, ein Eskalationsplan und eine unternehmensweit gültige Guideline für Mitarbeiter entwickelt, verabschiedet und eingeführt wurde, sollte das Engagement einsetzen.

7.11.4 Aktuelle Entwicklungen

Eine der spannendsten aktuellen Entwicklungen ist die Kommerzialisierung von WhatsApp. Seit 2014 gehört WhatsApp bekanntlich zu Facebook. Jan Koum, Gründer von WhatsApp, betonte anlässlich der Digitalkonferenz DLD 2015, dass WhatsApp kostenfrei bleiben wird. Die zukünftige Entwicklung solle durch Werbeeinnahmen finanziert werden. Ab 2020 soll es dann soweit sein. Facebook will Unternehmen zur Kasse bitten, die WhatsApp nutzen wollen, um Nutzer direkt zu erreichen. Auch die geplanten Werbeeinblendungen sollen nun kommen. Wie diese angenommen werden ist offen. Internationale Beispiele zeigen, dass bei Messaging-Apps das Erfolgskonzept eher über die Anregung einer individuellen Kommunikation geht und weniger über die schnöde Einblendung von Werbebannern. Schon 2013 zeigte »Absolut Vodka« in Argentinien, wie WhatsApp einen Produkt-Launch erfolgreich pushen kann: www.youtube.com/watch?v=ozFLRwzyO6Q, Abruf 15.01.2020.

Servicelink: www.lammenett.de/7441

Die israelische Schokoladenmarke »Klik« bewies mit einer spielerischen Idee, dass WhatsApp besonders bei jungen Zielgruppen geeignet ist, um das Brand-Engagement zu erhöhen: www.youtube.com/watch?v=Bcxm753Zjcg, Abruf 15.01.2020.

Servicelink: www.lammenett.de/7442

Weitere Weblinks mit Artikeln zu diesem Thema finden Sie in Abschnitt 7.11.7.

7.11.5 Für welche Unternehmen macht Social-Media-Marketing Sinn?

Anders als bei bisher besprochenen Online-Marketing-Disziplinen ist diese Frage in Bezug auf SMM nur sehr schwer zu beantworten. Social-Media-Marketing ist extrem vielschichtig. Im Grunde genommen ist es fast schon eine eigene Marketingdisziplin. Tatsächlich gibt es viele Marktteilnehmer, die Social-Media-Marketing nicht als Unterdisziplin des Online-Marketings auffassen, sondern als eigenständige Disziplin. Und wahrscheinlich macht/machen für jedes Unternehmen eine oder mehrere Facetten aus dem Baukasten des Social-Media-Marketings Sinn. Nur welche?

Was ohne Zweifel keinen Sinn macht in Bezug auf Social-Media, ist blinder Aktionismus. In der Vergangenheit haben viele Unternehmen die strategischen Aspekte vernachlässigt und sind ohne Vorbereitung in das Thema Social-Media eingestiegen. In manchen Fällen war die Quittung ein sogenannter Shitstorm. Ein Shitstorm bezeichnet das lawinenartige Auftreten negativer Kritik bis hin zur Schmähkritik gegen eine Person, ein Produkt oder ein Unternehmen im Rahmen von sozialen Medien.

Die folgenden Beispiele verdeutlichen die Risiken:

- Legendär ist der TelDaFax-Shitstorm. Wie viele andere Unternehmen betrieb auch TelDaFax eine Facebook Fanpage. Wer heute eine Fanpage betreibt, muss damit rechnen, dass Kunden über die Fanpage kommunizieren wollen. Doch die Mitarbeiter, die für die TelDaFax Fanpage zuständig waren, wollten die Fans lediglich unterhalten, informieren und auf verschiedene

Themen aufmerksam machen. Sie waren offenbar nicht geschult im Umgang mit sozialen Medien. Auslöser des Shitstorms war letztlich ein flapsiger Post, der darauf hinwies, dass es für Beschwerden und Kundenanliegen ja andere Stellen geben würde. Damit waren viele Kunden nicht einverstanden. Es kam zu zahlreichen erbosten Posts. Konventionelle Medien wurden darauf aufmerksam und berichteten. Daraufhin kam es zu einer erneuten Welle der Empörung in den sozialen Medien. Die Fanpage von TelDaFax gibt es heute nicht mehr. Das Unternehmen musste Insolvenz anmelden. Offenbar bestanden noch einige andere Schwierigkeiten.

- Auch der Fall von Honda belegt die Gefahr von blindem Aktionismus im Social-Media-Marketing. Ein japanischer Produktmanager stellte Fotos des neuen »Accord Crosstour« auf Facebook ein. Das Feedback der Community war zunächst negativ. Plötzlich tauchten etliche positive Feedbacks auf. Das Blatt schien sich zu wenden. Dann wurde enthüllt, dass ein positiver Kommentar von einem Honda-Manager stammte, der sich jedoch nicht als Honda-Mitarbeiter zu erkennen gab. Der Aufschrei in der Community war groß. Honda hat die Kommentare aus dem Netz genommen und reagierte mit einer Stellungnahme.
- Auch die Pizzakette Domino's bekam die Macht der sozialen Medien zu spüren. Ein Angestellter der Pizza-Kette steckte sich ein Stück Käse in die Nase, pupste auf eine Scheibe Salami und legte beides auf eine Pizza. Seine Kollegin filmte das Ganze. Das Ekel-Video tauchte irgendwann auf YouTube auf. Mit fatalen Folgen. Der Imageschaden für Domino's war immens. Zwar erklärten die entlassenen Mitarbeiter in ihrem Blog, dass die Pizzen niemals an Kunden ausgeliefert wurden. Doch das linderte den Imageschaden nicht. Die Medien griffen das Thema auf und der Fall eskalierte. Noch heute gibt es Berichte darüber auf YouTube:
  www.youtube.com/watch?v=OhBmWxQpedI

Servicelink: www.lammenett.de/7451

- Der US-Hersteller von Computer-Peripherie Belkin wurde dabei ertappt, Produktbewertungen für eigene Produkte zu manipulieren. Auf Amazon Mechanical Turk, einer Plattform für die Vermittlung von kleinen Aufgaben, vergleichbar mit MyHammer für Minijobs, hatte ein gewisser Mike Bayard folgendes Angebot gemacht: «Schreibe eine 100 Prozent positive Produktbewertung, schreibe mit guter Grammatik und nutze US-Englisch, gib eine 100 Prozent positive Bewertung ab. Bezahlung: 65 Dollar Cent.» Es folgte ein Link zu den Produktseiten auf Amazon.com, NewEgg, Buy.com und anderen Shopping-Portalen mit Bewertungsfunktion. Die Entrüstung in der Szene war groß. Der Shitstorm war Belkin gewiss.
- Auch die KitKat-Videos von Greenpeace sind legendär und verursachten einen Shitstorm. Nestle verwendete zur Herstellung von »KitKat« Palmöl eines indonesischen Lieferanten, der im großen Stil Urwaldflächen rodete und so laut Greenpeace den Lebensraum der Orang-Utans zerstört. Greenpeace kontaktierte Nestle mehrfach zu diesem Sachverhalt. Nestle antwortete jedoch nicht. Daraufhin erstellte Greenpeace diese Videos und veröffentlichte sie auf YouTube:

  www.youtube.com/watch?v=IzF3UGOlVDc

  Servicelink: www.lammenett.de/7452

  www.youtube.com/watch?v=1BCA8dQfGio

  Servicelink: www.lammenett.de/7453

  Es folgten Hunderttausende Posts in Blogs, bei Twitter und auf Facebook. Die Nestle-Facebook-Seite wurde zur Zielscheibe und zum Ventil vieler Menschen, die eines der Videos gesehen hatten. Im Rahmen der Kommunikation forderte Nestle die Menschen auf, kein verändertes Logo zu verwenden und löschte Beiträge. Daraufhin wurde das Medienecho noch größer. Nach zwei Monaten trennte sich Nestle von dem Lieferanten. Der Imageschaden war immens.

Dies sind nur einige wenige Beispiele für Shitstorms. Sie belegen eindrucksvoll die hohe Relevanz einer strategisch durchdachten Herangehensweise an das Thema »Social-Media«, inklusive der Bedeutung des Aufbaus interner Kompetenzen.

Auch über die Erwartungen und Ziele sollte Klarheit herrschen. Es gibt nicht wenige Unternehmen, die beispielsweise nur deshalb eine Facebook Fanpage haben, weil der Mitbewerber auch eine hat. Andere sahen in Facebook einen Vertriebskanal. Doch viele Unternehmen mussten nach Jahren enttäuscht feststellen, dass ihr Engagement in Facebook keinerlei Effekte auf die Umsätze hatte. Manche mussten Shitstorms über sich ergehen lassen, weil sie einfach nicht gewappnet waren und kein Eskalationsplan vorlag. Unternehmen, die in das Social-Media-Marketing einsteigen wollen oder ihre Aktivitäten verstärken möchten, sollten sich in jedem Fall zuerst mit der strategischen Dimension[54] dieser Spielart des Marketing beschäftigen und erst danach mit den Werkzeugen.

7.11.6 Einordnung der Eigenschaften im Raster

Um in einer späteren Phase der Konzeption wesentliche Merkmale einer Online-Marketing-Disziplin schneller »griffbereit« zu haben, ordne ich jede Disziplin in Bezug auf ihre Kerneigenschaften in ein Raster ein. Diese Einordnung ist nicht in Stein gemeißelt. Sie stellt eine Tendenz dar, die natürlich in Teilen einen subjektiven Charakter besitzt. Eine Erläuterung der Kerneigenschaften finden Sie im Abschnitt 7.1.5 oder im Abschnitt 7.6.5.

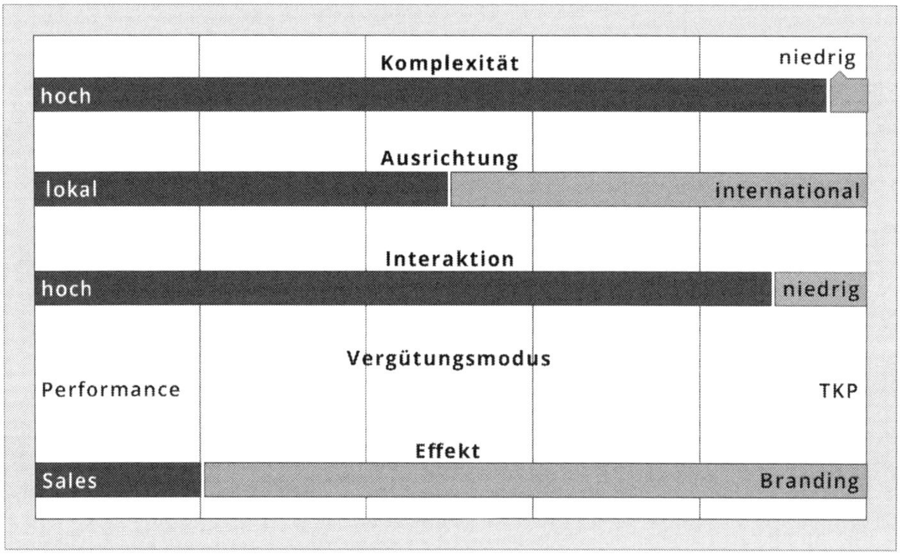

Abbildung 7.18: Einordnung der Eigenschaften von SMM.

---

[54] Vgl. Abschnitt 7.11.3 »Herausforderungen für Unternehmen/Organisationen«.

7.11.7 Weiterführende Literatur und Weblinks (Detailebene)

In diesem Werk geht es um die Erstellung eines zielführenden Online-Marketing-Konzeptes unter verschiedenen Konstellationen und nicht um eine erschöpfende Detailtiefe in Bezug auf die Einzeldisziplinen des Social-Media-Marketings. Daher habe ich hier einige Literaturempfehlungen und Weblinks zum Thema »Details« hinterlegt:

www.lammenett.de/7471

7.12 Video-Marketing bzw. Internet-Video-Marketing

Mit Video-Marketing im Allgemeinen wird versucht, Kommunikations- und Werbeziele mit den Mitteln des Bewegtbildes umzusetzen. Das gilt online wie offline. Einsatzgebiete des Video-Marketings sind z. B. Videowerbung, Image- und Produktfilme, virale Videos oder Video-PR.

Um die Offlinewelt von der Onlinewelt abzugrenzen, findet man bisweilen auch Begriffe wie Web-Video-Marketing oder Online-Video-Marketing. Auch der Begriff Internet-Video-Marketing ist in diesem Kontext nicht falsch. Fälschlicherweise machen viele Marktteilnehmer diese Differenzierung nicht und sprechen von Video-Marketing, meinen dabei aber rein die Onlinefacette.

7.12.1 Video-Marketing in den Bezug gesetzt

Genau genommen gibt es keine Online-Marketing-Disziplin »Video-Marketing«. Vielmehr finden Videos in vielen Teildisziplinen des Online-Marketings Anwendung. In den letzten Jahren haben sich Videos im Internet derart exponentiell entwickelt, dass man schon fast von einem Megatrend sprechen kann. Aufgrund der sich abzeichnenden technologischen Entwicklung ist ferner das Ende der Fahnenstange noch nicht erreicht. Diese Kombination ist für mich ein Grund, dieses Thema etwas ausführlicher zu behandeln.

Schlussendlich geht es bei dem Thema Videos im Internet um Reichweite. Überall dort, wo Reichweite erzielt wird, ist das kommerzielle Interesse von unterschiedlichen Marktteilnehmern nicht mehr fern. Ferner lassen sich bestimmte Botschaften mit einem Video besser transportieren als mit Texten oder Bildern.

Im Wesentlichen ist das Thema Video im Internet von den zahlreichen Videoportalen, die seit 2003 entstanden sind, getrieben worden. Zunächst ging es hierbei primär um sogenannten User-generated Content, der anfänglich keine kommerzielle Bedeutung hatte. Doch über dieses Stadium sind wir bereits weit hinaus, wie die folgenden Absätze zeigen werden.

Heute gibt es vielfältige Möglichkeiten, mit Videos im Internet zu werben. Es kann in Videos selbst geworben werden, es kann im Umfeld von Videos geworben werden, Videos können in Social-Media-Kampagnen zum Einsatz kommen oder Bestandteil von viralen Kampagnen sein.

Es ist daher nicht verwunderlich, dass an verschiedensten Stellen in diesem Buch das Thema »Videos im Internet« aufgegriffen wird. Videos können praktisch in jeder Teildisziplin des Online-Marketings eine Rolle spielen. Abbildung 7.19 ist ein Versuch, diesen Umstand zu visualisieren.

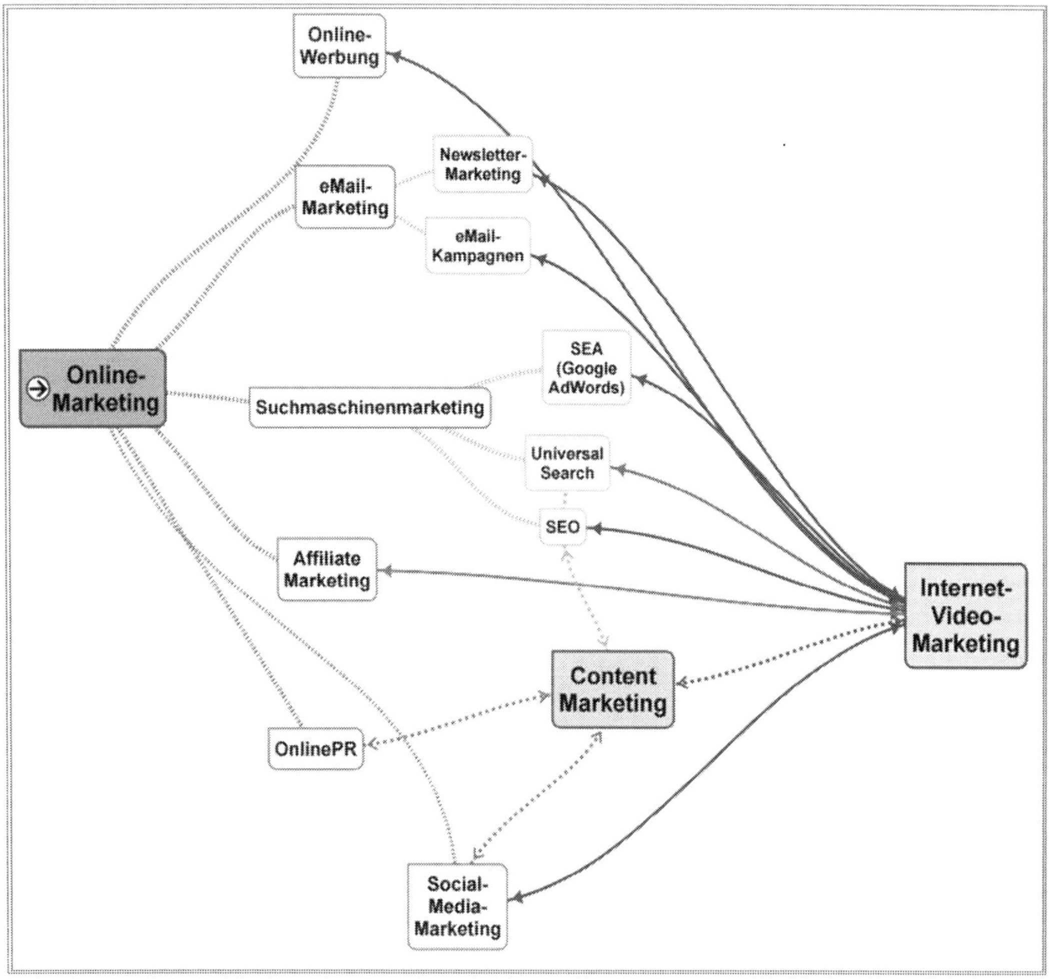

Abbildung 7.19: Internet-Video-Marketing im Kontext der Online-Marketing-Disziplinen.

Fragen Sie Vertreter unterschiedlicher Online-Marketing-Disziplinen nach der Einordnung von Internet-Videos in den Online-Marketing-Kontext, werden Sie sehr unterschiedliche Antworten erhalten.

- Aus Sicht des Social-Media-Marketings sind Videos Inhalte, die über soziale Netzwerke verbreitet bzw. geteilt werden. Aus Marketing-Sicht erreichen sie im Idealfall einen viralen Effekt.
- Aus Sicht der Online-Werbung sind Videos im Internet schlicht Werbeformate.
- Aus Sicht der Suchmaschinenoptimierung sind Videos ein Weg, um über Universal Search auf die SERP zu gelangen.
- Aus Sicht des Content Marketing sind Videos Content.
- Aus Sicht von Google Ads ist ein Internet-Video ebenfalls ein Werbeformat. Google Ads bietet Video-Kampagnen an, die über YouTube ausgeliefert werden.
- Merchants würden Videos auch am ehesten als Werbeformat ansehen, welches sie ihren Affiliates anbieten.
- Aus Sicht des Betreibers eines Onlineshops, der Produkt-Videos im Shop anbietet, ist das Video ein Mittel zur Produktpräsentation.
- Aus Sicht des Viral-Marketing ist ein Video ein Wirt, der eine Botschaft transportiert.
- Aus Sicht eines kommerziellen Video-Streaming-Anbieters ist ein Video ein Produkt, welches er verkauft bzw. vermietet (z. B. Apple, Amazon).

7.12.2 Entwicklung in Zahlen

Weltweit schauen immer mehr Internetnutzer Onlinevideos. Laut einer Onlinestudie von ARD und ZDF waren es im Jahr 2015 in Deutschland satte 82 Prozent der Befragten, die zumindest gelegentlich im Internet Videos ansehen. 2010 waren es nur 65 Prozent und 2006 nur 28 Prozent. In Ländern wie Spanien oder Italien lag dieser Wert 2014 schon bei über 90 Prozent. 49 Prozent der Befragten in Deutschland sehen sich mindestens einmal pro Woche Videos oder Fernsehsendungen über das Internet an. Wie stark sich Onlinevideos gerade in den letzten drei Jahren entwickelt haben, wird deutlich, wenn man sich zum Vergleich die aktuellen Zahlen ansieht. Laut der ARD/ZDF-Onlinestudie 2018 betrug der Anteil der 14-29-jährigen Befragten, die mindestens wöchentlich in Videoportalen wie YouTube Videos ansehe, 99 Prozent. In der Altersgruppe der 30–49-jährigen waren es immerhin noch 85 Prozent. Bei der Befragung für 2015 war noch von »gelegentlich« die Rede. 2018 wurde die wöchentliche Nutzung abgefragt. Besonders die junge Zielgruppe wendet sich immer mehr vom »live-TV« ab. In der Altersgruppe der 14- bis 29-jährigen liegt das Verhältnis von »live«- zu »On-Demand« Nutzung laut ARD/ZDF-Studie bei 46 zu 54 Prozent. Noch deutlicher ist der Split in vielen anderen Ländern. Beispielsweise konsumieren Menschen in der Altersgruppe der 13-24-jähringen in den USA 2,5-mal mehr Onlinevideos, als dass sie TV sehen.

Immer häufiger werden Videos auf mobilen Endgeräten betrachtet. Das Wachstum in diesem Bereich ist gigantisch. Laut dem Ooyala Global Video Index Q3 2015[55] ist die Betrachtung von Videos auf mobilen Endgeräten von Q3 2012 bis Q3 2015 um 616 Prozent gestiegen. Im Q3 2015 wurde jedes zweite Video über ein mobiles Endgerät betrachtet. Im Q2 2018 waren es laut Ooyala 62 Prozent. Diese Zahl wird auch von Google gestützt. Bei einer Partnerschulung, an der ich im September 2018 teilnahm, kommunizierte man 60 Prozent.

Neben den einschlägigen Studien und Indizes machen auch die Zugriffs- und Upload-Zahlen von bekannten Videoportalen den Boom in diesem Bereich deutlich. Eines der bekanntesten Videoportale ist YouTube. YouTube wurde 2005 gegründet und ist seit Oktober 2006 eine Tochtergesellschaft von Google Inc. Gemessen an den Unique Usern ist YouTube in Deutschland Marktführer.

Waren es anfänglich selbstgemachte, zumeist private Videos, die mehrheitlich als User-generated Content zu bezeichnen waren, so drängten später auch kommerzielle und aufwendig produzierte Videos in die Videoportale. Vom Grundsatz her ist dies natürlich verständlich, denn mit der steigenden Akzeptanz und Beliebtheit der Videoportale stieg auch die Reichweite und damit der kommerzielle Wert.

Das Wachstum und damit die Nutzung des Portals waren in den letzten Jahren gigantisch. Im Oktober 2014 lag die Zahl der Unique User von YouTube in Deutschland bei 31 Millionen. Laut einer Umfrage des IfD Allensbach veröffentlichten im Jahr 2015 rund 2,9 Millionen Internetnutzer in Deutschland regelmäßig Videos auf YouTube. Weltweit wurden nach Angaben von YouTube selbst im Herbst 2018 durchschnittlich 400 Stunden Videomaterial pro Minute auf das Portal hochgeladen. Das Interessante an diesen Zahlen ist ihre Entwicklung. 2013 waren es nur 100 Stunden pro Minute, 2011 nur 48 Stunden und 2009 nur 20 Stunden. Die folgende Abbildung veranschaulicht die Entwicklung.

Heute, Stand November 2019, hat YouTube täglich rund 1,9 Milliarden Nutzer die sich insgesamt 1 Milliarde Stunden Videoinhalte ansehen. Der durchschnittliche Nutzer sieht sich – allein über sein Mobilgerät – pro Tag mehr als eine Stunde Videoinhalte an.

---

55 Vgl. www.ooyala.com/videomind, Abruf 05.12.2017.

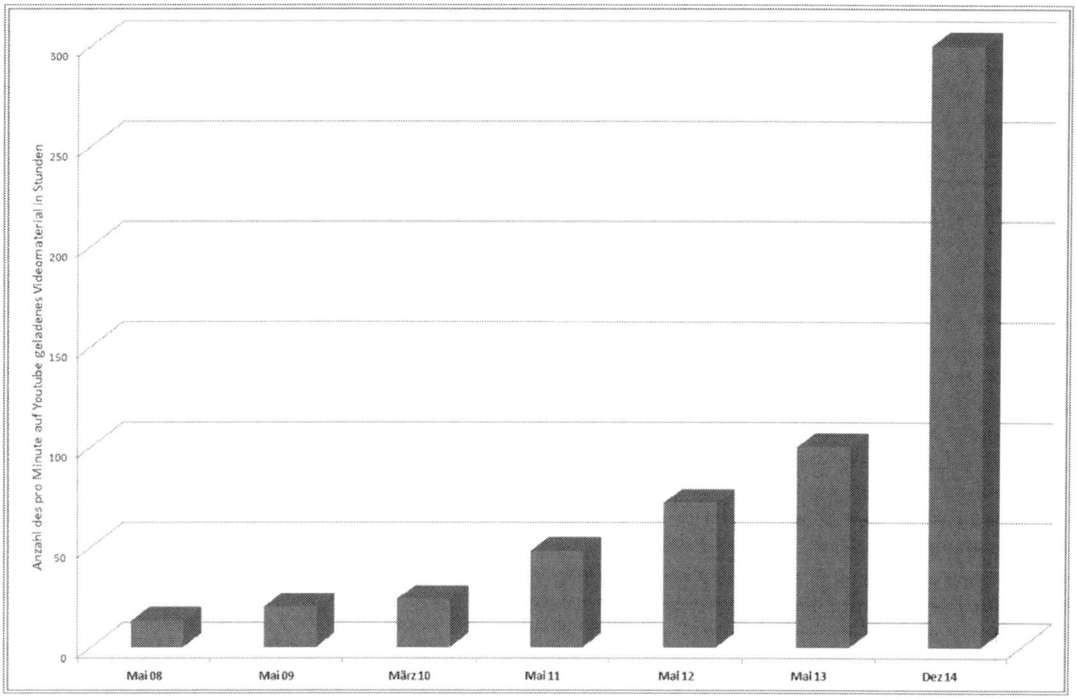

Abbildung 7.20: Entwicklung der Video-Uploads auf YouTube. Quelle: YouTube.

Onlinevideos sind heute aus der modernen Kommunikation von Unternehmen nicht mehr wegzudenken. Laut Aussage von Econsultancy machten bereits 2016 Video-Inhalte 74 Prozent des gesamten Internet-Traffics aus. Cisco spricht von 80 Prozent bis zum Jahr 2019. Egal wen man fragt, der Trend ist eindeutig.

Im Laufe der letzten Jahre hat es etliche Erhebungen zum Thema Onlinevideo gegeben, die in diversen Infografiken verankert wurden. Hier einige weitere Zahlen daraus:

- 66 Prozent der Betrachter von Onlinevideos sehen sich im Durchschnitt mindestens ¾ eines Videos an.
- 75 Prozent der Führungskräfte in Unternehmen sehen mindestens einmal pro Woche ein berufsbezogenes Video.
- 59 Prozent der Führungskräfte würden lieber ein Video sehen, statt Text zu lesen, wenn sie die Wahl hätten.
- Das Wort »Video« in der Betreffzeile einer E-Mail führt zu einer um 19 Prozent erhöhten Öffnungsrate.

7.12.3 Begünstigende Faktoren für den Video-Boom

Sicherlich hat es im Laufe der letzten zehn Jahre viele Faktoren gegeben, die den Boom der Internet-Videos begünstigt haben. Hervorheben möchte ich nur vier, aus meiner Sicht, wesentliche Entwicklungen:

Der Siegeszug der flächendeckenden Breitbandanbindung und des mobilen Internets
Anders als noch vor zehn Jahren verfügt heute fast jedermann über einen Breitbandanschluss. Heute können Videos über das Internet ruckelfrei angesehen werden – und das sogar jederzeit. Denn das mobile Internet ist mittlerweile auch so weit, dass Flatrates mit einem entsprechenden Datenvolumen zu erschwinglichen Preisen angeboten werden. Das war vor zehn Jahren keinesfalls so.

Der Siegeszug der Smartphones
Heute besitzt fast jeder ein Smartphone. Konventionelle Mobiltelefone, wie wir sie bereits vor zehn Jahren kannten, sind fast vollständig vom Markt verschwunden. Die technologische Entwicklung ist in den letzten Jahren geradezu davongaloppiert. Die Kameras in den Smartphones erfüllen heute hohe Qualitätsstandards. Das Smartphone ist immer in der Nähe und griffbereit. Heute kann praktisch jedermann mittels Smartphone zu jeder Zeit ein Video aufnehmen.

Veränderte Webgewohnheiten der User
Die Gewohnheiten der Internetsurfer ändern sich. Durch die Medienflut im Internet und mit steigender Nutzung von mobilen Endgeräten, besonders Smartphones, geht nachweislich die Gewohnheit verloren, im Web längere Textpassagen zu lesen. Gesprochene und visualisierte Informationen liegen im Nutzungstrend und unterstützen die Entwicklung zum »Visual Storytelling«.

Der Siegeszug des »Emotional Storytelling«
Emotionale Inhalte sind grundsätzlich einprägsamer und lebensnaher als rein sachliche Inhalte. Ein Video kann emotionale Inhalte in der Regel viel pointierter vermitteln als ein Text (wenn er denn gelesen wird). Dem Betrachter bleiben per Onlinevideo vermittelte Eindrücke stärker im Gedächtnis haften. Emotionale Inhalte werden zudem häufiger weiterempfohlen und geteilt, was aus Sicht des Viral-Marketing von Vorteil ist. Emotional Storytelling kann ein Schlüssel zum erfolgreichen Video-Marketing sein und ist daher weltweit auf dem Vormarsch. Im Abschnitt 7.12.10 gibt es einige interessante Beispiele.

7.12.4 Video-Ads: Targeting-Optionen und Werbeformate

Videoportale sind im Rahmen der Social-Media-Bewegung entstanden und dienten ursprünglich zur Distribution privater Videos im Sinne von User-generated Content. Sowohl auf Videoportalen als auch in sozialen Netzwerken war ursprünglich die Schaltung von Werbung nicht möglich. Mit der zunehmenden Reichweite von Videoportalen wuchs das kommerzielle Interesse am Umfeld.

Um das Jahr 2010 hatten kommerzielle Webvideos keine große Bedeutung. Die Möglichkeiten, im Umfeld zu werben, waren noch relativ bescheiden. Doch seit 2012 erleben Video-Ads einen stetig steigenden Zuspruch. Anfänglich waren es mehrheitlich Konzerne, die Webvideos im Marketing-Mix einsetzten. Doch in nur drei Jahren haben sie sich zum effektiven Marketing-Baustein auch kleinerer und mittelständischer Firmen entwickelt. Laut dem Statista-Marktreport »Digital Advertising: Video« wird der weltweite Markt für Video-Werbung bis 2021 ein Volumen von 45,5 Milliarden US-Dollar erreichen. Auch in Deutschland sind die Ausgaben für Video-Werbung seit 2012 stark gestiegen.

Targeting-Optionen
Heute gibt es im Umfeld von Videoportalen verschiedenste Möglichkeiten der Schaltung von Anzeigen. Auch in sozialen Netzwerken wie Facebook ist es heute möglich, Video-Werbung zu schalten. Um den Streuverlust so gering wie möglich zu halten und Werbemittel so genau wie möglich auf die Zielgruppe auszurichten, bieten die jeweiligen Anbieter unterschiedliche Möglichkeiten der Ausrichtung. Im Fachjargon wird das »Targeting« genannt. Am Beispiel von YouTube-Kampagnen möchte ich mögliche Ausrichtungsoptionen kurz ansprechen:

- Targeting nach YouTube- Kategorie

YouTube-Videos und -Kanäle sind bestimmten Kategorien zugeordnet. Werbung kann gezielt auf eine oder mehrere dieser Kategorien ausgerichtet werden.

- Targeting nach Videos bei YouTube

YouTube-Werbung kann auch auf bestimmte Videos ausgerichtet werden. D. h. die Anzeige wird nur im Umfeld eines bestimmten Videos oder innerhalb eines bestimmten Videos angezeigt.

- Targeting nach YouTube-Kanälen

YouTube-Werbung lässt sich auf thematisch passende Kanäle ausrichten. Kanäle sind im Grunde Ansammlungen von Videos eines bestimmten Anbieters.

- Targeting nach Alter der Nutzer

Wenn die demografischen Daten der Benutzer einer Videoplattform vorliegen, kann eine Kampagne danach ausgerichtet werden.

- Ausrichtung nach Interessen
Haben die Benutzer eines Videoportals Informationen über ihre Interessen hinterlassen, so kann eine Videowerbung auch ganz gezielt an diesen Interessen ausgerichtet werden bzw. nur solchen Personen gezeigt werden, die ein entsprechendes Interessengebiet haben.

- Remarketing für YouTube-Kampagnen
In Zusammenarbeit mit Google Analytics lassen sich über sogenannte Remarketing-Listen ehemalige Besucher einer bestimmten Webseite ganz gezielt bei YouTube ansprechen.

- Ausrichtung nach Thema
Auch die Ausrichtung nach thematisch passenden Inhalten ist möglich.

- Ausrichtung nach Lebensereignissen
Beispielsweise Umzug, Hochzeit, 18. Geburtstag.

- Ausrichtung »kaufbereite Zielgruppen«
Wenn beispielsweise ein User in der Google-Suche nach einem bestimmten Produkt sucht (z. B. »günstige Autoversicherung«), so unterstellt Google eine Kaufbereitschaft.

- Ausrichtung ähnliche Zielgruppen
Profile, die so ähnlich sind wie zuvor definierte. Beispielseise kann diese Ausrichtungsoption in Kombination mit einer Remarketingliste sinnvoll eingesetzt werden.

Bleibt noch die Frage nach den Werbeformaten. Exemplarisch für die Möglichkeiten innerhalb von Videoportalen und Netzwerken werden im Folgenden die derzeit zur Verfügung stehenden Optionen bei YouTube kurz erläutert. Andere Videoportale haben ähnliche Formate und Targeting-Möglichkeiten wie die hier exemplarisch angesprochenen.

Textanzeigen

Textanzeigen sind im Grunde zu sehen wie Textanzeigen von Google Ads. Die Schaltung von Werbung auf YouTube erfolgt über Google Ads. Google hat YouTube vor einigen Jahren gekauft und ermöglicht es nun, dass über das Google Ads Konto (ehemals AdWords-Konto) auch Werbung auf YouTube geschaltet wird. Die Werbung erscheint im Video, wenige Sekunden nachdem das Video gestartet wurde. Auch im Bereich der Suchseite von YouTube findet man Textanzeigen, die dann jedoch auf ein entsprechendes Video auf YouTube verlinken. Die Werbung dort ist als Anzeige gekennzeichnet.

Abbildung 7.21: Textwerbung im Video selbst oder im Umfeld eines Videos bei YouTube. Der Text oben ist ein sogenanntes Call-to-Action-Overlay. Quelle: YouTube, Abruf 15.01.2020.

Display-Anzeigen

Display-Anzeigen können unabhängig von Video-Anzeigen auf bestimmten YouTube-Seiten platziert werden. Im Grunde handelt es sich um Bannerwerbung, wie wir sie aus der klassischen Online-Werbung kennen. Die teuersten Banner sind die sogenannten Masterheads. Der Begriff stammt aus dem Zeitungswesen und beschreibt den oberen Bereich der Titelseite einer Zeitung. Der Masterhead auf YouTube erscheint für 24 Stunden auf der Startseite. Es gibt aktuell zwei unterschiedliche Formate.

Auf den Unterseiten und im Video sind ebenfalls Möglichkeiten der Einblendung von Display-Anzeigen gegeben. Man spricht hier von sogenannten gesponserten Videos. Kosten entstehen entweder, wenn das Video angeklickt und zu Ende gesehen wurde (CPV) oder pro 1000 Impressionen des Startbildes (CPM). Die folgende Grafik zeigt ein Banner, welches innerhalb eines Videos gezeigt wurde und eines, welches neben einem Video am rechten Bildschirmrand platziert ist. Informationen zu den Masterheads finden Sie hier:

https://support.google.com/displayspecs#topic=4588474

Informationen zu weiteren Display-Ads finden Sie hier:

https://support.google.com/displayspecs#topic=4623279

www.lammenett.de/7841

www.lammenett.de/7842

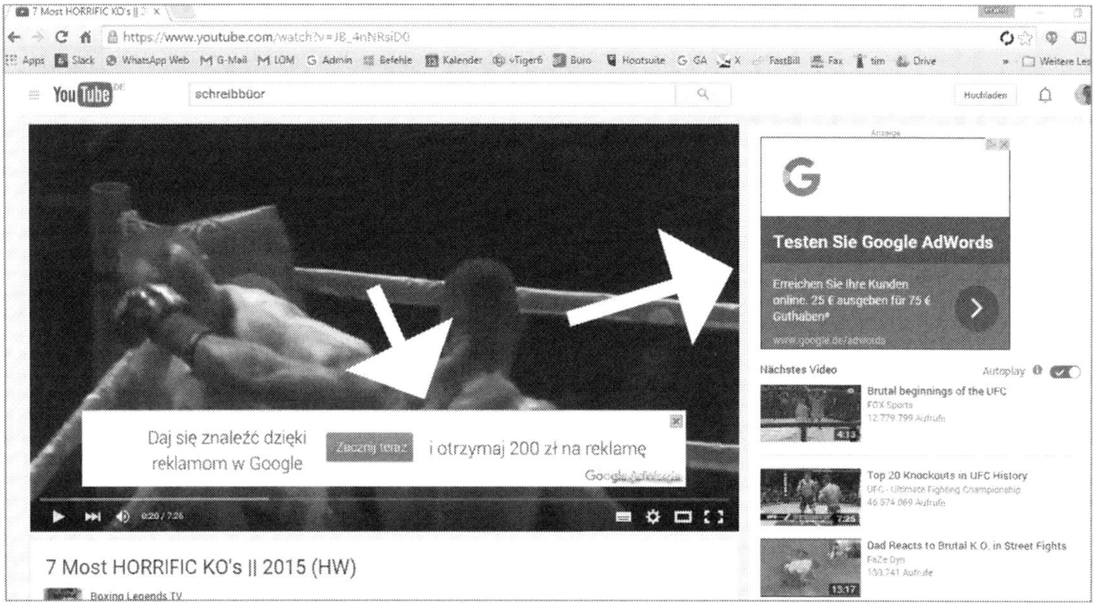

Abbildung 7.22: Display-Anzeigen bei YouTube, Quelle: YouTube, Abruf 10.11.2017.

Gesponserte Infokarten

Diese Art der Werbung erweitert im Grunde das Video. Es lassen sich Inhalte darstellen, die zum Video passen. Der Zuschauer sieht einige Sekunden lang einen Teaser für die Infokarte. Außerdem kann der Betrachter rechts oben im Video auf das Infokarten-Symbol klicken, um sich die verschiedenen Infokarten anzusehen.

Video-Anzeigenformate

Google bietet mittlerweile auf YouTube zahlreiche Video-Anzeigenformate an. Diese werden teilweise auch unterschiedlich abgerechnet. Auch in 2019 gab es wieder etliche Neuerungen. Grundsätzlich unterscheidet Google zwischen überspringbaren und nicht überspringbaren Video-Anzeigen.

Im Dezember 2019 sind folgende Formate buchbar:

- Bumper-Anzeigen

Bumper-Anzeigen hat YouTube im Laufe des Jahres 2017 eingeführt. Sie sind nicht überspringbare Video-Anzeigen mit einer maximalen Länge von sechs Sekunden. Sie eignen sich in besonderem Maße für Übermittlung kurzer Werbebotschaften.

- TrueView In-Stream-Video-Anzeigen (überspringbar)

Beim In-Stream-Video handelt es sich um eine Art Unterbrechung des eigentlichen Videos durch ein Werbe-Video. Das Prinzip ist aus dem TV bekannt. Eine Videowerbung wird vor, während oder nach anderen Videos abgespielt und kann nach fünf Sekunden übersprungen werden. Derartige Werbe-Videos können auf YouTube selbst, auf Seiten von Partnern oder in Apps innerhalb des Google-Display-Netzwerkes (GDN) ausgeliefert werden. Das interessante bei dieser Form der Videowerbung ist das Abrechnungsmodell. Nur wenn das Video mindestens 30 Sekunden abgespielt wird, wenn mit dem Video interagiert wird, oder wenn es bis zum Ende angesehen wird, muss der Werbetreibende zahlen. Diese Information ist sicherlich für die Konzeption von Werbe-Videos für den Kanal YouTube sehr wichtig.

- TrueView In-Stream-Video-Anzeigen (nicht überspringbar)

Vergleichbar mit dem zuvor genannten Format. Allerdings nicht überspringbar. Abgerechnet wird nach dem TKP-Modell. Konkret: Cost-per-1000-Impressions.

- TrueView Discovery-Video-Anzeigen

Dieses Format war bisher unter dem Namen »TrueView In-Display-Video-Anzeige« bekannt. Die Video-Anzeige wird mit einem statischen Startbild, einem sogenannten Thumbnail angezeigt. Der Werbetreibende zahlt nur, wenn der Thumbnail angeklickt wird, was den Start des Videos auslöst. Die Wiedergabe kann auf der YouTube-Wiedergabeseite oder auf einer YouTube-Kanalseite erfolgen. Derartige Anzeigen werden nur innerhalb von YouTube angeboten. Etwa auf der YouTube-Suchergebnisseite, neben ähnlichen Videos oder auf der mobilen Startseite.

- Out-Stream Video-Anzeigen

Out-Stream-Anzeigen sind Video-Anzeigen nur für Mobilgeräte, also für Smartphones und Tablets, die ausschließlich auf Websites und in Apps von Partnern wiedergegeben werden. Daher wohl der Name Out-Stream. Ähnlich wie bei Video-Anzeigen innerhalb von Facebook, werden Out-Stream-Anzeigen anfangs ohne Ton abgespielt. Der Nutzer muss aktiv auf die Anzeige tippen, um den Ton einzuschalten.

Abgerechnet werden die Out-Stream-Anzeigen auf Basis des sichtbaren CPM (Cost-per-1000-Impressions). »Sichtbarer CPM« in diesem Kontext bedeutet, dass ein Werbetreibender nur dann zahlt, wenn mehr als die Hälfte des Anzeigenbereichs für mindestens zwei Sekunden zu sehen ist. Details zu den Anzeigenmöglichkeiten bei YouTube finden Sie hier: https://www.youtube.com/intl/de/yt/advertise/.

- Video-Anzeigen für Performance-Marketing

Relativ neu bei Google ist die Möglichkeit, auf YouTube sogenannte »Video-Anzeigen für Performance-Marketing« zu schalten. Wie schon die Bezeichnung sagt, geht es hierbei um Performance. Damit ist tatsächlich eine Performance im Sinne von Conversions gemeint. Bisher war dieses nicht unbedingt eine Domäne von Video-Anzeigen. Video-Anzeigen werden im Normalfall eher eingesetzt, um Aspekte der Markenbildung zu unterstützen. Google hat sich allerdings einiges einfallen lassen, was dazu führen kann, dass auch über Videos vermehrt Conversions akquiriert werden können. Details dazu finden Sie in einem Blogbeitrag von mir, der im November 2018 auf XOVI veröffentlicht wurde: https://www.xovi.de/2018/11/videos-als-ads-mit-performance-boost/.

Optional können bei allen TrueView Video-Anzeigenformaten Call-to-Action-Overlays eingebunden werden. In der Abbildung 7.21 auf Seite 179 ist ein solches Call-to-Action-Overlay zu sehen. Es wird erst einige Sekunden nach Beginn der Videowiedergabe angezeigt und kann jederzeit durch den Nutzer beendet werden. Klickt der Nutzer auf das Overlay, wird er zu der hinterlegten Webseite weitergeleitet. Kosten fallen für diesen Zusatz nicht an.

Details zu den Anzeigenformaten bei YouTube finden Sie hier: https://support.google.com/youtube/answer/2467968?hl=de

Servicelink: www.lammenett.de/7843

7.12.5 Videos als Wirt im Viral-Marketing

Viral-Marketing ist keine Erfindung des Internets oder des Web 2.0. Doch haben Internettechnologie und verschiedenste Entwicklungen im Internet dazu geführt, dass Viral-Marketing einen Hype erlebt hat. Längst gibt es zahlreiche Bücher und Seminare zu dem Thema.

Mit Viral-Marketing als Kommunikationsinstrument in Kombination mit anderen Maßnahmen aus den Bereichen Produkt-, Vertriebs- und Preispolitik können sowohl materielle als auch immaterielle Ziele erreicht werden. Immaterielle Ziele sind u.a. die Erhöhung des Bekanntheitsgrades, Einflussnahme auf das Markenimage und Neukundengewinnung. Zu den materiellen Zielen gehören beispielsweise die Steigerung der Kaufrate und damit des Umsatzes oder die Erhöhung der Besucherzahlen einer Webseite. Meistens geht es bei Viral-Marketing-Kampagnen aber um die Steigerung der Markenbekanntheit.

Die Idee des Viral-Marketings ist relativ einfach und aus dem realen Leben bekannt. Im realen Leben breiten sich manche Krankheiten durch einen Virus aus. Was in diesem Fall eher unerwünscht ist, ist im Viral-Marketing der Idealfall, nämlich im übertragenen Sinne die Ausbreitung einer Krankheit zu einer Epidemie.

Um eine Viral-Marketing-Kampagne zu starten, werden mindestens ein Wirt, ein Virus und ein Träger benötigt. Bei einer viralen Kampagne, beispielsweise über ein Video, welches über ein oder mehrere Videoportale distribuiert wird, ist die »Krankheit« das Kampagnengut, welches über den Virus verbreitet wird. Das Video fungiert als Wirt, das Internet bzw. die Videoportale fungieren als Überträger.

Im Sinne von Viral-Marketing ist ein Kampagnengut jedoch meistens nicht ausschließlich das beworbene Produkt, sondern vielmehr die Botschaft oder die Idee, die durch das Viral-Marketing verbreitet werden soll. Im Viral-Marketing muss das Kampagnengut zwingend das Interesse der Zielgruppe wecken, damit der virale Effekt überhaupt einsetzt. Es ist daher hilfreich, wenn ein Kampagnengut dem Konsumenten Unterhaltung, Vergnügen oder Spaß bringt. Diese Faktoren führen dazu, dass ein Konsument Zeit aufwendet, um sich mit dem Thema der Kampagne auseinanderzusetzen und den Virus über den Wirt weiterzuverbreiten.

Unterhaltsamkeit ist jedoch nicht der einzige Erfolgsfaktor einer Viral-Marketing-Kampagne. Neu- und Einzigartigkeit sind weitere Faktoren, die einen viralen Effekt begünstigen. Schlussendlich muss ja ein Anreiz geschaffen werden, der die Konsumenten dazu bringt, über die Kampagne zu reden bzw. den Wirt zu verbreiten. Hierbei ist es förderlich, wenn der verbreitende Konsument das Gefühl hat, gegenüber Bekannten, Freunden oder der Familie eine Art Wissensvorsprung zu haben.

Wie immer im Marketing ist auch der Nutzen bzw. Mehrwert ein Erfolgsfaktor, getreu dem Motto »man verkauft nie ein Produkt, sondern immer nur Nutzen«. Wichtig ist, dass im Rahmen von viralen Marketing-Kampagnen dieser Nutzen zumindest teilweise kostenlos zur Verfügung gestellt wird.

Ein Wort zum Thema »Seeding«: Damit eine Kampagne überhaupt »viral« wird, muss diese zunächst gestartet werden. Unter Seeding wird das initiale Veröffentlichen des Kommunikationsmittels durch bestimmte Kommunikationsträger in bestimmten Kanälen und Medien verstanden. Im Idealfall erfolgt das Seeding zielgruppengerichtet und unter Einbeziehung von sogenannten Multiplikatoren oder Meinungsführern. Denn aus der Diffusionstheorie ist bekannt, dass es Menschen gibt, deren Handeln oder deren Äußerungen eine große Auswirkung auf das Verhalten anderer haben. Diese Personen werden Innovatoren oder Meinungsführer genannt. Eine weitere Eigenschaft dieser Personen ist in der Regel die hohe Kontaktfreudigkeit, durch die sie über ein großes soziales Netzwerk verfügen. Durch die Einbeziehung solcher Personen in das Seeding können Hunderte oder Tausende andere Menschen erreicht und beeinflusst werden.

Aus Unternehmenssicht bieten sich Massenmedien wie das Internet für das Seeding geradezu an. Sozialen Netzwerken wie beispielsweise Facebook oder Videoportalen wie YouTube kommt hierbei eine ganz besondere Rolle zu. Denn sie machen es sehr einfach, Inhalte mit Freunden zu teilen. Je nach Einstellung des persönlichen Profils werden Freunde oder Freundesfreunde sogar ganz automatisch davon in Kenntnis gesetzt, wenn eine befreundete Person einen ganz bestimmten Beitrag positiv bewertet hat. Und auch in sozialen Netzwerken gibt es Multiplikatoren, die mit vielen Menschen in Kontakt stehen und Nachrichten verbreiten können, wenn geeignete Anreize dazu geschaffen wurden.

Innerhalb der sozialen Medien spielen bewegte Bilder eine ganz besondere Rolle. Daher ist der Einsatz eines Videos im Viral-Marketing naheliegend.

Weshalb Viral-Marketing über das Internet im Allgemeinen und über soziale Medien im Besonderen im Vergleich zu anderen Trägern so erfolgreich ist, verdeutlicht die folgende Tabelle. Nur das Internet, und ganz besonders die sozialen Medien, vereinen die wichtigsten Anforderungen an einen effektiven Überträger. In puncto »Multimedialität« stehen Videos ganz oben auf der Skala.

	Internet	**Persönl. Kommunikation**	**Telefon**	**Rundfunk**	**Fernsehen**	**Print**
Multimedialität	Ja	Nein	Nein	Nein	Ja	Nein
Maschinelle Interaktivität	Ja	Nein	Marginal	Marginal	Marginal	Nein
Persönliche Interaktivität	Ja	Ja	Ja	Marginal	Marginal	zeitverzögert
Individualisierung	Ja	Ja	Ja	Nein	Nein	Nein
Unmittelbare Messung des Erfolges	Ja	Nein	Nein	Nein	Nein	Marginal

Tabelle 7.5: Mittel der Marketing-Kommunikation und ihre Eignung für das Viral-Marketing. Quelle: Viral Marketing, Sascha Langner, 2007.

Dem Seeding kommt besonders bei dem Kommunikationsmittel Video eine entscheidende Bedeutung zu. Denn nur durch das Einstellen eines Videos auf Videoportalen wie YouTube oder MyVideo erreicht man noch keine virale Verbreitung. Auf YouTube werden pro Minute 400 Stunden Video hochgeladen. Damit ein Video eine virale Verbreitung erfährt, muss zunächst eine kritische Masse erreicht werden. Bei 400 Stunden neuem Videomaterial pro Minute müsste jedoch schon viel zusammenkommen, wenn ein Video ohne entsprechendes »Seeding« ein viraler Erfolg würde. Natürlich muss das Video grundsätzlich auch inhaltlich das Potenzial für einen viralen Effekt haben. Im Abschnitt 7.12.10 finden Sie einige Positivbeispiele.

7.12.6 Videos im Inbound-Marketing bzw. Content-Marketing

Inbound-Marketing ist ein relativ neues Buzzword. In manchen literarischen Abhandlungen wird das Inbound-Marketing auch dem Content-Marketing gleichgesetzt. In anderen Abhandlungen ist das Content-Marketing eher als zentraler Bestandteil einer ganzheitlichen Inbound-Marketing-Strategie beschrieben. Persönlich habe ich bis heute noch niemanden getroffen, der mir eine messerscharfe Abgrenzung der beiden Begriffe präsentieren konnte. Wer sich für die Entwicklung der beiden Begriffe und einen interessanten Abgrenzungsversuch interessiert, der wird hier fündig: www.sem-deutschland.de/inbound-marketing-content/was-inbound-marketing

Hier der Servicelink:

www.lammenett.de/7861

Übrigens – im Grunde ist das schon ein schönes Beispiel für Inbound-Marketing. Die Macher der Seite www.sem-deutschland.de haben einen gut geschriebenen Artikel (Content) veröffentlicht, den ich hier aufführe. Gegebenenfalls führt Sie das auf deren Webseite.

In einem amerikanischen Marketing-Magazin habe ich einmal den Spruch »Stories sell – so tell them« gelesen. Was könnte eine Story besser erzählen als ein Video? Insofern ist eigentlich schon erklärt, welche Bedeutung Videos im Inbound-Marketing beziehungsweise Content-Marketing haben.

Seitdem über verschiedene Studien belegt worden ist, dass ein Video-Button ein ganz hervorragender Auslöser für einen »Call to Action« ist, haben Videos im Inbound-Marketing eine stetig wachsende Bedeutung. Auch aus dem E-Mail-Marketing sind ähnliche Phänomene bekannt. Lesen Sie hierzu auch den Abschnitt 7.12.8 »Videos im E-Mail-Marketing«.

Auch die Ausführungen im Abschnitt 7.12.7 »SEO und Videos« machen deutlich, in welcher Weise Besucher durch ein Video auf eine bestimmte Webseite geleitet werden können. Doch damit nicht genug. Selbst wenn Videos nicht selbst gehostet werden, sondern ein Videoportal eingesetzt wird, kann ein Inbound-Marketing-Effekt erreicht werden. Es ist einerseits möglich, im Umfeld des Videos Links auf eine bestimmte Webseite zu setzen. Andererseits können bei bestimmten Videoportalen auch Links im Video selbst angezeigt werden. So ist es beispielsweise im Falle von YouTube möglich, in einem Video eine Werbung mit einem Link zu platzieren. Schlussendlich ist dies auch eine Form des Inbound-Marketings. Abbildung 7.21 auf Seite 179 zeigt ein Video auf YouTube, welches sowohl im Umfeld als auch im eigentlichen Video einen Link auf die Zielwebseite enthält. Die Anzeige im Video wird über Google Ads geschaltet.

7.12.7 SEO und Videos

Dass Videos auch bei der Suchmaschinenoptimierung eine Rolle spielen können, kann alleine schon daran abgelesen werden, dass Google es ermöglicht, über die Search Console (ehemals Google Webmastertools) eine sogenannte Video-Sitemap einzureichen. Eine Video-Sitemap ist das Pendant zu der sogenannten Google-Sitemap, die alle Seiten einer Webseite auflistet. Sie wird ebenfalls über die Google Search Console eingereicht. Im Rahmen der Search Console stellt Google Tools und Informationen zur Verfügung, die einerseits die Arbeit von Webmastern erleichtern, andererseits aber natürlich auch die Ziele von Google unterstützen sollen.

Die spannende Frage ist nun: Für wen ist die Arbeit mit Video-Sitemaps interessant? Die Antwort ist relativ einfach: Für jeden, der eine nennenswerte Anzahl von Videos hat und der Wert darauf legt, dass seine Videos im Rahmen von Universal Search auf der Search Engine Result Page (SERP) erscheinen. In der Praxis sind das sehr häufig Onlineshops, die mit Produktvideos arbeiten, Nachrichtensender, die ohnehin jede Menge Videomaterial haben, Unternehmen aus der Film- oder Kinobranche oder Unternehmen, die in nennenswertem Umfang Lehr- und Erklärfilme einsetzen – um nur einige Beispiele zu nennen. Aber auch für kleine Unternehmen oder Freelancer kann es interessant sein, Videos einzusetzen. Eine Video-Einblendung auf der SERP fällt einfach eher ins Auge, als ein schnöder Texteintrag (vgl. Abbildung 7.23: Einblendung von Videos auf dem iPad beim Suchwort »Ecommerce Berater« im Herbst 2018). Interessant ist auch, dass sich die Einblendung von Videos auf der SERP nicht immer gleich verhält. Es macht einen Unterschied, ob man eine Suchanfrage mittels eines Desktop - PCs durchführt oder ein Tablet verwendet oder ob man bei Google eingeloggt ist oder nicht.

Ob es sinnvoll ist, seine Videos selbst zu hosten oder ein Videoportal zu nutzen und die Videos über einen entsprechenden Programmcode auf der eigenen Webseite einzubetten, ist sicherlich eine Einzelfallentscheidung. Für das eigene Hosting der Videos spricht, dass Videos schlussendlich auch Content sind und im Sinne von Content-Marketing einen positiven Beitrag zum Standing der eigenen Webseite in den Suchmaschinen leisten. Für das Hosting auf Videoportalen spricht, dass die Videos in einem zusätzlichen Kanal – nämlich dem Social-Media-Kanal »Videoportal« – zu beziehen sind. Gegebenenfalls können so zusätzliche Betrachter akquiriert werden. Außerdem werden so der Traffic-Verbrauch und die Bandbreitennutzung der eigenen Webseite geschont. Natürlich würden auch Videos, die auf Videoportalen gehostet sind, auf der SERP angezeigt. Nur das Video selbst wird dann im Sinne von Content nicht der eigenen Website zugerechnet.

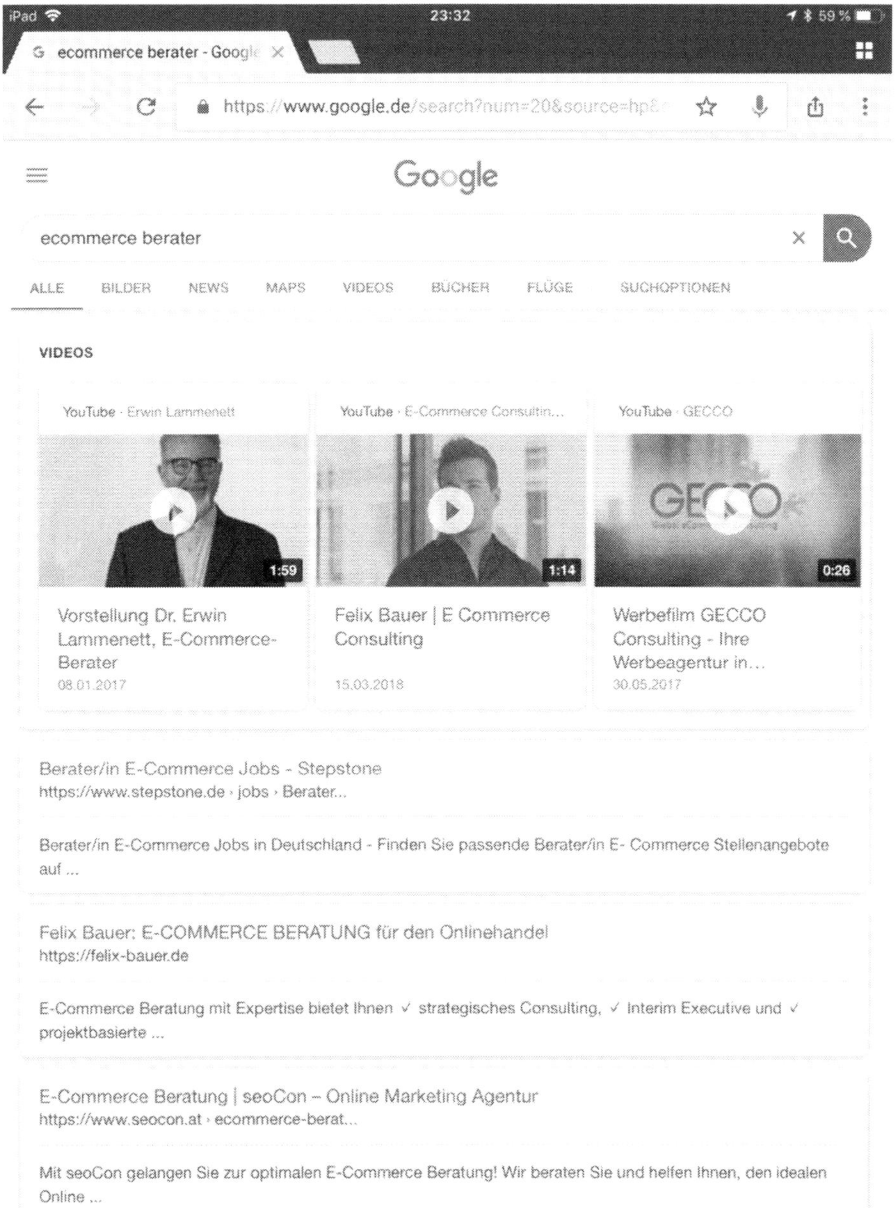

Abbildung 7.23: Einblendung von Videos auf dem iPad beim Suchwort »Ecommerce Berater« im Herbst 2018

7.12.8 Videos im E-Mail-Marketing

Zunächst mag die Überschrift »Videos im E-Mail-Marketing« etwas verwundern. Denn sicherlich ist damit nicht gemeint, dass Videos per E-Mail versandt werden. Das würde nur die Leitungen verstopfen und die E-Mail-Postfächer überquellen lassen.

Dennoch finden Videos auch im E-Mail-Marketing ihren Einsatz. Entweder direkt oder indirekt. Jüngere Studien haben ergeben, dass eine E-Mail, die in der Betreffzeile das Wort »Video« enthält, eine um 19 Prozent höhere Öffnungsrate erreicht als andere E-Mails. Diese Zahl lässt aufhorchen. Natürlich macht es keinen Sinn, in der Betreffzeile einer E-Mail ein Video anzukündigen, welches dann nicht vorhanden ist. Ergo muss sich hinter der E-Mail auch ein Video verbergen. In der E-Mail sollte sich also im Idealfall ein Link zu einem Video befinden.

Berücksichtigt man nun, dass aus anderen Studien bekannt ist, dass ein Video-Button ein hervorragender Auslöser für einen »Call To Action« ist, so liegt es nahe, in der eigentlichen E-Mail einen Video-Button zu integrieren. Dieser sollte im Idealfall klickbar sein und auf das eigentliche Video führen. Die folgende Abbildung verdeutlicht das Prinzip.

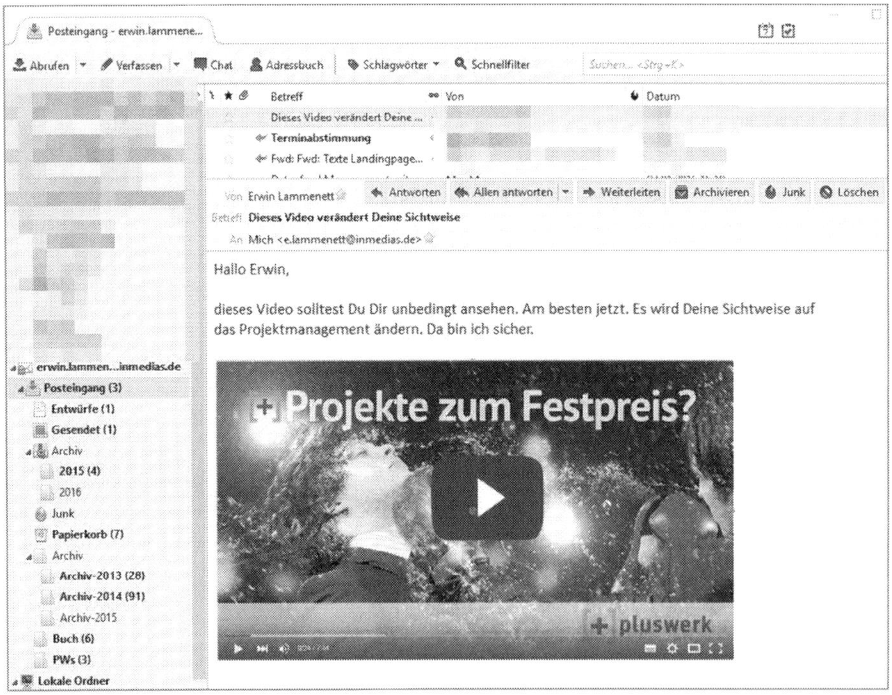

Abbildung 7.24: E-Mail mit dem Wort »Video« in der Betreffzeile und einem Call-to-Action-Button.

7.12.9 Videos im Einsatz auf Webseiten oder Onlineshops

Bereits im Abschnitt 7.12.6 »Videos im Inbound-Marketing bzw. Content-Marketing« bin ich auf die Potenziale von Videos im Sinne von Content-Marketing eingegangen. Natürlich haben Videos aber nicht nur das Potenzial, das Suchmaschinen-Marketing durch Content zu beflügeln oder über Universal Search zusätzliche Besucher auf eine bestimmte Webseite zu leiten. Durch die gleichzeitige Ansprache mehrerer Sinnesorgane und die Möglichkeit, sowohl Text, Bild, Bewegtbild und Ton zur Veranschaulichung eines Sachverhaltes oder zur Bewerbung eines Produktes einzusetzen, sind Videos natürlich in hervorragendem Maße dazu geeignet, auf einer Webseite Botschaften zu transportieren. Dabei hängt es vom Einzelfall ab, ob auf einer Webseite nur wenige Videos eingesetzt werden oder Hunderte oder gar Tausende.

In manchen Shops werden Videos im großen Stil zur Produktpräsentation eingesetzt. Der Einsatz eines Videos zur Produktpräsentation im Onlineshop soll die Kaufrate erhöhen. Natürlich muss sich die Produktion eines Videos eigens für einen Onlineshop auch lohnen. In der Regel ist dies nur bei höherpreisigen Produkten mit einer entsprechend ausgestatteten Marge der Fall. Ein Händler, der in seinem Onlineshop Tausende Produkte vertreibt, wird im Normalfall nicht für jedes Produkt ein Video drehen lassen. Dennoch findet man Onlineshops mit Hunderten oder gar Tausenden Produktvideos. In der Regel sind diese Videos automatisch generiert.

Der Umstand, dass Videos in Onlineshops die Kaufrate erhöhen, hat findige Entwickler dazu gebracht, über Mechanismen nachzudenken, die Videos auf Basis weniger Grunddaten automatisch generieren. Die Videos werden quasi templatebasiert mithilfe der im Shop ohnehin vorhandenen Grunddaten (Produktbezeichnung, Produktbild, herausragende Produkteigenschaften) automatisch generiert und im Shop auch automatisch hinterlegt. Dies geschieht in den meisten Fällen über ein entsprechendes Zusatzmodul, welches im Onlineshop installiert wird und die Kommunikation mit dem Videodienst übernimmt.

Auch auf Landingpages bietet sich der Einsatz von Videos geradezu an. Landingpages sollen in der Regel die Funktion erfüllen, Inhalte und Informationen kurz und knapp auf den Punkt zu bringen. Sie sind meist sehr reduziert und fokussiert. Videos können diese Aufgabe hervorragend unterstützen. Der große Vorteil besteht darin, dass der User nicht erst lange Texte lesen muss. Ohnehin belegen jüngere Studien, dass lange Texte immer seltener gelesen werden. Besonders auf dem Smartphone werden kaum noch lange Texte gelesen. Ein Video auf einer Landingpage sorgt für ein ideales Nutzererlebnis und ist besonders für mobile Landingpages fast schon Pflicht.

Neben dem Einsatz von Videos auf Webseiten oder in Onlineshops in der klassischen Form ist in jüngerer Zeit auch der großflächige, bildschirmfüllende Einsatz von Videos immer häufiger zu sehen. Bezüglich des Einsatzgebietes von Videos sind der Kreativität natürlich keine Grenzen gesetzt. Die folgenden Beispiele veranschaulichen diese Aussage:

- Auf der Webseite https://www.toggl.com wird ein großflächiges Video als Animation eingesetzt. Die Animation unterstützt den Solgan »Turn your team on to productivity with Toggl the time tracker.« Auch die Seite https://pimcore.com/de setzt großflächig auf Videoanimationen auf der Homepage. Ein echter Eyecatcher.

Servicelink: www.lammenett.de/7892

- Auf der Webseite https://www.tesla.com/de_DE/ wird ein großflächiges Video im Hintergrund zur Untermauerung der jeweils eingeblendeten Statements eingesetzt. Dies geschieht unterschwellig, doch das Video ist natürlich ein echter Hingucker. Auch auf den Seiten https://www.muenchen.travel/ und https://bulthaup.com/de/mailand-2018/ werden sehr große Videos eingesetzt. Bis vor etlichen Monaten setzen auch www.thetrackr.com und www.airbnb.de solche Techniken ein.

Servicelink: www.lammenett.de/7891

- https://www.invisionapp.com geht einen leicht anderen Weg. Das Video ist zwar großflächig angebracht. Darüber liegt jedoch ein Feld für die Eingabe einer E-Mail-Adresse. Das Video ist zunächst abgedunkelt und startet im Hintergrund ohne Ton. Erst wenn der Benutzer auf die Schaltfläche »Watch Video« klickt, wird das Video mit Ton und in Farbe gestartet.

Servicelink: www.lammenett.de/7893

7.12.10 Interessante Showcases

Es gibt Millionen spannender, lustiger, skurriler, emotionaler oder verrückter Videos im Internet. Darunter sind viele Videos, die auch in Zahlen ausgedrückt erfolgreich waren. Nach ganz oben schaffen es allerdings nur wenige. Die hier besprochenen Showcases sollen nur einen ersten groben Einblick in die Praxis des Video-Marketings geben. Am besten wird es sein, Sie sehen sich einmal selbst ausführlich auf einem Videoportal um.

Emotional Storytelling als Erfolgsfaktor

Storytelling ist seit 2014/2015 in aller Munde. Emotional Storytelling ist eine Spielart des Storytellings und erlebt seit einiger Zeit einen Hype. Wieso ist das so?

In den letzten Jahren haben viele mittelgroße Brands die Wichtigkeit von positiven Emotionen als Botschaftsvermittler im Zusammenhang mit ihrer Marke erkannt. Kurzgeschichten und Lebensgefühle, die vorher nur Mega-Brands wie Coca Cola, Vodafone oder Visa in ihren Werbespots vermittelt haben, halten nun mit großem Erfolg Einzug in andere Marktsegmente. Die Präsentation von Werbung im emotionalen Kontext wird durch den Einsatz von Videos nachweislich ansprechender und nachhaltiger. Eine Reihe von Beispielvideos belegt dies. In den vergangenen Jahren wetteifern besonders zur Weihnachtszeit Supermarktriesen mit emotionalen Videos (z. B. Lidl und Edeka). Die im Dezember 2015 veröffentlichte Video-Kampagne von Edeka »Heimkommen« ist ein Best-Practice-Beispiel. Ohne Zweifel ist das Video emotional. Es erreichte binnen einer Woche 50.000 Klicks auf YouTube und Facebook. Nach mehreren Wochen gingen die Klicks in die Millionen. Die einen bezeichnen das Video als eine anrührende Story, die anderen als eine Gratwanderung. Egal ob genial oder grenzwertig provokant, der Film ist in aller Munde und das dank »Emotional Storytelling«. Veröffentlicht wurde das Video am 28.11.2015. Bis Mitte Januar 2016 erreichte das Video über 45 Millionen Aufrufe auf YouTube und 28 Millionen auf Facebook. Auf YouTube waren es bis Oktober 2018 gar 60 Millionen Aufrufe. Das Originalvideo ist leider nicht mehr auf YouTube. Aber unter dem Hashtag #heimkommen findet man dort immer noch Videos mit Kommentaren wie: The Most Powerful Christmas Commercial EVER.

Weitere Beispiele:

25 Millionen Klicks in einem Monat durch Tanzvideo mit Spezial-Überraschungseffekt

Evian erreichte in der Kampagne »baby&me« für dieses Video nach nur einem Monat über 25 Millionen Klicks auf YouTube. Mitte Januar 2016 stand der Zähler auf über 117.000.000. Das Original ist mit Stand Dezember 2017 nicht mehr erreichbar. Aber es gibt noch ähnliche Videos. Z.B. https://www.youtube.com/watch?v=PqeDlaG6Kck

Servicelink: www.lammenett.de/78105

Günstig produziert, beachtlicher viraler Effekt, beachtliche Steigerung der Bekanntheit und des Umsatzes

Videos, die einen beachtlichen Erfolg verzeichnen, müssen nicht teuer produziert sein. Zwei Beispiele sollen dies belegen:

Das Best-Practice-Beispiel von Blendtec zeigt, wie ein relativ unbekanntes Unternehmen dank viraler Effekte einen großen Bekanntheitsgrad erarbeiten kann. Ohne Zweifel hatte die »Will it blend?«-Serie der Firma Blendtec Inc. eine positive Implikation auf die Umsätze des Unternehmens.

Auf eine skurrile Art präsentiert der Gründer der Firma Blendtec, Tom Dickson, die Stärke seiner Mixer. Es werden aber nicht Früchte oder Gemüse im Mixer zerkleinert, sondern Gegenstände des alltäglichen Lebens wie iPads, Golfbälle oder Spielzeug.

iPad, 17 Millionen Aufrufe in fünf Jahren:

www.YouTube.com/watch?v=lAl28d6tbko

Servicelink: www.lammenett.de/78106

Golfball, 7 Millionen Aufrufe in zehn Jahren:

www.YouTube.com/watch?v=MC8Zvl-8ziA

Servicelink: www.lammenett.de/78107

Spielzeug (Silly Putty), 3,8 Millionen Aufrufe in sieben Jahren:

www.YouTube.com/watch?v=jTclgu106N0

Servicelink: www.lammenett.de/78108

Ebenfalls als Best-Practice-Beispiel in der Kategorie »vergleichsweise günstig produziert« würde ich das Video von DollarShaveClub.com ansiedeln. Im Video präsentiert der Gründer Mike Dublin seine Geschäftsidee auf sarkastische, lustige Weise. Das Video erreichte in den ersten drei Jahren nach Veröffentlichung über 20 Millionen Aufrufe.

Veröffentlicht am 06.03.2012. Bis Mitte Januar 2016 erreichte das Video über 21 Millionen Aufrufe auf YouTube:

www.YouTube.com/watch?v=ZUG9qYTJMsI

Servicelink: www.lammenett.de/78109

Großer Aufwand bedeutet nicht immer großen Erfolg

Unter der URL www.YouTube.com/watch?v=9TCu-54S_II ist ein Video des Unternehmens Rügenwalder Mühle mit dem Titel »Der Rügenwalder Mühle Wurstwahnsinn« zu finden. Das Video war Teil einer Kampagne und ist relativ aufwendig produziert worden. In fünf Jahren erreichte es aber nur 216.000 Aufrufe. Über den Erfolg der Kampagne inklusive aller Bausteine kann an dieser Stelle allerdings keine Aussage gemacht werden.

Im Rahmen der Kampagne wurden zunächst auf der Facebook Fanpage der Rügenwalder Mühle Wursttester gesucht. Die Bewerber mussten ein Bewerbungsbild und einen Bewerbungstext hochladen. Dann wurde ein Voting veranstaltet, um fünf »Wurstexperten« zu ermitteln. Es ging zunächst darum, möglichst viele Fans zu mobilisieren und zur Abstimmung zu motivieren. Die so ermittelten »Wurstexperten« wurden von der Rügenwalder Mühle nach Bad Zwischenahn eingeladen, wo sie neue Wurstsorten kreieren durften.

Neben parallelen Aktionen und weiteren Votings über Facebook wurde der Wursttest der fünf erwählten »Wurstexperten« in luftiger Höhe zelebriert. Es entstand das oben angesprochene Video. Begleitet wurde die Aktion vom Comedy-Duo Mundstuhl. Rügenwalder Mühle wollte mit der Kampagne auf die neuartige Verpackung seiner Würstchen aufmerksam machen, die ohne Wurstwasser in einem wiederverschließbaren Becher angeboten werden. Das Produkt ist anschließend auf den Markt gekommen.

7.12.11 Tipps für Ihr Internet-Video-Marketing

In seinem kostenlosen Whitepaper »Erfolgsfaktor Video im Web« schreibt der Autor Marc Köbler offen über das Thema »Kosten von Filmproduktionen für das Internet« und gibt Tipps und Hinweise aus der Praxis. Sie finden dort auch einen Viral-Marketing-Ratgeber:
www.inmedias.de/filmproduktion/internet-video-marketing/

Servicelink: www.lammenett.de/78111

8 Der eigentliche Prozess der Konzepterstellung

Inhalt

Der eigentliche Prozess der Online-Marketing-Konzeption folgt einem bekannten Muster. Zumindest sollte er das tun. In der Praxis agieren viele Unternehmen ohne durchdachten Fahrplan, was ein Konzept ja schlussendlich ist. Mir sind sogar Unternehmen bekannt, die nennenswerte Summen pro Jahr ausgeben, ohne jemals hinterfragt zu haben, welchen Effekt diese Investition hat und wie der Effekt messbar gemacht werden kann. Oder aber sie beurteilen den Effekt falsch, weil sie weniger relevante Kennzahlen zur Beurteilung heranziehen.

Ein Online-Marketing-Konzept ist ein durchdachter Fahrplan. Dieser Fahrplan ermöglicht den optimalen Einsatz von Marketing-Budget vor dem Hintergrund zuvor definierter Ziele. Der Prozess der Online-Marketing-Konzeption beschreibt den Weg zum Konzept.

Im Rahmen der Konzeption sollte die erste Frage immer lauten: Welches Ziel bzw. welche Ziele verfolgen wir mit unseren Maßnahmen? Die Ziele im Online-Marketing sind in der Regel nicht isoliert zu betrachten, sondern im Kontext der Gesamt-Marketing-Konzeption. Hiervon gibt es eine Ausnahme. Bei Geschäftsmodellen, die ausschließlich im digitalen Raum stattfinden, ist oft der Gesamt-Marketing-Mix identisch oder zumindest fast identisch mit dem Online-Marketing-Mix. Schlussendlich ist das naheliegend. Wenn ein Geschäftsmodell nur im digitalen Raum stattfindet, macht es am meisten Sinn, primär dort Marketing-Aktivitäten zu entfalten. Beispiele für Geschäftsmodelle, die fast nur im digitalen Raum stattfinden sind Vergleichsportale, Vermittlungsportale wie https://99designs.de oder digitale Schreibbüros wie www.schreibbuero-24.com/. Viele Vergleichsportale haben im Ursprung ausschließlich Online-Marketing betrieben, haben aber mit steigendem Erfolg auch Offlinemaßnahmen beigestreut.

Der nächste Schritt ist die Betrachtung strategischer Aspekte vor dem Hintergrund der Ausgangssituation. Erst danach folgt die Zusammenstellung des eigentlichen Online-Marketing-Mix. Dieses Vorgehen kommt Ihnen bekannt vor? Ja, der Grundsatz ist identisch mit den Konzeptschritten aus dem klassischen Marketing. Warum sollte es im Online-Marketing anders sein? Die folgende Abbildung veranschaulicht den Sachverhalt.

Abbildung 8.1: Zielgebäude des Online-Marketings auf der Meta-Ebene.

Unterschiede ergeben sich auf der Detailebene. Im Online-Marketing kann Erfolg viel kurzfristiger gemessen werden. Die Arbeit mit Kennzahlen und die Aussteuerung von Bausteinen im laufenden Prozess funktioniert anders. Manche Kampagnen im Online-Marketing können schon während der Laufzeit optimiert werden, wenn nötig täglich. Das ist bei klassischen Kampagnen nicht so. Sind Anzeigen und Plakate einmal gedruckt und unterwegs, können sie nicht mehr geändert werden. Online-Marketing ist ein Stück weit mathematischer als das Marketing in der Offlinewelt. Für erfolgreiches Online-Marketing ist die aktive Arbeit mit den richtigen Kennzahlen ein wesentlicher Erfolgsbaustein. Die Determinierung der »richtigen« Kennzahlen beginnt im Grunde aber schon bei der Zieldefinition. Die folgende Abbildung und die Ausführungen im Abschnitt 8.1 zeigen auf, weshalb.

8.1 Ziele

Online-Marketing kann viele unterschiedliche Ziele unterstütztën. Angesprochen auf das Thema »mögliche Ziele«, denken die meisten Marketers zunächst an Umsatz und Gewinn. Bei börsennotierten Unternehmen spielt oft der sogenannte Shareholder-Value eine übergeordnete Rolle. Sicher geht es am Ende des Tages bei kommerziell agierenden Unternehmen immer um Umsatz und Gewinn. Insofern könnte man diese als Primärziel definieren. Spätestens jedoch auf der zweiten Ebene des Zielgebäudes wird es deutlich vielschichtiger. Beispielsweise sind dort dann Ziele zu finden wie:

- Markenaufbau/Branding
- Mitarbeitergewinnung/Unternehmermarke
- Imagebildung/Reputation
- Verkaufsförderung/Leads
- Engagement
- Markterweiterung/Diversifikation

Auf der dritten Ebene folgen operative Unterziele. Diese **können** jedoch auch mit KPIs verschwimmen. Die folgende Abbildung zeigt ein Zielgebäude. In diesem Beispiel kann die »Anzahl der Besucher auf einer bestimmten Marken- oder Unternehmenswebseite« ein Ziel sein. Dieser Wert kann jedoch, je nach Einzelfall, auch ein KPI sein.

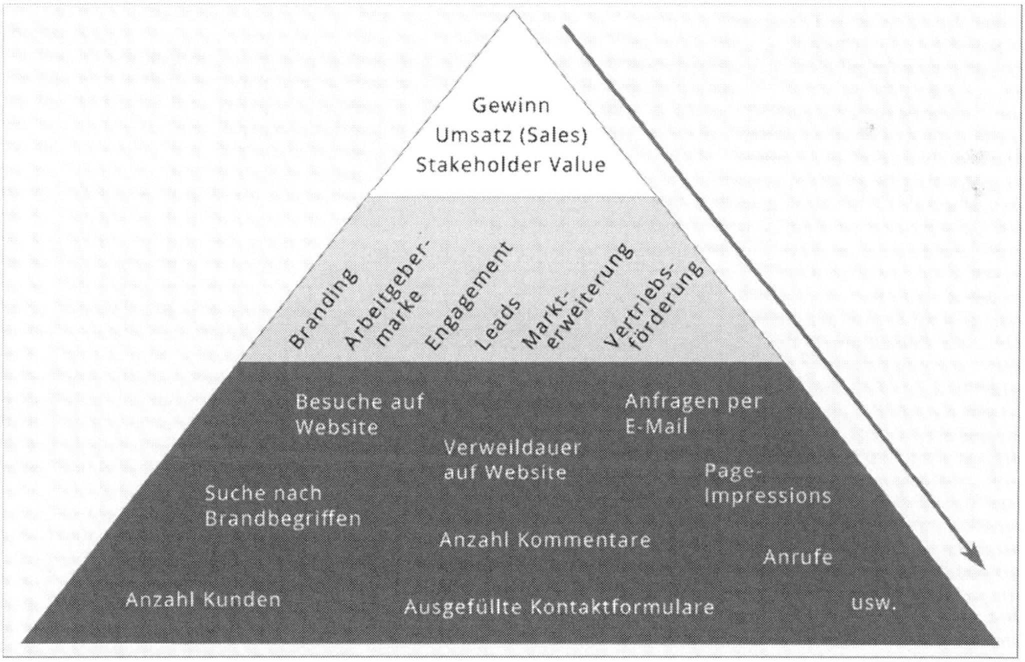

Abbildung 8.2: Zielpyramide im Online-Marketing.

Bei der Konzeption ist es wichtig, ein klares Bild von den angestrebten Zielen zu haben. Die Ziele sollten:

- relevant sein,
- unter objektiven Gesichtspunkten erreichbar sein,
- konform mit übergeordneten Marketing-Zielen sein,
- messbar sein.

Natürlich kann es auch vorkommen, dass es innerhalb eines Unternehmens stark unterschiedliche Zielszenarien gibt. Das würde unweigerlich zu unterschiedlichen Subkonzepten führen. Auch spielen Zeithorizont und die Zielgruppe bei der Konzeption eine Rolle. Wenn sich diese stark unterscheiden, ergeben sich auch unterschiedliche Ziele, was zwangsläufig zu unterschiedlichen Online-Marketing-Konzepten führen wird. Einige Beispiele sollen diese Aussage verdeutlichen:

- Ein Pharmaunternehmen möchte ein neues Produkt im Markt einführen und bekannt machen. Für ein zweites Produkt des Unternehmens läuft in einem Jahr das Patent und damit der Schutz aus. Im ersten Fall würden Branding und Markenbekanntheit im Vordergrund stehen. Im zweiten Fall würden Vertriebsförderung und Sales im Vordergrund stehen. Der jeweilige Online-Marketing-Mix würde **sehr** unterschiedlich ausfallen.
- Als Zalando im Jahr 2008 damit begann, Schuhe über das Internet zu verkaufen, war diese Geschäftsidee schon ein »alter Hut«, mindestens so alt wie der Quelle- und der Otto-Versand. Auch 2008 gab es schon zuhauf Möglichkeiten der Schuhbestellung im Internet. Kein Mensch, der in der Überzeugung lebt, dass nur neue, innovative und geniale Geschäftskonzepte von Erfolg gekrönt werden, hätte 2008 auch nur einen Pfennig auf Zalando gewettet. 2015 erwirtschaftete Zalando fast drei Milliarden Euro. Erstmals erzielte das Unternehmen im Jahr 2014 Gewinne.[56] Diese Erfolgsstory war möglich, weil sie langfristig angelegt und finanziert war. Die Investoren hatten einen langen Atem. Zalando hatte Zeit, die Marke aufzubauen und massiv in die Marke zu investieren.
- Ein Textilhersteller produziert und vertreibt mehrere Marken. Eine Marke richtet sich primär an Personen über 40 Jahre. Eine weitere Marke richtet sich an Teenager. Obwohl das Unternehmen eher vertriebsorientiert denkt und wenig in den Markenaufbau investiert, wird der jeweilige Online-Marketing-Mix aufgrund der stark unterschiedlichen Zielgruppe **sehr** unterschiedlich ausfallen.

---

[56] Vgl. www.sueddeutsche.de/wirtschaft/gewinn-bei-zalando-ein-bisschen-futter-fuer-die-aktionaere-1.2348090, Abruf 12.12.2020.

Noch ein Wort zum Thema Zielgruppe: In der frühen Phase der Online-Marketing-Konzeption ist es lohnenswert, über die Zielgruppe der Marketing-Aktivitäten nachzudenken und diese **sehr genau** zu beschreiben. Einige Teildisziplinen des Online-Marketings können aufgrund verschiedener Targeting-Möglichkeiten sehr genau ausgerichtet werden. Bei der Bestimmung des Online-Marketing-Mix sind exakte Informationen über die Zielgruppe und deren Medienkonsum ausgesprochen hilfreich. Einige Beispiele machen deutlich weshalb:

- Teenager haben heute einen anderen Medienkonsum als ältere Semester. Das Handy und der Konsum von Videos über das Handy spielen bei Teenagern eine große Rolle. In einem Online-Marketing-Mix, der primär Teenager erreichen soll, würde tendenziell Mobile-Marketing und Video-Marketing begünstigt. Bei der Suchmaschinenoptimierung würde man das mobile SEO in den Vordergrund stellen und bei der Konzeption von Internetangeboten würde der »Mobile-First«-Ansatz wohl die beste Wahl sein.
- Für Hilfsorganisationen sind ältere Menschen eine interessante Zielgruppe. In der Regel sind ältere Menschen spendenaffiner als jüngere. Ältere Menschen sind aber auch gegenüber vielen Entwicklungen rund um das Internet sehr skeptisch. In einem Online-Marketing-Mix, der sich primär an ältere Menschen richtet, würden tendenziell länger etablierte Disziplinen des Online-Marketings begünstigt werden, beispielsweise whitelisted E-Mail-Marketing, Online-Werbung in vertrauenswürdigen Kanälen oder Keyword-Advertising.
- Laut ARD/ZDF Onlinestudie[57] nutzen 61 Prozent der 14- bis 29-Jährigen mindestens einmal wöchentlich ein soziales Netzwerk. Bei den über 30-Jährigen ist es nicht mal die Hälfte. In einem Online-Marketing-Mix, der sich an über 30-Jährige richtet, würde man ein Engagement in sozialen Netzwerken deutlich kritischer sehen als bei einem Mix, der sich an unter 30-Jährige richtet. Auch würden wahrscheinlich andere Netzwerke ausgewählt. Beispielsweise ist heute Facebook bei sehr jungen Menschen nicht mehr erste Wahl. Instagram und Snapchat stehen bei dieser Zielgruppe höher im Kurs.
- Menschen mit einem hohen Sicherheitsbedürfnis und einer Affinität zum Datenschutz würde man tendenziell nicht über populäre soziale Netzwerke erreichen und nur sehr bedingt über Online-Werbung. Diese Menschen meiden Netzwerke und nutzen häufig Ad-Blocker.
- Ist die Zielgruppe regional eingeschränkt, etwa weil Logistikkosten bei einer überregionalen Auslieferung das Produkt zu teuer machen, sind Disziplinen, die ein Geotargeting ermöglichen, im Vorteil.

---

57 Vgl. www.ard-zdf-onlinestudie.de, Abruf 12.12.2020.

- Sind Hobbys oder bestimmte Vorlieben zur Eingrenzung der Zielgruppe bekannt, so sind Disziplinen im Vorteil, die gut und treffsicher an diesen Vorlieben ausgerichtet werden können.

Auch Aussagen über die Größe der Zielgruppe sind in diesem Stadium der Konzeption von Bedeutung. Beispielsweise ist es ein großer Unterschied, ob ein Konzept erstellt wird für einen Onlineshop, der Fahrräder aller Art verkauft, oder für einen Shop, der auf Mountainbikes spezialisiert ist.

In der Praxis sind Zielgruppenbeschreibungen bisweilen sehr spezifisch. Hier einige Beispiele aus meiner Beraterpraxis:

- Junge Menschen aus ganz Deutschland zwischen 16 und 18 Jahren mit Haupt- oder Realschulabschluss und Affinität zur Natur. (Berufsverband für Landschaftsgärtner, der im Auftrag seiner Mitglieder Auszubildende für den Beruf als Landschaftsgärtner gewinnen möchte).
- Männer und Frauen zwischen 30 und 50 Jahren, preis- und qualitätsbewusst, Lifestyle-orientiert, mittleres Einkommen. (Modehersteller).
- Deutsche Elektriker und Einzelhändler aus dem Segment Elektrohandel (Elektrogroßhändler).
- Reiter und Pferdebesitzer aus der DACH-Region (Betreiber eines Onlineshops für Reitsportbedarf).
- Gutaussehende Menschen aus ganz Europa zwischen 16 und 25 Jahren, die entweder bereits als Model arbeiten und entsprechende Jobs suchen oder Menschen, die sich für den Beruf des Models interessieren (Online-Model-Vermittlungsportal).
- Firmen oder Einzelpersonen, die häufig in deutscher Sprache diktieren und kein eigenes Sekretariat zur Transkription haben, z. B. Ärzte, Architekten, Juristen, Freiberufler u. dgl. m. (Schreibbüro).

> Beschreiben Sie die Zielgruppe Ihres Online-Marketing-Mix so genau wie möglich. Im Idealfall quantifizieren Sie diese auch. Je nach Situation hilft auch eine Segmentierung der Zielgruppe, um mögliche Aktivitäten noch genauer und mit noch weniger Streuverlust aussteuern zu können. Versuchen Sie auch, etwas über die Gewohnheiten und Vorlieben Ihrer Zielgruppe herauszufinden. Auch diese Informationen werden bei der Konzeption hilfreich sein.

8.2 Strategische Aspekte vor dem Hintergrund der Ausgangslage (Ist-Analyse)

Bei fast jeder Online-Marketing-Konzeption ist die Ausgangslage eine andere. Daher ist auch jeder Mix anders. Wenn die Ziele und die Zielgruppe klar definiert sind, sind die nächsten Schritte der Konzeptionsphase die genaue Analyse der Ausgangslage und die Betrachtung der wesentlichen Strategieebenen.

In Bezug auf die Ausgangslage gibt es zunächst viele Fragen. **In der Praxis werden diese Fragen häufig gar nicht alle gestellt, was bisweilen zu merkwürdigen Stilblüten bei der Ausgestaltung der Online-Aktivitäten führt. Misserfolg und Budgetverschwendung sind die Folge. Mein nächstes Buch schreibe ich über »Marketing-Pleiten aufgrund mangelnder Selbstreflexion im Vorfeld von Onlineaktivitäten«.**

Die folgenden Fragen sollen helfen, die Ausgangslage zu beschreiben. Es besteht kein Anspruch auf Vollständigkeit.

8.2.1 Kernfragen in Bezug auf die Ausgangslage

Geht es um eine Webseite, die Leads generieren soll? Oder um einen Onlineshop, der verkaufen soll? Um ein Portal oder einen mobilen Dienst, welcher sich über Provisionszahlungen finanzieren sollen? Oder um eine Markenwebseite bzw. eine Landingpage, die den Verkauf über stationäre Kanäle fördern soll?

Geht es um Produkte oder um Dienstleistungen?

Produkte:

Geht es um Markenprodukte oder um Produkte, die über den Preis verkauft werden?

Wenn Marke: Welche Strahlkraft hat die Marke?

Geht es um beratungsintensive, hochpreisige Produkte? Oder um niedrigpreisige Mitnahmeprodukte?

Dienstleistung:

Sollen die Leistungen über den Preis verkauft werden? Oder sollen Präferenzen herausgebildet werden, um dem Preiskampf zu entgehen?

Onlineshop:

Geht es um Handelsware, um Herstellerware oder um beides? Soll eine Handelsstufe bedient werden, der Endverbraucher oder beide? Wird im Shop Markenware verkauft? Wenn ja, welche Strahlkraft haben die Marken, die im Shop angeboten werden?

8.2.2 Mitbewerbersituation

Welche Mitbewerber gibt es? Wie stark sind diese Mitbewerber in der Onlinewelt? Gibt es Marktplätze bzw. Vergleichs- oder Preisportale, die von Bedeutung sind?

Welche Aktivitäten unternehmen die Mitbewerber? Welche Keywords buchen die Mitbewerber und wie sehen deren Anzeigen aus? Wo stehen die Mitbewerber in den Suchmaschinen? Welche Aktivitäten entfaltet der Mitbewerber in den sozialen Medien?

Teilweise können diese Fragen mithilfe von Online-Marketing-Suites sehr genau beantwortet werden. Diese Suites bieten heute umfassende Möglichkeiten zur Analyse einer beliebigen Domain. Unter bestimmten Voraussetzungen können diese Informationen auch einen Ansatz für die Konzeption des eigenen Online-Marketing-Mix bieten. Siehe hierzu auch Abschnitt 8.3.5 »Orientierung am Mitbewerber«.

8.2.3 Budget

Von elementarer Bedeutung ist natürlich das zur Verfügung stehende Budget. In der Praxis ist das Budget häufig ein stark limitierender Faktor. Unternehmen wie Zalando, die über mehr als fünf Jahre sehr viel Geld in Marketing investiert haben, ohne Gewinne zu machen, sind eher eine Ausnahme.[58] Vor der Erstellung eines Online-Marketing-Konzeptes sollte zumindest eine grobe Vorstellung darüber existieren, wie viel Online-Marketing-Budget pro Jahr zur Verfügung steht.

Zusätzlich ist es sehr hilfreich, eine Vorstellung davon zu haben, was ein Kunde wert ist. Meine Beraterpraxis hat gezeigt, dass die wenigsten Unternehmen die Frage nach dem Kundenlebenszyklus und dem Kundenwert beantworten können. Gerade bei der Planung von Online-Marketing-Aktivitäten wäre aber das Wissen um diesen Wert von großem Vorteil. Es gibt sogar Teildisziplinen des Online-Marketings, zu deren erfolgreicher Steuerung das Wissen um den Kundenwert fast schon Pflicht ist. Lesen Sie hierzu auch den Exkurs »Kundenwert als komplexer KPI in der Kampagnensteuerung« im Abschnitt 7.6.2 auf Seite 124.

---

[58] Vgl. www.welt.de/wirtschaft/article137371859/Zalando-erwirtschaftete-2014-erstmals-Gewinn.html, Abruf 06.01.2020.

8.2.4 Handelsstufen

Im Rahmen von strategischen Überlegungen ist die Betrachtung und ggf. die Einbeziehung der Handelsstufen von Bedeutung. Noch vor wenigen Jahren war es beispielsweise vielen Herstellern nicht möglich, selbst direkt in das Thema E-Commerce einzusteigen. Zu groß war die Angst, vom Handel ausgelistet zu werden. In der Praxis hat das zu merkwürdigen Stilblüten geführt. Mir sind Hersteller und Großhändler bekannt, die Scheinfirmen gründeten, um direkt an den Endverbraucher liefern zu können, ohne existierende Handelspartner zu verprellen.

Heute hat sich diese Situation etwas entspannt. Namhafte Hersteller wie Apple, Adidas oder Tommy Hilfiger stiegen in den Direktvertrieb ein. Andere zogen nach. Dennoch ist es in vielen Fällen sinnvoll, die Belange des Handels nicht zu vernachlässigen und den Handel in die Online-Marketing-Konzeption einzubeziehen.

8.2.5 Die Rolle der Marke

Die Digitalisierung hat die Form der Markenkommunikation in den letzten zehn Jahren von Grund auf revolutioniert. Es gibt heute in der Onlinewelt viele vergleichsweise günstige Wege, Markenbotschaften zu transportieren und Markenaufbau oder Markenpflege zu betreiben. Allerdings stellt die Vielzahl der Möglichkeiten und die Komplexität vieler Online-Marketing-Disziplinen eine Herausforderung in der digitalen Markenführung dar. Die Stärke der Marke beeinflusst die Online-Marketing-Konzeption. Eine starke digitale Marke hat eine große Strahlkraft, was Implikationen auf fast jede Online-Marketing-Disziplin hat.[59] Dabei ist es gleichgültig, ob Sie als Markeninhaber Online-Marketing-Aktivitäten planen oder als Händler Markenware verkaufen. In Deutschland liegt Markenware wieder im Trend. In einer im November 2015 veröffentlichten Studie »Wachstumsmotor Marke« ist zu lesen:

Zum ersten Mal seit Beginn der Untersuchungsreihe überspringt der Markenumsatz in Deutschland die Billionenmarke. Knapp 1,1 Bill. EUR setzten Markenhersteller und -dienstleister 2014 um – fast ebenso viel wie alle Wirtschaftszweige zusammen exportierten. Vier Jahre zuvor lag der Markenumsatz noch bei weniger als 900 Mrd. EUR. Den

---

[59] Vgl. Abschnitt 6.6 »Marke oder Preis«.

Löwenanteil trägt nach wie vor die klassische Markenartikelindustrie – das verarbeitende Gewerbe – bei.[60]

Die »Geiz ist geil«-Ära scheint zu bröckeln. Auch Allensbach[61] kommt zu vergleichbaren Ergebnissen: 40 Prozent der deutschen Konsumenten wissen den Wert der Marke beim Kauf von Produkten wieder zu schätzen. Das ist so viel wie seit der Jahrtausendwende nicht mehr.

Doch welche Strahlkraft hat eine Marke? Und wie ist diese Strahlkraft im Vergleich zu Mitbewerbermarken zu sehen? Ansatzpunkte, dieses herauszufinden, bietet Google Trends. Auch Analyse-Tools aus dem Social-Media-Umfeld bieten Ansatzpunkte. Denn Marken mit einer starken Strahlkraft werden häufig gesucht. In den sozialen Medien wird häufiger über sie gesprochen als über Marken mit geringer Strahlkraft und Bekanntheit. Möchte man keine hohe fünfstellige Summe für eine Marktstudie ausgeben, so ist die Betrachtung des Suchvolumens und der Nennungen des Markennamens in sozialen Medien durchaus eine Alternative.

Ein Beispiel:

Vergleicht man die Suchhäufigkeit der Jeansmarke »Levi's« mit der Marke »Wrangler«, so wird man feststellen, dass die Marke »Wrangler« weltweit im Jahr 2015 an »Levi's« vorbeigezogen war. 2017 hat Levis dann wieder aufgeholt:

www.google.de/trends/explore#q=levis%2C%20wrangler&cmpt=q&tz=Etc%2FGMT-1, Abruf 15.12.2018

Hier der Servicelink:

www.lammenett.de/821

In Deutschland hat »Levi's« aber die Nase noch deutlich vorne:

www.google.de/trends/explore#cmpt=q&q=levis,+wrangler&geo=DE, Abruf 15.12.2018

Hier der Servicelink:

www.lammenett.de/822

---

60 Quelle: Studie Wachstumsmotor Marke, Markenverband e.V. und McKinsey & Company, November 2015.

61 Allensbacher Markt- und Werbeträgeranalyse, 2015.

Onlinehändler, die mit Jeans Geld verdienen wollen und sich für eine der beiden Marken entscheiden müssten, würden in Deutschland wahrscheinlich besser fahren, wenn sie auf »Levi's« setzten. Zu Recht werden Sie nun fragen: Warum nicht beide Marken verkaufen? In der Praxis würden sicherlich beide Marken in das Portfolio des Onlineshops aufgenommen werden. Aber wenn es bezüglich der Suchmaschinenoptimierung oder anderen Online-Marketing-Maßnahmen Budgetrestriktionen gibt, würde die größere Strahlkraft der Marke »Levi's« dafür sprechen, dieser mehr Budget zu widmen.

Exkurs: Ein Blick in die Theorie der klassischen Strategieentwicklung

Aus dem klassischen Marketing sind unterschiedliche Strategieebenen bekannt. Je nach Autor sind es drei bis fünf. Becker[62] definierte vier: Die Marktfeldstrategien, die Marktstimulierungsstrategien, die Marktparzellierungsstrategien und die Marktarealstrategien. Aber keine Angst. Ich werde jetzt nicht damit beginnen, über Marketing-Theorien zu philosophieren. Ich möchte lediglich aus der Marketing-Lehre bekannte Strukturierungsansätze heranziehen, um das darin steckende Gedankengut auch bei der Online-Marketing-Konzeption einzusetzen. Bei einigen Strategien (nicht bei allen) gibt es nämlich sinnvolle und naheliegende Ansatzpunkte für den Einsatz bestimmter Online-Marketing-Disziplinen.

In den folgenden Absätzen werde ich auf die Strategien eingehen und wo vorhanden, naheliegende Ansätze für den Einsatz bestimmter Disziplinen erläutern. In einigen wenigen Fällen wird der Online-Marketing-Mix quasi schon auf der Strategieebene vorbestimmt.

Marktfeldstrategie

Im Rahmen der Marktfeldstrategie lassen sich vier grundsätzliche Produkt-/Marktkombinationen und damit vier Strategierichtungen definieren. Die folgende Abbildung zeigt die vier Kombinationen.

[62] Vgl. Jochen Becker, Marketing-Konzeption, Vahlen, 1998, S. 147.

Märkte / Produkt	gegenwärtig	neu
gegenwärtig	Marktdurchdringungsstrategie	Marktentwicklungsstrategie
neu	Produktentwicklungsstrategie	Diversifikationsstrategie

Abbildung 8.3: Die vier grundlegenden Marktfeld-strategischen Optionen. In Anlehnung an Jochen Becker, Marketing-Konzeption, Vahlen, 1998, S. 147.

Marktdurchdringungsstrategie

Im Rahmen einer Marktdurchdringungsstrategie wird versucht, mit gegenwärtigen Produkten in gegenwärtigen Märkten mehr Geschäft zu machen. Häufig geschieht dies im starken Wettbewerb, d.h. Kunden müssen vom Mitbewerber gewonnen werden. Andere Alternativen im Rahmen der Marktdurchdringung sind die Gewinnung von bisherigen Nichtverwendern oder die Intensivierung bei bestehenden Kunden.

Zumindest in Bezug auf die Intensivierung der Nutzung im Kreise der Bestandskunden gibt es naheliegende Ansatzpunkte, die für den Einsatz bestimmter Online-Marketing-Disziplinen sprechen. In diesem einen Fall würde also bereits auf Strategieebene Einfluss auf die Ausgestaltung des Online-Marketing-Mix genommen. Naheliegend in einem solchen Fall sind:

Bei Direktvertrieb

- E-Mail-Marketing, Newsletter-Marketing.
- Online-Werbung mit Remarketing und Retargeting.
- Bonusprogramme, Couponing.
- Bei starken Marken die Buchung des eigenen Markennamens über Keyword-Advertising.
- Kundenbindungsprogramme über Social-Media.
- Social-Media per se, um mit Kunden im Dialog zu bleiben oder in den Dialog zu treten.

Im Falle von Vertrieb über Handelsstufen

- Rabattprogramme, die über Online-Werbung beworben werden unter Berücksichtigung von Remarketing.
- Alle Maßnahmen, die auf Ebene der Handelspartner zu einer Sogwirkung führen. Beispiel: Preisreduzierung für einen beschränkten Zeitraum und Bewerbung der Aktion über bekannte Kanäle (on- und offline).

Marktentwicklungsstrategie

Bei der Marktentwicklungsstrategie geht es darum, in neue Märkte mit einem existierenden Produkt einzudringen. Ein typisches Beispiel ist die Erweiterung des Verkaufsgebietes auf ausländische Märkte (geografische Erweiterung). In derartigen Szenarien wird Online-Marketing gerne genutzt, um zu vergleichsweise geringen Kosten Tests zu fahren. So kann das Risiko von Fehlinvestitionen in größerem Umfang abgefedert werden. Ein kompletter Roll Out inclusive des Aufbaus von Vertriebsstrukturen würde in einem neuen Land ein hohes Investitionsbudget bedingen. Über Online-Vertriebskanäle und Online-Werbung kann erst einmal in den neuen Markt »hinein gehört« werden. Es kann ein Gefühl für den Markt entwickelt werden, ohne hohe Summen im Vorfeld investieren zu müssen. Es kann ein Dialog mit den Konsumenten im neuen Zielmarkt initiiert werden, ohne fünf- oder gar sechsstellige Summen für Marktforschung auszugeben.

Produktentwicklungsstrategie

Die Idee der Produktentwicklungsstrategie besteht darin, für bestehende Märkte neue Produkte zu entwickeln. Naheliegende Ansatzpunkte für oder gegen den Einsatz bestimmter Online-Marketing-Disziplinen gibt es auch hier nicht, jedenfalls nicht auf Grundlage der Produktenwicklungsstrategie per se. Natürlich kann es auf der Grundlage **anderer Faktoren** zu naheliegenden und weichenstellenden Ansätzen kommen. Hier ein Beispiel: Der Dienst myTaxi drang 2007/2008 mit einem neuen Produkt in den Markt der Funkzentralen ein, die bis dato quasi ein Monopol auf die Fahrgastvermittlung hatten. Mittels der myTaxi-Smartphone-App können Fahrgäste ein Taxi bestellen. Durch den Boom bei Smartphones in Kombination mit einer genauen Ortsbestimmung und schnellen Datenverbindungen wurde dieser Dienst möglich. Da der Dienst auf einer Smartphone-App basiert, bietet sich Mobile-Marketing und Suchmaschinen-Marketing an; ferner Online-Werbung im Umfeld von Geschäftsreisenden, die häufig Taxis verwenden.

Diversifikationsstrategie

Bei der Diversifikationsstrategie geht es darum, mit neuen Produkten in neuen Märkten Geld zu verdienen. Die im Rahmen von Online-Marketing naheliegenden Handlungsoptionen sind eher vom Produkttyp und der Zielgruppe abhängig. Naheliegende Ansatzpunkte für oder gegen den Einsatz bestimmter Online-Marketing-Disziplinen gibt es auf Grundlage der Strategie nicht.

Marktstimulierungsstrategie

Bei der Marktstimulierungsstrategie geht es um die Art und Weise der Marktbeeinflussung bzw. -stimulierung. Kernfrage ist: Was soll den Kauf stimulieren? Es werden zwei grundlegende Strategiemuster unterschieden: Die Präferenzstrategie und die Preis-Mengen-Strategie. Die Präferenzstrategie zielt mehr auf sogenannte Markenkäufer ab. In diesem Zusammenhang sind alle Online-Marketing-Disziplinen im Vorteil, die positive Beiträge zur Markenbildung und zum Image eines Produktes leisten können. Das sind eher Disziplinen, die über Bilder oder Bewegtbilder auch Emotionen transportieren können. Die Preis-Mengen-Strategie zielt auf sogenannte Preiskäufer ab. Das sind Käufer, die in der Regel rational agieren und Preis- und Mengengerüste kritisch vergleichen.

Nicht immer hat ein Unternehmen in Bezug auf die zu adaptierende Marktstimulierungsstrategie die freie Wahl. Manche Produkte sind schlicht so wenig emotionsbeladen, dass eine Präferenzstrategie wohl kaum Chancen auf Erfolg hat. Beispielsweise Strom. Es hat in der Vergangenheit immer wieder Versuche und Ansätze gegeben, dieses Produkt zu »emotionalisieren« und zu einem höheren Preis zu verkaufen. Mit sehr mäßigem Erfolg. Strom ist halt Strom. Strom hat nur sehr bedingt Eigenschaften, die man für eine Präferenzstrategie nutzen könnte.

In der folgenden Tabelle liste ich naheliegende Teildisziplinen pro Marktstimulierungsstrategie auf. Diese Auflistung ist als Tendenz zu verstehen. Bei einer Einzelfallprüfung können sich natürlich auch Abweichungen von den genannten Tendenzen ergeben.

Optionen der Marktstimulierungsstrategie	**Naheliegende Teildisziplin**
Präferenzstrategie	Großflächige Online-Werbung Video-Marketing, durchaus auch mit Blickrichtung auf den viralen Effekt Content-Marketing, insbesondere Storytelling mit Blickrichtung auf die Erhöhung der Interaktion in der Markenkommunikation Social-Media-Marketing mit Abstrichen Affiliate-Marketing
Preis-Mengen-Strategie	Suchmaschinen-Marketing inkl. ein Engagement in Preissuchmaschinen und ggf. Vergleichsportalen Keyword-Advertising inkl. Remarketing und Retargeting im Rahmen von Keyword-Advertising Affiliate-Marketing

Tabelle 8.1: Teildisziplinen pro Marktstimulierungsstrategie.

Marktarealstrategie

Bei der Marktarealstrategie geht es um die bewusste Bestimmung des Absatzraums. Zunächst werden die Strategiealternativen »nationale Strategie« und »internationale Strategie« unterschieden. Weitere Differenzierungen auf nationaler Ebene sind: lokale, regionale, überregionale und nationale Markterschließung.

Naheliegende Ansatzpunkte für oder gegen den Einsatz bestimmter Online-Marketing-Disziplinen gibt es bei lokaler, regionaler und überregionaler Markterschließung auf Grundlage von Geotargeting. Online-Marketing-Disziplinen, deren Wirkungsweisen über Geotargeting genauestens gesteuert werden können, sind im Vorteil. Keyword-Advertising und auch Online-Werbung können heute sehr genau auf eine bestimmte Region ausgerichtet werden. Das Gleiche gilt für Werbung im Social-Media-Umfeld, beispielsweise über Facebook. Auch die Suchmaschinenoptimierung kann unter Beimischung von regionsspezifischen Begriffen relevant sein. Affiliate-Marketing wäre wegen der fehlenden Möglichkeiten des Geotargetings im Nachteil. Beim E-Mail-Marketing käme es auf die Herkunft der E-Mail-Adressen an. In der Regel sieht man der E-Mail-Adresse nicht ihre geografische Herkunft an. Content-Marketing würde nur mit einem lokalen oder regionalen Bezug Sinn ergeben.

Bei einer internationalen Strategie gibt es zunächst keine naheliegenden Ansatzpunkte für oder gegen den Einsatz bestimmter Online-Marketing-Disziplinen. Im Gegenteil. Internationale Strategien sind im Normalfall deutlich vielschichtiger, weil die Rahmenbedingungen ganz andere sein können als wir dies aus Deutschland kennen. Einige Beispiele verdeutlichen diese Aussage:

- In Deutschland hat Google mit seinem Programm Google Ads (ehemals Google AdWords) beim Keyword-Advertising eine marktbeherrschende Stellung. In anderen Ländern ist das nicht so. In China und Korea spielt Google keine Rolle. In Japan hat Google nur einen Marktanteil von rund 65 Prozent und in Russland von nur rund 30 Prozent.
- Auf dem afrikanischen Kontinent spielen Desktop-PCs und Laptops eine vollkommen untergeordnete Rolle in der Onlinekommunikation. Die meisten Menschen erreicht man dort über das Smartphone. Mobile-Marketing stünde also im Fokus.
- Auf dem südamerikanischen Kontinent gibt es vielfach noch Haushalte, die nicht über Breitbandanschluss verfügen. Ein Online-Marketing, welches sich an eine Zielgruppe ohne Breitbandanschluss richtet, würde anders aussehen als eines, welches keine Rücksicht auf dünne Leitungen nehmen müsste.
- Die Akzeptanz von Onlinezahlmethoden divergiert. Beispielsweise ist in den Niederlanden iDEAL sehr populär. In Deutschland kennt man iDEAL gar nicht.

- Der Markt der Werbevermarkter und Affiliate-Netzwerke kann in anderen Ländern völlig anders aussehen. In Deutschland bekannte Player können in anderen Ländern völlig unbedeutend sein.

8.2.6 Ein Wort zum crossmedialen Kontext

Es gibt Geschäftsmodelle, die ausschließlich auf onlinebasierten Systemen fußen. Für diese Geschäftsmodelle ist es naheliegend, im Gesamt-Marketing-Mix primär auf Online-Marketing zu setzen. Für die Masse der Geschäftsmodelle/Produkte/Dienstleistungen ist das aber nicht so. Und nur weil der Medienkonsum sich immer stärker in Richtung Onlinemedien entwickelt, bedeutet das für die meisten Unternehmen natürlich nicht, dass sie ihre Marketing-Aktivitäten in der Offlinewelt einstellen. Andererseits sollte dies aber auch nicht bedeuten, dass Marketing-Aktivitäten in der Offlinewelt isoliert betrachtet werden und völlig unabhängig von Marketing-Aktivitäten in der Onlinewelt geplant und ausgeführt werden. Meiner Beobachtung nach ist aber genau das in vielen Unternehmen noch der Fall. Dabei ist längst bekannt, dass crossmediale Kampagnen und Marketing-Ansätze in der Regel bessere Ergebnisse liefern als einseitig dimensionierte Ansätze.

Es empfiehlt sich daher, Online-Marketing möglichst nicht isoliert zu betrachten und mit Aktivitäten, die in der Offlinewelt stattfinden, zu verzahnen.

Meiner Beobachtung nach fehlt in vielen Marketing-Abteilungen noch das Bewusstsein für die Mehrwerte, die durch eine Verzahnung der On- und Offlinewelt erreicht werden können. Die technischen Möglichkeiten für die Vernetzung und Verzahnung der digitalen Welt mit der analogen sind mittlerweile vielfältig. Gefragt ist Kreativität und natürlich Know-how. Denn nur wenn das Wissen um die Möglichkeiten in der Onlinewelt vorhanden ist, können kreative Ideen entwickelt werden, die crossmediale Effekte begünstigen oder gar herbeiführen.

Das mag sich teilweise hochtrabend anhören. Doch in der Realität ist das eigentlich gar nicht so schwierig. Mir sind z.B. Unternehmen bekannt, die jahrelang Produkte über einen Katalog und parallel über einen Onlineshop verkauft haben. Allerdings ohne auf dem gedruckten Katalog die Webadresse des Onlineshops zu publizieren. Dies ist nur ein Beispiel dafür, wie auf eine völlig banale Weise die Offlinewelt mit der Onlinewelt verzahnt werden kann, ohne dass hierfür Mehrkosten anfallen.

Auf technischer Seite bieten heute QR-Codes, Rabattcodes, die NFC-Technologie, die Möglichkeiten des Geotargetings über Smartphones und anderes mehr einen interessanten Nährboden für kreative Ideen zur Vernetzung und Verzahnung der beiden Welten.

Bekannte Positivbeispiele:

- Die crossmediale Kampagne »Hornbach Hammer« wurde sehr bekannt, weil sie einige Auszeichnungen gewonnen hat. Die Story: Ein alter Panzer wurde geschmolzen und zu 7000 Hämmern verarbeitet, die anschließend in limitierter Auflage verkauft wurden. Hornbach erhielt vier goldene, fünf silberne und drei bronzene Nägel und siegte auch beim Grand Prix Wettbewerb des Art Directors Club (ADC) 2014. Die Kampagne umfasste TV- und Onlinespots, Außenwerbung, Anzeigen, Social-Media- und weitere Online-Marketing-Aktivitäten. Kern der Kampagne war die Geschichte des Hammers – vom Schützenpanzer bis zum fertigen Hammer. Diese Geschichte wurde auch filmisch dokumentiert.
- Das österreichische Rote Kreuz (ÖRK) und das Kuratorium für Verkehrssicherheit (KFV) haben eine App entwickelt, um Verkehrsteilnehmer zu unterstützen, sich bei Unfällen richtig zu verhalten und im Schadensfall korrekt zu reagieren. Um möglichst viele Zielgruppenvertreter zu erreichen, wurde bewusst nicht nur auf die Bereitstellung der App per Webseite und App-Store gesetzt. Es wurde eine Multi-Channel-Kampagne entwickelt. Dabei wurde in Printanzeigen und Pressemitteilungen auf die App hingewiesen. Um die Verzahnung technisch zu erleichtern, wurden QR-Codes und eine SMS-Nummer eingesetzt, die den Smartphone-Anwendern den direkten Weg zum Download der App erleichterten.
- Eine eher klassische crossmediale Kampagne setzte Jeep bei der Bewerbung seiner Modelle um. Die Printanzeigen zur Kampagne »Never Adapt« wurden um einen QR-Code ergänzt, der mittig den typischen Kühlergrill von Jeep zeigte. Bei der Anwendung des Codes wurden Smartphone-Besitzer auf eine mobile Landingpage geführt. Hier waren dann alle Informationen zu den Jeep-Modellen zu finden. Ferner konnte dort das Prospekt bestellt oder ein Termin für eine Probefahrt vereinbart werden.

Einige weitere Positivbeispiele finden Sie hier:

www.marketing-boerse.de/Fachartikel/details/Sechs-Erfolgreiche-Crossmediale-Kampagnen/13967, Abruf 20.01.2020.

Servicelink: www.lammenett.de/8271

8.2.7 Ein Wort zur Aussteuerung von Online-Werbung

Viele Jahre hat es in der digitalen Display-Werbung nur bedingt wirkliche Neuerungen gegeben. Mit dem Kauf des Atlas Adservers von Microsoft im Jahr 2013 und der anschließenden Weiterentwicklung schickt sich Facebook an, eine kleine Revolution in der Welt der Display-Werbung zu starten. In gewisser Weise hat Facebook damit eine Kampfansage um die Machtverteilung im Display-

Advertising gemacht. **Strategisch kann das bei bestimmten Kampagnen von großer Bedeutung sein.** Ab 2015 war der Atlas Server auch in Deutschland im Einsatz. 2017 wurde der Atlas Server vom Markt genommen und seine Funktionen in Facebook-eigene Produkte integriert. Heute findet man wahrscheinlich auch viele Elemente dieser Technologie in Facebooks Audience Network. Das Audience Network ist ein Netzwerk für Apps und Webseiten von Publishern, die mit Facebook eine Partnerschaft eingegangen sind. Ferner kauft Facebook Werbeplätze über Anzeigenbörsen oder bei anderen Anzeige-Netzwerken und bietet diese seinen Kunden an. Soweit noch nichts gravierend Neues. Der Clou der Atlas-Technologie ist jedoch das Targeting. Um die Vorteile hinreichend zu erläutern, muss ich ein wenig ausholen.

Bis 2016 war Google bei der Online-Werbung mit seiner DoubleClick[63] Technologie absoluter Branchenprimus. Google kaufte DoubleClick im Jahr 2007 für 3,1 Milliarden US Dollar. Schon damals war der Adserver von DoubleClick Marktführer. Google hat DoubleClick konsequent weiter entwickelt und erst 2017 als eigenständige Marke eingestellt. Die Technologie wurde in die Google-eigenen Angebote integriert.

Doch die technologische Basis klassischer Adserver, zu denen auch DoubleClick gehört, hat in der heutigen Zeit einen gravierenden Nachteil: Sie basiert auf Cookies. Ein Cookie ist eine kleine Datei, die von einer Website, die jemand besucht, auf seinem Rechner gespeichert wird und zur späteren Identifikation genutzt werden kann. Jahrelang ist die Online-Werbewirtschaft hervorragend mit dieser Technologie gefahren. Doch im Zeitalter der Multi-Device-Nutzung wird die Aussteuerung von Werbung auf Basis von Cookies immer ungenauer. Mit einem Cookie, welches auf einem Gerät gespeichert wird, lässt sich bestenfalls das Gerät einwandfrei identifizieren. In Zeiten, in denen eine Person nur ein Gerät für das Surfen im Internet nutzte, konnte man auf Basis von Cookies indirekt auch Personen identifizieren und damit Werbung hervorragend aussteuern. Doch heute nutzen die meisten Personen mehrere Geräte, um im Internet aktiv zu sein. Das Handy, das Tablet, der PC und der Fernseher sind heute standardmäßig mit dem Internet verbunden. Und die meisten Menschen nutzen zwei oder mehr Geräte gleichzeitig. Daher sind die Wege des Kunden in der heutigen »Multi-Device-Welt« nur schwer nachzuvollziehen. Die personenbezogene Aussteuerung von Online-Werbung auf Basis von Cookies ist damit kaum noch möglich. Auch eine Customer-Journey-Analyse ist heute auf Basis von Cookies kaum noch möglich.

---

[63] Goolge hatte bis 2016 noch die Marke DoubleClick fortgeführt. Unter der URL https://www.doubleclickbygoogle.com/de/ waren dort entsprechende Angebote zu finden. Heute wird die Domain umgeleitet auf https://marketingplatform.google.com.

Grundsätzlich wurde das Problem von der Online-Werbewirtschaft schon lange erkannt. Auch von Google. Bereits im Jahr 2012 veröffentlichte Google ein interessantes Papier[64] unter dem Namen »The New Multi-screen World: Understanding Cross-platform Consumer Behaviour.« In diesem Papier war auf Seite 9 zu lesen, dass sich bereits 2012 die Zeitverbringung online vergleichsweise gleichmäßig auf die Geräte Handy, Tablet, PC/Laptop und TV aufteilte. Mittlerweile hat es zwar einen Shift in Richtung mobile gegeben, aber die Grundprobleme bestehen immer noch. Die Genauigkeit der Aussteuerung von Online-Werbung hat stark gelitten und ist geräteübergreifend auf Basis von Cookies nicht möglich. Verbraucher nutzen heute mehrere Browser und Geräte und sind geräteübergreifend kaum wiedererkennbar. Besonders mobile sind Cookies oft nutzlos. Das ist besonders fatal, da die mobile Internetnutzung stark wächst und mittlerweile die stationäre Nutzung überholt hat. Die Cookie-Technologie führt heute zu Mehrfachzählungen und Ungenauigkeiten. Auch die Kurzlebigkeit von Cookies kann zum Problem werden. Häufig laufen Cookies nach 30 Tagen ab. Um die »Customer-Journey« komplett nachzuvollziehen, wird das in vielen Fällen nicht ausreichen.

Facebook versucht, einen Großteil der aktuellen Probleme digitaler Werbung zu lösen. Denn Facebook ermöglicht durch die Nutzung eigener Technologien in Kombination mit der Atlas-Technologie, Zielgruppen zu definieren und geräteübergreifend Kampagnen zu managen. Bei Atlas sprach man seinerzeit von »People-Based-Marketing und -Targeting«. Dieses »People-Based-Marketing und -Targeting« wird durch die Verbindung mit Facebook und den dort vorhandenen Facebook-IDs möglich. Eine Facebook-ID identifiziert einen ganz spezifischen Facebook-Nutzer – und zwar unabhängig davon, über welches Gerät er sich gerade in Facebook eingeloggt hat.

Diese Entwicklung hört sich genial an, hat jedoch ein kleines Manko: Das geräteübergreifende, sogenannte »Poeple-Based-Marketing und -Targeting by Atlas« funktioniert nur im Kreise der Facebook-Nutzer – und auch nur dann, wenn die Nutzer, welche Facebook auf mehreren Endgeräten nutzen, sich zumindest einmal auf jedem dieser Endgeräte bei Facebook eingeloggt haben. Da in Deutschland mit Stand 2018 rund 28 Millionen Menschen bei Facebook registriert sind und 21 Millionen Facebook jeden Tag nutzen, ist auf jeden Fall eine gewisse kritische Masse vorhanden.

Doch trotz der Facebook-ID kommt auch Facebook bzw. das Facebook Audience-Network nicht völlig ohne Cookies aus. Kommt ein Nutzer mit einer von Facebook ausgesteuerten Werbeanzeige in Kontakt, wird vom Adserver weiterhin ein

---

[64] Vgl. http://services.google.com/fh/files/misc/multiscreenworld_final.pdf, Abruf 10.01.2020.

Cookie platziert. Ist die Person bei Facebook eingeloggt, oder loggt sie sich später ein, wird das Cookie erkannt und die Facebook-ID des Nutzers anonymisiert an Facebook übertragen.

Da mit der Übertragung der Facebook-ID auch Daten wie Alter, Geschlecht und Wohnort (nur falls der Nutzer einen Ort hinterlegt hat) übertragen werden, kann ab diesem Zeitpunkt über Atlas bzw. der Nachfolgetechnologie auch eine Aussteuerung von Online-Werbung auf Basis der genannten Daten erfolgen. Und zwar im gesamten Partnernetzwerk von Facebook und keinesfalls nur auf Facebook selbst. Das funktioniert geräteübergreifend, weil die Geräte-ID, etwa des Smartphones oder des Laptops, ebenfalls mit der Facebook-ID verknüpft ist. Durch diese Vorgehensweise ist es Facebook möglich zu erkennen, welche Person mit spezifischen Anzeigen über welches Gerät in Kontakt kommt. Ferner kann Facebook vergleichsweise zuverlässig Werbung nach Alter oder Geschlecht aussteuern. Konventionelle Adserver können das nicht.

Facebook ist mittlerweile sehr erfolgreich im Display-Werbemarkt. 2010 erwirtschaftete Facebook 2 Milliarden US-Dollar durch Werbung. 2017 waren es über 40 Milliarden und 2019 wird Facebook vielleicht die 70 Milliarden knacken, da alleine bis Q3 2019 schon knapp 50 Milliarden erwirtschaftet wurden. Für Deutschland weist Facebook keine konkreten Umsatzzahlen aus. Die Organisation der Mediaagenturen e. V. (OMG) schätzt den Umsatz in Deutschland auf rund eine Milliarde Euro (2017). Für 2018 schätzte der Verein ein Plus von 10 Prozent. Damit würde Facebook in Punkto Display-Werbung auch hierzulande vor Google stehen. Die OMG schätzt die Einnahmen von Google für Display-Werbung für Deutschland auf rund 570 Millionen Euro. Das Interessante dabei ist, dass 80 Prozent der Werbeumsätze von Facebook auf mobilen Endgeräten erzielt wurden.

8.3 Ansätze für die Online-Marketing-Konzepterstellung

Die Erstellung eines Online-Marketing-Konzeptes kann sehr aufwendig und vielschichtig sein. Und natürlich gibt es, je nach Zielsetzung, mehr oder minder sinnvolle Ansätze zur Mix-Gestaltung. Die zeitlichen Aufwände für die Konzeption unterscheiden sich bei einigen Ansätzen deutlich. Im Kern werden die relevanten Teildisziplinen des Online-Marketings überprüft in Bezug auf ihre Zieltauglichkeit. Es empfiehlt sich dabei, bereits in einem sehr frühen Stadium der Planung über zielkonforme Kennzahlen nachzudenken. Das erleichtert die Planung und Steuerung im späteren Verlauf. Wenn mehrere Kennzahlen relevant sind, kann es hilfreich sein, diese zu priorisieren und KPIs zu bilden (z. B. Pri1-KPI = Zielerreichung für die Anzahl ausgefüllter Feedback-Formulare, Pri2-KPI = Zielerreichungsgrad für die Anzahl der Besucher).

Bei der Abwägung möglicher Maßnahmenbündel spielen nicht selten What-If-Analysen eine Rolle. Den Umgang mit What-If-Analysen erläutere ich anhand von Screencasts.

In den folgenden Abschnitten werden einige Ansätze für die Konzepterstellung besprochen.

8.3.1 Orientierung am Budget (Ausschlussverfahren)

In der Praxis orientiert sich die Ausgestaltung eines Online-Marketing-Mix häufig am Budget. In manchen Fällen ist das unsinnig. Beispiel: Ich habe einmal für eine große Hilfsorganisation eine Online-Marketing-Kampagne konzipiert mit einem recht ausgefeilten Tracking. Das Budget belief sich auf rund 95.000 Euro. Ziel der Kampagne war die Akquisition von Spendengeldern. Nachweislich wurden für jeden Euro, der in die Online-Marketing-Kampagne investiert worden ist, drei Euro Spendengelder akquiriert. Aufgrund des Erfolges der Kampagne hatte ich seinerzeit vorgeschlagen, das Budget zu erhöhen. Das wurde paradoxerweise abgelehnt. Lesen Sie hierzu auch Abschnitt 8.3.3.

Ist das Budget fix, so kann bei der Konzeption Zeit und Aufwand eingespart werden durch Anwendung des Ausschlussverfahrens. Natürlich kommt es im Einzelfall auch immer auf die Höhe des Budgets an. Um den Ansatz dieser Ausrichtungsmethode deutlicher zu machen, möchte ich hier einige Beispiele aus meiner Praxis aufführen.

> Die Aufgabenstellung der Konzeption bei fixem Budget lautet: Finde den optimalen Marketing-Mix unter Berücksichtigung der Budgetrestriktionen und des angegebenen Ziels.

Beispiel 1

Ausgangslage: Betreiber eines mittelgroßen Onlineshops, der Modeartikel von verschiedensten namhaften Markenherstellern verkauft (reine Handelsware)

Zielmarkt: Deutschland

Zielgruppe: Modebewusste Markenkäufer (Endkonsumenten)

Ziel: Umsatzmaximierung (reine Vertriebsorientierung)

Pri1-KPI[65]: Umsatz pro Euro eingesetztem Budget

Budgetrestriktion: 20.000 Euro pro Monat

Strukturierter Ansatz: Vor dem Hintergrund der Budgetrestriktion und des klar definierten Ziels der Umsatzmaximierung würde man zunächst alle vertriebs- und konversionsstarken Online-Marketing-Disziplinen betrachten. Tendenziell wären hier Google Ads, klassisches SEO, Preissuchmaschinen und Affiliate-Marketing im Vorteil. Da im Shop Modeartikel von namhaften Markenherstellern verkauft werden, dürfte der Budgetrahmen von 20.000 Euro ohne Probleme über vertriebsstarke Disziplinen zu platzieren sein. Namhafte Marken haben in der Regel eine nennenswerte Nachfrage über Suchmaschinen. Da das Branding für die eigene Shop-Marke nicht im Fokus steht, entfällt auch die Notwendigkeit, Budget für die eigene Markenbildung/den Markenaufbau zu investieren.

Soweit möglich, würde man daher das gesamte Budget in Kanäle und Maßnahmen investieren, die pro eingesetztem Euro Budget einen Gewinn erwirtschaften, der größer als ein Euro ist. Umsatzstärkere Maßnahmen würden den Vorzug erhalten, d.h. Maßnahmen, die den höchsten Umsatz bzw. Gewinn pro Euro Budgeteinsatz erwirtschaften, werden hoch priorisiert und so lange ausgeführt, bis das das Budget aufgebraucht ist oder andere Maßnahmen einen höheren Umsatz pro Euro Budgeteinsatz erwirtschaften.

Im Rahmen der Konzeption muss untersucht werden, zu welchem Preis und bis zu welcher Größenordnung kaufaffine Besucher in den Onlineshop geholt werden können. Diese Untersuchung muss pro infrage kommender Disziplin gemacht werden. Im vorliegenden Fall sind das die genannten vertriebsstarken Disziplinen. Eine What-If-Analyse kann diesbezüglich sehr hilfreich sein. Hier einmal ein Zahlenbeispiel anhand von Google Ads: Beträgt die durchschnittliche Konversionsrate im Onlineshop drei Prozent, die Marge 50 Prozent und der durchschnittliche Bestellwert 100 Euro, so beträgt der durchschnittliche Preis, der für ein Keyword gezahlt werden darf, 1,50 Euro. Bei 1,50 Euro pro Klick würde je Euro Budgeteinsatz auch ein Euro Gewinn erwirtschaftet werden. Wenn also für 20.000 Euro Keywords gebucht werden können, die eine Konversionsrate von drei Prozent erreichen und nicht mehr als 1,50 Euro kosten, dann wäre das Budget an der Stelle schon aufgebraucht. Wenn dem tatsächlich so wäre, **würden andere Online-Marketing-Disziplinen nur dann zum Zuge kommen, wenn sie ab einem bestimmten Betrag des Budgeteinsatzes einen höheren Umsatz pro Euro Budgeteinsatz erwirtschaften.**

---

65 Pri1-KPI ist der in erster Linie zu priorisierende Key Performance Indicator (KPI).

In der Praxis werden genaue Erkenntnisse im Rahmen von Google Ads gerne anhand von Testkampagnen und mithilfe eines genauen Controllings ermittelt. Denn im Normalfall wird bei steigendem Budgeteinsatz im Kanal Google Ads der Umsatz pro Euro Budgeteinsatz sinken. Das liegt in der Natur der Sache. Es gibt ertragsstarke Keywords und weniger ertragsstarke Keywords. Deren Nachfrage ist im Normalfall begrenzt. Irgendwann ist das Potenzial der ertragsstarken Keywords ausgeschöpft und die Kampagne kippt. Im vorliegenden Fall wäre die Frage, ob dieser Zeitpunkt erst bei einem Budgeteinsatz von 20.000 Euro pro Monat erreicht ist oder schon früher?

Im Rahmen der Online-Marketing-Konzeption müssten derartige Überlegungen dann für alle infrage kommenden Disziplinen gemacht und gegenübergestellt werden. Zugegeben, das ist etwas abstrakt. Daher habe ich für Sie eine anschauliche Erläuterung in Form eines Screencasts erstellt. Anhand einer fiktiven What-If-Analyse erläutere ich das Prinzip und das Vorgehensmodell. Hier der Servicelink:

www.lammenett.de/8311

Bitte sehen Sie zur Themenstellung What-If-Analyse auch den Abschnitt 8.4 »Rechenmodelle – What-If-Analyse«.

Beispiel 2
Ausgangslage: Betreiber einer Webseite, die Industrie-PCs präsentiert, aber nicht online verkauft (Handelsware)

Zielmarkt: DACH-Region

Zielgruppe: Kunden aus allen Bereichen der Industrie, primär produzierendes Gewerbe (B2B)

Ziel: Generierung von Leads (Kontakten)

Pri-KPI: Kosten pro Lead

Budgetrestriktion: 8000 Euro pro Monat

Strukturierter Ansatz: Vor dem Hintergrund der Budgetrestriktion und des klar definierten Ziels der Lead-Generierung würde man zunächst erneut alle vertriebs- und konversionsstarken Online-Marketing-Disziplinen betrachten. Tendenziell wären dies Google Ads und SEO. Preissuchmaschinen entfallen, da nicht online direkt verkauft wird. Affiliate-Marketing ist zwar theoretisch möglich, im B2B-Umfeld jedoch eher schwierig. Content-Marketing und Online-Werbung mit einem sehr eng umrissenen Targeting wären ebenfalls Optionen.

Die durchschnittliche Konversionsrate der Webseite liegt bei 0,63 Prozent. Eine Konversion ist, im Sinne der Zielsetzung, definiert als ausgefülltes Anfrageformular.

Im Rahmen der Online-Marketing-Konzeption gilt es, die Online-Marketing-Maßnahmen herauszufiltern, die für den Budgeteinsatz von 8000 Euro die meisten Leads erbringen. Umgekehrt ausgedrückt: Maßnahmen mit geringeren Kosten pro Lead sind zu bevorzugen. Wie eine What-If-Analyse in so einem Fall aussehen könnte, erläutere ich wieder in einem Screencast. Hier der Servicelink:

www.lammenett.de/8312

Bitte sehen Sie zur Themenstellung What-If-Analyse auch den Abschnitt 8.4 »Rechenmodelle – What-If-Analyse«.

Beispiel 3
Ausgangslage: Betreiber einer Webseite, die Industrie-PCs präsentiert, aber nicht online verkauft (Herstellerware)

Zielmarkt: DACH-Region

Zielgruppe: Kunden aus allen Bereichen der Industrie, primär produzierendes Gewerbe (B2B)

Ziel: Generierung von Leads (Kontakten) **und gleichzeitig Markenaufbau/Branding** (Bekanntmachung einer neuen Marke [Herstellermarke] bei relevanten Händlern und Industriekunden)

Pri1-KPI: Kosten pro Lead

Pri2-KPI: Suchvolumen nach Markenname

Budgetrestriktion: 8000 Euro pro Monat

Strukturierter Ansatz: In diesem Beispiel ist die Ausgangslage im Vergleich zu Beispiel 2 deutlich komplizierter. Das Budget ist gleich geblieben, aber es soll nun auch die Hausmarke bekannt gemacht werden. Schwierig ist zum einen die Budgetverteilung zwischen den beiden KPIs Pri1-KPI und Pri2-KPI. Des Weiteren dürfte die Messung der Markenbekanntheit ein Problem werden. Im Normalfall würde man ein Marktforschungsinstitut beauftragen. Doch bei einem Gesamtbudget von 8000 Euro pro Monat würde das den Budgetrahmen sprengen. Als Hilfsgröße kann die Entwicklung des Suchvolumens herangezogen werden. Je bekannter eine Marke ist, desto häufiger wird nach ihr gesucht. Google Trends und die Google Search Console geben Auskunft über das Suchvolumen.

Was die Stützung des Ziels »Generierung von Leads« angeht, so möchte ich auf die Ausführungen im Beispiel 2 verweisen. Zur Stützung des Ziels »Markenaufbau/Branding« sind Disziplinen wie Online-Werbung, Video-Marketing und Content-Marketing im Vorteil. Zunächst gibt es jedoch leider keine direkte Verbindung zwischen der Kennzahl Pri2-KPI, welche die Steigerung der Markenbekanntheit ausdrückt, und den typischen Kennzahlen, die in der Online-Werbung oder im Video-Marketing zur Erfolgsmessung herangezogen werden. Die Klick- und die Konversionsrate würden lediglich näherungsweise eine Aussage über den Erfolg eines jeweiligen Bausteins im Sinne von Markenbekanntheit liefern. Auch die Verweildauer wäre nur eine Hilfskennzahl. Sie würde primär etwas über den Grad des Engagements der Besucher aussagen, die über eine Maßnahme zur Webseite geführt werden.

Aussagefähiger wäre die Steigerung des direkten Traffics und des Brand-Traffics aus der organischen Suche, insbesondere wenn zuvor eine oder mehrere Berührungspunkte mit den initiierten Maßnahmen stattgefunden haben. Wenn dann noch Konversionen stattfinden, wäre dies ein Indiz dafür, dass »der richtige Besucher-Traffic« akquiriert wurde. Multi-Channel-Berichte liefern Antworten, indem das Zusammenspiel mehrerer Marketing-Channels (also der Besucherquellen einer Webseite) bis zur Konversion veranschaulicht wird.

Die Steigerung von Markenbekanntheit ist jedoch eher eine langwierige Angelegenheit, auch wenn die Zielgruppe relativ eng umrissen ist. Es bietet sich daher an, das Budget aufzuteilen und erste Messungen frühestens nach zwölf Monaten durchzuführen. Man benötigt also etwas Geduld.

Beispiel 4

Ausgangslage: Betreiber eines kleineren Onlineshops mit eigenen Modeartikeln (ausschließlich **Herstellerware**)

Zielmarkt: Deutschland

Zielgruppe: Preisbewusste Modekäufer

Ziel: Vertriebsunterstützung [primär wird über den Handel verkauft], kein Branding, Präsenz im digitalen Raum zeigen, Kundenbindung

Pri1-KPI: Kosten pro Lead

Budgetrestriktion: 3000 Euro pro Monat

Strukturierter Ansatz: Im Grunde kann es bei einem für die Modebranche vergleichsweise kleinen Budget nur darum gehen, Kenner der Marke abzuholen. Kunden von Markenherstellern erwarten heute einen Onlineshop. Des Weiteren kann es darum gehen, Instrumente der Kundenbindung zu bedienen. Neukundengewinnung kann in diesem Budgetrahmen in der Modebranche nur eine untergeordnete Rolle spielen.

Die Abholung von Kunden kann primär über die Suchmaschine erreicht werden. Google Ads und Suchmaschinenoptimierung sind also naheliegend. Gegebenenfalls sind Preissuchmaschinen von Bedeutung. Kundenbindungsinstrumente können ein Newsletter und eine Facebook Fanpage sein. Werden diese Instrumente ordentlich und in hinreichender Quantität bedient, ist das Budget aufgebraucht und eine Prüfung weiterer Optionen erübrigt sich.

Beispiel 5

Ausgangslage: Hersteller eines Waschmittels möchte seine Marke im digitalen Raum präsenter machen. Die gestützte Bekanntheit der Marke ist durch TV-Werbung schon sehr hoch. Doch im digitalen Raum wurden bisher kaum Aktivitäten entfaltet. Das soll sich ändern. Es soll jedoch zunächst nur eine Testkampagne mit einem Budget von 240.000 Euro entwickelt werden. Die Kernfrage lautet: Zu welchen Kosten können relevante Zielpersonen erreicht werden und wie vergleichen sich diese Kosten mit den Kosten der TV-Werbung.

Zielmarkt: Deutschland

Zielgruppe: Haushaltsführer, zumeist weiblich

Ziel: Wahrnehmung der Marke im digitalen Raum erhöhen

Pri1-KPI: Anzahl Kontakte

Pri-2-KPI: Suche nach Markenname in der Suchmaschine

Budgetrestriktion: 240.000 Euro für einmalige Testkampagne

Strukturierter Ansatz: Wahrnehmung und Engagement sind die Hauptziele der Online-Marketing-Aktivitäten. Alle Disziplinen, die dies zu einem besseren oder gleichwertigen Preis im Vergleich zur TV-Werbung erbringen, sind relevant. Da zunächst nur eine Testkampagne geplant ist, scheiden jedoch Disziplinen, die auf eine langfristige Wirkung ausgelegt sind, aus. Social-Media, außer Werbung im Social-Media-Umfeld, würde also ausscheiden; SEO ebenfalls. Auch Affiliate-Marketing würde ausscheiden, da dieses eher auf ein langfristiges, partnerschaftliches Engagement mit den Affiliates ausgelegt ist. Alle anderen Disziplinen wären zunächst Kandidaten für den Online-Marketing-Mix.

In einem solchen Fall würde der Online-Marketing-Mix auf Sichtkontakte ausgerichtet. Aufgabe wäre es, für 240.000 Euro so viele Sichtkontakte wie möglich bei der relevanten Zielgruppe zu erzielen.

Eine Verfeinerung oder Verbesserung in qualitativer Hinsicht könnte durch eine zu entwickelnde Interaktion erreicht werden. Im einfachsten Fall könnte das ein Gewinnspiel sein. Die erreichten Personen würden dann nicht einfach nur auf die Markenwebseite des Anbieters geführt, sondern auf eine Landingpage (Gewinnspielseite). Als KPI würde sich dann die Anzahl der Teilnehmer anbieten. Die Kampagne könnte auf Kanäle ausgerichtet werden, die pro Euro Budgeteinsatz die meisten Teilnehmer liefert.

Fehlt Ihnen ein Beispiel? Schreiben Sie mir. Ich integriere es in die nächste Auflage. Schreiben Sie mir eine E-Mail an lammenett@lammenett.de.

8.3.2 Der Zero-Base-Ansatz

In Anlehnung an das Zero-Base-Budgeting, wie es aus der Kostenrechnung bekannt ist, möchte ich den Zero-Base-Ansatz vorstellen. Das Zero-Base-Budgeting bzw. die Nullbasisbudgetierung ist eine Analyse- und Planungsmethode, bei der das Budget von Grund auf neu geplant wird und Erfahrungswerte aus vergangenen Perioden nicht berücksichtigt werden.

In der Praxis verwende ich diesen Ansatz, wenn Unternehmen zwar wissen, dass Sie Online-Marketing machen müssen, ansonsten aber keinerlei Vorstellungen und keine belastbaren Zahlen aus der Vergangenheit haben. Ferner darf es keine fixen Budgetrestriktionen geben.

Dieser Ansatz ist aufwendig, denn es werden alle Online-Marketing-Disziplinen untersucht. Es werden keine Ausschlüsse vorgenommen. Es wird ferner versucht, das Beziehungs- und Interaktionsgeflecht einzelner Disziplinen zu erfassen und zu bewerten. Im Prinzip entsteht ein sehr großes, parametrisiertes What-If-Modell, in dem versucht wird, den »optimalen« Online-Marketing-Mix zu erfassen. Dieses Modell ist im Regelfall auf mindestens drei Jahre angelegt, da markenbildende Effekte oder auch SEO-Effekte in der Regel nicht kurzfristig zu erzielen sind.

Die Erstellung eines Online-Marketing-Konzeptes nach dem Zero-Base-Ansatz ist komplex, zeitaufwendig und hat eine starke strategische Dimension. Der erste Konzeptentwurf wird in der Regel mit den Führungskräften des Unternehmens diskutiert und kritisch auf Plausibilität hin überprüft. Über benötigte Budgets wird zu diesem Zeitpunkt erstmalig gesprochen.

Der finale Online-Marketing-Mix wird in der Regel erst nach mehreren Iterationsschleifen erreicht.

8.3.3 Orientierung an harten Kennzahlen

Die Ausgestaltung eines Online-Marketing-Konzeptes anhand harter Kennzahlen ist eigentlich eine sehr dankbare Aufgabe. Das Budget ist hierbei nicht beschränkt. Alle Aktivitäten werden ohne Budgetgrenze ausgeführt, solange der Wert einer definierten Kennzahl nicht unterschritten wird. Zwei Beispiele aus der Praxis sollen diese Aussage verdeutlichen:

- **Ein Lead darf nicht mehr als 1.200,00 Euro kosten:** In einem solchen Fall können alle Online-Marketing-Maßnahmen ausgeführt werden, die zu Leads für das jeweilige Unternehmen führen, solange die Kosten pro Disziplin/Maßnahme/Kampagne den Wert von 1.200,00 Euro nicht überschreiten. Da es im Online-Marketing auch Maßnahmen gibt, die keine kurzfristige Wirkung haben, hat es sich in der Praxis bewährt, einen Budgetrahmen für Testkampagnen oder Testmaßnahmen festzulegen. Auf diese Weise können verschiedenste Elemente des Online-Marketings getestet werden und am Ende des Tests anhand der harten Kriterien bewertet werden.
- **Die Kosten pro Transaktion dürfen 20,00 Euro nicht überschreiten:** Als Transaktion ist ein Kauf definiert. Diese Kennzahl wird häufig zur Steuerung von Online-Marketing-Maßnahmen für Onlineshops verwendet. Alle Online-Marketing-Maßnahmen, die zu Käufen führen, die nicht mehr als 20,00 Euro im Durchschnitt kosten, können und sollen ohne Budgetlimitation ausgeführt werden. Auch in diesem Beispiel ergibt sich das Problem, dass manche Disziplinen erst nach einem längeren Zeitraum ihre Wirkungsweise entfalten. Es sollte also auch hier ein Budgetrahmen festgelegt werden, der Tests mit Disziplinen/Kampagnen/Maßnahmen ermöglicht. Beispiel: Die Online-Marketing-Disziplin Affiliate-Marketing benötigt eine Anschubfinanzierung (Setup-Fee-Werbemittel, evtl. Anwaltskosten). In der Regel dauert es einige Monate, bis mehr und mehr Affiliates auf das Programm aufmerksam werden. Würde man bereits nach einem Monat eine Entscheidung auf Basis der harten Kennzahlen fällen, so hätte Affiliate-Marketing wohl kaum eine Chance, sich durchzusetzen.

8.3.4 Orientierung an weichen Kennzahlen

Das Basisprinzip dieses Ansatzes ist identisch mit dem aus Abschnitt 8.3.3. Es werden allerdings keine harten Kennzahlen zur Aussteuerung herangezogen, sondern weiche. Weiche Kennzahlen im Kontext des Online-Marketings sind beispielsweise die Klickrate oder die Kosten pro Klick. Im Kern würde ein Wert definiert, z. B. Kosten pro Klick < 5,00 Euro. Im Anschluss daran würden alle Disziplinen/Kampagnen/Maßnahmen ausgeführt, die diesen Wert erreichen bzw. nicht überschreiten.

Wie auch bei dem Ansatz der Orientierung an harten Kennzahlen sollte auch bei weichen Kennzahlen ein Budgetwert für Tests definiert werden. Die Gründe hierfür wurden im vorigen Abschnitt bereits erläutert.

Weiche Kennzahlen lassen keine Aussage über das unmittelbare wirtschaftliche Ergebnis der Online-Marketing-Aktivität zu. Nur weil der Klickpreis günstig ist, bedeutet das noch lange nicht, dass der Besucher auf der Webseite eine gewünschte Handlung vollzieht. Es bedeutet lediglich, dass Besucher-Traffic günstig eingekauft wird. In der Praxis sind weiche Kennzahlen eher bei markenbildenden Maßnahmen das Mittel der Wahl. Im Vertrieb würde man eher auf harte Kennzahlen oder eine Kombination setzen.

8.3.5 Orientierung am Mitbewerber

Auch die Orientierung an einem erfolgreichen Mitbewerber kann ein Ansatz für die Ausgestaltung des eigenen Online-Marketing-Konzeptes sein. Erfolgreiche Mitbewerber machen etwas richtig. Der Ansatz basiert auf der Annahme, dass der Mitbewerber auch in Sachen Online-Marketing etwas richtig macht.

Es gibt heute vielfältigste Möglichkeiten und Tools, die Online-Marketing-Aktivitäten von Mitbewerbern geradezu auszuspionieren. Mithilfe dieser Tools können **beispielsweise** folgende Fragen beantwortet werden:

- Welche Keywords bucht der Mitbewerber?
- Wie sehen die Anzeigentexte des Mitbewerbers aus?
- Wie häufig schaltet der Mitbewerber Anzeigen?
- In welchen Medien schaltet der Mitbewerber Anzeigen?
- Welche Konditionen bietet der Mitbewerber im Affiliate-Marketing?
- Welche Werbemittel setzt der Mitbewerber im Affiliate-Marketing ein?
- Wie rankt die Webseite des Mitbewerbers im SEO?
- Wo ist die Webseite des Mitbewerbers verlinkt (Blickrichtung Backlinks für SEO)?
- Welche Werbemittel setzt der Mitbewerber in der Online-Werbung ein?
- Welche Themen besetzt der Mitbewerber im Content-Marketing?
- Wie gut ist er mit diesen Themen in der Suchmaschine gerankt?
- Welche Social-Media-Kanäle bedient der Mitbewerber?
- Wie gut ist er dort repräsentiert?
- Wie häufig wird über ihn oder seine Produkte in den sozialen Medien gesprochen?
- Wie wird über ihn in den sozialen Medien gesprochen?
- Wie und in welchem Umfang setzt der Mitbewerber E-Mail-Marketing ein?

Die Beantwortung dieser und weiterer Fragen ergibt ein Bild über den vom Mitbewerber praktizierten Online-Marketing-Mix. Auf Basis der aggregierten Informationen kann nun ein eigener Online-Marketing-Mix erstellt werden.

Es gibt am Markt eine ganze Reihe Tools, die dabei helfen können, Informationen der o. g. Art zu aggregieren. Die in der Folge aufgeführten Beispiele dienen nur der Verdeutlichung. Es gibt noch viele weitere Möglichkeiten/Tools.

Beispiel 1

In der SEO-Suite XOVI gibt es die Möglichkeit, Backlinks zu analysieren. Diese können für beliebige Domains analysiert werden – also auch für die Domain eines Mitbewerbers. Informationen dieser Art können für die Link-Beschaffung der eigenen Webseite genutzt werden. Auch können Rückschlüsse auf die Bedeutung von Backlinks in einer bestimmten Branche geschlossen werden.

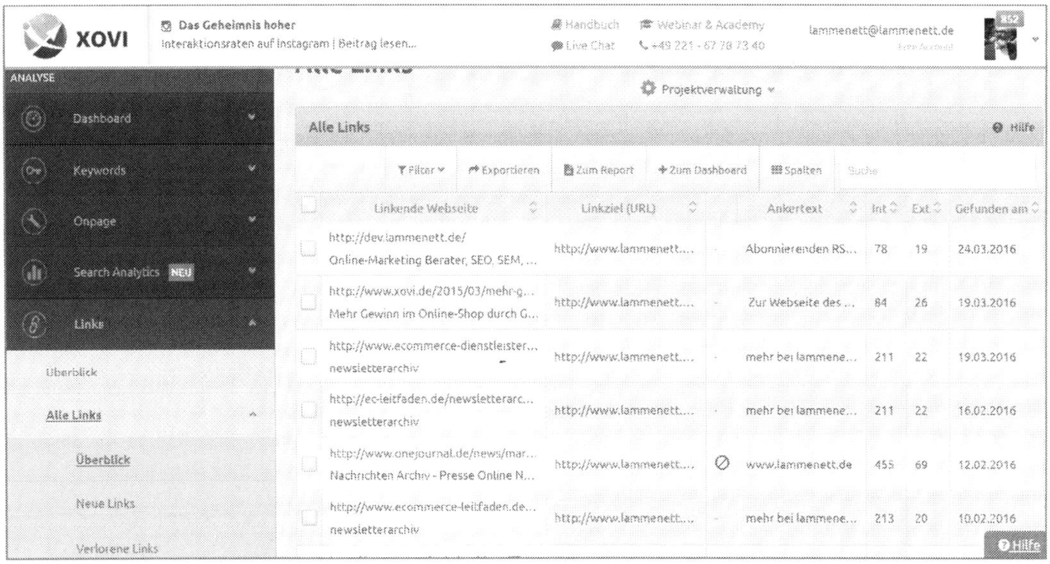

Abbildung 8.4: Link-Analyse in der XOVI-Suite.

Beispiel 2

Auch die Analyse von gut rankenden Keywords einer bestimmten Webseite ist mit der SEO-Suite von XOVI möglich. Mit diesem Analysewerkzeug lässt sich ohne Probleme feststellen, mit welchen Keywords ein Mitbewerber gut platziert ist bzw. für welche Keywords ein Mitbewerber seine Seite optimiert und welchen Erfolg er damit hat. Auch über die Wertigkeit der gefundenen Keywords können aussagen gemacht werden. Das Tool bietet dazu den Cost-per-Click-Wert aus Google Ads an. Dieser Wert besagt, was man für einen Klick bei Google Ads voraussichtlich bezahlen müsste. Ferner ermöglicht das Tool auch eine Identifikation von Mitbewerbern um bestimmte Keywords. Auch das kann sehr hilfreich sein, denn so können schnell »Best-Practice-Cases« herausgefiltert werden, an denen man sich orientieren kann.

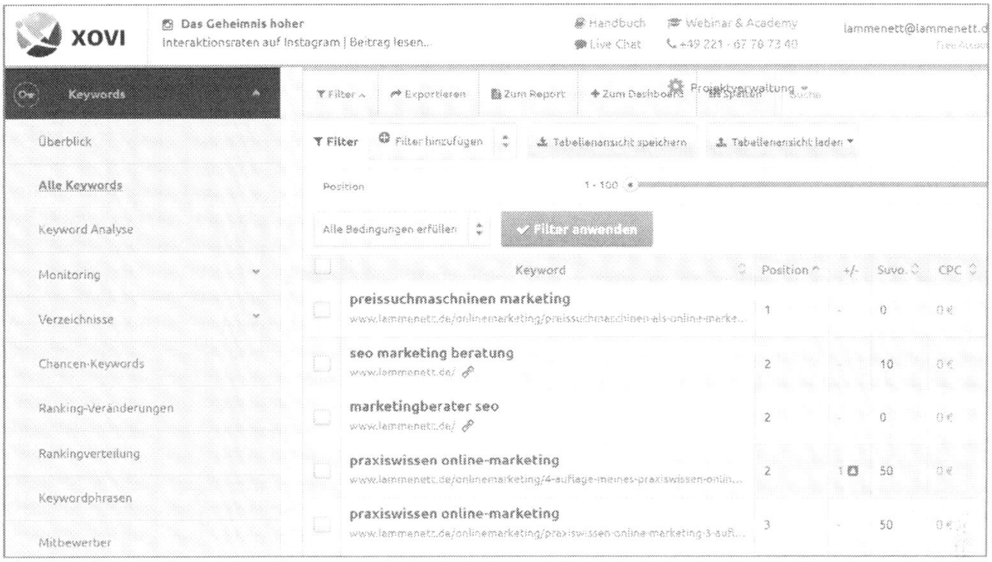

Abbildung 8.5: Keyword-Analyse in XOVI.

Beispiel 3

Aussagen über die Verbindungen von Domains zum Social-Media-Umfeld können mithilfe von Online-Marketing-Suites ebenfalls gemacht werden. So kann überprüft werden, wie stark ein Mitbewerber seine Webseite mit sozialen Medien verknüpft und wie oft er interagiert. Die folgende Abbildung zeigt eine Analyse der sogenannten Social Signals meiner Domain www.lammenett.de.

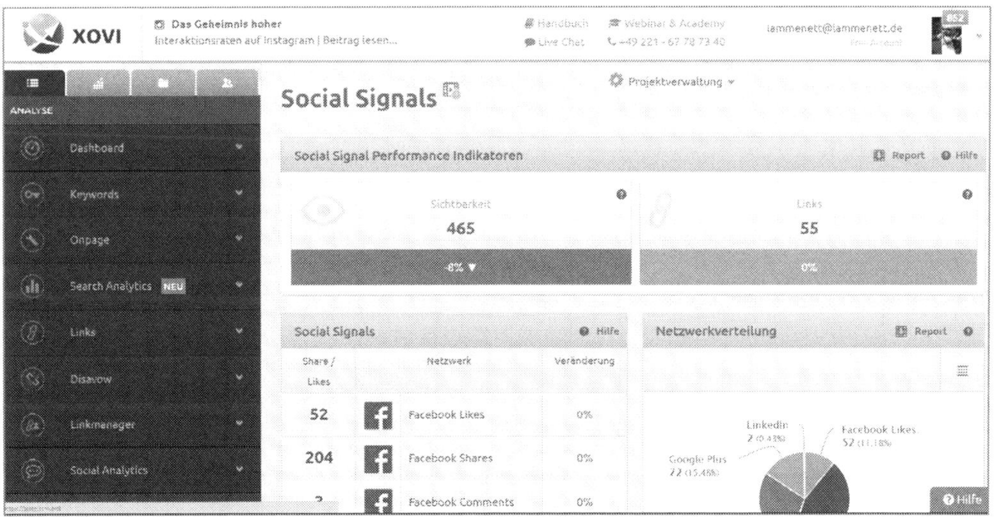

Abbildung 8.6: Social Signals einer Domain in XOVI.

8.3.6 Iterativer Annäherungsprozess – aber bitte mit Plan

Strukturierte Vorgehensmodelle zur Erarbeitung einer zielführenden Online-Marketing-Konzeption sind nicht jedermanns Sache. Obwohl sie schlussendlich mit Abstand am meisten Sinn machen und die besten Ergebnisse erzielen, tun sich besonders kleine und mittelständische Unternehmen (KMU) schwer mit strukturierten Ansetzen. Ich habe daher in jüngerer Zeit häufiger mit agilen Modellen gearbeitet, die im Wesentlichen darauf basieren, über viele kleine Test-Kampagnen Erkenntnisse zu gewinnen und Budget-Optimierungen zu erreichen. Besonders in kleinen Nischenmärkten können agile Modelle gute Ergebnisse liefern. Das Vorgehen hat aber auch gravierende Nachteile, die ich in der Folge ebenfalls ansprechen werde.

KMUs agieren häufig mit geringen Marketingbudgets. Besonders im B2B-Umfeld erlebe ich dieses Phänomen häufig. Im Vordergrund steht oft der Vertrieb. Im vergangenen Jahr habe ich das mehrfach erlebt. Die Aufgabenstellung lautete dann, mit einem Jahresbudget von € 30.000 bis € 80.000 Marketing zu machen. Nach dem ersten Gespräch stellte sich aber heraus, dass es primär um den Vertrieb ging. Es sollten Leads akquiriert werden, die dann vom Vertriebs-Team weiter bearbeitet werden.

Bei einer derartigen Ausgangslage können viele Aspekte, die bei anderen Konzeptionen eine Rolle spielen, außer Acht gelassen werden. Branding oder Langzeiteffekte spielen keine Rolle. Imageaufbau, Diversifikation in neue Regionen oder die Erschließung neuer Zielgruppen sind kein Thema. Es geht schlicht um die Fragen: Über welche Kanäle können brauchbare Leads bezogen werden und zu welchen Kosten? In der Folge lautet die Aufgabenstellung, die Qualität der Leads zu bewerten und die Kosten pro Lead zu optimieren.

Für derartige Aufgabenstellungen bietet sich ein iteratives, agiles Kampagnen-Konzept mit vielen kleinen Test-Kampagnen an. Es wird also zunächst nicht das gesamte Budget verplant, sondern nur ein kleiner Teil. Beispielsweise ein Viertel. Dieses Viertel wird dann in unterschiedliche Kanäle und Kampagnenbausteine investiert. Über ein entsprechendes Tracking wird festgestellt, über welchen Kanal/Baustein/Werbemittel welche Anzahl an Leads akquiriert wird und zu welchen Kosten. Nach einer Auswertung wird dann über die Verwendung des restlichen Budgets entschieden. Das Grundprinzip ist vergleichbar mit Feldversuchen zu eng umrissenen Aufgabenstellungen. Ein ausführliches Beispiel habe ich 2019 als Video aufbereitet. Ich bin dort der Frage nachgegangen: Wer liefert mehr Leads für das gleiche Geld im B2B-Umfeld? Xing, LinedIn oder Facebook?

Link zum Video: https://youtu.be/YCWen46l-Wc

Kurzfristig können derartige Vorgehensmodelle sehr erfolgreich sein. Ich habe im vergangenen Jahr Projekte im B2B-Umfeld realisiert, die dazu führten, dass der Kunde mich gebeten hat die Arbeit einzustellen, weil er die eingehenden Leads mit seinem Team nicht mehr verarbeiten konnte. Es waren schlicht zu viele. Allerdings hat das Vorgehensmodell etliche Nachteile, die ich an dieser Stelle nicht verschweigen möchte:

Kein langfristiger Effekt: Eine langfristige Wirkungsweisen, wie sie beispielsweise durch den Aufbau von Markenbekanntheit entsteht, wird außer Acht gelassen. Das eine hohe Markenbekanntheit im Normalfall auch zu Erfolgen im Vertrieb führt, ist ja kein Geheimnis.

Last Cookie wins: Bei Konzepten mit vergleichsweise geringen Budgets kann man oft nur das Last Touch Attributionsmodell einsetzten. Dieses hat etliche Nachteile, über die ich in den Abschnitten 8.5.4 »Klicks, Conversions oder Inkrement« und den Exkurs: Das Attributionsmodell »Even Credit« kurz erläutert, auf Seite 288, berichtet habe. Selbst wenn beim Analysetool ein anderes Attributionsmodell eingestellt wird, so wird man in 95 Prozent aller Fälle feststellen, dass es keine wirkliche Customer Journey gibt, sondern dass die Besucher nach dem ersten Besuch entscheiden, ob sie einen Kontakt zum Unternehmen aufnehmen oder nicht. Das liegt in der Natur der Kampagnen-Art. Lead-Kampagnen offerieren häufig einen Mehrwert, den es nur gegen die Offenbarung der Identität des Website-Besuchers gibt, z. B. ein kostenloses Whitepaper, eine Studie, eine Datei oder Zugriff auf einen geschützten Bereich einer Website.

Schlussendliche Bewertung der Leads bleibt außen vor: Das normale Webtracking gibt Auskunft darüber, über welchen Kanal ein Lead zu einem Unternehmen gekommen ist und zu welchen Kosten. Die »Qualität« der Leads wird oft nicht berücksichtigt. Bei höherpreisigen Produkten oder Dienstleistungen wird die »Qualität« eines Leads erst nach etlichen Monaten bekannt. Beispielsweise weil vor einem Vertragsabschluss oder einen Kauf umfassende persönliche Gespräche oder gar Verhandlungen notwendig sind. Es kann also passieren, dass über einen Kanal Leads zu geringen Kosten akquiriert werden, diese Leads aber nie zu Kunden werden. Über einen anderen Kanal werden Leads zu viel höheren Kosten akquiriert, die dann tatsächlich auch zu Kunden werden. Im Normalfall würde man die teuer eingekauften Leads aber nach der ersten Iterationsschleife aussortieren. Aussagen über die schlussendliche Qualität von Leads können in solchen Fällen nur gemacht werden, wenn die eingehenden Leads in einem zentralen CRM gespeichert und langfristig ausgewertet werden. Die wenigsten Unternehmen gehen aber diese letzte Meile.

Statistische Validität: Es kommt vor, dass die Testbudgets zu klein sind, um statistisch valide Aussagen zu treffen. Es sollte also unbedingt darauf geachtet werden, im Rahmen der vielen kleinen Testkampagnen auch pro Kampagne ausreichend Klicks zu erhalten, um statistisch valide Aussagen treffen zu können.

Erfahrung fehlt: Um Kampagnen nach diesem Modell erfolgreich aufzusetzen, bedarf es einiger Erfahrung. In vielen Unternehmen fehlt diese Erfahrung und es wird versucht mit Halbwissen Ergebnisse zu produzieren. Aber gerade weil die Budgets sehr knapp sind, kommt es darauf an im Vorfeld bereits Wahlentscheidungen zu treffen, die zumindest eine Chance auf Erfolg haben könnten.

8.4 Rechenmodelle – What-If-Analyse

Eine wichtige Entscheidungshilfe bei der Erstellung eines Online-Marketing-Konzeptes kann die What-If-Analyse sein. Im Rahmen der Online-Marketing-Konzeption liegen häufig nicht alle Zahlen und erfolgsrelevanten Parameter vor. Bisweilen muss mit Annahmen gearbeitet werden. Viele Annahmen lassen sich auf Basis empirischer Daten, wie etwa Benchmarks, relativ realitätsnah taxieren. Doch eine Gewissheit hat man im Normalfall erst nach einigen Wochen oder gar Monaten.

Mit einer What-If-Analyse kann aus zweierlei Blickrichtungen Qualität und Objektivität in den Prozess der Online-Marketing-Konzeption gebracht werden:

a. als Entscheidungshilfe im initialen Erstellungsprozess der Konzeption und
b. als Instrument der periodischen Erfolgsprüfung mit dem Ziel der optimalen Budgetzuweisung/Verteilung im laufenden Prozess.

Die Ausgestaltung eines individuellen What-If-Modells hängt natürlich von den gegebenen Rahmenbedingungen ab. Ein What-If-Modell ist daher eine fallbezogene Szenariobetrachtung, die sehr individuell ist. Die entscheidenden Rahmendaten sind parametrisiert. Bei Veränderung der Rahmendaten ändern sich die jeweils abhängigen Zahlen und Werte.

Durch die Veränderung der relevanten Rahmendaten kann der Erfolg des Szenarios bei Eintreten unterschiedlicher Konstellationen untersucht werden. Ist ein aussagefähiges Tracking und Controlling implementiert, so können die parametrisierten Werte, die im ersten Schritt teilweise sicherlich auf Annahmen basieren werden, mit der Zeit auf das Niveau von Echtdaten gebracht werden. Hierdurch erhöht sich die Aussagefähigkeit der What-If-Analyse. Mit der Zeit entsteht ein relativ verlässliches Rechenmodell, welches bei der Planung von zukünftigen Online-Marketing-Aktivitäten eine hervorragende Hilfe sein kann.

In der Regel haben solche Modelle so lange Gültigkeit, bis sich auf der jeweiligen Zielwebseite elementare Dinge verändern. Beispielsweise kann ein Relaunch einer Webseite zu anderen Konversionsraten führen, was wiederum Auswirkungen auf die Ausgestaltung eines Online-Marketing-Mix haben kann. Insofern kann eine What-If-Analyse auch Teil eines permanenten Verbesserungsprozesses sein.

Natürlich bin ich mir darüber im Klaren, dass diese Ausführungen für Leser, die weniger Erfahrung mit solchen Modellen haben, schwierig nachzuvollziehen sind. Deshalb habe ich auch an dieser Stelle einen Screencast implementiert, in dem ich ein What-If-Modell aus einem realen Projekt ausführlicher erläutere. Ausdrücklich möchte ich an dieser Stelle noch einmal betonen, dass kein What-If-Modell wie das andere ist. Meine Ausführungen beziehen sich daher auf die Methodik und sind nicht als Anregung zum Kopieren des gezeigten Modells zu verstehen. Hier der Servicelink zum Screencast:

www.lammenett.de/841

8.5 Das Controlling-Konzept als Bestandteil der Online-Marketing-Konzeption

Die große Stärke des Online-Marketings im Vergleich zu konventionellem Marketing ist, dass sich Erfolg relativ präzise und sehr kurzfristig messen lässt. Dadurch ist es möglich, noch im laufenden Prozess Verbesserungen zu initiieren. In der Spitze sollte Online-Marketing einem permanenten Verbesserungsprozess unterzogen werden. Im Sinne dieses permanenten Verbesserungsprozesses, ist es sinnvoll, bereits bei der Konzeption auf ein entsprechendes Controlling zu achten. Nur so entfaltet eine Konzeption eine optimale Wirkung. Denn gerade bei größeren Konzeptionen besteht häufig die Möglichkeit, noch während der Laufzeit der geplanten Maßnahmen eine Budgetverschiebung vorzunehmen und so den Erfolg zu optimieren.

In der Praxis ist es aber leider häufig so, dass viele Unternehmen zwar unterschiedliche Daten erheben, aber dann nicht mit diesen Daten arbeiten. Meiner Beobachtung nach ist in vielen Unternehmen die kennzahlenorientierte Maßnahmen- und Kampagnensteuerung nicht besonders hoch entwickelt. Dadurch vergeuden viele Unternehmen Marketing-Budget. Bisweilen lassen sich Unternehmen auch von Dienstleistern in die Irre leiten. Besonders Media-Agenturen verharren gerne auf der Fokussierung von »Reichweite« als den zentralen Erfolgsparameter für Online-Marketing-Maßnahmen. (vgl. Abschnitt 6.9 »Das Dilemma der klassischen Media-Agenturen«).

Um einen permanenten Verbesserungsprozess zu erreichen, muss ein entsprechendes Controlling und ein regelmäßiges Reporting initiiert werden. Damit das Controlling und das Reporting einen Effekt haben, **müssen Marketingverantwortliche bzw. Entscheider darüber regelmäßig mit den handelnden Personen und Dienstleistern sprechen.**

Im Rahmen einer Online-Marketing-Konzeption ist es daher ausgesprochen sinnvoll, bereits während der frühen Phasen der Konzeption darüber nachzudenken, wie das Controlling im Detail aussehen muss. Ohne diese Überlegungen wird die Implementierung eines »Permanenten Verbesserungsprozesses« nicht möglich sein. **Eine wirklich gute Konzeption verbessert ihre Ergebnisse permanent selbst.**

Je nach Ausgestaltung des Online-Marketing-Mix ist dazu ein Set von unterschiedlichen Kennzahlen notwendig. Ferner wird eine Software benötigt, die in regelmäßigen Abständen Berichte über den Erfolg laufender Online-Marketing-Maßnahmen generiert und an die Verantwortlichen sendet. Beide Themen werden in den folgenden Abschnitten ausführlich behandelt.

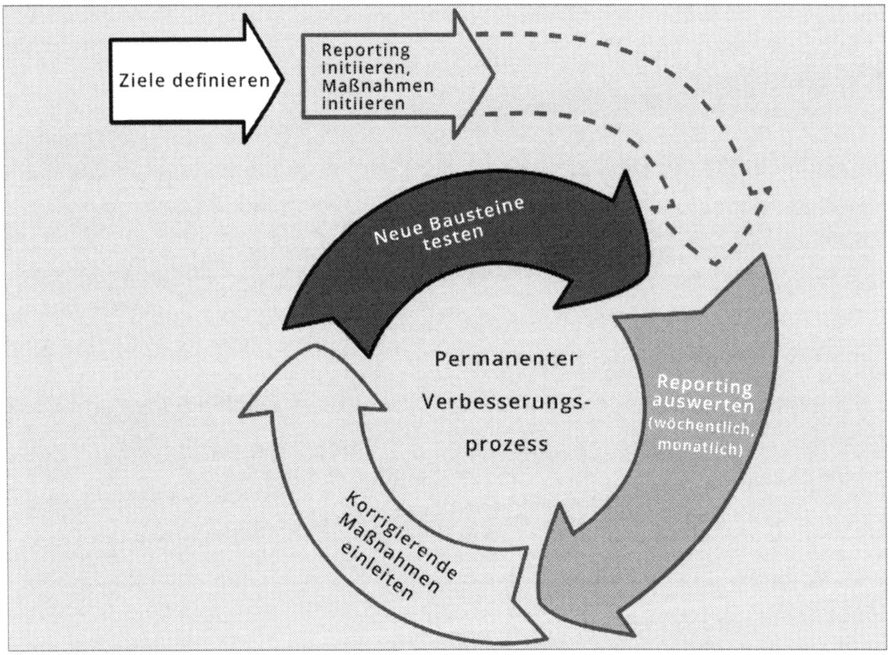

Abbildung 8.7: Permanenter Verbesserungsprozess im Online-Marketing.

Wie das Controlling im Detail aussieht, hängt natürlich von der Zielsetzung des Online-Marketing-Konzeptes und den definierten KPIs ab. Sinnvoll ist im Normalfall die Betrachtung der Kosten im Verhältnis zur Zielerreichung je Baustein der Konzeption. Im Falle von Onlineshops ist die Einbeziehung des erzielten Umsatzes zusätzlich ratsam.

8.5.1 Vorüberlegungen

Beim Online-Marketing-Controlling geht es im Kern darum, durch Kennzahlen den Erfolg von Online-Marketing-Maßnahmen messbar und vergleichbar zu machen. **Aus Sicht eines Marketingverantwortlichen geht es aber auch darum, die Leistung von Mitarbeitern und Dienstleistern beurteilen zu können.** Nur wenn Marketingverantwortliche bzw. Entscheider in einem Unternehmen den regelmäßigen Dialog mit den operativ handelnden Personen und/oder Dienstleistern suchen, wird ein permanenter Verbesserungsprozess erreicht werden. Nur dann, wenn es einen permanenten Verbesserungsprozess gibt, wird eine Online-Marketing-Konzeption ihr Optimum erreichen.

Kennzahlen bilden die Messgröße für Erfolg. Dabei ist es wichtig zu verstehen, dass es viele Kennzahlen gibt, aber je Einzelfallbetrachtung immer nur wenige wirklich von Bedeutung sind – jedenfalls aus dem Blickwinkel eines Marketingverantwortlichen. Ferner sind Kennzahlen nicht isoliert zu betrachten, sondern stehen immer in Zusammenhang mit einem Ziel. Erst durch die Verbindung einer Kennzahl mit einem klar definierten Ziel wird aus der Kennzahl ein KPI. Bitte beachten Sie hierzu auch den Abschnitt »Der Unterschied zwischen einer Kennzahl und einem KPI« auf Seite 246.

> Merke: Ohne Ziel kann Erfolg nicht gemessen und demzufolge nicht beurteilt werden. Diese Aussage gilt für alle Ebenen der Zielhierarchie.

> Merke: Erst durch die Verbindung einer Kennzahl mit einem klar definierten Ziel, wird aus der Kennzahl ein KPI. Diese Aussage gilt ebenfalls für alle Ebenen der Zielhierarchie.

Im Idealfall sind die jeweiligen Ziele in den einzelnen Bereichen des Online-Marketings abgeleitet von strategischen Unternehmenszielen und die Ziele sind auf allen Ebenen »objektiviert«. Ich möchte aber nicht zu sehr abgleiten in den Bereich des Marketing-Controllings, sondern möchte näher beim Online-Marketing-Controlling und der Frage nach der Beurteilung einzelner Bausteine und Beurteilung der Leistung von Dienstleistern und Mitarbeitern bleiben. Daher an dieser Stelle nur zwei kurze Abschnitte zu dem Gedanken der Ableitung und Objektivierung von Zielen im Controlling.

Operative Ziele aus strategischen Zielen ableiten

Planvoll agierende Unternehmen orientieren ihr Handeln im Normalfall an Zielen und leiten davon Strategien ab, die wiederum als Orientierung für das operative Handeln dienen. Im Idealfall entsteht so eine Art Rahmenplan für alle Abteilungen im Unternehmen, und zwar auf allen Unternehmensebenen. Dargestellt wird dieser Sachverhalt gerne in Form einer Zielpyramide. Die folgende Abbildung zeigt die rudimentäre Skizze einer solchen Zielpyramide.

Am Ende des Tages geht es auf der oberen Ebene bei kommerziell agierenden Unternehmen immer um Umsatz und Gewinn. Auf der obersten Ebene der Zielpyramide findet man daher Ziele wie »Gewinne erhöhen durch Kostensenkung oder Umsatzsteigerungen« oder »Shareholder Value erhöhen«. Auf der zweiten Ebene sind strategische Ziele angesiedelt.

Auf der dritten Ebene folgen operative Unterziele. Um die Erreichung der gesteckten Ziele messen zu können, werden Kennzahlen benötigt. Auf diesen Kennzahlen basiert die Zielpyramide. Denn ohne Kennzahlen würde man die Erreichung von Zielen und damit die Bestimmung von Erfolg wohl kaum messen können. Kennzahlen bilden daher das Fundament der Zielpyramide – und zwar für alle Ebenen.

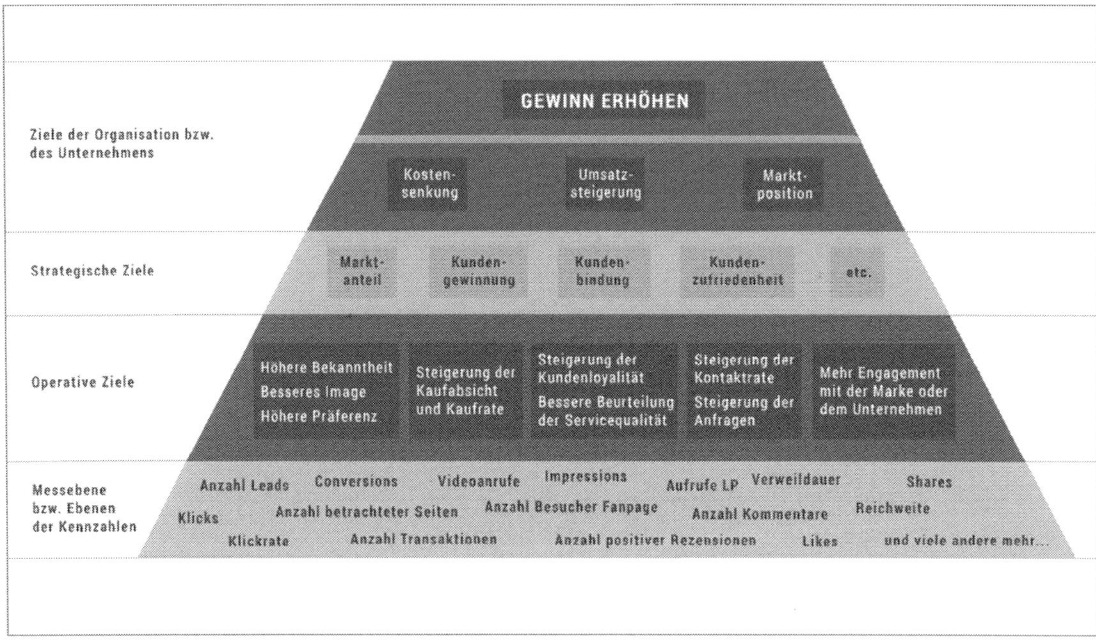

Abbildung 8.8: Zielpyramide einer Organisation bzw. Unternehmens

Ziele »objektivieren«

Damit man im Sinne eines Controllings mit einem Ziel arbeiten kann, muss dieses objektiv messbar sein – also mit konkreten Kennzahlen unterlegbar sein. Bei manchen Zielen ist dies leichter zu bewerkstelligen als bei anderen. Diese Aussage gilt für alle Ebenen der Zielpyramide. Beispielsweise ist auf der strategischen Ebene der Zielpyramide die »Kundenzufriedenheit« wohl deutlich schwieriger messbar als die »Kundengewinnung«. Und auf der operativen Ebene ist »Bekanntheit« schwieriger zu messen als die »Steigerung der Anfragen«.

Im Detail kommt es auch auf die operativ handhabbare Formulierung der Ziele an. Das Ziel »die Besucherzahlen meiner Webseite erhöhen um mehr Leads zu generieren« ist kein objektives und operativ handhabbares Ziel im Sinne des Controllings. Hingegen wäre die Definition »die Besucheranzahl meiner Webseite um 25 Prozent steigern, um so 50 Leads pro Monat zusätzlich zu generieren« schon eher ein objektives, operativ handhabbares Ziel.

Im Idealfall werden derartige Ziele nicht isoliert definiert, sondern auf der Grundlage einer ganzheitlichen Unternehmensstrategie entwickelt. Diese Entwicklung findet sinnvollerweise im Top-down Verfahren statt. D. h. Ziele auf der oberen Ebene werden heruntergebrochen auf die unteren Ebenen. Dabei müssen alle Ziele

- relevant sein,
- unter objektiven Gesichtspunkten erreichbar sein,
- konform mit den jeweils übergeordneten Marketing-Zielen sein
- und operativ messbar sein.

Hierzu ein ganz grobes Beispiel:

Oberziel - (strategischer Natur). Z.B. Erhöhung des Marktanteils in EMEA um 10 Prozent.

> **Unterziele** – häufig (nicht immer) noch übergeordneter, aber schon operativer Natur. Z. B. Erhöhung der Kundenbasis in Deutschland um 8 Prozent, Erhöhung des Kundenstamms in Frankreich und Italien um 15 Prozent, Erhöhung des Umsatzes mit Neukunden in UK um 11 Prozent etc.
>
> > **Teilziel 1** – häufig als Differenzierung eines Unterziels (hier der Markt in UK). Z. B. Erhöhung des Online-Umsatzes mit Neukunden in UK um 15 Prozent, Erhöhung des Offline-Umsatzes mit Neukunden in UK um 7 Prozent (befriedigt im Ergebnis das Unterziel »Erhöhung des Umsatzes mit Neukunden in UK um 11 Prozent«).
> >
> > **Teilziel 2** – usw.
> >
> > > **Einzelziele UK Online-Umsatz** - bezogen auf eine Disziplin oder eine Kampagne. Z. B. Steigerung des Online-Umsatzes mit Neukunden in UK über Keyword-Advertising um 20 Prozent, über Affiliate-Marketing um 5 Prozent, über die jährlich durchgeführte Online-

Kampagne x um 15 Prozent, über SMM um 2 Prozent usw.

Einzelziele UK Offline-Umsatz - usw.

Exkurs: Marketing-Controlling vs. Online-Marketing-Controlling

Marketing-Maßnahmen verursachen in der Regel Kosten. Sind diese Kosten nun ein Aufwand oder sind sie eine Investition? Wenn Marketing eine Investition ist, also für das Unternehmen eine wertstiftende Funktion haben soll, so muss diese auch nachgewiesen werden – und zwar im finanzwirtschaftlichen Sinne. Um dieses tun zu können, ist es erforderlich, geeignete Instrumente zur Erfassung von Effektivität und Effizienz der durchgeführten Marketing-Maßnahmen im Unternehmen zu implementieren. Da sind wir beim Marketing-Controlling. Ohne fundiertes Marketing-Controlling fehlt die Basis, um Marketing einen betriebswirtschaftlichen Investitionscharakter zuzuschreiben.

Beim Marketing-Controlling[66] geht es im Kern darum, durch Kennzahlen den Erfolg von Marketing-Maßnahmen messbar und vergleichbar zu machen. War eine Marketing-Aktion erfolgreich? War sie erfolgreicher als eine andere? Hat sie neue Kunden gebracht? Wurde der Umsatz durch sie gesteigert? Dies sind einige der Kernfragen, auf die das Marketing-Controlling Antworten finden möchte. Laut Gabler Wirtschaftslexikon[67] ist Marketing-Controlling wie folgt definiert: *»Die Funktion des Marketing-Controllings besteht darin, die Effektivität und Effizienz einer marktorientierten Unternehmensführung sicherzustellen. Effektivität bezeichnet im weiteren Sinne die Wirksamkeit und somit den Output der Leistungserstellung: Werden vorgegebene Ziele erreicht? Effektivität im engeren Sinne definiert den Wirksamkeitsgrad: Liegt die Zielerreichung über einem vorab formulierten Zielniveau? Effizienz bezeichnet den Grad der Wirtschaftlichkeit: Eine Maßnahme ist effizient, wenn es zu einem Output/Input-Verhältnis einer Maßnahme keine andere Maßnahme gibt, die ein besseres Verhältnis erzielt.«*

Differenziert wird das Marketing-Controlling in die beiden großen Teilbereiche des operativen und des strategischen Marketing-Controllings.

Das strategische Marketing-Controlling bewertet weiche Faktoren wie beispielsweise Kundenzufriedenheit, Marktanteil, Positionierung im Feld der Mit-

---

[66] Andere in der Literatur anzutreffende Begriffe für Marketing-Controlling sind „Marketing Accountability", „Marketing Performance" oder „Return on Marketing".

[67] Vgl. http://wirtschaftslexikon.gabler.de/Definition/marketingcontrolling.html, Abruf 08.01.2020.

bewerber oder Image. Es ist in der Regel langfristig und dauerhaft angelegt und orientiert sich primär daran, zukünftige Erfolgspotenziale zu sichern.

Das operative Marketing-Controlling bewertet tendenziell eher die harten Faktoren des Marketings wie beispielsweise Anzahl der gewonnenen Kunden, generierter Umsatz oder generierter Deckungsbeitrag. Das operative Marketing-Controlling zielt darauf ab, die Nutzung der strategisch geschaffenen Erfolgspotenziale wirtschaftlich sicherzustellen. Dazu zählt in vielen Fällen auch eine Art Soll-Ist-Vergleich, um zu überprüfen, ob die Umsetzung zu den erwarteten Ergebnissen führt. Online-Marketing-Controlling hat eher operativen Charakter. Dazu aber später mehr.

Controlling lebt von aussagefähigen Kennzahlen. So auch das Marketing-Controlling. Da das vorliegende Buch nicht das Thema »Marketing-Controlling«, sondern primär »Online-Marketing-Controlling« behandelt, möchte ich an dieser Stelle nur einige wenige Kennzahlen erwähnen. In Bezug auf das Online-Marketing werden die relevanten Kennzahlen in den entsprechenden Kapiteln ausführlich erläutert. Für das Marketing-Controlling relevante Kennzahlen[68] **können** sein:

- Marktanteil
- Relativer Marktanteil (z. B. im Verglichen zum Hauptkonkurrent)
- Image und Reputation
- Bekanntheit des Unternehmens oder der Marken des Unternehmens
- Umsatzwachstum im Verhältnis zum Marktwachstum
- Zahl eigener Kunden im Vergleich zur Gesamtzahl möglicher Kunden
- Anteil der Neukunden am Kundenportfolio
- Gesamtanzahl der Kunden
- Anzahl von verlorenen Kunden
- Gesamtumsatz
- Umsatz mit Neukunden
- Kundenzufriedenheit oder Kundenloyalität
- Anzahl von Kundenbeschwerden
- Kundenbindung(s-Index), Kundenwert (finanziell)
- Share of Voice (Anteil am Branchenwerbeaufwand)

[68] die Liste erhebt keinesfalls Anspruch auf Vollständigkeit. Sie soll lediglich einen Eindruck möglicher, relevanter Kennzahlen geben.

- Durch den Kunden wahrgenommene Produktqualität oder wahrgenommene Servicequalität
- Kaufabsicht/Commitment
- Vom Kunden wahrgenommene Produktqualität
- Menge der verkauften Produkte
- Deckungsbeitrag von Produkten

In der Praxis ist Marketing-Controlling in Deutschland bedeutend weniger verbreitet als beispielsweise in den USA. Das hat verschiedene Ursachen, die ich aber im Detail an dieser Stelle nicht erläutern möchte. Begriffe wie »Return on Marketing« oder »Return on Marketing Investment« wurden in den USA geprägt. Erste Ansätze entstanden dort schon in den 80er-[69] und 90er-Jahren[70]. Richtig Fahrt aufgenommen hat das Thema dort vor etwa 20 Jahren.

In Deutschland ist das Thema einige Jahre später in den Fokus der Marketers gerückt. Zumindest in der Theorie. Als das amerikanische Marketing Science Institute das Thema »Marketing Metrics« mehrfach hintereinander zum Thema mit höchster Forschungsrelevanz erhoben hatte, war in der internationalen Marketing-Wissenschaft – und damit auch in Deutschland – eine deutlich verstärkte Auseinandersetzung mit dem Thema zu spüren. Im Oktober 2000 fand in Toronto eine Konferenz des Marketing Science Institute zum Thema »Marketing Metrics« statt, die einigen Widerhall fand. In den folgenden Jahren erschienen etliche spannende Fachartikel und Bücher, die auch in Deutschland wahrgenommen wurden.[71]

---

69 Hawkins, D., Roger J. and Charles M. (1987). »The Nature and Measurement of Marketing Productivity in Consumer Durables Industries: A Firm Level Analysis«, Journal of the Academy of Marketing Science, 1(4), 1-8.

70 z. B. Schultz, D., Measuring Brand Communication ROI (1997) Assn of Natl Advertisers.

71 z. B. Weber, J., Managing the Marketing Budget in a Cost-Constrained Environment, in: Industrial Marketing Management, 31. Jg. (2002), S. 705–717.

Ambler, T., Marketing and the Bottom Line, 2. Aufl., Upper Saddle River 2003.

Moorman, C./Lehmann, D. (Editor), Assessing Marketing Performance, Cambridge 2004.

Reinecke, S., Marketing Performance Management: Empirisches Fundament und Konzeption für ein integriertes Marketingkennzahlensystem, Deutscher Universitätsverlag in Kooperation mit dem Gabler Verlag, Wiesbaden 2004.

Rust, R.T./Ambler, T./Carpenter, G.S./Kumar, V./Srivastava, R.K., Measuring Marketing Productivity: Current Knowledge and Future Directions, in: Journal of Marketing, 68. Jg. (2004), October, S. 76–89.

Doch in der Marketing-Praxis ist das Thema in der Breite noch nicht in Deutschland angekommen. Das Institut für Marketing an der Universität St. Gallen[72] führte 2010 eine empirische Untersuchung durchgeführt an der 516 Personen teilnahmen. Die meisten Befragten bekleiden eine leitende Funktion in ihrem Unternehmen.

Ein Ergebnis dieser Studie ist die Erkenntnis, dass das Top-Management der befragten Unternehmen Marketing und Marketing-Ausgaben mit überwältigender Mehrheit als Aufwand und nicht als Investition wahrnimmt. Wenn Marketing jedoch nicht als Investition im Sinne einer wertstiftenden Funktion angesehen wird, dann erübrigt sich natürlich auch ein Controlling. Das mag erklären, warum Marketing-Controlling in anderen Ländern in der Praxis weiter verbreitet ist als in Deutschland. Wenn das Top-Management keinen Bedarf bzw. Interesse hat, entfällt die Notwendigkeit, den »Return on Marketing Investment« (RoMI) an das Top-Management zu berichten bzw. die Marketing-Effizienz zu belegen.

Meiner Beobachtung nach hat sich seit 2010 nichts Wesentliches an diesem Sachverhalt geändert – jedenfalls nicht in der Breite. Die Schere geht weit auseinander. Es gibt wenige Unternehmen in Deutschland, die sich intensiv mit Marketing-Controlling beschäftigen. Das Gros der Unternehmen betreibt jedoch kein Marketing-Controlling bzw. betreibt dieses »aus dem Bauch heraus« – was in den meisten Fällen den gleichen Effekt haben dürfte, wie keines zu betreiben.

In Bezug auf das Controlling von Online-Marketing-Aktivitäten ist das nicht anders. Auch hier geht die Schere der Unternehmen, die sich intensiv mit dem Controlling ihrer Online-Marketing-Aktivitäten beschäftigen, und den Unternehmen die das Thema im Grunde genommen ignorieren, weit auseinander. **Die Ironie dabei ist, dass es ja gerade die große Stärke des Online-Marketings im Vergleich zu konventionellem Marketing ist, dass sich Erfolg relativ präzise und sehr kurzfristig messen lässt. Dadurch ist es möglich, sogar noch im laufenden Prozess Verbesserungen zu initiieren.**

Wie bereits eingangs erwähnt, hat das Online-Marketing eher operativen Charakter, obwohl punktuell auch Aspekte des strategischen Marketing-Controllings berührt werden.

Differenziert werden kann das Online-Marketing-Controlling u. a. nach seinem primären Analysefokus, wobei in der Regel je Analysefokus auch unterschiedliche Controlling-Werkzeuge zum Einsatz kommen. Einige Beispiele sollen diese Aussage verdeutlichen:

---

[72] https://ifm.unisg.ch/, Abruf 15.01.2020.

- Web-Controlling: Beim Web-Controlling geht es zunächst einmal um die Analyse der Besucherströme auf der eigenen Webseite. Fragen, die im Vordergrund stehen, sind: Wie bewegen sich die Besucher auf der Webseite ? Welche Inhalte werden primär konsumiert? Wo kommen die Besucher her? Wie lange bleiben sie? Von wo aus steigen sie wieder aus? Eines der bekanntesten Werkzeuge zum Web-Controlling in Deutschland ist Google Analytics. Es gibt aber noch viele andere Programme, wie Sie in Abschnitt 8.5.7 »Werkzeuge für das Online-Marketing-Controlling« nachlesen können. Diese Software kann auch eingesetzt werden, um ein rudimentäres Kampagnen-Controlling zu implementieren.

- SEO-Controlling: Das SEO-Controlling befasst sich primär mit der Messung des Erfolgs der Suchmaschinenoptimierung. Die Suchmaschinenoptimierung ist eine Teildisziplin des Online-Marketings und unterliegt häufig Änderungsprozessen. Zur Unterstützung werden häufig sogenannte SEO-Suites eingesetzt. Bekannte Vertreter dieser Software-Gattung sind in Deutschland die Searchmetrics-Suite, die Sistrix-Toolbox und die XOVI-Suite. Mehr dazu finden Sie im Abschnitt 8.5.7 »Werkzeuge für das Online-Marketing-Controlling«.

- SMM-Controlling & Monitoring: Beim SMM-Controlling geht es um das Monitoring der Social-Media-Aktivitäten und deren Erfolg. Bekannte Werkzeuge, die in diesem Zusammenhang häufig zum Einsatz kommen, sind beispielsweise »Brandwatch« (Monitoring) oder »Hootsuite« (Social-Media-Management und -Analytics).

- Kampagnen-Controlling: Im Gegensatz zu den drei zuvor genannten Ausprägungen des Online-Marketing-Controllings hat das Kampagnen-Controlling einen Beginn und ein Ende. Denn eine Kampagne hat in der Regel eine zuvor definierte Laufzeit. Sie besteht zumeist auch aus unterschiedlichen Bausteinen, die aus unterschiedlichen Teildisziplinen des Online-Marketings stammen. Software, die sich exklusiv dem Kampagnen-Controlling verschrieben hat, ist mir nicht bekannt. Sicherlich verfügen einige High-End-Tools aus dem Bereich Marketing-Automation über entsprechende Module. Wie zuvor angedeutet, kann teilweise auch Web-Controlling-Software für Zwecke des Kampagnen-Controllings eingesetzt werden. Häufig wird es aber darauf hinauslaufen, dass unterschiedliche Kennzahlen aus verschiedenen Programmen wie Ad-Server, Web-Controlling-Software oder Social-Media-Management-Software in einer Excel-Tabelle zusammengetragen und analysiert werden.

Welche Kennzahlen des Online-Marketings an welchem Punkt im Controlling-System aggregiert werden und wie sie zusammengefügt werden, hängt immer von den jeweils definierten Zielen ab. Es ist daher im Regelfall schon bei der Konzeption von Online-Marketing-Maßnahmen sinnvoll, über Kennzahlen und KPIs nachzudenken. Bitte beachten Sie dazu auch den Abschnitt »Der Unterschied zwischen einer Kennzahl und einem KPI« auf Seite 246.

Wie erwähnt, hat Online-Marketing-Controlling in den meisten Fällen eher operativen Charakter. Es geht also weniger um Ziele wie Kundenzufriedenheit, Marktanteil, Positionierung im Feld der Mitbewerber oder Image, als mehr um »harte« Kennzahlen wie beispielsweise Anzahl der gewonnenen Kunden, generierter Umsatz oder generierter Deckungsbeitrag. Das bedeutet aber keinesfalls, dass Online-Marketing keine Beiträge zur Befriedigung von strategisch wichtigen Zielen leisten kann.[73]

8.5.2 Interessen und Vergütung der Akteure

Online-Marketing ist komplex und vielschichtig. Es gibt viele unterschiedliche Marktteilnehmer mit unterschiedlichen Interessen. Um eine Online-Marketing-Konzeption erstellen zu können, ist es von Vorteil, die unterschiedlichen Interessen der jeweiligen Marktteilnehmer zu kennen. Noch vorteilhafter ist es, wenn man weiß, wer an welcher Stelle wie viel verdient und wovon dieser Verdienst abhängt. Denn sehr häufig haben die Vorschläge der unterschiedlichen Marktteilnehmer auch etwas damit zu tun, was sie selbst schlussendlich verdienen. Warum sollten sie aus einem Bündel von möglichen Maßnahmen diejenigen herausgreifen, an denen sie selbst wenig oder sogar nichts verdienen? Um über Online-Marketing-Maßnahmen im Sinne einer Konzeption urteilen zu können, ist es daher hilfreich zu wissen, welche finanziellen Interessen im Hintergrund mitschwingen. In der Folge werde ich für die wesentlichen Disziplinen des Online-Marketings die Mechanismen beleuchten und natürlich auch der Frage nachgehen, wer an welcher Stelle verdient bzw. welche Interessen und Interessenkonflikte es gibt bzw. geben kann.

Affiliate-Marketing – Vergütung und Interessen

Die Marktteilnehmer beim Affiliate-Marketing sind der Publisher oder Affiliate, der Advertiser oder Merchant und die Affiliate-Netzwerke. Als Publisher oder auch Affiliate wird eine Partei des Affiliate-Marketings bezeichnet, welche die Reichweite seiner Internetseite für einen Werbetreibenden (»Merchant« oder »Advertiser«) zur Verfügung stellt. Gegebenenfalls kann auch eine auf Affiliate-

---

[73] Vgl. Abschnitt 8.5.1 »Vorüberlegungen«.

Marketing spezialisierte Agentur, die das Affiliate-Marketing im Namen des Merchants betreut, involviert sein. In manchen Fällen ist auch eine Werbeagentur involviert, die im Auftrag des Merchants oder im Auftrag der Affiliate-Agentur Werbemittel für das Affiliate-Marketing-Programm erstellt. Ferner ist vorstellbar, dass ein technischer Dienstleister involviert ist, der sogenannte Product-Feeds für die automatisierte Erstellung von Werbemitteln generiert.

Das Affiliate-Netzwerk erhält in der Regel 30 Prozent Provision von dem Betrag, den der Merchant an den Affiliate als Provision bezahlt. Wegen dieses Mechanismus wird Affiliate-Marketing auch dem sogenannten Performance-Marketing zugerechnet. Je höher die Provision ist, die der Merchant zahlt, desto mehr Umsatz oder Leads hat der Merchant in der Regel erhalten. Das Hauptinteresse eines Affiliates ist es, die ausgelobte Provision zu verdienen. Ein Affiliate wird (fast) alles tun, um diese Provision gewinnbringend zu verdienen. Sogar eine Google Ads Kampagne auf eigene Rechnung kann für einen Affiliate lohnenswert sein, wenn die Kosten für die Keyword-Anzeigen geringer sind als der Ertrag, der über die Provisionen erwirtschaftet wird.

Ist eine Affiliate-Marketing-Agentur oder ein Berater involviert, so entstehen Kosten für die Abgeltung der jeweiligen Leistungen. Häufig wird mit einem Pauschalbetrag und einer zusätzlichen, leistungsabhängigen Komponente gearbeitet.

Die Erstellung von Werbemitteln oder Product Feeds durch Agenturen oder technische Dienstleister wird in der Regel über ein Festpreisangebot abgebildet.

Zu Beginn der Initiierung eines Affiliate-Marketing-Programms entstehen häufig noch Setup-Kosten. Viele Affiliate-Netzwerke[74] nehmen mittlerweile zwischen 2.000,00 € und 5.000,00 € für die Aufnahme und eben das Setup eines neuen Programms. Das Interesse von Affiliate-Netzwerken ist es, gut funktionierende Affiliate-Programme im Portfolio zu haben. Langfristig verdienen sie nur, wenn die Affiliates verdienen. Daher haben die Netzwerke in den letzten Jahren die Kriterien für die Aufnahme von Affiliate-Programmen verschärft. Programme, die nicht wirklich funktionieren, verursachen nur Aufwand und Kosten, bringen aber kaum oder gar keinen Ertrag.

Für die Konzeption eines Affiliate-Marketing-Programms nehmen Berater oder spezialisierte Agenturen Beträge zwischen 3.000,00 € und 10.000,00 € – je nach Art und Komplexität.

---

[74] z. B. Awin, ehemals Zanox oder Affilinet, welches 2018 mit Awin fusionierte.

Der Charme beim Affiliate-Marketing ist, dass, abgesehen von den initialen Kosten, nur dann weitere Kosten verursacht werden, wenn ein messbarer Erfolg als Resultat der Bemühungen eintritt. Affiliate-Marketing kann aber auch wertvolle Beiträge zum Branding leisten, sogar zu sehr vertretbaren Kosten, wenn die Konzeption entsprechend intelligent ausgelegt ist.

Es liegt in der Natur des Affiliate-Marketings, dass sehr stark provisionsorientiert gearbeitet wird. Bestimmte Provisionen sind sehr transparent. An anderen Stellen weiß ein Werbetreibender jedoch nie genau, ob eine Provision fließt und wenn ja, in welcher Höhe. Bringt eine klassische Werbeagentur einen Affiliate-Marketing-Experten oder eine Affiliate-Marketing-Agentur ins Spiel, so fließen im Hintergrund nicht selten Provisionen. Grundsätzlich ist Affiliate-Marketing sehr provisionsaffin, was in der Natur der Sache liegt. Wenn im Falle der für den Kunden erfolgreich generierten Leistung (beispielsweise mehr Umsatz oder mehr Leads) diese Provisionen gezahlt werden, gibt es sicherlich kaum Einwände.

In der Praxis gibt es im Affiliate-Marketing aber auch klickbasierte Vergütungsmodelle, ähnlich dem Keyword-Advertising. Hier verdienen der Affiliate und das Netzwerk bei jedem Klick. Bei diesem Vergütungsmodell besteht die Gefahr des sogenannten Klickbetrugs. Ein entsprechendes Controlling ist daher in diesem Fall fast Pflicht.

SEA – Vergütung und Interessen

Beim Search Engine Advertising (Keyword-Advertising) gibt es in der Regel weniger Marktteilnehmer als beim Affiliate-Marketing. Es gibt die Suchmaschine, ggf. einen Berater oder eine sogenannte SEA-Agentur, die die Kampagnen in der Suchmaschine aufsetzen und betreuen, und es gibt natürlich den Werbenden selbst. Manche Unternehmen übernehmen die Durchführung des Search Engine Advertisings auch durch eigenes Personal.

Die Suchmaschine, in Deutschland ist dies primär Google, wird bei dem klassischen Search Engine Advertising pro Klick auf eine Anzeige bezahlt. Die Klickpreise variieren hierbei sehr stark – je nach Branche und Mitbewerbersituation. Wird das Management der SEA-Kampagne durch einen externen Dienstleister durchgeführt, so sind hier Beträge zwischen 8 und 15 Prozent des jeweiligen Media-Budgets üblich. Häufig fällt auch eine Setup Fee an, die zu Beginn einer Kampagne die initiale Einrichtung abgilt.

Neben dem typischen Vergütungsmodell »Cost per Click« bietet Google auch Vergütungsmodelle an, die aus der Online-Werbung bekannt sind (TKP = Tausender-Kontakt-Preis). Dieses Modell findet jedoch häufiger bei der Bannerwerbung innerhalb des Google-Display-Netzwerkes Anwendung. Es wird daher im Abschnitt »Online-Werbung« erläutert.

Bei dem klassischen Vergütungsmodell »Cost per Click« verdienen die Marktteilnehmer prozentual an jedem Klick. Je mehr geklickt wird, desto mehr verdient Google und desto mehr verdient die betreuende Agentur oder der betreuende Berater. Es ist daher nicht verwunderlich, dass Google häufig Unternehmen kontaktiert und aktiv Vorschläge zur Verbesserung von Kampagnen macht. Sicherlich sind viele dieser Vorschläge relevant. Es sind aber auch immer wieder Vorschläge dabei, die im Ergebnis zu mehr Klicks, aber nicht zu mehr Nutzen für den Werbetreibenden führen.

In bestimmten Konstellationen gilt das Gleiche für Vorschläge, die von betreuenden Agenturen oder Beratern gemacht werden. Beim SEA ist daher ein zielorientiertes Controlling von besonders hoher Bedeutung.

SEO – Vergütung und Interessen

Bei der Suchmaschinenoptimierung gibt es in der Regel nur zwei Marktteilnehmer, die finanzielle Interessen haben. Das ist der Kunde selbst und ggf. ein SEO-Berater oder eine SEO-Agentur.

Am Markt gibt es sehr unterschiedliche Vergütungsmodelle für SEO-Dienstleistungen und -Beratung. Leider gibt es auch sehr viele Scharlatane, die völlig unsinnige Leistungen an den Mann bringen wollen. Entsprechend hoch ist die Anzahl der Vergütungsmodelle – von Pauschalbeträgen bis hin zu leistungsabhgängigen Vergütungsmodellen.

Beide Vergütungsmodelle bergen Risiken für den Werbetreibenden. Zwei Beispiele sollen diese Aussage verdeutlichen:

- Beispiel 1: Keine seriös agierende SEO-Agentur oder seriös agierender SEO-Berater kann eine bestimmte Platzierung bei Google verbindlich versprechen. Lehnt sich eine Agentur in Bezug auf Versprechungen zu bestimmten Platzierungen und einer damit verbundenen, leistungsbezogenen Vergütung zu weit aus dem Fenster, wird sie nichts verdienen. Demzufolge werden bei leistungsabhängiger Vergütung gerne Keywords optimiert, die wenig Konkurrenz haben, aber nicht unbedingt von hoher wirtschaftlicher Bedeutung sind. So steigen die Chancen für die Agentur, ein entsprechendes Entgelt einzustreichen. Die wirtschaftliche Bedeutung für den Werbetreibenden ist aber nahe null.

- Beispiel 2: Monatliche Pauschalbeträge werden gerne vereinbart für den Aufbau von Backlinks. Viele Jahre waren Backlinks bei der SEO eine wertvolle Währung. Doch in den letzten Jahren hat deren Bedeutung abgenommen. Das Thema Linkaufbau befindet sich im Wandel. Bei der Verhandlung von Verträgen mit pauschaler Vergütung ist daher sehr genau auf die Details zu achten.

Content-Marketing – Vergütung und Interessen

Beim Content-Marketing geht es im Wesentlichen um die Erstellung von Inhalten, die für die Besucher einer Webseite einen bestimmten Mehrwert schaffen. Der Begriff »Mehrwert« ist hierbei sehr weit gefasst.

Es gibt Agenturen, die sich auf das Content-Marketing spezialisiert haben. Deren Dienstleistung besteht im Wesentlichen darin, Ideen für Content zu entwickeln und umzusetzen. Da der Begriff »Content« sehr weit gefasst ist, ist die Preisrange entsprechend groß. Die Erstellung eines Textes wird im Zweifel weniger kosten als die Erstellung eines Videos. Beides kann aber Content im Sinne von Content-Marketing sein.

In den meisten Fällen ist dieses eine Honorarleistung, die entweder nach Aufwand oder über einen Festpreis vergütet wird. Am ehesten vergleichbar ist das mit Redaktionsdienstleistungen. Gänging ist auch das Modell einer monatlichen Pauschale, dem sogenannten Retainer. Ein Retainer umfasst zumeist ein definiertes Leistungspaket und die laufende Beratung zu Fragen des Content-Marketings. Beim Inbound-Marketing, im B2B- und im hochpreisigen B2C-Bereich, finden solche Modelle häufig Anwendung.

Messbar ist die Qualität der Leistung über ein entsprechendes Web-Tracking. Denn im Normalfall soll der generierte Content Besucher einer Webseite dazu anregen, eine bestimmte Handlung (jetzt oder in der Zukunft) zu vollziehen. Insbesondere beim Inbound-Marketing im B2B- und im hochpreisigen B2C-Bereich geht es häufig um die Generierung von Leads. Überlegungen, Content-Marketing rein performanceabhängig zu vergüten, haben sich bisher nicht durchgesetzt.

Neben der eigentlichen Entwicklung und Erstellung des Contents fallen in der Regel weitere Aufgaben an, die die Verbreitung des Contents unterstützen. Das sind beispielsweise:

- Die »Influencer-Recherche« (z. B. Blogger, Journalisten, Forenbetreiber, Verkäufer, Partner, Hersteller, Mitarbeiter, Freunde, Bekannte usw.).
- Die eigentliche Veröffentlichung des Contents auf Webseiten oder über soziale Kanäle.
- Die Bewerbung des Contents, z. B. durch Influencer, bezahlte Promotion-Dienste, durch eine Media-Agentur oder in Eigenregie.

Werden diese Aufgaben nicht in Eigenregie erbracht, so fallen natürlich auch hierfür weitere Kosten in Form von Honoraren an. Diese Kosten sind allerdings sehr variabel. Ein Beispiel: Möchte man für eine Story um ein Sport-Shampoo einen bekannten Bundesligaspieler gewinnen, so wird dies bedeutend mehr kosten, als wenn man einen Spieler aus der vierten Liga als Influencer gewinnen möchte.

Online-Werbung – Vergütung und Interessen

Bei der Online-Werbung sind je nach Konstellation unterschiedliche Marktteilnehmer involviert. Neben dem Werbetreibenden sind dies häufig Media-Agenturen, die schlussendlich eine Kampagne planen, Werbemittel initiieren und die Kampagne schalten und betreuen. Dann gibt es die Anbieter der Werbeplätze. Das sind die etablierten Online-Vermarkter, die Suchmaschinen, Werbenetzwerke oder -marktplätze, die sozialen Netzwerke oder die vielen in Eigenregie vermarkteten Werbeplätze. Es gibt Millionen Möglichkeiten für die Platzierung von Online-Werbung im Internet.

Teilweise kann die Online-Werbung direkt vom Werbetreibenden gebucht werden, in anderen Fällen muss zwingend eine Media-Agentur eingeschaltet werden. Media-Agenturen verdienen in der Regel einen prozentualen Anteil vom Media-Budget, welches beim Anbieter des Werbeplatzes platziert wird. Dieser liegt in der Regel offiziell zwischen 5 und 10 Prozent. Der wirkliche Prozentsatz ist aber sehr häufig nicht transparent. Denn große Media-Agenturen haben in der Regel mit den einzelnen Online-Vermarktern spezielle Konditionen verhandelt, die nach außen nicht transparent sind. Mit dem Kunden werden die offiziellen Preise abgerechnet. Die offiziellen Preise für Online-Werbung sind in der Regel auf den Seiten der jeweiligen Anbieter ersichtlich.[75] Online-Werbung wird im Normalfall nach TKP vergütet. Selten gibt es Pauschalpreise, etwa für die Schaltung eines Banners für einen Monat auf der Homepage.

Wird die Werbung direkt vom Werbetreibenden gebucht, was beispielsweise bei Facebook oder über das Google-Display-Netzwerk problemlos möglich ist, so entfällt natürlich die Provision für die Media-Agentur. Ob es Sinn macht, auf die Dienste einer Media-Agentur zu verzichten, hängt vom Einzelfall ab.

Die Erstellung von Werbemitteln wird in der Regel gegen einen Festpreis angeboten. Es gibt aber auch Agenturen, die gegen eine fixe monatliche Betreuungs-Fee auch die Erstellung von Werbemitteln anbieten. Das ist aber meistens nur dann der Fall, wenn die Agentur ein größeres Werbebudget (sechsstelliger Bereich und höher) erhalten hat.

Ein zielorientiertes Controlling in der Online-Werbung ist im Normalfall von hoher Bedeutung. Viele Media-Agenturen beschäftigen sich nach der Schaltung

---

[75] z. B. Preise von IP Media auf http://www.ip.de/online/preise.cfm, Zugriff 15.10.2020.

der Werbemittel nur sehr sporadisch mit einer laufenden Optimierung einer Online-Werbe-Kampagne. Das liegt im Wesentlichen daran, dass sie kulturell und von der Denkweise her bedingt noch sehr stark in klassischen Denkmustern agieren. Und in der klassischen Welt einer Media-Agentur war der Job erledigt, wenn die Anzeige beim Verlag abgegeben war. Im Online-Marketing fängt die Arbeit an dieser Stelle jedoch erst an.

E-Mail-Marketing – Vergütung und Interessen

E-Mail-Marketing ist im Grunde ähnlich zu sehen wie Online-Werbung. Häufig geht es um die Schaltung von Werbebannern oder Textwerbung in Newslettern von etablierten Publikationen. Es kann aber auch um eine als redaktionellen Beitrag »getarnte« Werbung gehen. Schlussendlich richtet sich die Vergütung in den meisten Fällen nach einem TKP (Tausender-Kontakt-Preis), ähnlich wie in der Online-Werbung. In vielen Fällen sind es auch Media-Agenturen, die die Werbemittel oder die redaktionellen Beiträge im Rahmen einer Media-Kampagne für den Werbetreibenden buchen.

Diese Form des E-Mail-Marketings ist nicht zu verwechseln mit dem Betreiben eines eigenen Newsletters. Denn ein solcher unterliegt in der Regel völlig anderen Kostenstrukturen. Es fallen Aufwände für die redaktionelle Betreuung des Newsletters an. Je nachdem, ob der Newsletter in Eigenregie betrieben wird oder eine Agentur beauftragt wurde, fallen hierfür Personalkosten oder externe Honorare an. Im Falle von externen Honoraren wird häufig ein Festpreis für die Erstellung und Versendung einer definierten Anzahl von Newslettern vereinbart.

Online-PR – Vergütung und Interessen

Online-PR ist im Grunde ähnlich zu sehen wie die konventionelle Presse- und Öffentlichkeitsarbeit. Im Mittelpunkt steht die Bereitstellung von Informationen für Journalisten oder andere Multiplikatoren, ferner die Kontaktpflege mit den Journalisten/Multiplikatoren. Häufig wird für diese Dienstleistung ein Festpreis verhandelt. In vielen Fällen wird die Online-PR von der PR-Agentur eines Unternehmens übernommen.

Bis vor wenigen Jahren hatte die Online-PR noch eine sehr starke Ausprägung im Bereich der Suchmaschinenoptimierung. Da jedoch Backlinks von Presseportalen in der jüngeren Zeit bei der Suchmaschinenoptimierung nur noch eine sehr geringe Wertigkeit haben, hat diese Bedeutung stark abgenommen.

Social-Media-Marketing – Vergütung und Interessen

Das Thema »Social-Media-Marketing« ist sehr weitläufig. Das Betreiben eines Unternehmens-Blogs ist genauso eine Maßnahme aus dem Bereich des Social-Media-Marketings wie das Betreiben einer eigenen Facebook-Fanpage. Für beides können spezielle Agenturen eingeschaltet werden. Beides kann aber auch in Eigenregie durch eigenes Personal betrieben werden. Langfristig wird wohl kaum ein Unternehmen darum herumkommen, eigene Kompetenzen in Sachen Social-Media aufzubauen. Die Honorare, welche Agenturen oder Berater für die Unterstützung von Social-Media-Aktivitäten eines Unternehmens veranschlagen, hängen vom Einzelfall ab. Es gibt sowohl projektabhängige Vergütungsmodelle als auch Pauschalbeträge für eine dauerhafte Beratung.

Neben den Interessen der Spezialagenturen oder der Berater gibt es natürlich auch noch die Interessen der Betreiber unterschiedlicher Plattformen. Diese Aussage möchte ich am Beispiel einer Facebook-Fanpage verdeutlichen: Betreibt ein Unternehmen eine Facebook-Fanpage und postet auf dieser Fanpage regelmäßig Beiträge, so werden diese im Normalfall immer nur von einem Bruchteil der Fans dieser besagten Fanpage gesehen. Facebook hat gar kein Interesse daran, jedem Fan einer Fanpage alle darauf veröffentlichten Nachrichten anzuzeigen. Denn Facebook finanziert sich primär über Werbung. Möchte ein Unternehmen nun, dass mehr Fans einen bestimmten Beitrag (Post) sehen, so muss es diesen Beitrag bewerben und Facebook dafür bezahlen, dass die Reichweite des Beitrags innerhalb der eigenen Fanbase erhöht wird.

Mobile-Marketing – Vergütung und Interessen

Mobile-Marketing ist im Grunde nur bedingt eine eigenständige Online-Marketing-Disziplin. Es unterliegt im Kern den gleichen Mechanismen, die auch schon in anderen Online-Marketing-Disziplinen beschrieben wurden. Beispielsweise wird ein Werbebanner, welches auf ein mobiles Endgerät ausgesteuert wird, nicht anders vergütet als dieses im Abschnitt »Online-Werbung« beschrieben wurde. Auch eine Werbung, die in einer App platziert wird (im App-Advertising), wird im Normalfall den gleichen Gesetzmäßigkeiten unterliegen wie andere Online-Werbung auch. Daher wird auf eine Differenzierung an dieser Stelle verzichtet.

8.5.3 Der Unterschied zwischen einer Kennzahl und einem KPI

Im Online-Marketing gibt es sehr viele unterschiedliche Kennzahlen. Häufig findet man auch den Begriff »Key Performance Indicator« (KPI). In der Praxis werden diese Begriffe häufig nicht klar voneinander abgegrenzt, was zu Missverständnissen führt. Für das effiziente Controlling sind unpräzise Definitionen und wenig trennscharfe Abgrenzungen nicht förderlich. Daher möchte ich an dieser Stelle eine klare Abgrenzung vornehmen.

Eine Kennzahl ist erst einmal nur eine Metrik, die eine quantitative Aussage über ein bestimmtes Merkmal zulässt. Die Anzahl der Klicks, die Reichweite oder die Anzahl der Conversions sind zunächst einmal eine Kennzahl. Auch weiter entwickelte Kennzahlen wie die Kosten pro Klick oder die Kosten pro Conversion sind zunächst einmal nur eine Kennzahlen.

Erst durch die Verbindung einer Kennzahl mit einem klar definierten Ziel wird aus der Kennzahl ein KPI. Denn nur durch die Verbindung der Kennzahl mit einem Ziel wird sie zu einem Indikator, der Aussagen über den Wirkungsgrad einer Maßnahme zulässt.

Dazu ein vereinfachtes Beispiel:

Eines der strategischen Ziele eines B2B-Unternehmens ist die Kundengewinnung zu Kosten von unter 4000 Euro pro Neukunde. Eine Maßnahme zur Kundengewinnung ist die Schaltung von Keyword-Anzeigen zu Kosten von durchschnittlich 6 Euro pro Klick. Monatlich werden die Anzeigen des Unternehmens 100.000 Mal angezeigt und 2500 Klicks/Besucher generiert. 50 Besucher nehmen anschließend mit dem Unternehmen Kontakt auf. Die Klickrate beträgt also 2,5 Prozent, die Conversion Rate 2 Prozent, da eine Conversion mit Kontaktaufnahme (z. B. per E-Mail oder Webformular = Lead) definiert ist. Im Durchschnitt werden 10 Prozent der Leads am Ende eines persönlichen Beratungsprozesses zu Neukunden.

In diesem Beispiel gibt es sehr viele Kennzahlen. Keine dieser Kennzahlen ist ein KPI im Sinne der Zieldefinition und keine dieser Kennzahlen lässt eine Aussage über den Wirkungsgrad der Maßnahme Google Ads in Bezug auf die Zielsetzung zu.

Es gibt jedoch genügend Kennzahlen, die die Entwicklung eines echten KPIs ermöglichen. Es werden zu Kosten von 15.000 Euro (6 x 2.500) 50 Leads generiert. Die Kosten pro Lead belaufen sich also auf 300 Euro. Im Durchschnitt werden 10 Prozent der Leads am Ende eines persönlichen Beratungsprozesses zu Neukunden. Im vorliegenden Beispiel also fünf. Die Kosten pro gewonnenen Neukunden liegen demnach bei 3000 Euro und damit um 1000 Euro unterhalb des gesetzten Ziels von 4000 Euro. Unter der Voraussetzung, dass sich das Verhältnis der Leads zu gewonnenen Neukunden nicht substanziell ändert, dürfen die »Kosten pro Lead« maximal 400 Euro betragen. Die Kennzahl »Kosten pro Lead« ist also ein deutlicher Indikator für den Wirkungsgrad der Maßnahme Google Ads im Sinne des definierten Ziels. **Damit wird die Kennzahl zum KPI »Kosten pro Lead ≤ 400«.**

8.5.4 Klicks, Conversions oder Inkrement

Früher war das Last Touch-Attributionsmodell fast überall im Einsatz. D. h. der Maßnahme (Banner, Post, Keyword-Ad, Newsletter, etc.), die zuletzt vor einer Conversion einen Kontakt zum Käufer hatte, wurde der Kauf angerechnet. Doch immer größer werdende Teile der Industrie rücken von der Last Touch-Attribution ab. Selbst Google empfiehlt heute das Attributionsmodell »Last Interaction« nur noch selten. Bitte sehen Sie zu Googles Attributionsmodellen auch den Exkurs: Das Attributionsmodell »Even Credit« kurz erläutert auf Seite 288.

Marketeers orientieren sich aber immer noch gerne am Last Touch. Warum? Weil es so schön einfach und leicht zu messen ist. Häufig ist das aber keine gute Idee mehr. Denn die digitale Welt wird immer granularer. Es gibt heute viel mehr Touchpoints als früher. Wer sich heute ausschließlich an Klicks oder Conversions orientiert, investiert sein Marketingbudget vielleicht suboptimal (um es diplomatisch auszudrücken). Allmählich sollten sich Marketeers vielleicht mit dem Inkrement beschäftigen.

Inkrementalität belohnt nicht einfach einen Klick oder eine Conversion, sondern schaut sich an, welche Interaktion den Kunden aus dem passiven Wahrnehmungszustand zur aktiven Kaufentscheidung gebracht hat. Eine Interaktion, welche eine Kaufentscheidung beeinflusst hat, wird als inkrementell angesehen. Sehr häufig sind das mehr als nur eine.

Bei der Inkrementalitäts-Messung geht es also darum, eine oder mehrere Interaktionen zu identifizieren, ohne welche es nicht zu einem Kauf/Conversion gekommen wäre. Das kann im Zweifel auch eine Interaktion wie das bloße Ansehen eines Videos oder eines Werbevideos innerhalb eines YouTube-Videos sein. Es muss also noch nicht einmal zu einem Besuch einer Website über einen Klick gekommen sein. Es geht primär um die Messung der Effektivität von Werbung bzw. einzelnen Werbemaßnahmen. Die Inkrementalitäts-Messung versucht also, einen kausalen Zusammenhang von Werbung und tatsächlichem Kauf herzustellen, um letztlich mehr mit einem gegebenen Marketingbudget zu erreichen, Budgetverschwendung zu vermeiden und besser Wahlentscheidungen zu treffen. So die Theorie.

In der Praxis benötigt Inkrementalitäts-Messung viele Daten- und Messpunkte. Ferner werden AdServer der Oberklasse benötigt und natürlich ein gewisses Budget, damit sich der Aufwand überhaupt lohnt. Aktuell findet man in der Praxis eher Klick-optimierende oder Conversion-optimiernede Algorithmen. Beispielsweise bietet Google u. a. eine »Klicks maximierende« und eine »Conversions maximierende« Gebotsstrategie an. Nicht immer sind solche Ausrichtungsmodelle zielführend. Ein Beispiel: Klick-optimierende Algorithmen versuchen eine möglichst gute Klick-Performance zu erreichen, indem sie Menschen targeten, die am wahrscheinlichsten auf eine Anzeige klicken. Allerdings ist aus verschiedenen Studien bekannt, dass Leute die häufig auf ein Banner oder eine Keyword-Anzeige klicken, nicht zwangsläufig auch häufig kaufen. Facebook und Nielsen wollen sogar 2016 herausgefunden haben, dass klickfreudige User oft mehr als 5,5 Mal teurer sind als User, die nur selten auf Banner oder Keyword-Ads klicken. Derartige Aspekte haben natürlich einen Einfluss auf den Umsatz, der mit einem gegebenen Marketingbudget erreicht werden kann. Klick-optimierende Algorithmen sind oft für den Anbieter profitabel – nicht aber für den Werbetreibenden. Damit möchte ich aber jetzt nicht sagen, dass Klick-optimierende Algorithmen keine Daseinsberechtigung haben. Es kommt eben immer auf den Einzelfall, auf die jeweiligen Ziele und Rahmenbedingungen an. Wichtig ist, dass man als Marketeer die Alternativen und Optionen kennt und die Stellschrauben entsprechend einstellt (oder einstellen lässt).

8.5.5 Einige Kennzahlen zur Einstimmung

Eine wirklich gute Online-Marketing-Konzeption verbessert ihre Ergebnisse permanent selbst (Stichwort: Permanenter Verbesserungsprozess). Kennzahlen bilden die Basis für den »Permanenten Verbesserungsprozess« und zwar über ein regelmäßiges Reporting und die permanente Erfolgsmessung aller Online-Marketing-Maßnahmen. Je nach Zielsetzung einer Online-Marketing-Konzeption sind im laufenden Prozess unterschiedliche Fragen zu beantworten. Demzufolge haben KPIs in Abhängigkeit der Zielsetzung einen unterschiedlichen Stellenwert. Typische Fragestellungen sind:

- Welche Werbemittel bringen Kunden? Welche kosten nur Geld?
- Welche Suchbegriffe bringen die besten Conversion Rates?
- Welche Suchbegriffe bringen die meisten Kunden (Leads)?
- Was kostet ein neuer Kunde (Stichwort Kundenwert)?
- Woher kommen meine Besucher?
- Welches Keyword bringt Umsatz und zu welchen Kosten?

In der folgenden Tabelle werden typische Kennzahlen aus dem Umfeld Online-Marketing aufgeführt und erläutert. In den folgenden Abschnitten nehme ich dann je Teildisziplin eine Einordnung und Wertung vor.

Kennzahl	Erläuterung
Anzahl Bestellungen	Anzahl der durch einen Kampagnenbaustein, ein bestimmtes Werbemittel oder gar ein einzelnes Keyword erzielten Bestellungen.
Conversions	Anzahl der Webseitenbesucher, die eine gewünschte Transaktion durchgeführt haben. Eine Transaktion kann z. B. ein Kauf, das Ausfüllen eines Formulars, die Abonnierung eines Newsletters oder Ähnliches sein.

Kennzahl	Erläuterung
Conversion-Rate (CR)	Verhältnis zwischen den erreichten Conversions und der Anzahl der Besucher (Klicks), die durch eine Kampagnenkomponente (Werbemittel, Keyword etc.) auf die Zielwebseite gelenkt wurden. CR = Conversions/Klicks x 100
Cost per Click (CPC)	Die Kosten in Euro, die für einen neuen Besucher (Klick) gezahlt werden (auch Cost-per-Click-Through genannt).
Cost per Conversion	Die Kosten, die pro gewünschter Transaktion anfallen. Diese lassen sich i. d. R. auf die unterste Ebene einer Kampagne, also auf das Werbemittel oder das Keyword, herunterbrechen.
Cost per Lead (CPL)	Bezeichnet die Kosten, die zur Erlangung eines jeden neuen Kontaktes anfallen. Dieser Wert ist im Prinzip identisch mit den »Cost per Conversion«, da ein Lead auch gleichzeitig eine Conversion darstellt. Die Kennzahl CPL kommt bei Kampagnen zum Tragen, bei denen nicht direkt über das Internet verkauft wird, beispielsweise im Assekuranzumfeld, wo es lediglich darauf ankommt, Adressen von Interessenten zu gewinnen, da die Produkte zu erklärungsbedürftig sind, als dass sie über das Internet verkauft werden könnten.
Cost per Order (CPO)	Bezeichnet die Kosten, die je Bestellung anfallen. Dieser Wert kann pro Kampagne, pro Baustein einer Kampagne oder pro einzelnem Werbemittel, ja sogar einzelnem Keyword betrachtet werden.
Gewinn je Euro (ROI)	Bezeichnet den Gewinn je eingesetztem Euro Werbebudget. Wiederum gilt, dass dieser Wert pro Kampagne, pro Baustein einer Kampagne oder pro einzelnem Werbemittel betrachtet werden kann.
Klickrate (Click-Through-Ratio, CTR)	Verhältnis zwischen den Einblendungen eines Werbemittels (Impressions) und der Anzahl der Klicks. CTR = I / Klicks x 100
Klicks	Anzahl der Besucher, die auf ein entsprechendes Werbemittel geklickt haben und so auf die Webseite des Werbetreibenden gelangt sind.

Kennzahl	Erläuterung
Kosten je Bestellung	Kosten der Kampagne, eines Kampagnenbausteins oder eines Werbemittels geteilt durch die Anzahl der jeweils herbeigeführten Bestellungen.
Kosten je Bestellung durch Wiederkäufer	Kosten der Kampagne, eines Kampagnenbausteins oder eines Werbemittels geteilt durch die Anzahl der jeweils herbeigeführten Bestellungen durch Wiederkäufer.
Kundenwert (Customer Lifetime Value)	Der Kundenwert ist eine wirtschaftliche Kundenlebenszeitbetrachtung. Der Wert geht davon aus, dass ein neu akquirierter Kunde im Laufe seines Kundenlebens nicht nur eine, sondern mehrere Bestellungen tätigt. Der abgezinste Gewinn, der durch diese Bestellungen erzielt wird, stellt den Wert eines Neukunden zum Zeitpunkt der Erstbestellung dar. Dieser Wert lässt sich nur als Durchschnittswert auf der Basis von Vergangenheitswerten ermitteln, ist aber grundsätzlich eine sehr interessante Kennzahl zur Beurteilung von Erfolg oder Misserfolg einzelner Kampagnenbausteine.
Nettokäufe	Anzahl der durch die Kampagne generierten Käufe bereinigt um die Retouren.
Neukontakte (Leads)	Anzahl der durch die Kampagne generierten Neukontakte.
Page Impressions (PIs)	Page Impressions (früher auch Page Views) ist ein Begriff aus der Internetmarktforschung und bezeichnet den Abruf einer Einzelseite innerhalb einer Webseite.
Retouren	Anzahl der Rücklieferungen. Ein getrenntes Monitoring der Rücklieferungen kann interessant sein, um beurteilen zu können, ob die Kunden, die durch Online-Marketing akquiriert werden, tendenziell höhere Retourenkosten verursachen als der Durchschnitt aller anderen Kunden.
Umsatz	Umsatz, der durch die Kampagne, einen Kampagnenbaustein oder ein einzelnes Werbemittel erreicht wurde.
Umsatz je Bestellung	Umsatz, der durchschnittlich je Bestellung erreicht wird. Dieser Wert kann als Vergleichswert zu anderen, nicht dem Online-Marketing zuzuordnenden Maßnahmen herangezogen werden.

Kennzahl	Erläuterung
Umsatz je eingesetztem Euro	Umsatz je für die Kampagne eingesetztem Euro. Auch für diesen Wert gilt, dass er pro Kampagnenbaustein oder für einzelne Werbemittel betrachtet werden kann.
Umsatz je Euro mit Wiederkäufern	Von Wiederkäufern getätigter Umsatz je eingesetztem Euro Werbebudget.
Wiederkäufer	Anzahl der Wiederkäufer, also derjenigen Kunden, die durch eine Kampagne oder einen Kampagnenbaustein akquiriert wurden und mehrfach gekauft haben. Diese Kennzahl erlaubt eine Aussage über die Kundentreue der durch die Kampagne erlangten Neukunden.

Tabelle 8.2: Typische Kennzahlen im Online-Marketing. Quelle: Lammenett, Praxiswissen Online-Marketing, Springer Gabler, 7. Auflage, Seite 505.

Wie wichtig es ist, die »richtigen« KPIs für die Steuerung von Online-Marketing-Aktivitäten heranzuziehen, möchte ich anhand eines Beispiels aus dem Keyword-Advertising für einen Onlineshop näher erläutern:

Die Beantwortung der Frage, ob eine Keyword-Advertising-Kampagne, ein einzelner Baustein einer Kampagne (Anzeigengruppe) oder gar ein einzelnes Keyword profitabel ist, lässt sich anhand der Gegenüberstellung der jeweiligen Kosten und des Ertrags ermitteln. Der Ertrag wird in der Regel durch den Gewinn definiert, der durch die auf das Keyword-Advertising zurückzuführenden Transaktionen entstanden ist.

In der Praxis arbeiten jedoch die wenigsten Shopbetreiber mit einer Kosten-Ertrags-Gegenüberstellung. In den meisten Fällen ist lediglich das »Google Conversion Tracking« installiert, welches Auskunft darüber gibt, welches Keyword wie häufig eine Conversion, also einen Kauf, ausgelöst hat. Wie umsatz- oder gewinnstark dieser Kauf bzw. diese Käufe waren, ist zunächst nicht bekannt. Demzufolge kann auch keine Gebotsentscheidung auf Basis dieser Kriterien erfolgen.

Die Tatsache, dass viele Shopbetreiber sich mit einer Kampagnensteuerung auf Basis von Conversions aus Google Ads zufriedengeben, ist eigentlich recht paradox, denn moderne Trackingsoftware bietet viel mehr. Sogar das kostenlose Google Analytics, welches in Deutschland sehr häufig im Einsatz ist, bietet über eine E-Commerce-Erweiterung Umsatzzahlen auf Keyword-Ebene. Hierzu muss das Google-Ads-Konto lediglich mit dem Google-Analytics-Konto verknüpft und die E-Commerce-Funktion bei Google Analytics eingerichtet werden. Je nach Shopsystem ist dies mit wenigen Mausklicks zu bewerkstelligen.

Da Shopbetreiber ihre Margen in der Regel sehr gut kennen, können anhand solcher Berichte auch überschlägig Gewinn und Kosten gegenübergestellt werden. Durch die Kenntnis der Kosten-Gewinn-Relation auf Keyword-Ebene können die gewinnbringenden Keywords von den Keywords, die nur Geld kosten, aber keinen Gewinn erwirtschaften, separiert werden.

Doch damit nicht genug. Als wäre das Leben eines Shopbetreibers nicht schon kompliziert genug, fließt jetzt auch noch der sogenannte Kundenwert in die Betrachtung mit ein. Denn unter bestimmten Umständen ist die kurzfristige Kosten-Ertrags-Gegenüberstellung nicht die Kenngröße, an der sich ein Shopbetreiber orientieren sollte. Lesen Sie hierzu auch den Exkurs: Kundenwert als komplexer KPI in der Kampagnensteuerung auf Seite 267.

8.5.6 Reporting-Vorschläge für ausgewählte Disziplinen des Online-Marketings

Im Sinne der Ausführungen zum Thema »Permanenter Verbesserungsprozess« im Abschnitt 8.5.1 »Vorüberlegungen«, ist ein aussagfähiges Reporting essenziell. Ein permanenter Verbesserungsprozess wird jedoch nur dann stattfinden, wenn Marketingverantwortliche regelmäßig[76] mit den handelnden Akteuren über das Reporting sprechen. Diese Gespräche sollten zahlenorientiert und kritisch sein; im Sinne von Fördern und Fordern. In der Folge werde ich einige Online-Marketing Disziplinen aus dem **Blickwinkel des Controllings** beleuchten und auch Vorschläge für ein Reporting unterbreiten. Alle vorgeschlagenen Entwürfe für Reportings sind demnach als »Executive-Reportings« zu verstehen.

8.5.6.1 Affiliate-Marketing aus dem Blickwinkel des Controllings

Sollten Ihnen die Mechanismen, die Marktteilnehmer und deren finanzielle Interessen nicht geläufig sein, so lesen Sie bitte vorher die entsprechenden Abschnitte in Kapitel 7.1 »Affiliate-Marketing«.

Wenn Affiliate-Marketing in der Online-Marketing-Konzeption eine Rolle spielt und ein permanenter Verbesserungsprozess angestrebt wird, müssen sich Marketingverantwortliche im Kern folgende Fragen stellen:

- »Wie erfolgreich ist das Affiliate-Marketing-Programm meines Unternehmens?« und

[76] Regelmäßig kann je nach Einzelfall wöchentlich oder monatlich bedeuten.

- »An welchen Kennzahlen kann ich den Erfolg des Affiliate-Programms und damit die Leistung meiner Dienstleister/Mitarbeiter ablesen?«

Mit der Beurteilung der Frage, wie erfolgreich das Affiliate-Marketing-Programm des Unternehmens ist, beurteilt der Marketingverantwortliche indirekt natürlich auch die Leistung der operativ verantwortlichen Dienstleister und/oder eigenen Mitarbeiter (bzw. wenn der Marketingverantwortliche operativ selbst tätig ist, seine eigene Leistung).

In den meisten Fällen geht es beim Affiliate-Marketing um die Generierung von Umsatz oder Leads. Im optimalen Fall sollten die generierten Umsätze oder Leads rentabel sein. Erfolg bemisst sich also am generierten Umsatz und/oder am Wert der generierten Leads.

Daher stellt sich die Frage, was die entscheidenden Faktoren für Umsatz oder Leads sind. Ausdrücklich möchte ich in diesem Kontext auf die Worte »entscheidenden Faktoren« abstellen. Marketingverantwortliche sollten sich nicht in Details verstricken. Details, wie beispielsweise die Grundfarbe eines Werbebanners, die technische Umsetzung des Banners oder das das Format des bereitgestellten Produkt-Feeds sind Sache der operativ tätigen Personen. In diesem Sinne sind die wichtigsten Kennzahlen:

- Die Anzahl der Affiliates
- Die Anzahl der im letzten Monat gewonnenen Affiliates
- Der generierte Umsatz oder die Anzahl der gewonnenen Leads
- Der Ertrag aus dem generierten Umsatz/Leads im Verhältnis zu den Kosten

Woher kommen die Zahlen?

Im Normalfall können viele dieser Zahlen im Backend des Affiliate-Netzwerkes abgelesen werden. Das gilt auch für die Kosten, wenn es sich um Provisionen handelt. Die Kosten von externen Dienstleistern oder die Lohnkosten von eigenen Mitarbeitern sind im Regelfall ebenfalls bekannt. Mittels einer Excel-Tabelle, die Monat für Monat fortgeschrieben wird, kann ein Reporting erstellt werden. Meine Empfehlung ist es, dieses wirklich auf wenige relevante Kennzahlen zu beschränken und die operativ Verantwortlichen, egal ob eigene Mitarbeiter oder Dienstleister, regelmäßig in Review-Meetings mit diesen Kennzahlen zu konfrontieren.

Die folgende Tabelle zeigt einen Vorschlag für ein solches Reporting. Jeder Wert ist in Spalte A mit einer Nummer gekennzeichnet. Der entsprechende Wert wird in der Folge mit Bezug auf diese Nummer erläutert.

	A	B–D	E	F	G	H	I	J	K	L
1	**Executive-Reporting**									
2	Affiliate-Marketing									
3							Monat 1	Monat 2	Monat 3	usw.
5	1	Anzahl der Affiliates					900	915	920	
6	2	Gewonnene Affilites im Monat x					11	15	5	
7		Veränderung zum Vormonat						1,7%	0,5%	
9	3	Anzahl der Affiliates, die 70 % vom Umsatz bringen					15	14	13	
11	4	Erzielte Umsätze durch Affiliate-Programm					25.500,00 €	28.000,00 €	32.254,00 €	
13	5	Durchschnittliche Handelsspanne		25%			6.375,00 €	7.000,00 €	8.063,50 €	
15	6	Generierte Leads durch Affiliate-Programm					58,00	45,00	55,00	
16	7	Durchschnittlicher Wert eines Leads		150 €			8.700,00 €	6.750,00 €	8.250,00 €	
18	8	Set-Up Kosten für Affiliate-Programm		5.000 €						
19	9	Kalkulatorische Abschreibung auf		5	Jahre		83,33 €	83,33 €	83,33 €	
20										
21	10	Betreuungskosten externer Dienstleister					2.500,00 €	2.500,00 €	- €	
22	11	Betreuungskosten interne Mitarbeiter (anteilige Lohnkosten)					1.500,00 €	1.100,00 €	2.500,00 €	
24		Provisionen an die Affiliates								
25	12	Umsatzabhängig	11%				2.805,00 €	3.080,00 €	3.547,94 €	
26	13	Provisionen für Leads	50,00 €				2.900,00 €	2.250,00 €	2.750,00 €	
28	14	Provisionen an das Netzwerk	30%				1.711,50 €	1.599,00 €	1.889,38 €	
30	15	Gff. Kosten für neue Werbemittel		2.000 €						
31	16	Kalkulatorische Abschreibung auf		0,25	Jahre		666,67 €	666,67 €	666,67 €	
33		Summe Kosten					12.166,50 €	11.279,00 €	11.437,32 €	
35	17	**Deckungsbeitrag**					**22.033,50 €**	**23.471,00 €**	**29.066,68 €**	
36		Veränderung in %						7%	24%	
38	18	**DB pro 1 Euro Gesamtkosten**					**1,81 €**	**2,08 €**	**2,54 €**	
39	»	**KPI: Zielerreichung DB pro 1 Euro Gesamtkosten (bei Ziel 1,90 €, dann sind 1,90 € = 100%)**					**104,7%**	**90,5%**	**66,2%**	

Tabelle 8.3: Vorschlag für Executive-Reporting für Affiliate-Marketing

Erläuterung der Tabelle:

1. Es gehört zum Aufgabengebiet der Betreuer des Affiliate-Programms, neue Affiliates zu akquirieren. Je mehr Affiliates ein Programm hat, desto höher ist die Chance auf zusätzlichen Umsatz oder Leads. Entscheider sollten daher bei der Begutachtung der Qualität der Arbeit ihrer Dienstleister oder Mitarbeiter auch die Anzahl der Affiliates im Blick haben. In der Regel ist die Anzahl der Affiliates im Backend des Affiliate-Programms ablesbar.
2. Die jeweils pro Monat gewonnenen neuen Affiliates sind eine relevante Kennzahl, um die Arbeit der Betreuer des Affiliate-Programms zu beurteilen. Kümmern sich die Betreuer aktiv um die Anwerbung neuer Affiliates, werden Monat für Monat neue Affiliates hinzukommen. In der Regel ist diese Zahl im Backend des Affiliate-Programms ablesbar.

3. Häufig ist es so, dass wenige Affiliates 70 oder gar 80 Prozent des Umsatzes machen. Je weniger Affiliates den Löwenanteil des Umsatzes/Leads machen, desto anfälliger ist ein Affiliate-Programm. Daher sollte die Zahl der Affiliates, die 70 Prozent des Umsatzes machen, möglichst hoch sein im Vergleich zur Summe aller Affiliates (1). In der Regel ist diese Zahl über das Backend des Affiliate-Programms zu ermitteln. Die Umsätze der einzelnen Affiliates werden dort ausgewiesen.
4. Der Umsatz, der von den Affiliates initiiert wurde, ist in der Regel im Backend des Affiliate-Programms ablesbar, denn darauf basiert häufig die Provision, die der Affiliate abrechnet.
5. Die durchschnittliche Rendite oder die Handelsspanne kann im Normalfall von der Buchhaltung oder dem Steuerberater ermittelt werden. Problematisch wird diese Betrachtung jedoch dann, wenn unterschiedliche Produktgruppen völlig unterschiedliche Handelsspannen haben. Dann müsste man an dieser Stelle mit einer differenzierten Betrachtung arbeiten und Cluster bilden.
6. In der Regel ist diese Zahl im Backend des Affiliate-Programms ablesbar.
7. Der Wert eines Leads schwankt sehr stark von Geschäftsmodell zu Geschäftsmodell. Steht der Lead bereits für einen gewonnenen Kunden, beispielsweise wenn ein Telefonvertrag abgeschlossen wurde, so lässt sich der Wert im Sinne eines Kundenwertes sicherlich auf der Grundlage empirischer Daten leicht ermitteln. Dazu sollte die Buchhaltung und/oder der Steuerberater in der Lage sein. In anderen Fällen ist mehr Vorarbeit notwendig, beispielsweise wenn lediglich die Kontaktdaten für ein ausgefülltes Kontaktformular als Lead vergütet werden – aber der reale Verkauf bzw. Vertragsabschluss erst noch herbeigeführt werden muss. In einem solchen Fall stellen sich die Fragen: Wie viele Leads führen zu einem Abschluss und was ist ein Abschluss im Durchschnitt wert? Die Formel für den in 7 einzutragenden Wert wäre dann: 7 = (durchschnittlicher Abschlusswert) / (Anzahl Leads, die notwendig sind, um einen Abschluss zu bewirken).
8. Ein Affiliate-Netzwerk nimmt zur Listung eines neuen Affiliate-Programms i. d. R. eine sogenannte Setup Fee. Dieser Betrag ist eine Einmalzahlung ganz zu Beginn des Engagements. Unter 8 könnten auch die einmaligen Konzeptionskosten aufgeführt werden, die anfallen, wenn ein externer Dienstleister mit der Konzeption des Affiliate-Programms beauftragt wird. Diese Kosten würden sinnvollerweise ebenfalls über eine fiktive Laufzeit ver-

teilt werden. Für Anwaltskosten[77], etwa zur Erstellung eines Affiliate-Vertrages, würde das Gleiche gelten.

9. Die Setup-Kosten sollten auf eine fiktive Laufzeit (im Beispiel mit fünf Jahren angenommen) verteilt werden.
10. Ein wesentlicher Kostenfaktor für den Betrieb eines Affiliate-Programms sind die Betreuungskosten, k onkret für die Beantwortung der Fragen von Affiliates, für die Prüfung und Freischaltung neuer Affiliates, für die Stornierung von Provisionen im Falle von Rücksendungen etc. Die Betreuung eines Affiliate-Programms kann entweder von einem Dienstleister übernommen werden oder von eigenen Mitarbeitern. Im erstgenannten Fall wird im Normalfall ein sogenannter Retainer gezahlt. Im zweitgenannten Fall wären die Lohn- und Lohnnebenkosten des involvierten Mitarbeiters anzusehen.
11. Siehe 10
12. Hier ist der Prozentsatz anzugeben, den ein Affiliate vom Werbetreibenden (Merchant) als Umsatzprovision erhält. Alternativ kann auch hier mit den real abgerechneten Provisionen gearbeitet werden, die im Backend des Affiliate-Netzwerkes abzulesen sind.
13. Hier ist der Betrag anzugeben, den ein Affiliate vom Werbetreibenden für die Herbeiführung eines Leads erhält.
14. Dieser Wert beschreibt die Provision, die das Affiliate-Netzwerk in der Regel von den Positionen 12 und 13 erhält. Im Normalfall sind das 30 Prozent.
15. Ein Affiliate-Programm lebt von den Werbemitteln, die vom Merchant für die Affiliates bereitgestellt werden. Bei einigen Programmen werden die Werbemittel regelmäßig ausgetauscht, z. B. in der Modebranche (Sommerkollektion, Herbstkollektion etc.). In 15 werden die Kosten für die Werbemittelerstellung hinterlegt.
16. Die Lebensdauer der Werbemittel ist unterschiedlich lang. Daher müssen die Kosten über die Lebensdauer verteilt werden. Diesem Umstand wird unter 16 Rechenschaft getragen.
17. Zeile 5 und 7 stellen die erwirtschafteten Umsätze dar. Abgezogen werden die variablen Kosten, um den Deckungsbeitrag zu erhalten.

---

77 Nur relevant für Programme, die in Eigenregie (ohne Netzwerk) geführt werden.

Exklusiv für Leser meines Buches habe ich die Excel-Tabelle mit allen Beispielen zum kostenlosen Download bereitgestellt. Den Downloadlink und eine Anleitung und Erläuterung finden Sie am Ende des Abschnitts »Lese- und Arbeitsanleitung« auf Seite 17.

Ausdrücklich möchte ich darauf hinweisen, dass diese Tabelle nur die »Skizze« eines Executive-Reportings für Affiliate-Marketing darstellt. Am Ende des Tages ist jeder Einzelfall anders gelagert und jedes Executive-Reporting wird schlussendlich sehr individuell sein. Sie kann aber als Basis dienen, um ein passendes Reporting zu erstellen.

Exklusiv für Leser meines Buches habe ich einen Screencast erstellt, in dem ich erläutere, wie die Tabelle im Sinne eines permanenten Verbesserungsprozesses genutzt werden kann. Ferner beschreibe ich dort, wie mittels What-If-Analyse Entscheidungen qualitativ verbessert werden können. Möglich wird dies erst durch ein Online-Marketing-Controlling in der beschriebenen Art.

www.lammenett.de/OMC1

Ein Wort zu Affiliate-Marketing und Branding

Natürlich kann Affiliate-Marketing auch Beiträge zum Markenaufbau und zur Steigerung der Bekanntheit eins Unternehmens oder einer Marke leisten. Denn jedes eingeblendete Werbemittel erzeugt Reichweite und Sichtbarkeit.

In der Praxis ist das aber nur ein Nebeneffekt. Der große Nachteil im Sinne von Branding ist die geringere Kontrolle. Der Werbetreibende kann das Umfeld, in dem seine Werbemittel platziert werden, nur sehr bedingt beeinflussen. Das ist bei der Online-Werbung anders. Daher lasse ich das Thema Branding zunächst einmal außen vor. Ich komme aber im Kapitel »Online-Werbung« darauf zurück.

8.5.6.2 Keyword-Advertising aus dem Blickwinkel des Controllings

Sollten Ihnen die Mechanismen, die Marktteilnehmer und deren finanzielle Interessen nicht geläufig sein, so lesen Sie bitte vorher die entsprechenden Abschnitte im Abschnitt »Keyword-Advertising (Google Ads, ehem. AdWords)« ab Seite 123.

Wie im vorstehenden Abschnitt, geht es auch jetzt um den Blickwinkel von Marketingverantwortlichen bzw. Executives. Es geht also um die Kernfragen und nicht um Details. Die Kernfragen in Bezug auf Google Ads lauten:

- Wie erfolgreich betreibt mein Unternehmen Google Ads?
- An welchen Kennzahlen kann ich den Erfolg und damit die Leistung meiner Dienstleister/Mitarbeiter ablesen?

Um Erfolg messbar zu machen und die entsprechend relevanten KPIs zu bestimmen, müssen aussagefähige Ziele definiert werden. Ohne Ziele keine Erfolgsmessung. In der Praxis ist das oft nicht der Fall. Ich höre in Zusammenhang mit Google Ads häufiger Aussagen wie: »Unser Ziel ist es, mit Google Ads Besucher auf unsere Webseite zu bringen« oder »Wir wollen mit Google Ads die Besucher abholen und auf unsere Seite lenken«. Aber ist das wirklich schon alles? Was, wenn es die falschen Besucher sind? Was, wenn sie viel zu teuer eingekauft sind? Was, wenn die Investition in Google Ads sich nicht rechnet und die Kampagne nicht profitabel ist?

Die Beantwortung der Frage, ob eine Keyword-Advertising-Kampagne, ein einzelner Baustein einer Kampagne (Anzeigengruppe) oder gar ein einzelnes Keyword profitabel ist, lässt sich anhand der Gegenüberstellung der jeweiligen Kosten und des Ertrags ermitteln. Der Ertrag wird in der Regel durch den Gewinn definiert, der durch die auf das Keyword-Advertising zurückzuführenden Transaktionen entstanden ist. Bei einem Onlineshop ist das relativ einfach. Ein Onlineshop generiert Umsatz und es entstehen Transaktionen (Käufe). Was aber, wenn auf der Webseite gar nichts verkauft wird?

Wenn nichts verkauft wird, müssen dennoch Ziele definiert werden, die über das »wir wollen Besucher auf unsere Webseite bringen« hinausgehen. Denn Besucher ist nicht gleich Besucher. In der Folge werde ich daher zwei Vorschläge für ein Controlling erläutern: Eines für eine Webseite (ohne direkte Kaufmöglichkeit) und eines für einen Onlineshop.

8.5.6.2.1 Webseite

Jede Webseite hat einen Zweck und verfolgt ein Ziel bzw. mehrere Ziele. Diese Ziele sollte das Keyword-Advertising im Normalfall unterstützen. Zwar sind die Ziele in unterschiedlichen Unternehmen vielfältig und vielschichtig, aber auf der Mikroebene geht es fast immer um:

- Interesse aufrechterhalten oder generieren
- Kontakte anbahnen
- Konsumenten informieren und überzeugen oder
- um die Unterstützung von konventionellen Marketing-Aktionen.

In diesem Zusammenhang stellt sich aus Controlling-Sicht immer die Frage: Welches Verhalten/welche Handlungen auf der Webseite dokumentiert/dokumentieren die Zielerreichung? In der Folge lassen sich dann KPIs ableiten, die allemal zielführender sind als die Anzahl der durch Google Ads generierten Besucher (»Ziel ist es, Besucher auf die Webseite zu bringen«). Drei Beispiele verdeutlichen im Folgenden diesen Ansatz.

Zweck der Webseite	Abgeleitetes Ziel und KPI (Vorschlag)
Eine Marken-Webseite (B2C) dient primär dazu, beim Konsumenten Interesse für die Marke zu generieren oder aufrechtzuerhalten. Ein direkter Verkauf findet nicht statt. Es wird jedoch an einer zentralen Stelle auf die Bezugsquellen hingewiesen. Die Webseite dient als zentrale Heimat aller digitalen Marketing-Maßnahmen.	Das Ziel ist, Interesse zu generieren oder aufrechtzuerhalten. Die Frage ist also, wie sich dieses auf der Webseite dokumentieren lässt? Besucher, die wirkliches Interesse haben, werden wahrscheinlich länger auf der Webseite verweilen als andere. Sie werden ggf. einen auf der Webseite integrierten Film länger ansehen als andere, im Zweifel sogar bis zum Ende. Und sie werden tendenziell eher auf eine Schaltfläche »Bezugsquellen« klicken als andere. Mögliche Kennzahlen zur Bildung von KPIs wären demnach: K1 = Anzahl Besucher mit Verweildauer von mehr als 2 Minuten > 10 Prozent K2 = Anzahl Besucher, die Film bis zum Ende angesehen haben > 25 Prozent K3 = Anzahl Besucher, die sich über Bezugsquellen informiert haben > 5 Prozent An diesen Kennzahlen, die zielkonform sind, lässt sich nun eine Google Ads Kampagne ausrichten, und zwar von der Anzeigengruppe bis hinunter zum einzelnen Keyword, zum Gerät, zur Region etc.
Eine B2B-Webseite möchte über das Unternehmen und seine Produkte / Dienstleistungen informieren, Interesse generieren und den Kontakt zu Interessenten anbahnen. Als Kontaktmöglichkeiten bietet das Unternehmen ein Formular, E-Mails zu direkten Ansprechpartnern und natürlich den telefonischen Kontakt.	Das Ziel ist, Interesse zu generieren und Kontakte (Leads, Anfragen) anzubahnen. Erneut ist die Frage, wie sich dieses auf der Webseite dokumentieren lässt? Als Kontaktaufnahme würde man ein ausgefülltes Webformular werten können, eine E-Mail oder einen Anruf. Davon kann man Kennzahlen ableiten. Z. B: K1 = Anzahl der Kontaktaufnahmen (Leads). Verknüpft man diese mit einem Ziel von 5 Prozent, so erhält man den KPI »Conversion Rate > 5 Prozent«, wobei Conversion

	als Kotaktaufnahme definiert ist. Natürlich könnte man auch drei KPIs definieren und die jeweiligen Kontaktkanäle differenziert betrachten. Technisch lässt sich das über den GTM und GA vergleichsweise einfach abbilden. Bei der telefonischen Kontaktaufnahme muss mit einem Trick gearbeitet werden. Die Telefonnummer wird erst nach dem Klick auf die Schaltfläche »Telefonnummer anzeigen« freigegeben. Der Klick auf die Schaltfläche wird getrackt. Das Interesse an einem bestimmten Thema/einem Produkte/einer Dienstleistung könnte, wie im Fall zuvor, über die Verweildauer auf einer bestimmten Seite oder aber über ein PDF-Download, der angeboten wird, gemessen werden. Es ergäben sich dann weitere Kennzahlen wie: - Anzahl Besucher mit Verweildauer > 2 Minuten auf einer bestimmten Seite. - Anzahl Besucher, die ein bestimmtes PDF als Download angefordert haben. Wiederum müssten diese Kennzahlen mit einem Ziel belegt werden, um den entsprechenden KPI zu bilden.
Die Webseite (Landingpage) bewirbt eine regionale Hausmesse. Über die Webseite können Tickets zur Hausmesse bestellt werden. In diesem Fall wird die konventionelle Marketing-Aktion »Hausmesse« durch die Webseite unterstützt/beworben.	Das Ziel ist es, Teilnehmer für die Hausmesse zu generieren. Wiederum ist die Frage, welche Handlung auf der Webseite die Erreichung dieses Ziels dokumentiert. In diesem Fall ist die relevante Kennzahl schnell identifiziert. Es ist die Anzahl der angeforderten kostenlosen Teilnahmetickets zur Hausmesse. Um das Ziel zu operationalisieren und einen KPI zu bilden, fehlt noch ein Wert, z. B. eine Obergrenze für die Kosten. Nehmen wir an, der Veranstalter ist bereit, pro akquiriertem Teilnehmer 20 Euro zu zahlen. Als KPI zur Aussteuerung der Google Ads Kampagne ließe sich dann »Cost per Conversion < 20 Euro« festlegen, wobei

	Conversion als »Anforderung eines Teilnahmetickets« definiert ist.

Tabelle 8.4: Beispiele für den Zweck einer Webseite und abgeleitete KPIs

Die folgende Tabelle zeigt einen Vorschlag für ein Executive-Reporting für Google Ads. Jede Position ist in Spalte A mit einer Nummer gekennzeichnet. Die entsprechende Position wird in der Folge mit Bezug auf diese Nummer erläutert. **Ausdrücklich möchte ich erneut darauf hinweisen, dass diese Tabelle nur die »Skizze« eines Executive-Reportings darstellt. Am Ende des Tages ist jeder Einzelfall anders gelagert und jedes Executive-Reporting wird schlussendlich sehr individuell sein. Sie kann aber als Basis dienen, um ein passendes Reporting zu erstellen.**

In der Praxis können die Zahlen für das Reporting auch automatisch über GA generiert werden, da sich Google Ads mit GA verknüpfen lässt und Daten, inkl. Kostendaten, einfach ausgetauscht werden können. Die Abbildung 8.9 auf Seite 265 zeigt einen anonymisierten Bericht aus einem Kundenprojekt.

Executive-Reporting

Keyword-Advertising

A	B	F	G	I	J	K	L
				Monat 1	Monat 2	Monat 3	usw.
1	Set-Up Kosten für Google Ads* Kampagne	2.500 €					
2	Kalkulatorische Abschreibung auf	1	Jahre	208,33 €	208,33 €	208,33 €	
3	Betreuungskosten externer Dienstleister	10%	mind. aber 600 Euro	654,10 €	600,00 €	645,10 €	
4	Betreuungskosten interne Mitarbeiter (anteilige Lohnkosten)			- €	500,00 €	- €	
5	Mediabudget (Ausgaben Google)			6.541,00 €	5.580,00 €	6.451,00 €	
6	Summe Kosten			7.403,43 €	6.888,33 €	7.304,43 €	
	Impressions						
	Klicks						
	Klickrate						
	Kosten pro Klick						
7	Anzahl erreichter Conversion 1, z. B. Newsletter-Abonnent			15	9	12	
8	Anzahl erreichter Conversion 2, z. B. Klick auf "Bezugsquellen"			121	98	139	
9	Anzahl erreichter Conversion 3, z. B. ausgefülltes Anfrageformular			51	21	45	
10	Summe Conversions			187	128	196	
11	Kosten pro erreichter Conversion			39,59 €	53,82 €	37,27 €	
	KPI Cost per Conversion Zielerreichung (bei Ziel 40 Euro)			101,02%	65,46%	106,83%	
12	Durchschnittlicher Wert einer Conversion	52 €					
	Gesamtwert der durch Google Ads akquirierten Besucher			9.724,00 €	6.656,00 €	10.192,00 €	
13	**Deckungsbeitrag**			**2.320,57 €**	**- 232,33 €**	**2.887,57 €**	

Wenn die Maximal-Kosten unterschritten werden, dann ist das Ziel überschritten. Daher hier Zielerreichung 101,02%.

Under-Performer. Das Ziel wurde nur zu 65,46% erreicht.

Tabelle 8.5: Vorschlag für Executive-Reporting für Google Ads

Anmerkung zur Bildung des KPIs „Cost per Conversion Zielerreichung" (bei Ziel 40 Euro): Wenn die Ziel-Kosten unterschritten werden, ist das Ziel überschritten. Also ein klarer Over-Performer. Daher hier die Zielerreichung von 101,2 Prozent bzw. 106,83 Prozent bei Unterschreitung der angestrebten Maximalkosten für eine Conversion.

Erläuterung der Tabelle:

Bewusst habe ich beim Executive-Reporting für Google Ads auf Details wie Impressions, Klicks, Klickrate oder Kosten pro Klick verzichtet. Diese Werte sind in der Tabelle nur angedeutet, aber nicht ausgewiesen. Am Ende des Tages sind diese Details Sache der ausführenden Agentur oder des Mitarbeiters, der die Google Ads Kampagne betreut. Ein Executive muss sich nicht zwingend um solche Details kümmern. Beispielsweise wird eine schlechte Klickrate sich sicherlich negativ auf die Kosten pro erreichtem KPI auswirken. Im Normalfall wird eine betreuende Agentur im Rahmen der laufenden Optimierung von ganz alleine die relevanten Detailwerte (einer davon ist die Klickrate) im Auge behalten; jedenfalls dann, wenn sie in regelmäßigen Review-Meetings mit den Kosten pro erreichtem KPI konfrontiert wird. An dieser Stelle wird nochmals die Bedeutung von regemäßigen Meetings zwecks Besprechung der Ergebnisse deutlich. Ohne die regelmäßige Beschäftigung mit den generierten Zahlen wird es keinen permanenten Verbesserungsprozess geben. Ohne die Ansprache von Fehlentwicklungen erst recht nicht. Eine Online-Marketing-Konzeption kann also mittel- bis langfristig nur das Optimum generieren, wenn es ein aussagefähiges Online-Marketing-Controlling gibt und den regelmäßigen Austausch des Marketingverantwortlichen bzw. Executives mit den ausführenden Personen/Dienstleistern.

Nun zur Erläuterung der Tabelle:

1. Die Anlage eines Google Ads Kontos und das Setup einer oder mehrerer Kampagnen verursacht initial Kosten: Entweder Lohnkosten, wenn dieses in Eigenregie übernommen wird, oder Kosten für einen externen Dienstleister.
2. Diese Kosten sollten auf einen Zeitraum X kalkulatorisch abgeschrieben werden.
3. Wird Google Ads durch eine externe Agentur betreut, so fallen im Normalfall Betreuungskosten in Abhängigkeit des eingesetzten Media-Budgets (5) an. Diese liegen i. d. R. zwischen 8 und 15 Prozent des Media-Budgets. Im Beispiel sind 10 Prozent, mindestens jedoch 600 Euro angenommen.
4. Falls Google Ads durch einen internen Mitarbeiter ganz oder teilweise betreut wird, wären die internen Lohn- und Lohnnebenkosten anteilig zu berücksichtigen.

5. Media-Budget, welches an Google gezahlt wird. I. d. R. über das firmeneigene Google-Konto. In seltenen Fällen wird heute noch über das Konto der betreuenden Agentur abgerechnet.
6. Summe der Kosten.
7. Mindestens ein Ziel muss definiert werden. Es können, je nach Fall, auch mehrere Ziele definiert werden. Ggf. sollten die Ziele gewichtet werden im Sinne von Prioritäten (Ziel = Conversion).
8. Conversion 2
9. Conversion 3
10. Summe der Conversions, falls mehrere definiert sind.
11. Die »Kosten pro erreichtem KPI« sind im Grunde Dreh- und Angelpunkt aus Sicht des Executive-Controllers. Hier bietet sich die Bildung eines KPIs an. Die gesamte Google Ads Kampagne lässt sich daran ausrichten; von den Anzeigengruppen bis hinunter zum einzelnen Keyword.

Erweiterung des Controllings um Conversion-Wert und DB

Das Controlling muss jedoch an dieser Stelle nicht aufhören. Bezüglich des Wertes aus Pos. 11 stellt sich im Anschluss die Frage, ob die Kosten pro Conversion, die hier entstehen, zu rechtfertigen sind. Es stellt sich die Frage nach dem Wert dieser Conversion und ob dieser Wert die Kosten übersteigt. Entsprechend könnte das Executive-Reporting, wie in dem folgenden Tabellenausschnitt gezeigt, erweitert werden.

28						
29	12	Durchschnittlicher Wert einer Conversion	52 €			
30		Gesamtwert der durch Google Ads akquirierten Besucher		9.724,00 €	6.656,00 €	10.192,00 €
31						
32	13	Deckungsbeitrag		2.320,57 €	- 232,33 €	2.887,57 €

Tabelle 8.6: Erweiterung um Conversion-Wert und Deckungsbeitrag

Die Frage nach dem Wert einer Conversion ist nicht immer leicht zu beantworten. Es kommt im Einzelfall darauf an, wie genau eine Conversion definiert ist. Bei Onlineshops wird sich der Conversion-Wert schnell ermitteln lassen. Bei Internetseiten wird es schwieriger, ist aber nicht unmöglich. Zwei Beispiele sollen diese Aussage verdeutlichen:

- Bei einer B2B-Webpräsenz ist eine Conversion als Kontaktaufnahme über das Webformular, über E-Mail oder über Telefon definiert. Statistisch ermittelt der Vertrieb, dass aus 100 Anfragen sechs Abschlüsse generiert werden mit einem durchschnittlichen Umsatzvolumen von 22.000 Euro. Die Umsatzrentabilität beträgt 15 Prozent. Im Durchschnitt ist eine Conversion also 198 Euro wert (6*22000*0,15/100=198).

- Bei einer B2C- Webpräsenz ist eine Conversion als Klick auf die Schaltfläche »Bezugsquellen« definiert. Als Bezugsquellen sind sowohl Online- als auch Offline-Quellen angegeben. Über die Online-Partner erfährt der Vertrieb, dass 45 Prozent der Besucher, die von der Webpräsenz zum Partner vermittelt werden, auch tatsächlich kaufen. Das durchschnittliche Bestellvolumen liegt bei 15 Euro, die Umsatzrentabilität beträgt 38 Prozent. Im Durchschnitt ist eine Conversion also 2,57 Euro wert (0,45*15*0,38=2,57).

Nicht berücksichtigt ist bei beiden Beispielen der Kundenwert. Bitte lesen Sie zu diesem Thema den Exkurs auf Seite 267.

Exklusiv für Leser meines Buches habe ich die Excel-Tabelle mit allen Beispielen zum kostenlosen Download bereitgestellt. Den Downloadlink und eine Anleitung und Erläuterung finden Sie am Ende des Abschnitts »Lese- und Arbeitsanleitung« auf Seite 17.

Hier noch die eingangs erwähnte Abbildung zum Thema »Automatisch generierte Berichte aus GA mit unterschiedlichen Conversions und Cost per Conversion.«

	Anzeigengruppe	Klicks	CPC	Kosten	Cost-per-Conversion	Kontakt-[redacted] (Abschlüsse für Zielvorhaben 4)	Kontakt-Email (Abschlüsse für Zielvorhaben 2)	Kontakt-NewsletterAbo (Abschlüsse für Zielvorhaben 3)	Kontakt-Formular (Abschlüsse für Zielvorhaben 1)
		3.839 % des Gesamtwerts: 39,66 % (9.680)	0,98 € Durchn. für Datenansicht: 1,10 € (-11,05 %)	3.760,07 € % des Gesamtwerts: 35,16 % (10.694,33 €)	235,00 € % des Gesamtwerts: 507,61 % (46,30 €)	0 % des Gesamtwerts: 0,00 % (4)	4 % des Gesamtwerts: 2,68 % (149)	4 % des Gesamtwerts: 20,00 % (20)	8 % des Gesamtwerts: 13,79 % (58)
1.	[illegible]	3.522 (91,74 %)	1,00 €	3.523,07 € (93,70 %)	271,01 € (115,32 %)	0 (0,00 %)	3 (75,00 %)	3 (75,00 %)	7 (87,50 %)
2.	[illegible]	132 (3,44 %)	0,28 €	37,56 € (1,00 %)	37,56 € (15,98 %)	0 (0,00 %)	0 (0,00 %)	1 (25,00 %)	0 (0,00 %)
3.	[illegible]	73 (1,90 %)	1,32 €	96,31 € (2,56 %)	0,00 € (0,00 %)	0 (0,00 %)	0 (0,00 %)	0 (0,00 %)	0 (0,00 %)
4.	[illegible]	67 (1,75 %)	0,93 €	62,27 € (1,66 %)	0,00 € (0,00 %)	0 (0,00 %)	0 (0,00 %)	0 (0,00 %)	0 (0,00 %)
5.	[illegible]	28 (0,73 %)	0,75 €	21,03 € (0,56 %)	21,03 € (8,95 %)	0 (0,00 %)	0 (0,00 %)	0 (0,00 %)	1 (12,50 %)
6.	[illegible]	13 (0,34 %)	1,38 €	17,97 € (0,48 %)	0,00 € (0,00 %)	0 (0,00 %)	0 (0,00 %)	0 (0,00 %)	0 (0,00 %)
7.	[illegible]	2 (0,05 %)	0,78 €	1,57 € (0,04 %)	1,57 € (0,67 %)	0 (0,00 %)	1 (25,00 %)	0 (0,00 %)	0 (0,00 %)

Abbildung 8.9: Automatisch generierter Bericht aus GA für einen Monat

8.5.6.2.2 Onlineshop

Anders als eine Webseite, generiert ein Onlineshop direkte Umsätze und damit auch direkte Erträge. Daher ist eine Verfeinerung des Controllings für einen Onlineshop im Normalfall durch die Gegenüberstellung der Kosten und des Ertrags möglich. In der Praxis arbeiten jedoch die wenigsten Shopbetreiber mit einer Kosten-Ertrags-Gegenüberstellung. In vielen Fällen ist lediglich das »Google

Conversion Tracking« installiert, welches Auskunft darüber gibt, welches Keyword wie häufig eine Conversion, also einen Kauf, ausgelöst hat. Wie umsatz- oder gewinnstark dieser Kauf bzw. diese Käufe war/waren, ist zunächst nicht bekannt.

Die Tatsache, dass viele Shopbetreiber sich mit einer Kampagnensteuerung auf Basis von Conversions aus Google Ads zufriedengeben, ist eigentlich recht paradox, denn moderne Trackingsoftware bietet viel mehr. Sogar das kostenlose Google Analytics, welches in Deutschland sehr häufig im Einsatz ist, bietet über eine E-Commerce-Erweiterung Umsatzzahlen auf Keyword-Ebene. Hierzu muss das Google Ads Konto lediglich mit dem Google-Analytics-Konto verknüpft und die E-Commerce-Funktion bei Google Analytics eingerichtet werden. Je nach Shopsystem ist dies mit wenigen Mausklicks zu bewerkstelligen. Die Abbildung 8.10 zeigt einen solchen Bericht. Gezeigt wird eine Kosten-Umsatz-Gegenüberstellung auf Kampagnenebene. Wichtigste Kennzahl in diesem Bericht sind die Kosten per Transaction. Im vorliegenden Fall ist ein Ziel von 16 Euro pro Transaktion als Maximalwert vereinbart. Der KPI zur Aussteuerung der Kampagne lautet demnach »Cost per Transaction < 16 Euro«. Solche Gegenüberstellungen sind ohne Probleme auch auf der Ebene von Anzeigengruppen oder Keywords möglich, was für die operativ aktiven Akteure in Bezug auf die Aussteuerung von großer Bedeutung ist.

Kampagne	Cost-per-Transaction ↓	Transaktionen	Kosten	Umsatz
	14,68 € % des Gesamtwerts: 315,61 % (4,65 €)	205 % des Gesamtwerts: 31,68 % (647)	3.008,89 € % des Gesamtwerts: 100,00 % (3.008,89 €)	22.693,80 € % des Gesamtwerts: 31,44 % (72.192,53 €)
1. [illegible]	**40,40 €** (275,25 %)	3 (1,46 %)	121,20 € (4,03 %)	239,85 € (1,06 %)
2. [illegible]	**18,87 €** (128,55 %)	6 (2,93 %)	113,21 € (3,76 %)	696,40 € (3,07 %)
3. [illegible]	**6,92 €** (47,15 %)	178 (86,83 %)	1.231,91 € (40,94 %)	20.022,42 € (88,23 %)
4. [illegible]	**5,26 €** (35,84 %)	1 (0,49 %)	5,26 € (0,17 %)	62,95 € (0,28 %)
5. [illegible]	**5,23 €** (35,64 %)	17 (8,29 %)	88,93 € (2,96 %)	1.672,18 € (7,37 %)
6. [illegible]	**0,00 €** (0,00 %)	0 (0,00 %)	63,37 € (2,11 %)	0,00 € (0,00 %)
7. [illegible]	**0,00 €** (0,00 %)	0 (0,00 %)	309,48 € (10,29 %)	0,00 € (0,00 %)

Abbildung 8.10: Kosten-Umsatz-Gegenüberstellung mit KPI »Cost per Transaction < 16«

Da Shopbetreiber ihre Margen in der Regel sehr gut kennen, können anhand solcher Berichte auch überschlägig Gewinn und Kosten gegenübergestellt werden. Durch die Kenntnis der Kosten-Gewinn-Relation können die operativ tätigen Akteure sogar auf Keyword-Ebene die gewinnbringenden Keywords von den Keywords, die nur Geld kosten, aber keinen Gewinn erwirtschaften, separieren.

Unter bestimmten Umständen ist allerdings die kurzfristige Kosten-Ertrags-Gegenüberstellung nicht die Kenngröße, an der sich ein Shopbetreiber orientieren sollte. Das Stichwort lautet »Kundenwert«. Mehr dazu im folgenden Exkurs.

Exkurs: Kundenwert als komplexer KPI in der Kampagnensteuerung

Angesichts der steigenden Popularität von Performance-Marketing, insbesondere Keyword-Advertising, steigen in Deutschland die Preise für gewinnbringende Keywords kontinuierlich, in einigen Bereichen sogar sehr stark. Das Ende der Fahnenstange ist noch nicht erreicht. Ich erinnere mich noch gut an die Zeiten, als ich »Rechtsschutzversicherung« für einen Euro und »Industrie PC« für zwei Euro eingekauft habe. Heute kostet »Rechtsschutzversicherung« fünf Euro und »Industrie PC« über zehn Euro.

Mit dem Eintritt zusätzlicher Marktteilnehmer steigen die Preise, denn der Preisfindungsmechanismus von Google und Co. basiert auf einem Auktionsprinzip. Je mehr Marktteilnehmer um die guten Plätze bieten, desto höher wird der Preis. In den USA hatten die Preise für Keywords bereits um das Jahr 2010 ein Niveau erreicht, welches das deutsche, je nach Branche und Keyword, um das zwei- bis vierfache überstieg. Meiner Einschätzung nach sind wir in Deutschland langsam auf diesem Niveau angekommen.

Es stellt sich daher in vielen Branchen die Frage, ob Keyword-Advertising trotz dieses erhöhten Wettbewerbs und dem damit höheren Preisniveau dennoch erfolgreich gestaltet werden kann. Natürlich stellt sich auch die Frage, welche Messgrößen und Kennzahlen in engeren Märkten in den Vordergrund rücken.

Die Antwort auf die Frage, ob eine Keyword-Advertising-Kampagne, ein einzelner Baustein einer Kampagne oder gar ein einzelnes Keyword profitabel ist, lässt sich anhand der Gegenüberstellung von Kosten und Ertrag ermitteln. Der Ertrag wird in der Regel durch den Gewinn definiert, welcher durch die auf das Keyword-Advertising zurückzuführenden Transaktionen entstanden ist. Dieser lässt sich durch Tracking genau ermitteln. Das folgende Rechenbeispiel verdeutlicht das Dilemma und die immer größer werdende Notwendigkeit der Nutzung komplexer Kennzahlen bei der Kampagnensteuerung im Keyword-Advertising:

Beispiel – Teil 1

Ein Unternehmen gibt für Keyword-Advertising im Monat 30.000 Euro aus. Die durchschnittlichen Kosten pro Klick liegen bei 95 Cent, die Conversion Rate liegt bei vier Prozent. Nachweislich sind von den Besuchern, die durch das Keyword-Advertising zur Webseite des Betreibers gelenkt worden sind, Umsätze im Wert von 200.000 Euro getätigt worden. Der Betreiber rechnet mit einer durchschnittlichen Umsatzrentabilität vor Steuern von 25 Prozent. Demzufolge beträgt der unmittelbar auf das Keyword-Advertising zurückzuführende Gewinn 50.000 Euro. Dem gegenüber stehen die Kosten von 30.000 Euro. Das Keyword-Advertising ist also auf Basis der hier dargelegten Zahlen als profitabel zu bezeichnen.

Wenn sich nun jedoch die Preise für Keywords verdreifachen, was in einigen Branchen in den letzten beiden Jahren der Fall war, so würde der Betreiber für die gleiche Anzahl von Besuchern mindestens 90.000 Euro ausgeben müssen. Dem gegenüber stünden dann 50.000 Euro Gewinn, womit die Kampagne einen Verlust von 40.000 Euro einfahren würde. Der Betreiber käme zu dem Ergebnis, dass Keyword-Advertising nicht rentabel ist und würde es einstellen.

Das vorangegangene Beispiel zeigt, zu welchen betriebswirtschaftlichen Fehlentscheidungen man gelangen kann, wenn die »falschen« Kennzahlen für die Beurteilung im Online-Marketing-Controlling herangezogen werden. Beim obigen Beispiel wird der Kundenwert völlig außer Acht gelassen.

Per Definition stellt der Kundenwert (Customer Lifetime Value) den Gewinn dar, den ein Kunde im Laufe der gesamten Geschäftsbeziehung mit einem Lieferanten tätigt. In der amerikanischen Literatur ist die Geschäftsbeziehung als der Zeitpunkt definiert, der zwischen dem Zeitpunkt des Erstkaufs und dem Zeitpunkt des letzten Kaufs liegt.

Unterstellt man einen adäquaten Service und ein gutes Customer-Relationship-Management, so wird der Betreiber davon ausgehen dürfen, dass ein durch Keyword-Advertising gewonnener Kunde nicht nur einmal bei ihm einkauft, sondern mehrfach. Hat ein Unternehmen Erkenntnisse über den Kundenwert, so wird er bei der Beurteilung der Werthaltigkeit seiner Marketing-Investitionen wahrscheinlich zu vollkommen anderen Ergebnissen kommen.

Beispiel – Teil 2

Nehmen wir an, das Unternehmen ist bereits fünf Jahre im Geschäft. Durch die Analyse seiner Verkaufsdaten wurde festgestellt, dass im Durchschnitt der Zeitraum zwischen dem Erstkauf eines Kunden und dem letzten Kauf eines Kunden zwei Jahre beträgt. Der Kundenlebenszyklus (zu Neudeutsch: Customer Lifetime) beträgt also zwei Jahre.

Nehmen wir weiter an, das Unternehmen hat in den vergangenen fünf Jahren 50 Millionen Euro Umsatz mit 200.000 Kunden gemacht. Von diesen 50 Millionen Euro entfallen 20 Millionen auf Kunden, die noch keine zwei Jahre Kunde sind. Es handelt sich um 50.000 Kunden. Was bleibt, sind 30 Millionen Euro Umsatz von 150.000 Kunden. Hieraus ergibt sich ein durchschnittlicher Kundenwert

(Average Customer Lifetime Value) von 200 Euro (30 Millionen geteilt durch 150.000 Kunden = 200 Euro).

Mit dieser Kennzahl kann nun die Kampagne wesentlich fundierter ausgerichtet und der Erfolg maximiert werden. Kamen wir noch im Beispiel – Teil 1 zu dem Schluss, dass Keyword-Advertising nicht rentabel ist, so muss diese Einschätzung unter Berücksichtigung des Kundenwertes (Beispiel – Teil 2) revidiert werden. Denn: Mit 30.000 Euro werden rund 31.600 Besucher auf die Webseite gelenkt (30.000/0,95). Ausgehend von einer Conversion Rate von vier Prozent sind das 1.264 Neukunden (31.600*0,04). Bei einem durchschnittlichen Kundenwert von 200 Euro beträgt der Ertrag bzw. Gewinn also 252.800 Euro. Und während der Mitbewerber aus dem Keyword-Advertising aussteigt, weil er immer noch die »falsche« Kennzahl für sein Controlling einsetzt, freuen wir uns über jeden neuen Kunden.

Natürlich wirft die Verwendung des Kundenwertes im Online-Marketing-Controlling auch Fragen auf:

1. Was ist zum Beispiel, wenn Ihr Unternehmen noch sehr jung ist und keine empirischen Daten vorliegen?
2. Was ist, wenn das Verhalten von Kunden, die durch Keyword-Advertising gewonnen werden, von dem Verhalten eines Durchschnittskunden deutlich abweicht?
3. Was ist, wenn der Mitbewerber auch plötzlich das Customer-Lifetime-Value-Konzept erkennt und seine Strategie auch darauf einstellt?
4. Was ist, wenn es in Ihrer Branche keine Kundentreue gibt und nur Spontankäufe?
5. Oder was ist, wenn es überhaupt keine Käufe gibt, weil Ihre Produkte viel zu erklärungsbedürftig sind, als dass man sie über das Internet verkaufen könnte?

Dazu einige Anregungen und Erläuterungen:

Zu 1: Wenn es keine empirischen Daten gibt, kann im Grunde nur mit Benchmarks, beispielsweise aus Branchenindizes, gearbeitet werden. Wenn es auch diese nicht gibt, müsste geschätzt werden, was natürlich ein gewisses Risiko in sich birgt.

Zu 2: Der Fall ist eher selten. Im Normalfall wird man derartige Erkenntnisse auch nur gewinnen, wenn über das Warenwirtschaftssystem oder das ERP-System die Quelle des Kaufs mit getrackt wird und separate Auswertungen möglich sind. Sollte dies der Fall sein, so müssten für das Controlling natürlich die durch die separate Betrachtung verbesserten Werte zur Anwendung kommen.

Zu 3: Dann wird es teurer. Denn der zusätzliche Wettbewerb verschärft den Konkurrenzdruck in Google Ads, was wiederum die Preise steigen lässt. Aber an den Mechanismen ändert sich nichts.

Zu 4: Dann erübrigt sich die Berücksichtigung des Kundenwertes im Online-Marketing-Controlling.

Zu 5: Dieses ist ein Sonderfall, der häufig im B2B- oder im hochpreisigen B2C-Segment anzutreffen ist. Schlussendlich kann Google Ads dann nur über die akquirierten Leads ausgerichtet werden. Siehe hierzu die Tabelle 8.4 »Beispiele für den Zweck einer Webseite und abgeleitete KPIs« auf Seite 262.

Die folgende Tabelle zeigt einen Vorschlag für ein Executive-Reporting für Google Ads für einen Onlineshop unter Berücksichtigung des Kundenwertes. Jeder Wert ist in Spalte A mit einer Nummer gekennzeichnet. Der entsprechende Wert wird in der Folge mit Bezug auf diese Nummer erläutert.

Executive-Reporting

Keyword-Advertising für Onlineshop mit Berücksichtigung des Kundenwertes

				Monat 1	Monat 2	Monat 3	usw.
1	Anzahl der über Google Ads* gewonnenen Neukunden			212	245	211	
2	Anzahl der Käufe von Bestandskunden, die über Google Ads zum Shop kamen			121	145	154	
	Anzahl Käufe (Transaktionen) gesamt			333	390	365	
3	Direkter Umsatz auf Basis von Google Ads			65.000,00 €	68.000,00 €	79.000,00 €	
	Veränderung zum Vormonat				15,6%	-13,9%	
	Durchschnittlicher Bestellwert			195,20 €	174,36 €	216,44 €	
4	Durchschnittliche Rendite/Handelsspanne	20%		13.000,00 €	13.600,00 €	15.800,00 €	
5	Durchschnittlicher Kundenwert (Neukunde)	117 €		24.829,44 €	28.694,40 €	24.712,32 €	
6	Erwirtschafteter Gesamtertrag durch Google Ads			37.829,44 €	42.294,40 €	40.512,32 €	
7	Set-Up Kosten für die Google Ads Kampagne	5.000 €					
8	Kalkulatorische Abschreibung auf	1	Jahre	416,67 €	416,67 €	416,67 €	
9	Betreuungskosten externer Dienstleister	10%	mind. aber 600 Euro	1.050,00 €	1.000,00 €	1.550,00 €	
10	Betreuungskosten interne Mitarbeiter (anteilige Lohnkosten)			1.500,00 €	500,00 €	300,00 €	
11	Mediabudget (Ausgaben Google)			10.500,00 €	10.000,00 €	15.500,00 €	
	Summe der variablen Kosten			13.466,67 €	11.916,67 €	17.766,67 €	
12	Gesamtkosten pro Transaktion			40,44 €	30,56 €	48,68 €	
13	Mediakosten pro Transaktion			31,53 €	25,64 €	42,47 €	
14	Deckungsbeitrag			51.533,33 €	56.083,33 €	61.233,33 €	
15	Ertrag pro 1 Euro Mediaeinsatz			3,60 €	4,23 €	2,61 €	
16	Ertrag pro 1 Euro Gesamtkosten (Media + Dienstleistungskosten + Personalkosten)			2,81 €	3,55 €	2,28 €	
»	**KPI 1: Zielerreichung Ertrag pro 1 Euro Gesamtkosten (bei Ziel 2,60 €, dann sind 2,60 € = 100%)**			**108,0%**	**136,5%**	***87,7%***	
	Deckungsbeitrag (DB)			51.533,33 €	56.083,33 €	61.233,33 €	
17	DB pro 1 Euro Gesamtkosten			3,83 €	4,71 €	3,45 €	

Tabelle 8.7: Vorschlag Google Ads Executive-Reporting für Onlineshop mit Berücksichtigung des Kundenwertes

Erläuterung der Tabelle:

Bewusst habe ich auch bei diesem Executive-Reporting auf Details wie Impressions, Klicks, Klickrate oder Kosten pro Klick verzichtet. Ein Executive muss sich

nicht zwingend um solche Details kümmern. Im Normalfall wird eine betreuende Agentur oder der verantwortliche Mitarbeiter im Rahmen der laufenden Optimierung von ganz alleine die relevanten Detailwerte im Auge behalten. Wenn nicht, wird sich das beim Ertrag (Zeile 16 und 17) bemerkbar machen und bei den regelmäßigen Review-Meetings angesprochen werden.

1. Die Anzahl der durch Google Ads initiierten Käufe kann relativ einfach ermittelt werden, z. B. über das E-Commerce Tracking von GA. Die Differenzierung, wie viele dieser Käufe von Neukunden gemacht wurden, ist schwieriger. Handelt es sich um einen Kauf eines Bestandskunden, dann liegt diese Information im Onlineshop oder im ERP vor. Die Information, was den Kauf initiiert hat (z. B. Google Ads) liegt aber nicht vor im Onlineshop oder ERP. Diese Information ist im Normalfall im Webtracking (z. B. GA) zu finden. Um zwischen Käufen von Neukunden und Bestandskunden zu differenzieren, müssen die Informationen zusammengeführt werden. Technisch kann das automatisiert werden und in beide Richtungen erfolgen.
2. Siehe 1
3. Der Umsatz, welcher über Google Ads generiert wurde, ist in GA ablesbar, wenn das E-Commerce Tracking installiert ist.
4. Die durchschnittliche Rendite oder die Handelsspanne kann im Normalfall von der Buchhaltung oder dem Steuerberater ermittelt werden. Problematisch wird diese Betrachtung jedoch dann, wenn unterschiedliche Produktgruppen völlig unterschiedliche Handelsspannen haben. Dann müsste man an dieser Stelle mit einer differenzierten Betrachtung arbeiten und Cluster bilden.
5. Kundenwert: Dieser Wert muss in Zusammenarbeit mit der Buchhaltung oder dem Steuerberater und ggf. der IT-Abteilung ermittelt werden. Die Kernfragen sind: Wie lange bleibt ein Neukunde im Durchschnitt Kunde? Wie viel Umsatz tätigt er in dieser Zeit? Was ist der daraus entstehende Ertrag/Wert?
6. Summe aus 4 und 5
7. Die Anlage eines Google Ads Kontos und das Setup einer oder mehrerer Kampagnen verursacht initial Kosten: Entweder Lohnkosten, wenn dieses in Eigenregie übernommen wird, oder Kosten für einen externen Dienstleister.
8. Verteilung der Kosten aus 7 auf kalkulatorischen Zeitraum.
9. Wird Google Ads durch eine externe Agentur betreut, so fallen im Normalfall Betreuungskosten in Abhängigkeit des eingesetzten Media-Budgets (11) an. Diese liegen i. d. R. zwischen 8 und 15 Prozent des Media-Budgets. Im Beispiel sind 10 Prozent, mindestens jedoch 600 Euro angenommen.

10. Falls Google Ads durch einen internen Mitarbeiter ganz oder teilweise betreut wird, wären die internen Lohn- und Lohnnebenkosten anteilig zu berücksichtigen.
11. Kosten für die Schaltung der Google Ads. Diese werden i. d. R. direkt an Google gezahlt.
12. Gesamtkosten/Summe aller Käufe.
13. Media-Kosten (11) durch die Summe aller Käufe.
14. Umsatz (3) abzüglich Summe der variablen Kosten.
15. Ertrag pro 1 Euro Media-Einsatz (6 / 11).
16. Ertrag pro 1 Euro Gesamtkosten. Dieser Wert kommt dem ROI nahe, da alle variablen Kosten berücksichtigt sind.
17. Vom Deckungsbeitrag lässt sich relativ einfach die Kennzahl »DB pro 1 Euro Gesamtkosten« ableiten. Achtung: Bei Onlineshops hört die Betrachtung an dieser Stelle nicht auf. In der Regel haben Onlineshops mit Retouren zu kämpfen. Diese Retouren reduzieren zum einen den Umsatz und verursachen zum anderen auch Kosten. Es bietet sich also eine Erweiterung des Modells um diese Aspekte an.

39	18	Retourenquote	35%	22.750,00 €	23.800,00 €	27.650,00 €
40	19	Kosten für Retourenbearbeitung	8,00 €	932,40 €	1.092,00 €	1.022,00 €
42	20	DB bereinigt um Retouren und Retourenkosten		27.850,93 €	31.191,33 €	32.561,33 €
44	21	**DB pro 1 Euro Kosten nach Retouren**		**2,07 €**	**2,62 €**	**1,83 €**
45	»	**KPI 3: Zielerreichung DB pro 1 Euro Kosten nach Retouren (bei Ziel 1,90 €, dann sind 1,90 € = 100%)**		**108,8%**	**137,8%**	**96,5%**

Tabelle 8.8: Erweiterung des Modells um Retouren und Retourenkosten

18. Die Retourenquote beziffert den Anteil der im Durchschnitt zurückgesendeten Waren. Beim vorliegenden Modell wird der Umsatz um diesen Anteil reduziert.
19. Retouren verursachen Bearbeitungskosten und häufig auch Portokosten. Diese werden hier berücksichtigt.
20. Es ergibt sich ein bereinigter Deckungsbeitrag.
21. Vom bereinigten Deckungsbeitrag lässt sich die Kennzahl »DB pro 1 Euro Kosten nach Retouren« ableiten. Versieht man diese Kennzahl mit einem Ziel, so ergibt sich ein aussagefähiger KPI.

Exklusiv für Leser meines Buches habe ich die Excel-Tabelle mit allen Beispielen zum kostenlosen Download bereitgestellt. Den Downloadlink und eine Anleitung und Erläuterung finden Sie am Ende des Abschnitts »Lese- und Arbeitsanleitung« auf Seite 17.

In einem weitern Screencast gehe ich anhand der Beispieltabelle nochmals auf What-If-Analysen ein. Durch ein aussagefähiges Controlling können Entscheidungsprozesse optimiert und ein permanenter Verbesserungsprozess initiiert werden. Mittels What-If-Analysen kann dieser Prozess zusätzlich angeregt und qualitativ verbessert werden.

www.lammenett.de/OMC2

8.5.6.3 SEO aus dem Blickwinkel des Controllings

Sollten Ihnen die Mechanismen, die Marktteilnehmer und deren finanzielle Interessen nicht geläufig sein, so lesen Sie bitte vorher die entsprechenden Abschnitte in Kapitel »Suchmaschinenoptimierung (SEO) « ab Seite 153.

Ähnlich wie das Keyword-Advertising zielt auch die Suchmaschinenoptimierung darauf ab, Besucher auf eine Webseite zu leiten, die dann dort im Idealfall eine gewünschte Handlung[78] vollziehen. Insofern möchte ich mich an dieser Stelle nicht wiederholen, sondern auf die Ausführungen im Abschnitt 8.5.6.2 verweisen. Die Kostenstrukturen sind allerdings bei der Suchmaschinenoptimierung ganz anders als beim Keyword-Advertising. Daher sieht das Controlling hier auch anders aus.

Im Normalfall entstehen bei der Suchmaschinenoptimierung deutlich höhere initiale Kosten als beim Keyword-Advertising. Laufende Kosten entstehen für das sogenannte Linkbuilding und ggf. ein Monitoring, für externe Beratungsleistungen und u. U. für Content.

Die folgende Tabelle zeigt einen Vorschlag für ein Executive-Reporting für SEO. In der Folge werden die jeweiligen Positionen erläutert.

[78] z. B. Kauf, Ausfüllen eines Formulars, Ansehen eines Videos bis zum Ende.

	A	B–E	F	G	I	J	K	L
1	Executive-Reporting							
2	SEO							
3					Monat 1	Monat 2	Monat 3	usw.
5	1	Kosten für technische SEO	8.000 €					
6	2	Kalkulatorische Abschreibung auf	4	Jahre	166,67 €	166,67 €	166,67 €	
8	3	Kosten für inhaltliche/strukturelle SEO	5.000 €					
9	4	Kalkulatorische Abschreibung auf	4	Jahre	104,17 €	166,67 €	166,67 €	
11	5	ggf. Kosten für SEO-Berater	8.000 €					
12	6	Kalkulatorische Abschreibung auf	4	Jahre	166,67 €	166,67 €	166,67 €	
14	7	Lfd. Monitoring und ggf. Kosten externer Dienstleister oder Berater			2.500,00 €	2.500,00 €	2.500,00 €	
15	8	Betreuungskosten interne Mitarbeiter (anteilige Lohnkosten)			2.000,00 €	2.000,00 €	2.000,00 €	
17	9	Kosten für Linkbuilding			500,00 €	500,00 €	500,00 €	
19	10	Summe Kosten			5.437,50 €	5.500,00 €	5.500,00 €	
21		Klicks / Besucher			15.485			
22		Anzahl Conversions in Prozent			0,67%			
23		Sichtbarkeitsindex lt. SEO-Tool			3,75			
24		Anzahl Keywords im Top-10 Ranking			54			
26	11	Anzahl erreichter Ziele (Conversion 1)			15	9	8	
27	12	Anzahl erreichter Ziele (Conversion 2)			88	66	41	
29	13	Summe erreichter Ziele (Conversions)			103	75	49	
31	14	**Kosten pro erreichtem Ziel (bzw. Cost pro Conversion)**			**52,79 €**	**73,33 €**	**112,24 €**	
32	»	**KPI: Kosten pro Zielerreichung bei Ziel 60,00 € maximal (dann ist 60 € = 100%)**			**112,0%**	**77,8%**	**12,9%**	

Wenn die Maximal-Kosten unterschritten werden, dann ist das Ziel überschritten. Daher hier Zielerreichung 112%. Also ein klarer Over-Performer.

Under-Performer. Das Ziel wurde nur zu 12,9% erreicht.

Tabelle 8.9: Vorschlag für SEO Executive-Reporting

Die Tabelle steht als kostenloser Download zur Verfügung Abschnitt »Lese- und Arbeitsanleitung« auf Seite 17).

Erläuterung der Tabelle:

Bewusst habe ich beim Executive-Reporting für SEO auf Details wie Besucher, Sichtbarkeitsindex oder Anzahl Keywords im Top-10-Ranking verzichtet. Diese Werte sind in der Tabelle nur angedeutet. Am Ende des Tages sind diese Details Sache der ausführenden Agentur oder des Mitarbeiters, der sich um SEO kümmert. Ein Marketingverantwortlicher muss sich nicht zwingend um solche Details kümmern. Wenn seitens der Dienstleister oder Mitarbeiter gut gearbeitet wird, dann wird sich dies in sinkenden Kosten pro erreichtem Ziel niederschlagen. Wenn die Kosten steigen oder inakzeptabel hoch sind, muss mit den Verantwortlichen gesprochen werden. Ohnehin empfehle ich, die Zahlen in regelmäßigen Review-Meetings kritisch zu hinterfragen.

1. Möchte man mit SEO Erfolg haben, so muss zunächst eine solide Basis gelegt werden. Technisch, strukturell und inhaltlich muss die Webpräsenz für die Suchmaschinen optimiert werden. Im Normalfall ist hierzu ein spezielles Know-how erforderlich, welches in den wenigsten Unternehmen vorliegt. Selbst Internetagenturen verfügen im Normalfall nur über oberflächliches Know-how in Sachen SEO, weshalb es durchaus ratsam ist, einen SEO-

Berater zu involvieren. SEO ist heute sehr komplex und vielschichtig und befindet sich in einem ständigen Wandel.

2. Die initialen Kosten für die technische Suchmaschinenoptimierung, egal ob diese durch externe Berater, eine externe Agentur oder interne Mitarbeiter entstehen, sollen auf die Restnutzungsdauer des jeweiligen Internetauftritts abgeschrieben werden.
3. Siehe 1
4. Siehe 2
5. Siehe 1
6. Siehe 2
7. SEO ist ein Permanentgeschäft. Die Entwicklung muss beobachtet werden, es muss ggf. nachgebessert werden, es muss auf Veränderungen reagiert werden und von Zeit zu Zeit müssen neue Inhalte erzeugt und optimiert bereitgestellt werden. Es entstehen also laufende Kosten, etwa für die Nutzung einer sogenannten SEO-Suite[79] und ggf. für externe Dienstleister und/oder Lohnkosten für Mitarbeiter, die sich des Themas annehmen.
8. Siehe 7
9. Zwar ist heute das Thema Linkbuilding nicht mehr so bedeutend wie noch vor einigen Jahren. Google hat allerdings mittlerweile die Bedeutung von Backlinks für ein gutes Ranking abgewertet. Dennoch sind themennahe Backlinks ein Baustein im SEO-Erfolgskonzept. Dementsprechend fallen auch hierfür laufende Kosten an.
10. Summe der Kosten aus 1 - 9.
11. Anzahl der erreichten Conversions. Diese sind in der Regel im Webtracking ablesbar.
12. Siehe 11
13. Summe der Conversions bzw. erreichten Ziele.
14. Kosten pro Conversion. Versehen Sie diese Kennzahl mit einem Ziel, so ergibt sich ein geeigneter KPI zur Bewertung der Aktivitäten.

Im Grunde könnte man das Controlling auch an dieser Stelle noch weiter ausbauen. Denn bezüglich des Wertes aus Pos. 14 stellt sich die Frage, ob die Kosten pro Conversion, die hier entstehen, zu rechtfertigen sind. Was ist eine Conversion wert? Übersteigt dieser Wert die Kosten? Beispiele, wie sich der Conversion-Wert ermitteln lässt, finden Sie im Abschnitt »Erweiterung des Controllings um Con-

---

[79] z. B. www.XOVI.de.

version-Wert und DB« auf Seite 264. Das Executive-Reporting könnte dann wie folgt ergänzt werden:

33	15	Durchschnittlicher Wert einer Conversion	99 €			
34		KPI: Gesamtwert der durch SEO akquirierten Besucher		10.197,00 €	7.425,00 €	4.851,00 €
35						
36	16	Deckungsbeitrag		4.759,50 €	1.925,00 €	- 649,00 €

Tabelle 8.10: Erweiterung des SEO Executive-Reportings um eine Bewertung der Conversions

8.5.6.4 Social-Media-Marketing aus dem Blickwinkel des Controllings

8.5.6.4.1 Abgrenzung

In diesem Buch geht es um die Online-Marketing-Konzeption. Fasst man Social-Media-Marketing (SMM) als eigene Marketing-Disziplin auf und nicht als Teildisziplin des Online-Marketings, so ist der Abschnitt 8.5.6.4 in diesem Buch eigentlich deplatziert. Andererseits verschmelzen die Online-Disziplinen mehr und mehr. Eine trennscharfe Differenzierung zwischen Online-Marketing und Social-Media-Marketing wird immer schwieriger. Ist eine bezahlte Werbung in Facebook nun Online-Werbung und damit Online-Marketing? Oder ist sie eine Social-Media-Marketing-Maßnahme, weil die Werbung in Facebook erscheint? Ist ein Unternehmensblog in dem ausschließlich Produkte präsentiert werden, Social-Media-Marketing, nur, weil Blogsoftware zu den Social-Media-Tools zählt? Ist die Veröffentlichung eines Videos in YouTube eine Social-Media-Maßnahme, auch wenn das Video nur eine Produktwerbung zeigt, die 1:1 so auch im TV ausgestrahlt wird?

Die Beantwortung derartiger Fragen ist bisweilen sehr schwierig. Überhaupt ist das Thema SMM sehr komplex und vielschichtig. Es gibt hunderte Werkzeuge und durch die Vielschichtigkeit kann SMM sehr unterschiedliche Ziele bedienen, was auch ein Controlling sehr komplex und vielschichtig macht. In den folgenden Abschnitten werde ich das näher erläutern.

Die Kernfragen für ein Controlling der SMM-Aktivitäten aus dem Blickwinkel von Marketingverantwortlichen sind aber im Grunde identisch mit denen der zuvor erörterten Disziplinen:

- Lohnt sich das Investment in SMM, z. B. in die eigene Firmen-Facebook-Page? Den Firmenblog?
- Was bringt das Engagement auf Twitter oder YouTube konkret? Was ist ein Facebook-Fan wert?

- Leisten die Social-Media-Aktivitäten einen Beitrag zum Erfolg des Unternehmens? Wenn ja, wie hoch ist dieser? Kann ein ROI klar identifiziert werden?
- An welchen Kennzahlen kann ich den Erfolg und damit die Leistung meiner Dienstleister/Mitarbeiter ablesen?

Diese Fragen müssen sich die Verantwortlichen spätestens dann stellen, wenn größere Budgets und ein langfristiges Engagement in Social-Media angedacht ist.

8.5.6.4.2 Viele Tools und Zieloptionen machen das Controlling komplex

In Deutschland gibt es über 250 Social-Media-Tools. Die Vielzahl der Social-Media-Tools und die ganz unterschiedlichen Zielsetzungen, die Social-Media unterstützen kann, machen ein Controlling nicht einfach.

Populäre Instrumente und Werkzeuge sind Facebook, Xing, LinkedIn, YouTube, Twitter, WhatsApp und MySpace. Bitte sehen Sie hierzu auch den Abschnitt 7.11.2 »Die wichtigsten Werkzeuge des Social-Media-Marketings« ab Seite 162.

Wie im Abschnitt »Vorüberlegungen« auf Seite 231 dargelegt, kann Erfolg ohne Ziele nicht gemessen und nicht beurteilt werden. Das Problem beim SMM ist jedoch, dass die Ziele sehr vielschichtig sein können. Bitte sehen Sie hierzu Abbildung 7.16 auf Seite 164.

Natürlich geht es im Normalfall auch beim SMM am Ende des Tages um Steigerung des Gewinns: Entweder durch eine Umsatzsteigerung oder durch Kostenreduzierung (vgl. Abbildung 8.8: Zielpyramide einer Organisation bzw. Unternehmens). Zu beiden Oberzielen kann SMM Beiträge leisten. Auch zu Teilzielen, welche die Oberziele indirekt beeinflussen, kann SMM Beiträge leisten, beispielsweise zur Stärkung der Unternehmermarke zwecks Mitarbeitergewinnung.

Beim SMM kann es also um bedeutend mehr gehen als um Umsatz und Vertrieb. An dieser Stelle wird deutlich, weshalb das Controlling der SMM-Aktivitäten ein viel größeres Ausmaß annehmen kann als beispielsweise das Controlling für SEO oder SEM, deren Stärken anders gelagert sind. Denn für jedes dieser möglichen Ziele, die ja teilweise sehr unterschiedlich gelagert sind, muss im Ernstfall ein Controlling entwickelt werden. Bewusst schreibe ich an dieser Stelle »entwickelt werden«. Denn ein Controlling muss die Unternehmensebene, für die es gemacht ist, berücksichtigen. Nur zur Erinnerung: Im Abschnitt 8.5 geht es um den Blickwinkel von Marketingverantwortlichen. Einfach unreflektiert die Anzahl der Fans einer Fanpage oder die Social-Media-Nennungen der Marke X im

Monat Y oder die Netto-Reichweite aller Social-Media-Beiträge in ein Executive-Reporting aufzunehmen, ist daher nicht zielführend.

8.5.6.4.3 Executive-Controlling im SMM (der Versuch einer pragmatischen Ableitung)

Die meisten Kennzahlen, die im Zusammenhang mit der Social-Media-Erfolgsmessung in der Literatur oder im Internet zu finden sind, haben operativen Charakter. Sie basieren auf Metriken, die eher auf der operativen Ebene zum Einsatz kommen. Eine solche Kennzahl ist beispielsweise »Reichweite«. Nur wenige Unternehmen formulieren in ihrer Social-Media-Strategie auch konkrete Ziele für die mittlere und obere Ebene der Zielpyramide. Daraus resultiert im Grunde, dass in vielen Fällen kein konkreter Zusammenhang zwischen Social-Media-Aktivitäten und deren Wertschöpfungsbeitrag zur Erreichung der Unternehmensziele (Gewinn erhöhen, Kosten senken oder Umsatz steigern) hergestellt ist.

> Ein aussagekräftiges Executive-Reporting muss den unternehmerischen Wert der Social-Media-Aktivitäten offenlegen.

Aus Sicht eines Marketingverantwortlichen bzw. Executives sind Ziele wie »Reichweite« oder die »Erhöhung des Engagements« nachgelagerte, eher operative Ziele einzelner Maßnahmen, welche Mittel zum Zweck sind, um die strategischen Ziele zu erreichen. Die nachfolgende Abbildung visualisiert diesen Gedankengang. Dabei ist es wichtig zu erkennen, dass »Reichweite« oder ein »erhöhtes Engagement« auf Social-Media-Kanälen auf unterschiedliche strategische Ziele »einzahlen« können. Die Betonung liegt hierbei auf »können«. Denn herauszufinden, ob dem so ist, ist ja eine Kernaufgabe des Controllings.

Abbildung 8.11: Stark vereinfachte Darstellung der typischen Kennzahl aus dem SMM-Umfeld (Reichweite) und ihre Einordnung

Im Beispiel, welches in der obigen Abbildung dargestellt wird, zahlt die »Reichweite« über »Bekanntheit steigern« -> »Kundengewinnung« auf das Ziel »Umsatz« ein. Diese Darstellung ist stark vereinfacht, denn es gibt viele weitere Aspekte/Ziele, die zu einer Kundengewinnung führen können und die über Social-Media beeinflusst werden können, beispielsweise:

- Produktinnovation
- Produktverbesserung
- Ins relevante Mindset kommen
- Lead-Generierung

Auf der anderen Seite gibt es auf der zweiten Ebene neben Kundengewinnung weitere strategische Zieloptionen, beispielsweise:

- Kundenbindung
- Kundenzufriedenheit
- Marktanteil

Die folgende Tabelle skizziert diesen Gedankengang.

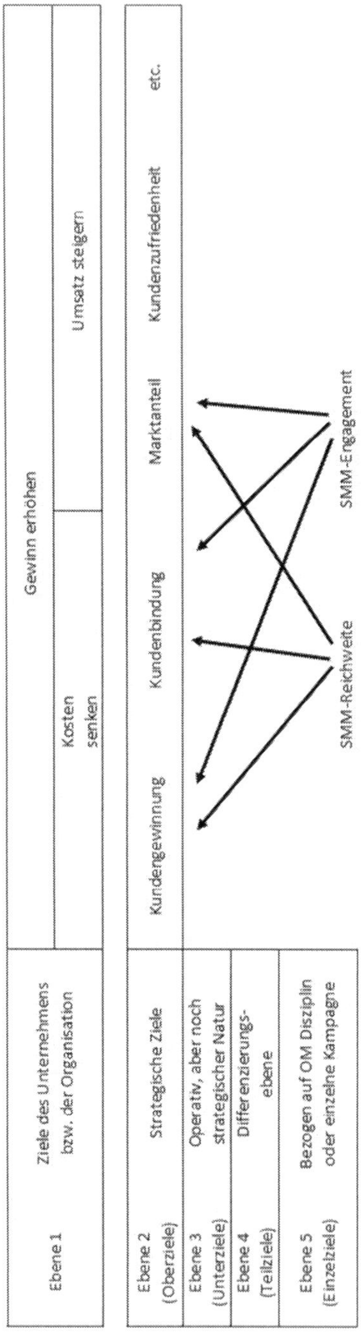

Tabelle 8.11: Beispiel für Zieloptionen und deren Einordnung im SMM

Es würde nun den Rahmen des Buches sprengen, würde ich versuchen, für jedes mögliche Ziel ein Reporting zu entwickeln. Zumal in Bezug auf SMM auch noch indirekte produktive Ziele, wie »Mitarbeitergewinnung« oder »Verbesserung der Produktentwicklung« eine Rolle spielen können.

Da für die meisten Unternehmen/Unternehmer die direkte Steigerung des Umsatzes ein Kernthema ist, möchte ich hier ein Beispiel entwickeln, welches nahe am Thema »Umsatz« ist. In meinem Beispiel geht es um die Erhöhung des Marktanteils in der Region X (z. B. Spanien) um Y Prozent.

Die Kernfrage ist zunächst: Welche Unterziele beeinflussen das Erreichen des Oberziels. In meinem Beispiel habe ich »die Bekanntheit der Marke in der Zielregion« und den »Umsatz in der Region« herausgegriffen. Sicherlich könnten noch weitere Unterziele herangezogen werden wie beispielsweise das »Image der Marke in der Zielregion« oder die »Position der Marke zum Hauptmitbewerber«. Das würde aber mein Beispiel an dieser Stelle unnötig komplex machen, weshalb ich mich auf diese zwei Unterziele konzentriere. Es kommt mir an dieser Stelle auf die Vermittlung der Systematik und der Sichtweise an und nicht darauf, ein alles erschöpfendes Modell zu erstellen (was wahrscheinlich ohnehin unmöglich wäre).

Als nächstes wäre die Frage zu beantworten, welche Faktoren das Erreichen der Unterziele beeinflussen. Im Falle von »Bekanntheit der Marke« sind dies »Reichweite« und »Aufmerksamkeit«, im Falle von Umsatz in der Zielregion sind dies die Umsätze in den jeweiligen Vertriebskanälen, die in der Region bespielt werden.

Im Anschluss verbleibt die Frage, mit welchen Kennzahlen und welchen Werkzeugen die Einflussgrößen gemessen werden können. Natürlich verbleibt mit besonderem Bezug auf SMM die Frage, welche Kennzahlen dort den Einfluss von SMM auf die Ziele belegen. In der folgenden Tabelle habe ich den Sachverhalt anhand des skizzierten Beispiels strukturiert aufbereitet und auch zur Frage der Datenerhebung Stellung bezogen.

Oberziel Strategieziel	Unterziel strategisch/operativ	Kennzahlen auf Maßnahmenebene	Kennzahl / Datenerhebung	Art der Datenerhebung
Marktanteil in Region X um Y% erhöhen	Bekanntheit der Marke in Region X steigern	Reichweite	Markenbekanntheit	Befragung durch Marktforschungsinstitut
			Netto-Reichweite z.B. Unique Users	Webtracking oder SM Analysis
			Wachstumsrate (z.B. Follower, Fans)	SM Analysis
		Aufmerksamkeit	Werbeerinnerung	Befragung durch Marktforschungsinstitut
			SM Interaktionsrate z.B. Shares, Likes, Kommentare	SM Analysis
			Share of Buzz	SM Monitoring Tool
	Umsatz in Region X um Y% steigern	Offline-Umsatz Franchisepartner	Abrechnung mit Franchisepartnern	Buchhaltung
		Online-Umsatz eigener Shop	Umsatzstatistik Onlineshop	Webtracking
		Online-Umsatz Amazon Marktplatz	Abrechnung mit Amazon	Backend Amazon oder Buchhaltung
usw.	usw.			

Tabelle 8.12 Kennzahlen und Tools zur Datenerhebung

In den meisten Fällen stehen nicht alle Daten zur Verfügung, die man sich für das Controlling wünschen würde. Viele Unternehmen werden aus Kostengründen kein Marktforschungsinstitut beauftragen, um die Steigerung einer Markenbekanntheit nachzuweisen oder die Werbeerinnerung einer Social-Media-Kampagne zu belegen. **Für das Controlling wird demnach ein pragmatischer Ansatz benötigt und Kennzahlen, deren Erhebung zu vertretbaren Kosten möglich ist.**

Pragmatische Ableitung unter Berücksichtigung von wenig kostenintensiven Methoden der Datenerhebung

Hilfreich zur Entwicklung eines pragmatischen Controlling-Ansatzes ist die Besinnung auf die klassische Funnel-Logik, die vielen Umsätzen zugrunde liegt. Hierbei spielt auch die Bekanntheit eine Rolle. Beide Aspekte, Umsatz und Bekanntheit, sind in unserem Beispiel Unterziele, die dem Oberziel »Marktanteil in Region X um Y% erhöhen« zuträglich sind. Die folgende Abbildung zeigt die klassische Funnel-Logik aus dem Blickwinkel von Social-Media-Aktivitäten.

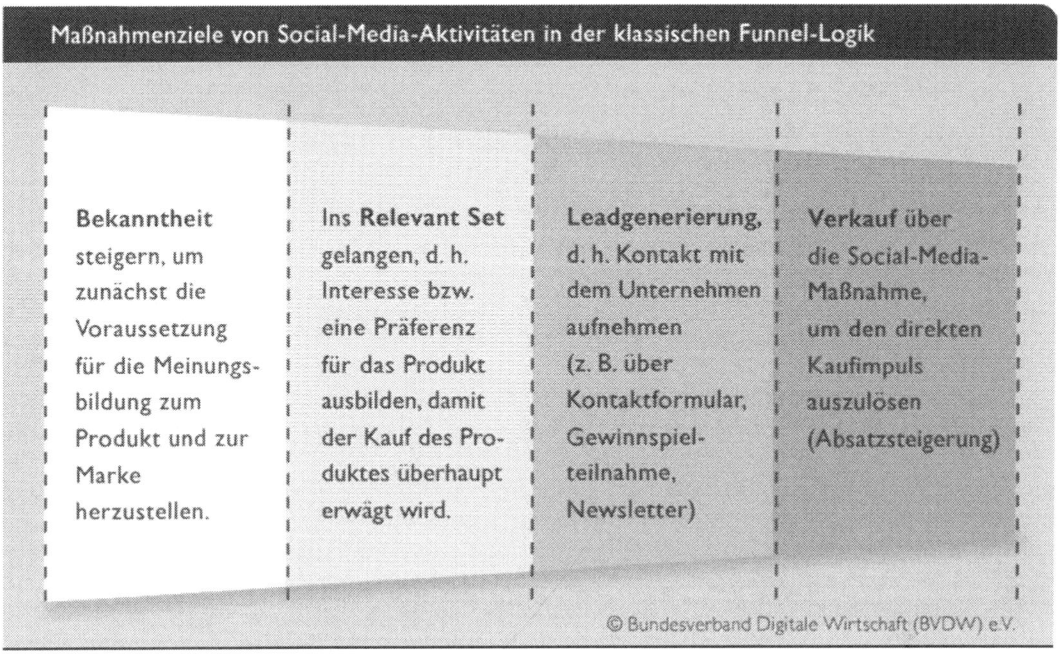

Abbildung 8.12: Ziele von SMM in der klassischen Funnel-Logik. Quelle: Bundesverband Digitale Wirtschaft (BVDW) e.V., Erfolgsmessung in Social-Media, Mai 2016

Die Funnel-Logik impliziert, dass Bekanntheit indirekt zu Leads oder Verkäufen (Umsatz) führt. Häufig hört man in Bezug auf SMM auch die Aussage, dass SMM primär kein Vertriebskanal ist, sondern auf die Marke einzahlt und so indirekt einen Beitrag zu besseren Vertriebszahlen leistet. Diese Aussage erklärt sich mit der Funnel-Logik. Womit wir wieder bei der Frage sind, wie dies nachgewiesen werden kann durch Controlling.

In der Tabelle 8.12 »Kennzahlen und Tools zur Datenerhebung« sind sowohl Kennzahlen als auch Tools zur Datenerhebung aufgeführt, die genutzt werden können. Für die Generierung von Leads oder Umsätzen, die online herbeigeführt werden, kann das Webtracking genutzt werden. Die Bekanntheit kann schlussendlich nur durch eine Marktforschungsstudie ermittelt werden. Reichweite und Aufmerksamkeit, über die Bekanntheit erzeugt und gestützt wird, kann jedoch mittels Webtracking, vor allem aber über SM-Monitoring- oder SM-Analyse-Tools, ermittelt werden.

Um nun in der Systematik der Funnel-Logik zu bleiben, möchte ich eine kritische Frage stellen: Was nutzt Bekanntheit, wenn sie nicht in Leads[80] oder Umsätzen

[80] Leads im Sinne von Kontakten, die indirekt in Umsätze münden.

mündet? Die Antwort lautet: Schlussendlich nichts. Jedenfalls nichts im Sinne der Zielpyramide, an deren Ende bei fast jedem Unternehmen »Gewinnsteigerung durch Umsatzerhöhung oder Kostenreduzierung« steht (vgl. Abbildung 8.8 »Zielpyramide einer Organisation bzw. Unternehmens«).

Insofern möchte ich an dieser Stelle differenzieren zwischen:

- einer Bekanntheit, die indirekt zu Umsätzen führt oder zumindest einen Beitrag zu Umsätzen leistet (Typ A)
- und einer Bekanntheit, die dieses nicht tut (Typ B).

Daraus ergeben sich für das Controlling von Social-Media-Aktivitäten in Bezug auf »Bekanntheit steigern« konkrete Ansätze.

Social-Media-Aktivitäten, die über Reichweite oder Aufmerksamkeit die Bekanntheit des Typs A stützen, müssen Spuren hinterlassen. Solche Spuren sind online nachweisbar und können als Kennzahl im Controlling genutzt werden.

Beispielsweise bietet bereits das kostenfreie Google Aanalytics (GA) eine Analyse der Conversion-Pfade. Der Conversion-Pfad visualisiert den Weg des Kunden vom ersten Kontakt bis zur finalen Conversion.

> Wenn SMM-Aktivitäten einen Beitrag zur Bekanntheit im Sinne des Typs A geleistet haben, dann müssen sie in der Customer-Journey zu finden sein.

Die folgende Abbildung zeigt die Top-Conversion-Pfade für eine Kampagne aus GA. In manchen Pfaden sind Aktivitäten aus SMM identifizierbar (86, 87, 88, 91 und 93). In anderen nicht (89, 90, 92, 94). Erkenntnisse dieser Art können, unter Berücksichtigung der zuvor entwickelten Logik, ausgesprochen wertvoll für ein Controlling der SMM-Aktivitäten sein.

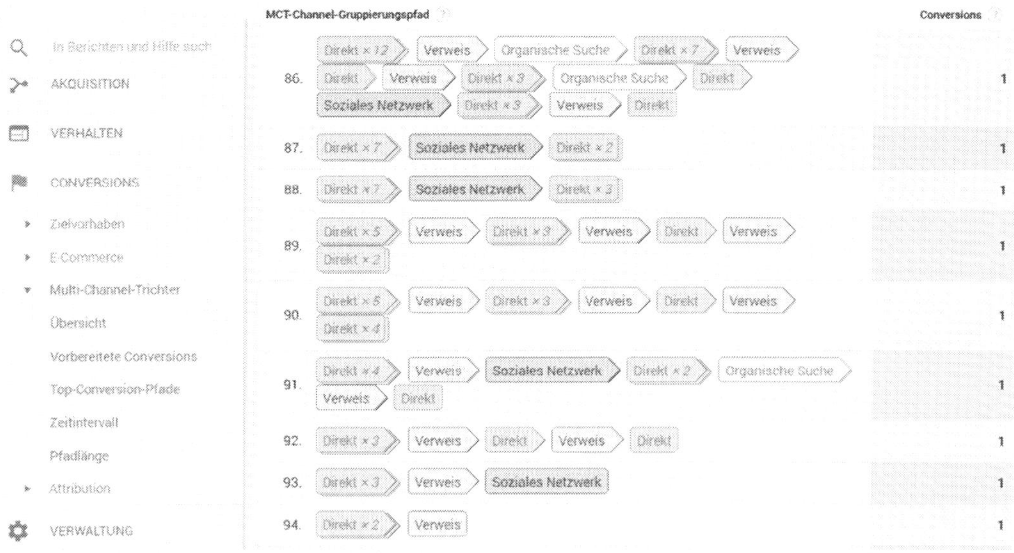

Abbildung 8.13: Top-Conversion-Pfade in GA

Der Nachteil bei dieser Betrachtung unter Einsatz des Tools GA ist, dass hierbei nur Fälle berücksichtigt werden, die mindestens einmal auf der Grundlage einer SMM-Aktivität auf einen Link geklickt haben, der auf die Zielwebseite führt. Es werden also keine SMM-Aktivitäten berücksichtigt, die lediglich gesehen worden sind, sondern nur solche, die zu einem Klick und damit einem Besuch auf der Zielwebseite geführt haben.

Doch auch für SMM-Aktivitäten, die lediglich gesehen[81] worden sind, gibt es Lösungsansätze, diese im Sinne eines Controllings zu berücksichtigen; allerdings meines Wissens nicht mittels kostenfreier Analysesoftware wie GA. Moderne AdServer, die nicht nur Anzeigen ausliefern, sondern auch Informationen für das Controlling liefern, sind dazu in der Lage. Allerdings müssen die SM-Posts dazu beworben werden, da sonst der AdServer keine Informationen erhält. Ohnehin ist es in vielen sozialen Medien heute ratsam, die Reichweite eines Posts durch ein Werbebudget zu erhöhen. Denn viele soziale Medien, allen voran Facebook, haben ihre Aussteuerungspolitik in den letzten Jahren stark geändert. Organische Posts einer Fanpage werden heute nur noch an einen Bruchteil der Fans ausgegeben, oft an weniger als 4 Prozent. Das war früher anders und stellt in

81 In diesem Zusammenhang wird auch von „Sichtkontakten" gesprochen.

gewisser Weise den Wert vieler Fans einer Fanpage infrage. Aber das ist ein anderes Thema.

Die folgende Tabelle zeigt einen Vorschlag für ein Executive-Reporting von SMM-Aktivitäten. Da SMM ein sehr breites und vielschichtiges Feld ist, wird dieser Vorschlag sicher nicht allen möglichen Aspekten gerecht. Aber es ist ein Anfang, der die zuvor entwickelte Logik berücksichtigt.

	A	B–E	F	G–H	I	J	K	L
1	Executive-Reporting							
2	SMM							
3					Monat 1	Monat 2	Monat 3	usw.
4								
5	1	Set-Up Kosten für Fanpage, Blog oder andere Accounts	5.000 €					
6	2	Kalkulatorische Abschreibung auf	3	Jahre	138,89 €	138,89 €	138,89 €	
7								
8	3	Betreuungskosten externer Dienstleister			1.500,00 €	1.500,00 €	1.500,00 €	
9	4	Betreuungskosten interne Mitarbeiter (anteilige Lohnkosten)			3.000,00 €	3.000,00 €	3.000,00 €	
10								
11	5	Kosten für Sachmittel (z. B. Preise, die ausgelobt werden für bestimmte Handlungen)			6.541,00 €	5.580,00 €	6.451,00 €	
12								
13	6	Mediabudget zur Bewerbung von Posts zwecks Erhöhung der Reichweite			3.000,00 €	3.000,00 €	3.000,00 €	
14								
15		Summe Kosten			14.179,89 €	13.218,89 €	14.089,89 €	
16								
17		Impressions						
18		Interaktionen (Likes, Shares, etc.)						
19		Positve Feedbacks						
20		Negative Feedbacks						
21								
22		Anzahl unmittelbar erreichter Conversions 1			6	6	8	
23		Anzahl unmittelbar erreichter Conversions 2			7	5	8	
24		Anzahl unmittelbar erreichter Conversions 3			9	11	12	
25								
26	7	Summe unmittelbar erreichter Conversions (Last Click)			22	22	28	
27								
28	8	Anzahl vorbereiteter Converions			45	42	39	
29								
30	9	Anzahl Conversions nach Attributionsmodell Even-Credit incl. Sichtkontakte			92	94	96	
31								
32								
33	10	**Kosten pro unmittelbar erreichter Conversion (Last Click)**			**644,54 €**	**600,86 €**	**503,21 €**	
34								
35	11	**Kosten pro vorbereiteter Converions**			**315,11 €**	**314,74 €**	**361,28 €**	
36								
37	12	**Kosten pro Converion nach Even-Credit incl. Sichtkontakte**			**154,13 €**	**140,63 €**	**146,77 €**	
38								

Tabelle 8.13: Vorschlag für Executive-Reporting für SMM

Erläuterung der Tabelle:

Bewusst habe ich beim Executive-Reporting für SMM auf Details wie Reichweite, Interaktionen oder positive wie negative Feedbacks verzichtet. Diese Werte sind in der Tabelle nur angedeutet. Am Ende des Tages sind diese Details Sache der ausführenden Agentur oder des Mitarbeiters, der sich um SMM kümmert. Ein Executive muss sich nicht zwingend um solche Details kümmern. Denn: Social-Media-Aktivitäten, die über Reichweite oder Aufmerksamkeit die Art Bekanntheit stützen, die indirekt zu Conversions führt, müssen Spuren hinterlassen. Solche Spuren sind online nachweisbar und an den Kennzahlen aus Position 10 und 11 ablesbar. Wenn seitens der Dienstleister oder Mitarbeiter gut gearbeitet wird, dann wird sich dieses in sinkenden Kosten pro erreichter Conversion niederschlagen. Wenn die Kosten steigen oder inakzeptabel hoch sind, muss mit den Verantwortlichen gesprochen werden. Ohnehin empfehle ich, die Zahlen in regelmäßigen Review-Meetings kritisch zu hinterfragen.

1. SMM-Aktivitäten erfolgen i. d. R. über einen Kanal, der zunächst erstellt und eingerichtet werden will. Für die Erstellung eines Unternehmensblogs fallen wahrscheinlich mehr Kosten an als für die Erstellung einer Facebook Fanpage. Daher ist der hier angegebene Wert nur ein grober Platzhalter.
2. Die Setup-Kosten sollten über einen entsprechenden Nutzungszeitraum abgeschrieben werden.
3. Für die Betreuung der SMM-Aktivitäten fallen laufende Kosten an. Dies können interne (4) oder externe Kosten sein.
4. Siehe 3
5. Gerne werden im SMM Sachpreise oder manchmal auch Geldpreise ausgelobt, um Interaktion zu fördern.
6. Wie bereits zuvor erwähnt, werden in vielen SMM-Kanälen organische Posts nicht mehr an alle Abonnenten des Kanals ausgegeben. Facebook gibt meiner Beobachtung nach organische Posts aktuell an weniger als 5 Prozent der Fans einer jeweiligen Fanpage aus. Das hat natürlich kommerzielle Gründe. Denn um mehr Fans zu erreichen, müssen Posts entgeltlich beworben werden. Dazu ist ein Media-Budget erforderlich.
7. Summe der direkt erreichten Conversions, also der Conversions, die unmittelbar nach einem Klick auf einen Post erfolgten (Attributionsmodell »Last Click«).
8. Anzahl vorbereiteter Conversions. D. h. Anzahl der Fälle, bei denen SMM-Aktivitäten im Vorfeld zu einer direkt erreichten Conversion über einen anderen Kanal eine Rolle gespielt haben. Vgl. z. B. Abbildung 8.13: Top-Conversion-Pfade in GA. Die entsprechenden Maßnahmen wären dann als Maßnahmen Typ A zu bezeichnen.
9. Anzahl der Conversions, die nach dem Attributionsmodell Even Credit erreicht wurde. Bitte lesen Sie dazu den folgenden Exkurs. Maßnahmen die nach dem Even Credit Modell zu Conversions führen, sind Typ A zuzuordnen.
10. Die Kosten pro Conversion bilden die wichtigsten Kennzahlen (10, 11 und 12). Da viele SMM-Aktivitäten nicht zu direkten Conversions führen, ist die Kennzahl aus Position 10 wahrscheinlich in vielen Fällen nicht die wichtigste. **Vielmehr sind es die Kennzahlen aus Position 10 und 11, die schlussendlich zum Ausdruck bringen, wie gut die durchgeführten SMM-Aktivitäten indirekt, über Reichweite oder Aufmerksamkeit die Art Bekanntheit (Typ A)**

gestützt haben, die dann irgendwann in Conversions mündeten. Definiert man zu diesen Kennzahlen ein Ziel, so ergibt sich ein aussagefähiger KPI.

11. Siehe 10
12. Siehe 10 und den folgenden Exkurs.

Exkurs: Das Attributionsmodell »Even Credit« kurz erläutert

Wenn der Erfolg von Online-Marketing-Aktivitäten oder SMM-Aktivitäten an Zielen (Conversions) gemessen wird, stellt sich immer die Frage nach der exakten Definition der Conversion. Ferner, wenn mehrere Kanäle oder Kampagnenbausteine an der Conversion beteiligt sind, stellt sich die Frage der Zurechnung. Um dies festzulegen gibt es unterschiedliche Attributionsmodelle. Alle haben Vor- und Nachteile. Einen Überblick über einige gängige Modelle finden Sie beispielswiese hier: https://support.google.com/analytics/answer/1662518?hl=de

www.lammenett.de/OMC3

Das Attributionsmodell »Even Credit« oder auch »Linear Model« genannt, schreibt jedem involvierten Kanal/Baustein den gleichen Beitrag für die Conversion zu. Ein Beispiel verdeutlicht diese Aussage:

- Der Besucher einer Webseite kommt mehrfach über unterschiedliche Kanäle und Werbeaktivitäten auf die Seite. Zuerst über einen SMM-Post auf Facebook, 7 Tage später dann über eine Google Ads Anzeige und vier Wochen später dann über ein Werbebanner. Erst nach dem dritten Besuch füllt er das Kontaktformular aus und sendet es ab (Conversion). Beim Even-Credit-Attributionsmodell, erhält nun jeder Kanal 0,33 Conversions. Beim Last-Interaction oder Last-Click-Modell wäre dem Kanal Online-Werbung (Werbebanner) eine Conversion zugeschrieben worden, die anderen Kanäle wären leer ausgegangen.

Moderne AdServer können auch Sichtkontakte bei der Zuschreibung einer Conversion berücksichtigen. Auf diese Weise kann ermittelt werden, wie häufig vor einer Conversion bestimmte SM- oder Werbeaktivitäten (z. B. ein Banner, ein Video oder ein SMM-Post) gesehen wurden. Die Betonung liegt hier tatsächlich auf »gesehen« und nicht auf »geklickt«. Somit würden »vorbereitende Sichtkontakte« beim Even-Credit-Attributionsmodell gewertet und berücksichtigt. **Auf diese Weise würde eine Wertung von Social-Media-Aktivitäten stattfinden, die über Reichweite oder Aufmerksamkeit die Art Bekanntheit stützen, die auf dem Weg zu einer Conversion Spuren hinterlassen, selbst aber nicht unmittelbar zu einer Conversion führen.** Ob Maßnahmen, die keine Spuren hinterlassen eventuell auch wertvoll sind, kann weder belegt noch widerlegt werden. Daher halte ich es an dieser Stelle lieber mit dem Sprichwort »Unter den Blinden ist der Einäugige König« und konzentriere mich im Sinne von SMM-Controlling auf die Maßnahmen, die auf dem Weg zu einer, wie auch immer definierten Conversion, nachweislich einen Beitrag leisten. An dieser Stelle geht es beim Controlling darum, die auf die Erhöhung von Bekanntheit ausgerichteten Aktivitäten zu optimieren. Die Steigerung der Bekanntheit lässt sich letztendlich nur durch Marktforschung nachweisen. Da Bekanntheit jedoch im Sinne der Funnel-Logik nur Mittel zum Zweck ist, überspringe ich die kostenintensive Marktforschung und stelle im Controlling auf Maßnahmen ab, die Spuren auf dem Weg zur Conversion hinterlassen. Denn diese sind mit hoher Wahrscheinlichkeit auch in Bezug auf die Steigerung von Bekanntheit erfolgreicher als solche, die keine Spuren hinterlassen. Und in Bezug auf das Endziel sind sie ohnehin erfolgreicher.

Im Rahmen der Online-Marketing-Konzeption und des permanenten Verbesserungsprozesses gilt es, durch Controlling diejenigen Maßnahmen zu identifizieren, die zu möglichst niedrigen Kosten (11 und 12) Conversions liefern. Maßnahmen, deren Kosten in diesem Sinne zu hoch sind, sollten zurückgefahren oder eingestellt werden bzw. das Budget zu Gunsten von effektiveren Maßnahmen umverteilt werden.

8.5.6.5 Online-Werbung aus dem Blickwinkel des Controllings

Sollten Ihnen die Mechanismen, die Marktteilnehmer und deren finanzielle Interessen nicht geläufig sein, so lesen Sie bitte vorher die entsprechenden Abschnitte in Abschnitt 7.8 »Online-Werbung«.

In den meisten Fällen geht es bei der Online-Werbung um die Steigerung oder Stützung der Bekanntheit einer Marke (Produktmarke, Unternehmen oder Organisation). Vergleicht man Online-Werbung mit SEM, so liegt die Klickrate im Normalfall deutlich unter der von SEM. Oft werden mit Online-Werbung nur Klickraten im 0,0X-Prozentbereich erzielt. Die Conversion Rate von Online-Werbung liegt fast immer deutlich unter der von SEM-Maßnahmen. Online-Werbung ist daher eher vertriebsunterstützend – in den meisten Fällen über die Stützung der Bekanntheit einer Marke.

Eine beliebte Kennzahl in Zusammenhang mit Online-Werbung und der Stützung der Bekanntheit ist die »Reichweite«. Zumeist ist mit Reichweite die quantitative Reichweite gemeint.[82] Diese gibt an, wie viele Personen in einer Periode

[82] Daneben gibt es noch die räumliche Reichweite und die qualitative Reichweite. Beide werden in der Praxis aber weniger beachtet.

mit dem Werbeträger in Kontakt gekommen sind. Häufig wird in der Werbewirtschaft zwischen Brutto- und Netto-Reichweite unterschieden. Bei der Netto-Reichweite sind Reichweitenüberschneidungen eliminiert. Nah an der Brutto-Reichweite ist die Kennzahl »Impressions«, welche die Anzahl der Sichtkontakte mit einem Werbemedium bezeichnet. Online-Werbung wurde früher fast ausschließlich über Sichtkontakte vergütet – und zwar per 1000 Sichtkontakte (TKP = Tausender-Kontakt-Preis). Etwa um 2010 mehrten sich aber auch Angebote, die Online-Werbung über CPC abrechneten. Heute gibt es Strömungen, die auch in der Online-Werbung Abrechnungsmodelle wie Cost per Order sehen. Allerdings sind diese Strömungen bei Media-Agenturen nicht beliebt.

Media-Agenturen bemessen den Erfolg von Online-Werbung meistens daran, wie oft ein Werbemittel innerhalb der Zielgruppe angezeigt wurde. Ob dieses Werbemittel tatsächlich wahrgenommen wurde oder gar darauf reagiert wurde, steht oft nicht im Fokus von klassischen Media-Agenturen. Diese Reichweiten-Fixierung dürfte ein Relikt der Analog-Werbemessung mit ihren Einschaltquoten und auflagenbasierten Kontaktpreisen sein. Darauf angesprochen fallen häufig Sätze wie »Online-Werbung ist nicht vergleichbar mit SEM, es geht hier um Branding, nicht um Sales« oder »Der Erfolg von Online-Werbung bemisst sich mit dem Erreichen der Zielgruppe und der Aussendung der Botschaft – das ist wie Fernsehwerbung, da kann Erfolg auch nicht unmittelbar nachgewiesen werden«. Bitte lesen Sie dazu auch die Abschnitte 6.9 »Das Dilemma der klassischen Media-Agenturen«.

Die Einschätzung vieler Media-Agenturen teile ich nur sehr bedingt. Diesbezüglich möchte ich das Argument und die Logik anführen, die ich bereits im Abschnitt »Executive-Controlling im SMM (der Versuch einer pragmatischen Ableitung)« auf Seite 278 erläutert habe und diese auf Online-Werbung übertragen: **Online-Werbung, die über Reichweite oder Aufmerksamkeit die Bekanntheit des Typs A stützt, muss Spuren hinterlassen. Solche Spuren sind online nachweisbar und können als Kennzahl im Controlling genutzt werden.**

Ich differenziere an dieser Stelle also ebenfalls zwischen:

- einer Reichweite/Bekanntheit, die indirekt zu Umsätzen/Leads führt oder zumindest einen messbaren Beitrag zu Umsätzen/Leads leistet (Typ A)
- und einer Reichweite/Bekanntheit, die dies nicht tut (Typ B).

Insofern würde ich für Online-Werbung die gleiche Controlling-Systematik anwenden, wie ich sie im Abschnitt »Executive-Controlling im SMM (der Versuch einer pragmatischen Ableitung)« auf Seite 278 beschrieben habe. In diesem Sinne möchte ich daher auf diesen Abschnitt verweisen.

Exkurs: Reichweite ist nicht gleich Reichweite – ein Verbesserungsvorschlag für die Kampagnensteuerung

Reichweite ist nicht unbedingt zwingend als Gradmesser für Erfolg in der Online-Werbung geeignet, auch wenn viele Media-Agenturen das heute immer noch so sehen. Die Qualität von Online-Werbung kann durch ein differenziertes Controlling deutlich optimiert werden. Einen Denkansatz zur verbesserten Aussteuerung von Online-Werbung habe ich ja bereits im Kapitel »Executive-Controlling im SMM (der Versuch einer pragmatischen Ableitung)« entwickelt (Seite 278). Hier nun ein zweiter Controlling-Ansatz:

Reichweite in der Online-Werbung wird fast immer über die Schaltung von Werbemedien auf vielen verschiedenen Webseiten/Videos/Newslettern erreicht. Im Normalfall ist jedes Werbemedium über einen Link mit einer Zielwebseite verbunden. Das kann eine eigens erstellte Landingpage oder eine Unterseite einer Webseite sein. In Bezug auf die Beurteilung der »Qualität« der Reichweite stellt sich also die Frage, über welche der vielen verschiedenen Kanäle, auf denen die Werbemittel distribuiert werden, werden diejenigen Besucher erreicht, die am ehesten ein Interesse für das beworbene Produkt/Marke/Dienstleistung haben.

Ein Indikator für dieses Interesse ist die Klickrate. Typischerweise ist diese bei der Online-Werbung sehr gering. Meistens liegt sie im Bereich unterhalb von 0,09 Prozent und nicht selten ist die Bounce Rate sehr hoch. Trotz dieser widrigen Umstände kann das Controlling, bei ausreichend großen Kampagnen, entscheidend verbessert werden. Natürlich stehen Verbesserungsoptionen in engem Zusammenhang mit den Möglichkeiten, die die Zielseite bietet. Die Kernfrage für die Verbesserung des Controllings wird zunächst aber immer lauten: Was tut eine Person, die wirkliches Interesse hat, auf der Webseite?[83]

Eine Person die wirklich Interesse hat wird...

- auf der Seite nach unten Scrollen um mehr Inhalte konsumieren zu können
- auf eine Schaltfläche oder einen weiterführenden Link klicken
- vielleicht einen Film ansehen, der auf der Seite verankert ist
- oder länger als x Sekunden auf der Seite verweilen.

[83] Im Gegensatz dazu wird eine Person, die kein wirkliches Interesse hat, die Webseite schnell wieder verlassen und so die Bounce Rate nach oben treiben.

All diese Handlungen können über entsprechende Tools getrackt werden und natürlich auch als Ziel in Google Analytics oder einem anderen Analyseprogramm verarbeitet werden. Versieht man jedes Ziel mit einem €-Wert, so kann eine Gewichtung der unterschiedlichen Ziele erzeugt werden, beispielsweise so:

Auf der Seite nach unten scrollen, mindestens bis zum Produktbild = 0,75 €

Den Button »Produktdetails« klicken = 1 €

Den Film mindestens zu 75% ansehen = 0,75 €

Länger als 1 Minute auf der Seite bleiben = 0,5 €.

Die einzelnen Ziele, die ja alle ein Interesse/eine Affinität ausdrücken, können dann in einem Reporting durch Kumulation der fiktiven €-Werte zusammengefasst werden. Es entsteht eine sehr interessante Kennzahl, die einen guten und schnellen Überblick darüber gibt, welche Kanäle/Webseiten/Medien diejenigen Besucher mit der größten Affinität erreichen.

Diese Kennzahl geht weit über das hinaus, was die Kennzahlen »Reichweite« oder »Click Rate« an Erkenntnissen liefern. Denn aufgrund der Verarbeitung mehrerer zielkonformer Handlungen ist diese Kennzahl im Sinne eines Controllings deutlich werthaltiger. Denn in der Click Rate sind ja auch alle Besucher enthalten, die nach wenigen Sekunden die Webseite wieder verlassen und demnach kein relevantes Interesse zeigen. Die Ausrichtung einer Kampagne an diesem kumulierten €-Wert dürfte daher zu einer erhöhten Qualität bei der Kampagnensteuerung führen.

8.5.6.6 E-Mail-Marketing (Newsletter) aus dem Blickwinkel des Controllings

Grundsätzlich unterscheidet man beim E-Mail-Marketing unterschiedliche Ausprägungen: Das sind die Stand-Alone-Kampagnen, der Newsletter und das Newsletter-Sponsorship. Bei der Stand-Alone-Kampagne und dem Newsletter-Sponsorship handelt es sich im Grunde um Online-Werbung, die entweder mit gekauften oder gemieteten E-Mail-Adressen durchgeführt wird oder die in laufenden Newslettern von Drittanbietern platziert wird. Diesbezüglich möchte ich daher auf den Abschnitt 8.5.6.5. verweisen.

In Bezug auf Newsletter-Marketing geht es aus dem Blickwinkel von Entscheidern wiederum um die Kernfragen:

- »Wie erfolgreich betreibt mein Unternehmen den/die aktuellen Newsletter?« und

- »An welchen Kennzahlen kann ich den Erfolg und damit die Leistung meiner Dienstleister/Mitarbeiter ablesen?«

Im Newsletter-Geschäft gab es viele Jahre drei maßgebliche Kennzahlen: Die Öffnungsrate, die Klickrate und die Abmelderate. Im Kern war es das. Natürlich sind diese Kennzahlen interessant. Aber zum Ersten ist das noch lange nicht alles, was es im Newsletter-Geschäft an Kennzahlen gibt und zum Zweiten fallen die genannten Kennzahlen aus dem Blickwinkel von Executives wohl eher in die Kategorie »zweitrangige Details«.

Selbstverständlich kommt es auch beim Newsletter auf die eigentliche Zielsetzung an. Es macht einen großen Unterschied, ob der Newsletter auch »verkaufen« soll, wie es viele Newsletter von Onlineshops tun, ob lediglich Nachrichten/Informationen distribuiert werden sollen, um sich stärker im Mindset des Empfängers zu verankern, oder ob Serviceinformationen zur Kundenbindung versendet werden. Je nach Fall können weitere Kennzahlen eine Rolle spielen. Hier eine Auswahl von möglichen Kennzahlen:

- Anzahl Abonnenten
- Zustellrate
- Öffnungsrate
- Öffnungen pro Empfänger
- Klickrate
- Cluster des Zeitpunkts der Öffnung
- Cluster des Klickzeitpunkts
- Click-through-Rate
- direkte Umsätze aus dem Newsletter
- Folgeumsätze aus dem Newsletter
- Cluster der Endgeräteklasse
- Abmelderate
- ggf. Segmentierung der Empfänger (z. B. Männer vs. Frauen, Rotweintrinker vs. Weißweintrinker)

Je nach Einzelfall wird ein Executive-Reporting daher sehr unterschiedlich ausfallen. Ausganspunkt werden immer ein oder mehrere Unternehmensziele sein, es werden Kosten berücksichtigt und gegebenenfalls werden Segmente gebildet. Beispielsweise kann es bei einem Newsletter für einen Onlineshop aus der Modebranche sinnvoll sein, für Frauen und Männer ein separates Reporting zu entwickeln oder gar differenzierte Newsletter zu versenden, die dann ein getrenntes Reporting mit sich bringen.

Ich werde daher in der Folge zwei Vorschläge für ein Executive-Reporting für unterschiedliche Newslettertypen entwickeln. Natürlich werden diese beiden Vorschläge nicht alle möglichen Fälle abdecken. Sie sind vielmehr als Anregung und Inspiration zu verstehen, um sich dem Thema zu nähern.

8.5.6.6.1 Reportingvorschlag NL für Onlineshop

Die folgende Tabelle zeigt einen Vorschlag für ein Executive-Reporting eines Onlineshops. Primäres Ziel des Newsletters ist, den Verkauf im Onlineshop zu fördern. In bestimmten Branchen, z. B. Weinhandel, kann ein gut gemachter Newsletter substanzielle Beträge zum Umsatz des Onlineshops leisten. Jeder Wert ist in Spalte A mit einer Nummer gekennzeichnet. Der entsprechende Wert wird in der Folge mit Bezug auf diese Nummer erläutert.

Bewusst habe ich beim Executive-Reporting für Newsletter auf Details wie Öffnungsrate oder Klickrate verzichtet. Diese Werte sind in der Tabelle nur angedeutet (Zeilen 19, 20). Am Ende des Tages sind diese Details Sache der ausführenden Agentur oder des Mitarbeiters bzw. des Teams, welches sich um den Newsletter kümmert. Ein Executive muss sich nicht zwingend um solche Details kümmern. Denn wenn auf der Detailebene gut gearbeitet wird, wird die »Marge pro 1 Euro Kosten« steigen.

	A	B	E	F	G	I	J	K	L
1	Executive-Reporting								
2	Newsletter - Onlineshop								
3						Newsletter 1	Newsletter 2	Newsletter 3	usw.
5	1	Kosten für das technische Set-up		5.000 €					
6	2	Kalkulatorische Abschreibung auf		3	Jahre	138,89 €	138,89 €	138,89 €	
8	3	Monatliche Miete für die NL-Software				200,00 €	200,00 €	200,00 €	
10	4	Externe Redaktionskosten für den Newsletter				1.250,00 €	800,00 €	1.250,00 €	
11	5	Personalkosten für Redaktion des NL				2.500,00 €	2.500,00 €	2.500,00 €	
12	6	Zukauf von Content für den NL oder Generierung von Content für NL				800,00 €	2.400,00 €	1.200,00 €	
14	7	Summe Kosten				4.888,89 €	6.038,89 €	5.288,89 €	
16	8	Abonnenten Anzahl				22.112	22.245	23.011	
17	9	Entwicklung Abonnenten					0,60%	3,44%	
18	10	Abmelderate				1%	1,10%	0,90%	
19		Öffnungsrate							
20		Klickrate							
22	11	Anzahl der Bestellungen				1.800	1.954	2.011	
23	12	-in % zu Abonnentenanzahl				8,14%	8,78%	8,74%	
25	13	Umsatz				28.000,00 €	34.500,00 €	32.455,00 €	
26		Entwicklung					23,21%	-5,93%	
27	14	Deckungsbeitrag				23.111,11 €	28.461,11 €	27.166,11 €	
28		Entwicklung					23,15%	-4,55%	
30	15	Durchschnittliche Handelsmarge	45%			12.880,00 €	15.870,00 €	14.929,30 €	
32	16	**Marge pro 1 Euro Kosten**				**2,63 €**	**2,63 €**	**2,82 €**	
33		Deckungsbeitrag pro 1 Euro Kosten				4,73 €	4,71 €	5,14 €	

Tabelle 8.14: Vorschlag Executive-Reporting für Onlineshop-Newsletter.

1. Für die initiale Einrichtung einer Newsletter-Software fallen Kosten an. Diese Kosten sind vergleichsweise gering, wenn es um einen einfachen

Newsletter geht. Geht es um einen tief zu integrierenden Newsletter, mit einem komplexen Template, so können die Setup-Kosten auch mehrere Tausend Euro betragen.

2. Abschreibung der Kosten aus 1 über x Jahre.
3. Moderne Newsletter-Software wird heute als Software as a Service (SaaS) angeboten. Dafür entstehen Mietkosten.
4. Die Redaktion eines periodisch erscheinenden Newsletters verursacht Kosten. Das können Fremdkosten sein, etwa weil eine Agentur mit der Redaktion betraut wurde, es können aber auch Personalkosten und Personalnebenkosten sein, wenn die Redaktion von festangestellten Mitarbeitern übernommen wurde. In manchen Fällen entstehen weitere externe Kosten für den Zukauf oder die Produktion von Content, wenn beispielsweise ein Weinhändler regelmäßig Weine bespricht und dies aufnimmt, um die Videos anschließend als Content in seinem Newsletter zu verwenden.
5. Siehe 4
6. Siehe 4
7. Summe der Kosten.
8. Anzahl der Abonnenten des Newsletters. Im Idealfall ist die Anzahl der neuen Abonnenten größer der Anzahl der Abmeldungen. Ein inhaltlich gut gemachter Newsletter, der von der Häufigkeit der Versendung her dem Bedarf der Zielgruppe entspricht, wird eine kontinuierlich steigende Abonnentenzahl aufweisen.
9. Insofern ist die Entwicklung der Abonnentenzahlen ein Indikator für die Qualität der Arbeit der verantwortlichen Mitarbeiter.
10. In diesem Zusammenhang gilt Ähnliches für die Abmelderate. Steigt die Abmelderate deutlich an, deutet dieses auf ein suboptimales Management des Newsletters hin. Theoretisch kann dies kaschiert werden. Wenn beispielsweise durch eine starke Bewerbung des Newsletters verhältnismäßig viele neue Abonnenten gewonnen werden, so wird der Saldo trotz hoher Abmelderate positiv sein. Es ist daher ratsam, auch die Abmelderate im Auge zu behalten.
11. Bei einem Onlineshop ist die Anzahl der Bestellungen ein sehr deutlicher Indikator für den Erfolg eines Newsletters und für gutes Management.
12. Für sich betrachtet ist die Anzahl der Bestellungen im vorliegenden Beispiel schon eine gute Kennzahl. Setzt man sie in den Bezug zur Anzahl der Abonnenten oder ggf. zur Anzahl der Öffner, so ergeben sich weitere interessante Erkenntnisse. Das theoretisch vorhandene Gesamtpotenzial sind alle Abonnenten. Das theoretische Optimum wäre also, dass jeder Abonnent bestellt. Das wird natürlich nie erreicht werden. Dennoch kann es interessant sein, zu

sehen wie weit man von diesem theoretischen Optimum weg ist. Diese Zahl lässt auch eine Aussage über die Qualität der Abonnenten im Sinne der Zielerreichung zu. Sinkt die Zahl kontinuierlich, so sind zunehmend Abonnenten akquiriert worden, die nicht zu Bestellern werden. Die Vermarktung des Newsletters müsste dann infrage gestellt werden.

13. Der Umsatz und der Deckungsbeitrag sind bei einem Onlineshop natürlich leicht abzulesende Kennzahlen, die in einem Executive-Reporting für einen Onlineshop nicht fehlen dürfen.
14. Siehe 13
15. Bei Onlineshops mit homogener Produktpalette werden die Handelsmargen der einzelnen Produktkategorien nicht stark voneinander abweichen. Die durchschnittliche Handelsmarge kann dann mit Hinblick auf die Bildung weiterer Kennzahlen (siehe 16) sehr interessant sein.
16. Am Ende des Tages geht es im Controlling immer um die Wirtschaftlichkeit von Marketing-Maßnahmen vor dem Hintergrund von definierten Zielen. Daher sollten die Kosten in einen Bezug zum Erreichten betrachtet werden. Die »Marge pro 1 Euro Kosten« geht gedanklich schon in Richtung ROI. Liegt der Wert unter einem Euro, so dürfte der Newsletter nicht profitabel sein. Wird für diesen Wert ein Ziel definiert, so ergibt sich ein sehr geeigneter KPI zur Erfolgsmessung.

Was in diesem Modell bis hierher nicht berücksichtigt wird, sind die Retouren. In manchen Branchen sind die Retouren beträchtlich und sie verursachen beträchtliche Kosten. Der im Onlineshop erzielte Umsatz und die erwirtschafteten Erträge werden durch die Retouren gemindert. Eine Erweiterung bzw. Bereinigung des Reportings um die Retouren ergibt ein klareres Bild über den Erfolg und die Kosten-Nutzen-Relation des Newsletters.

35	17	Retourenquote	35%	9.800,00 €	12.075,00 €	11.359,25 €
36	18	Kosten für Retourenbearbeitung	8,00 €	5.040,00 €	5.471,20 €	5.630,80 €
38	19	DB bereinigt um Retouren und Retourenkosten		8.271,11 €	10.914,91 €	10.176,06 €
40	20	**DB pro 1 Euro Kosten nach Retouren**		**1,69 €**	**1,81 €**	**1,92 €**
41	»	**KPI: Zielerreichung DB pro 1 Euro Kosten nach Retouren (bei Ziel 1,75 €, dann sind 1,75 € = 100%)**		***103,3%***	***96,7%***	***90,1%***

Tabelle 8.15: Erweiterung des Reportings um den Aspekt der Retouren

Die Tabelle steht als kostenloser Download zur Verfügung (siehe Suchmaschinenoptimierung (SEO)Abschnitt »Lese- und Arbeitsanleitung« auf Seite 17).

8.5.6.6.2 Reportingvorschlag für allgemeinen NL

Die folgende Abbildung zeigt einen Vorschlag für ein Executive-Reporting eines allgemeinen Newsletters. Bei der Konzeption eines allgemeinen Newsletters sollte darauf geachtet werden, dass dieser keine »Sackgasse« ist. Es sollten eine oder mehrere Folgeaktionen konzipiert werden, deren Vollzug im Sinne einer Transaktion durch Tracking gemessen werden kann, beispielsweise das Ansehen eines Filmes, der Download eines PDFs oder das Ausfüllen eines Formulars. Ein gut gemachter und betreuter NL wird mehr Transaktionen generieren als ein weniger gut gemachter. Im Controlling kann daher auf die Anzahl der generierten Transaktionen abgestellt werden. Als KPI könnten die »Kosten pro Transaktion« definiert und mit einem Ziel belegt werden (Nr. 15, Spalte A in der folgenden Abbildung).

Falls es nicht möglich ist, auf Folgeaktionen im Sinne einer Transaktion abzustellen, kann im Grunde nur auf den Konsum von Inhalten abgestellt werden. Die Öffnungsrate und ggf. auch die Klickrate sind ein Indiz für den Konsum von Inhalten auf Basis eines NLs. Ein wesentlich stärkeres Indiz ist aber die Verweildauer auf der Zielseite. In einem NL werden Inhalte im Regelfall nur angeteasert. Bei einem Klick gelangt der Leser auf eine Zielseite. Auf dieser Zielseite sind die wesentlichen Inhalte, die dem Empfänger zum Konsum angeboten werden, verankert. Wird diese Zielseite nur für NL-Empfänger eingesetzt, so gibt die Anzahl der Besucher und die durchschnittliche Verweildauer auf der Zielseite eine genauere Auskunft über den tatsächlichen Konsum der Inhalte als die Klick-Rate oder die Öffnungsrate. Diese Werte können relativ einfach in GA abgelesen und in ein Executive-Reporting übertragen werden (Nr. 17 und 18, Spalte A). Durch die Definition eines Zielwertes ergibt sich ein sinnvoller KPI (Nr. 20, Spalte A).

1	Executive-Reporting							
2	Newsletter							
3					Newsletter 1	Newsletter 2	Newsletter 3	usw.
5	1	Kosten für das technische Set-up	5.000 €					
6	2	Kalkulatorische Abschreibung auf	3	Jahre	138,89 €	138,89 €	138,89 €	
8	3	Monatliche Miete für die NL-Software			200,00 €	200,00 €	200,00 €	
10	4	Externe Redaktionskosten für den Newsletter			1.250,00 €	800,00 €	1.250,00 €	
11	5	Personalkosten für Redaktion des NL			2.500,00 €	2.500,00 €	2.500,00 €	
12	6	Zukauf von Content für den NL oder Generierung von Content für NL			800,00 €	2.400,00 €	1.200,00 €	
14	7	Summe Kosten			4.888,89 €	6.038,89 €	5.288,89 €	
16	8	Abonnenten Anzahl			22.112	22.245	23.011	
17	9	Entwicklung Abonnenten				0,60%	3,44%	
18	10	Abmelderate			1%	1,10%	0,90%	
19	11	Eindeutige Öffnungsrate			26%	28%	27%	
20	12	Anzahl der Öffner			5.749	6.229	6.213	
21	13	Klickrate			15%	16%	14%	
23	14	Anzahl der Interaktionen / Transaktionen			18	25	44	
24	15	-in % zu Öffner			0,31%	0,40%	0,71%	
26	16	**Kosten pro Interaktion / Transaktion**			**271,60 €**	**241,56 €**	**120,20 €**	
27	»	**KPI: Zielerreichung Kosten pro Interaktion / Transaktion (bei Ziel 230 €, dann sind 230 € = 100%)**			***81,9%***	***95,0%***	**147,7%**	
28	17	Besucher auf Zielseite gem. GA			862	995	869	
29	18	Durchschnittliche Verweildauer auf Zielseite in Sekunden			61	55	45	
31	19	Summe der auf der Zielseite verbrachten Sekunden			52582	54725	39105	
33	20	**Kosten pro konsumierter Minute**			**5,58 €**	**6,62 €**	**8,11 €**	

Tabelle 8.16: Vorschlag Executive-Reporting für Onlineshop-Newsletter

Die Tabelle steht als kostenloser Download zur Verfügung (siehe Suchmaschinenoptimierung (SEO)Abschnitt »Lese- und Arbeitsanleitung« auf Seite 17).

8.5.6.7 Zusammenfassendes Executive-Reporting

Mehrfach habe ich im Rahmen des Abschnitts »Das Controlling-Konzept als Bestandteil der Online-Marketing-Konzeption« angesprochen, dass Marketingverantwortliche sich nicht in Details verstricken sollten, sondern ihren Blick auf das Wesentliche richten müssen. In diesem Sinne habe ich mich bei meiner Skizzen für ein zusammenfassendes Reporting auf vier Kennzahlen pro eingesetzter Online-Marketing-Disziplin konzentriert. Das Wort »Skizze« habe ich in diesem Zusammenhang sehr bewusst gewählt. Denn am Ende des Tages ist jeder Fall anders gelagert und jedes Executive-Reporting wird sehr individuell sein. Diesbezüglich spielt nicht nur der individuelle Business Case eine Rolle, sondern auch die Vorlieben des Entscheiders in Bezug auf Detailtiefe und Reporting-Zyklus.

In der von mir bereitgestellten Tabelle finden Sie im letzten Reiter zwei Skizzen – eine für einen Onlineshop und eine für eine Webseite, deren Ziel die Lead-Generierung ist. Die folgende Abbildung zeigt die Skizze für das Executive-Reporting des Onlineshops. Anhand dieser Skizze möchte ich das Basisprinzip erläutern.

Auf der oberen Ebene des Executive-Reportings, der Zusammenfassung, werden nur vier wichtige Kennzahlen verankert. Diese vier Kennzahlen sollten nicht willkürlich gewählt sein, sondern einen Vergleich der eingesetzten Disziplinen miteinander ermöglichen. Zum zweiten sollte der jeweilige Erfolg in Relation zu den jeweiligen Kosten gesetzt werden. Nur so werden die Disziplinen untereinander wirklich auf einen Blick vergleichbar.

	A–G	H	I	J	K
1	Executive-Reporting Summary				
2	Beispiel Zusammenfassung für Onlineshop				
3		Monat 1	Monat 2	Monat 3	usw.
5	Zusammenfassung				
6	Umsatz	104.450,00 €	113.450,00 €	124.309,00 €	
7	Summe Kosten incl. Kosten für Retouren	36.494,46 €	35.797,76 €	41.145,68 €	
8	DB	58.155,54 €	65.577,24 €	71.804,07 €	
9	Veränderung in %		12,8%	9,5%	
10	DB pro 1 Euro Kosten nach Retouren	1,59 €	1,83 €	1,75 €	
11	KPI: Zielerreichung bei Vorgabe mindestens 1,80 €	88,53%	101,77%	96,95%	
13	Affiliate Marketing				
14	Direkte Umsätze und Wert der generierten Leads	34.200,00 €	34.750,00 €	40.504,00 €	
15	Summe Kosten	12.166,50 €	11.279,00 €	11.437,32 €	
16	Deckungsbeitrag	22.033,50 €	23.471,00 €	29.066,68 €	
17	Veränderung in %		6,5%	23,8%	
18	DB pro 1 Euro Gesamtkosten	1,81 €	2,08 €	2,54 €	
19	KPI: Zielerreichung DB pro 1 Euro Gesamtkosten (bei Ziel 1,90 € = 100%)	105%	90%	66%	
20					
21	Google Ads, ehemals AdWords				
22	Direkter Umsatz auf Basis von Google Ads	42.250,00 €	44.200,00 €	51.350,00 €	
23	Summe Kosten incl. Kosten für Retouren	14.399,07 €	13.008,67 €	18.788,67 €	
24	DB bereinigt um Retouren und Retourenkosten	27.850,93 €	31.191,33 €	32.561,33 €	
25	Verändrung in %		12,0%	4,4%	
26	DB pro 1 Euro Kosten nach Retouren	1,93 €	2,40 €	1,73 €	
27	KPI 3: Zielerreichung DB pro 1 Euro Kosten nach Retouren (bei Ziel 1,90 € = 100%)	109%	138%	96%	
28					
29	usw.				

Tabelle 8.17: Skizze eines zusammenfassenden Executive-Reportings für einen Onlineshop

In der Skizze für den Onlineshop habe ich mich für die Kennzahlen »Umsatz«, »Kosten« und »Deckungsbeitrag« entschieden. Die zentrale Kennzahl ist der »Deckungsbeitrag pro einem Euro Kosten nach Retouren«. Definiert man für diese Kennzahl ein Ziel, so wird daraus ein KPI. Der Grad der Zielerreichung kann dann in einer Zeile abgelesen werden, was in der obigen Skizze in den Zeilen 11, 19 und 27 ablesbar ist. Um sämtliche Irrtümer zu vermeiden, möchte ich an dieser Stelle nochmals darauf hinweisen, dass jeder Fall anders gelagert ist. Das führt natürlich gegebenenfalls auch zur Fokussierung auf völlig unterschiedliche Kennzahlen. Es geht mir an dieser Stelle um das Prinzip und die Systematik.

In meinem Beispiel habe ich die Daten für die Zusammenfassung aus den vorgelagerten Datenblättern der Tabelle entnommen. Die folgende Abbildung veranschaulicht dieses noch einmal.

Abbildung 8.14: Zusammenführung der Daten für das Executive-Reporting

Dabei ist die die Zusammenführung nicht ganz stringent, da im Vorschlag für das Affiliate-Marketing die Retouren nicht berücksichtigt sind. Da es mir aber primär auf die Vermittlung der Systematik und der Grundidee ankommt, kann dieses Detail vernachlässigt werden.

8.5.6.8 Empfehlungen für die Arbeit mit dem Executive-Reporting

Eine wirklich gute Online-Marketing-Konzeption verfügt über Mechanismen, die zu einer permanenten Verbesserung der Ergebnisse führen. Zu diesen Mechanismen zählen ein verlässliches Tracking und ein gutes Reporting. Ein permanenter Verbesserungsprozess wird jedoch nur dann stattfinden, wenn der Marketingverantwortliche mit den handelnden Akteuren regelmäßig[84] spricht. Diese Gespräche sollten zahlenorientiert und kritisch sein; im Sinne von Fördern und Fordern.

Meine Empfehlungen im Einzelnen:

- Der erste Schritt ist natürlich die Erstellung eines aussagefähigen Executive-Reportings, welches sodann die Grundlage für regelmäßige Review-Meetings mit den einzelnen Akteuren bildet. Im Abschnitt »Das Controlling-Konzept als Bestandteil der Online-Marketing-Konzeption« werden Anregungen für ein derartiges Reporting gegeben. In der bereitgestellten Tabelle finden Sie Skizzen für mögliche Reportings. Ihr Executive-Reporting wird aber individuell und auf Ihren besonderen Fall zugeschnitten sein. Wenn das Know-how zur Erstellung eines passenden Reportings in Ihrem Haus nicht vorliegt, nehmen Sie die Hilfe eines erfahrenen Beraters in Anspruch. Der Erfolg aller folgenden Schritte und Aktivitäten steht und fällt mit der Qualität des Executive-Reportings.

84 Regelmäßig kann je nach Einzelfall wöchentlich oder monatlich bedeuten.

- Controlling im Online-Marketing ist ein sehr dynamischer Prozess. Dennoch bietet sich aus Sicht eines Executives ein Top-down-Ansatz an. Ausgehend von der Zusammenfassung sollten die Ergebnisse der eingesetzten Teildisziplinen mit den jeweiligen Verantwortlichen regelmäßig besprochen werden. Ob dies wöchentlich oder monatlich stattfindet, hängt vom Einzelfall ab. Denkbar ist auch, mit wöchentlichen Meetings zu beginnen und dann die Zyklen sukzessive zu verlängern.

- Konzentrieren Sie sich bei den Besprechungen auf die Zahlen und lassen Sie sich nicht von bunten Präsentationen blenden oder Buzzwords ablenken. Leiten Sie das Gespräch immer wieder auf die Kennzahlen und KPIs.

- Geben Sie von Beginn an klare Ziele vor, überprüfen Sie die Ziele von Zeit zu Zeit und revidieren Sie diese gegebenenfalls. Die Ziele müssen realistisch und klar messbar sein, d. h. sie müssen bei guter operativer Arbeit erreichbar und anhand einer Kennzahl belegbar sein. Durch die Verknüpfung einer Kennzahl mit einem Ziel ergibt sich ein KPI. In vielen Fällen kann auch der Grad der Zielerreichung in Prozent ausgedrückt werden. Ein Beispiel: Ist als KPI definiert »Deckungsbeitrag pro 1 Euro Kosten mindestens 1,80 Euro«, so läge der Grad der Zielerreichung bei einem Ist-Wert von 1,89 Euro bei 105 Prozent.

- Wenn Sie über ein Buzzword stolpern oder den Eindruck erhalten, dass ein Buzzword von unterschiedlichen Akteuren unterschiedlich interpretiert wird, schaffen Sie vor dem weiteren Gesprächsverlauf unbedingt ein einheitliches Verständnis.

- Scheuen Sie sich nicht, unbequeme Fragen zu stellen. Fragen wie: »Was sind die Ursachen für die Zielverfehlung im letzten Monat?« oder »Was werden Ihre Maßnahmen sein, um im nächsten Monat das Ziel zu erreichen?« sind völlig legitim.

8.5.7 Werkzeuge für das Online-Marketing-Controlling

Um ein aussagefähiges Controlling und Reporting zur Steuerung der Online-Marketing-Aktivitäten initiieren zu können, wird eine entsprechende Software benötigt. Je nach Ausgangslage und Schwerpunkt der Online-Marketing-Konzeption müssen sogar mehrere Werkzeuge zum Einsatz kommen. Vom Grundsatz her kann man unterscheiden zwischen Werkzeugen für das Web-Controlling, das SEO-Controlling, das Social-Media-Controlling oder das Kampagnen-Controlling. Natürlich gibt es zwischen den einzelnen Softwaregattungen auch Überlappungen.

Beim Web-Controlling geht es primär um die Analyse des Verhaltens der Besucher einer Website. Web-Controlling umfasst allen Traffic einer Website. Hauptziel ist die Verbesserung der Website.

Beim SEO-Controlling geht es um das Controlling der Bemühungen um ein gutes Ranking in den Suchmaschinen (bzw. in Deutschland in der Suchmaschine Google). Es geht also primär um organischen Traffic und um Positionen auf der Search Engine Result Page (SERP) von Google. Hauptziel ist die Verbesserung der Ranking-Positionen in Google.

Beim Social-Media-Controlling geht es primär um das Monitoring und die Analyse von Meinungen und Äußerungen zum Unternehmen oder zu Marken des Unternehmens. Ferner geht es auch um die Erfolgsanalyse von Social-Media Aktivitäten.

Kampagnen-Controlling befasst sich primär mit bezahlten Werbemaßnahmen, deren Beziehung zueinander, deren Einfluss auf die Customer Journey und deren Beitrag auf die angestrebte Zielerreichung.

8.5.7.1 Web-Controlling

Für das Web-Controlling wird in Deutschland sehr häufig Google Analytics eingesetzt. Selbst namhafte große Konzernunternehmen setzen oft auf Google Analytics. Die Software ist kostenlos und bietet mittlerweile sehr differenzierte Analysemöglichkeiten. Teilweise kann Google Analytics auch für das Kampagnen-Controlling eingesetzt werde.

In der Praxis mache ich es häufig so, dass ich mit Google Analytics individualisierte Berichte erstelle, die ich mir wöchentlich oder in Einzelfällen auch täglich zumailen lasse. In Kombination mit dem Google Tag Manager[85] können Marketeers heute auch in Eigenregie komplexe Anforderungen des Web-Controllings bewerkstelligen. Sie sind nicht mehr von der IT-Abteilung abhängig (was im Kern der Grund für die Entwicklung des Google Tag Managers war). Im folgenden Screencast erläutere ich das Zusammenspiel zwischen Google Analytics und dem Google Tag Manager etwas anschaulicher:

---

85 Vgl. www.google.com/intl/de/tagmanager/

Servicelink: www.lammenett.de/471

Natürlich gibt es nicht nur Google Analytics. In der folgenden Auflistung finden Sie eine ganze Reihe von Analyseprogrammen, die teilweise deutlich über das Leistungsspektrum von Google Analytics hinausgehen oder aber spezielle Nischen bedienen.

- Die Econda GmbH ist ein spezialisierter Anbieter von Webcontrolling-Lösungen. Ursprünglich spezialisiert auf Lösungen für Betreiber von Internetshops: www.econda.de
- Die Etracker GmbH ist seit 2000 am Markt und hat laut eigenen Aussagen über 110.000 Kunden: www.etracker.de
- Webtrends ist der Pionier der Webcontrolling-Software. Mittlerweile entwickelt sich die Software in Richtung Marketing-Suite: www.webtrends.com
- Opentracker legt den Hauptfokus auf eine ansprechende und aussagefähige grafische Darstellung der Daten des Webcontrollings: www.opentracker.de
- WiredMinds ist eine Analyselösung der besonderen Art. Das Werkzeug ist vor allem für den B2B-Sektor interessant. Durch eine Verknüpfung mit einer umfassenden Firmendatenbank liefert die Software Firmenname, Postleitzahl, Ort, Land und Anzahl der Page Impressions der Besucher: www.wiredminds.de
- Webtrekk wurde 2004 in Berlin gegründet und hat mittlerweile Büros in China, Italien, den Niederlanden, Spanien und den USA. Das Unternehmen beschäftigt heute rund 130 Mitarbeiter: www.webtrekk.com/
- Ebenfalls aus Deutschland ist die Firma Mindlab: www.mindlab.de/

8.5.7.2 SEO-Controlling

In Bezug auf das SEO-Controlling möchte ich aus meinem Buch »Praxiswissen Online-Marketing[86]« zitieren: »Mit steigender betriebswirtschaftlicher Bedeutung einer guten Suchmaschinenoptimierung kamen auch immer mehr SEO-

---

[86] Lammenett, Praxiswissen Online-Marketing, Springer Gabler, 2015, Seite 198

Tools auf den Markt. Grundsätzlich kann man heute zwischen Software unterscheiden, die gekauft werden muss und dann auf dem PC installiert wird und browserbasierten Mietlösungen, die nach dem Modell »Software as a Service« (SaaS) vermarktet werden. Im Internet gibt es wahrscheinlich Hunderte Webseiten, die SEO-Tools verschiedenster Machart anpreisen. Daneben gibt es Werkzeugsammlungen, die im Grunde unter einer Oberfläche alles enthalten, was man zur Effizienzsteigerung seiner SEO-Arbeit braucht. Wer in Deutschland nach professionellen Tools für SEO sucht, wird schnell über die Searchmetrics-Suite, die Sistrix-Toolbox und die XOVI-Suite stolpern. Sistrix wurde 2004 gegründet und war in Deutschland Trendsetter und Innovator für webbasierte SEO-Software. Searchmetrics wurde 2007 von Marcus Tober zusammen mit dem Holtzbrinck eLAB als SEOmetrie GmbH gegründet. 2008 erfolgte die Umbenennung in Searchmetrics. Das Unternehmen hat mehrfach Venture Capital erhalten und bezeichnet sich selbst heute als Marktführer. XOVI wurde 2009 gegründet und war zunächst ein Me-too-Produkt, welches primär über den Preis in den Markt drängte. Doch spätestens seit dem Relaunch der neuen XOVI-Version 3.0 im Jahr 2014 hat sich das Unternehmen unter den SEO-Tools etablieren können. Die Version 3.0 wartet mit einer sehr guten Usability und etlichen innovativen Ideen auf und wurde mehrfach zum Preis-Leistungs-Sieger im Bereich Tool-Anbieter gekrönt.

Im Rahmen der Arbeiten für mein Buch »Praxiswissen Online-Marketing« ist eine Produktübersicht entstanden, die über 20 SEO-Tools gegenüberstellt.

Hier der Servicelink:

www.lammenett.de/POM6

8.5.7.3 Social-Media Monitoring & Social-Media Analytics

Für die automatisierte Erfassung und Auswertung von Social-Media-Daten gibt es ebenfalls spezielle Software. Ziel dieser Werkzeuge ist es, zu überwachen wie über ein bestimmtes Unternehmen oder eine Marke in den sozialen Medien gesprochen wird. Ferner können auch Vergleiche mit Mitbewerbern angestellt werden. Ähnliche Funktionen sind mittlerweile aber auch in den zuvor genannten SEO-Tools zu finden. Allerdings nicht in vergleichbarem Detailgrad. Auch das Management der Social-Media-Aktivitäten kann mit derartiger Software optimiert werden. Bekannte Vertreter dieser Softwaregattung sind Brandwatch (Monitoring) oder Hootsuite (Social-Media-Management und -Analytics).

8.5.7.4 Kampagnen-Controlling (Media-Controlling)

Eine größer angelegte Online-Marketing-Kampagne setzt sich meistens aus vielen Bausteinen zusammen. Beispielsweise werden gleichzeitig Anzeigen über einen Werbevermarkter geschaltet, es werden Anzeigen auf Facebook und über Google Display lanciert. Hinzu kommt Videowerbung und Google Ads. Nach einer Weile stellen sich die Fragen: Welche dieser vielen Kampagnenbausteine sind erfolgreich? Wo entstehen die niedrigsten Kosten für eine Zielerreichung? Wie auch immer Zielerreichung im jeweils individuellen Fall definiert ist.

Der Hintergrund dieser Fragen ist klar. Das zur Verfügung stehende Budget soll optimal eingesetzt werden. Weniger erfolgreiche Bausteine sollen nicht forciert werden. Erfolgreiche Bausteine im Sinne der Zielsetzung sollen ausgeweitet werden. Am Ende steht die Steigerung der Zielerreichung (bspw. ROI, Umsatz, Markenwert, Erweiterung der Distributionsflächen, etc.) mit dem gegebenen Media-Einsatz durch eine gesteigerte Effizienz der Media-Aktivitäten.
In vielen Unternehmen wird das Kampagnen- bzw. Media-Controlling über den AdServer der ausführenden Agentur gesteuert. Allerdings fehlen hier häufig wirklich aussagefähige Kennzahlen im Sinne eines »hart messbaren Ziels«. Sehr oft werden Kunden mit Kennzahlen wie »Impressions« und »Cost per View« abgespeist.

Eine Software, die sich exklusiv dem Kampagnen-Controlling verschrieben hat, ist mir in der jüngeren Vergangenheit nicht mehr untergekommen. Sicherlich verfügen einige High-End Tools aus dem Bereich Marketing-Automation über entsprechende Module. Vgl. Abschnitt 5.1.8 »Marketing-Automation«. Teilweise wird auch Web-Controlling Software für Zwecke des Kampagnen-Controllings eingesetzt. Das in Deutschland sehr beliebte Google Analytics erlaubt beispielsweise über die Anreicherung von Links und URLs mit sogenannten UTM-Tags das kampagnenspezifische Tracking über Google Analytics. Allerdings ist diese Alternative häufig nicht sehr verlässlich.

Bei einer großen Online-Marketing-Kampagne kann es enorm wichtig sein, Erkenntnisse über die Customer Journey zu erlangen. Ein Beispiel: Angenommen ein Kunde wird auf Ihre Website aufmerksam, indem er auf ein Werbebanner klickt. Er kehrt eine Woche später über eine Anzeige in einem sozialen Netzwerk zurück auf Ihre Webseite. Zwei Tage später kehrt er über eine Ihrer E-Mail-Kampagnen ein drittes Mal zurück. Einige Stunden später ruft er Ihre Website dann erneut über eine Google Ads Anzeige auf und erreicht eine Zielseite - beispielsweise die Danke-Seite Ihres Kontaktformulars (Conversion). Dieses Szenario wirft doch die Frage nach der Wertigkeit jedes einzelnen Touchpoints auf. Welcher Touchpoint (Banner, Anzeige in sozialem Netzwerk, E-Mail-Kampagne, Google Ads) war denn nun verantwortlich für die Conversion? Bzw. welcher Touchpoint hatte welchen Anteil am Erfolg?

Im Idealfall gibt ein Kampagnen-Controlling auch Antworten auf derartige Fragen. Eine gute Kampagnen-Controlling Software sollte daher Conversions nach unterschiedlichen Attributionsmodellen bewerten können. Attributionsmodelle bestimmen die Methode für die Verteilung von Werten auf eine Conversion innerhalb aller Aktivitäten in einem Conversion-Trichter. Sehr häufig wird als Standard das sogenannte Last-Click Modell verwendet. Beim Last-Click Modell erhält der letzte Touchpoint 100 Prozent. Bei größeren Kampagnen sind aber eher andere Modelle empfehlenswert. Denn oft ist es bei großen Kampagnen so, dass bestimmte Bausteine eine Conversion vorbereiten. Ohne diese Vorbereitung würde eine Conversion gar nicht stattfinden. Würde die Kampagne nur nach dem Last-Click Modell bewertet, würde sie schlussendlich scheitern. Die vorbereitenden Maßnahmen würden aufgrund der Beurteilung nach Last-Click ja wegen Erfolglosigkeit abgeschaltet. Ohne die vorbereitenden Maßnahmen gäbe es aber in Summe viel weniger Conversions.

Theoretisch sind bei der Entwicklung von Attributionsmodellen keine Grenzen gesetzt. Jedenfalls nicht, wenn die Software Ihre Ideen dazu abbilden kann. Bekannte Modelle sind das Lineare- oder Even-Credit-Modell. Bei linearen Modellen wird allen vorbereitenden Klicks der gleiche Beitrag zugesprochen. Auch das Zuordnungsmodell Positionsbasiert wird häufiger verwendet. Hierbei wird dem ersten und letzten Touchpoint jeweils 40 Prozent zugeordnet, während die verbleibenden 20 Prozent gleichmäßig auf die dazwischenliegenden Interaktionen verteilt werden.

Welches Modell für welche Kampagne »das richtige« ist, kommt stark auf den Einzelfall an. Eine Pauschalisierung ist an dieser Stelle nicht sinnvoll.

9 Fazit

Online-Marketing ist komplex und vielschichtig. Es unterliegt ständigen Änderungsprozessen. Gleichzeitig werden die Zyklen, in denen Neuerungen etablierte Verfahren infrage stellen, immer kürzer. Es ist daher schwierig, Online-Marketing zielführend und gewinnbringend einzusetzen. Es lauern viele Risiken und Fallstricke. Gerade in der heutigen Zeit ist deshalb ein durchdachtes und strukturiertes Online-Marketing-Konzept ein wesentlicher Erfolgsfaktor. Es gibt viele Beispiele aus der jüngeren Vergangenheit, die gezeigt haben, dass blinder Aktionismus im Online-Marketing wenig erfreuliche Ergebnisse liefert (um es diplomatisch auszudrücken).

In diesem Buch erhält der Leser viele Anregungen und Beispiele für eine strukturierte Herangehensweise an die Planung und Steuerung von Online-Marketing-Aktivitäten. Ein strukturierter, konzeptionell durchdachter Ansatz hat gegenüber Ad-hoc-Aktionen und weniger strukturierten Herangehensweisen große wirtschaftliche Vorteile. Heute führen viele Unternehmen bereits Online-Marketing-Maßnahmen durch. Fast alle Unternehmen erheben Daten über ein Webanalysewerkzeug. Sehr häufig ist dies Google Analytics. Aber wie viele Unternehmen arbeiten wirklich mit diesen Daten? Wie viele Unternehmen stellen sich bereits bei der Planung von Aktivitäten die Frage nach den relevanten KPIs? Meiner Beobachtung nach gibt es in Deutschland diesbezüglich viel aufzuholen. Insbesondere, da in einigen Teildisziplinen aufgrund des Konkurrenzdrucks die Preise in Regionen entschwunden sind, die ein genaues Hinsehen zwingend erforderlich machen. Mit meinem Buch möchte ich das Bewusstsein dafür wecken und Lösungsansätze aufzeigen. Gleichzeitig möchte ich für Chancen auf der Basis aktueller Entwicklungen sensibilisieren.

In diesem Sinne wünsche ich viel Spaß und Erfolg bei Ihrer Online-Marketing-Arbeit.

P.S.: Ich bin zwar Doktor. Aber nicht Doktor Allwissend. Auch nach 25 Jahren im Internetgeschäft bin ich dankbar und froh für Anregungen, Kritik und Hinweise auf Verbesserungspotenzial. Mein Buch soll lebendig sein und sich ständig weiterentwickeln. Gerne nehme ich Ihre Hinweise auf. Über www.lammenett.de erhalten Sie Kontakt zu mir.

A Der Autor stellt sich vor

Meine Studienschwerpunkte waren Marketing und Informationstechnologie. Studiert habe ich in Aachen, Coventry, Toronto und Bratislava.

Nach dem Studium arbeitete ich zunächst als Prozessoptimierer und Cost-Cutter in großen Sanierungsprojekten in verschiedenen Ländern Europas. 1994 gründete ich ein Beratungsunternehmen und 1995 mit einem Partner eine Internetagentur. Fast 20 Jahre war ich als Geschäftsführer der Internetagentur tätig. 2014 verkaufte ich meine Agentur. Aktuell arbeite ich freiberuflich als Berater (www.lammenett.de). Dabei verstehe ich mich primär als **Marketing-Problemlöser** der zielorientierte Strategien und Konzepte für seine Kunden entwickelt. Als Internet-Kenner der ersten Stunde verfüge ich mit mehr als 25 Jahren Berufspraxis über einen Erfahrungsschatz wie kaum ein anderer deutscher Berater. Mein Buch »Praxiswissen Online-Marketing«, das inzwischen in der 7. Auflage erhältlich ist, hat sich zum Standardwerk entwickelt und zählt auf Springer-Link mit allen Auflagen aktuell mehr als 1 Million Downloads.

Engagements

Von 1997 bis 2012 war ich Mitglied im Bundesverband Deutscher Unternehmensberater e. V., wo ich von 1999 bis Ende 2002 den Fachverband E-Business leitete. Von 2005 bis 2007 war ich als Lehrbeauftragter der Fachhochschule Aachen aktiv. Von 2011 bis 2015 war ich Mitglied im Praxisbeirat der Fachhochschule Düsseldorf, Fachbereich Medien und von 2015 bis Anfang 2020 Aufsichtsratsvorsitzender der +Pluswerk AG.

Neben meinen eigenen Projekten unterstütze ich seit Mitte 2019 auch die Agentur für Fundraising und Kommunikation GRÜN alpha bei der Konzeption, Entwicklung und dem Controlling von digitalen Marketing-Maßnahmen für deren Kunden. Die beiden dortigen Geschäftsführer sind alte Weggefährten, noch aus Zeiten des Internethypes um die Jahrtausendwende. Joachim Sina war mein Partner, als wir 1995 eine Internetagentur gründeten. Nun hat uns das digitale Marketing wieder zusammengeführt.

In Kontakt bleiben: Newsletter und YouTube-Kanal

Natürlich freue ich mich, wenn wir in Kontakt bleiben und Sie meinen Newsletter und/oder meinen YouTube Kanal abonnieren:

https://www.lammenett.de/danke-dass-du-dich-fuer-meinen-newsletter-interessierst

https://www.youtube.com/c/LammenettKlartext

B Mehr Literatur von Erwin Lammenett

Influencer-Marketing, bzw. Social-Influencer-Marketing ist derzeit das Trend-Thema schlechthin. Viele Unternehmen beschäftigen sich bereits mit dem Thema und lassen Botschaften von Meinungsmachern aus dem Social Web verbreiten. Viele tragen sich mit dem Gedanken, ins Thema »Influencer-Marketing« einzusteigen und richten eigene Budgets dafür ein. Der theoretische Vorteil liegt auf der Hand: Die Glaubwürdigkeit eines Dritten ist im Vergleich zu anderen Marketing-Maßnahmen kaum zu schlagen. Schon längst ist wissenschaftlich erwiesen, dass die Meinung eines Freundes oder Bekannten den Verkaufsprozess mehr beeinflusst als der beste TV-Werbespot. Doch der Markt für Influencer-Marketing ist noch sehr jung, nicht wirklich strukturiert, undurchsichtig und noch lange nicht verteilt. Transparenz und etablierte Standards gibt es nicht. Gleichzeitig gewinnt er aber rasant an Bedeutung. Diese Mischung ist gefährlich für Werbetreibende. Sie verleitet zu Aktionismus. Unternehmen, die aktionistisch in Influencer-Marketing investieren und dabei die Mechanismen, Gepflogenheiten und Vorgehensmodelle nicht wirklich kennen, werden nicht nur umsonst Geld ausgeben, sondern können auch ihrem Marken-Image im Netz erheblichen Schaden zufügen. Dieses Buch ist ein guter Startpunkt für den strukturierten Einstieg. Denn für viele Unternehmen und Marken wird es tatsächlich Zeit, sich mit den Chancen, Risiken und Mechanismen von Influencer-Marketing zu beschäftigen und eine eigene Strategie zu entwickeln.

Pressestimmen zur ersten Auflage dieses Werkes

Fundraising-Magazin 5/2017: Anhand von Fallbeispielen mit konkreten Zahlen wird aufgezeigt, was es alles für ein gutes Konzept braucht und welche Software zur Unterstützung existiert. Ein gesondertes Kapitel widmet sich den Entwicklungen des Online-Marketings im Allgemeinen. Und wie bereits in anderen Büchern von Erwin Lammenett weisen auch hier diverse Service-Links auf weitergehendes Material im Internet.

PR-Journal, 9/2017: Lammenett gelingt in dem kompakten Handbuch ein solider Rundumschlag. Er ordnet Begrifflichkeiten ein, gibt Anleitungen zur Entwicklung eines eigenen Influencer-Marketing-Konzeptes inkl. Tipps, Checklisten und Worksheets. Zudem zeigt er Querverbindungen zu anderen Disziplinen des Online Marketings auf. Newswert bot für mich vor allem das Kapitel über Software zur Unterstützung von Social-Influencer-Marketing.

Praxiswissen Online-Marketing ist mittlerweile ein Standardwerk in Deutschland und sollte im Bücherregal eines jeden Marketeers stehen, der sich mit dem Thema fundiert beschäftigen möchte. Vor dreizehn Jahren erschien die erste Auflage.

Die siebte Auflage ist im März 2019 erscheinen. Sie wurde vollständig überarbeitet und erweitert. Neu hinzugekommen sind beispielsweise das Kapitel über Performance-Marketing mit Videos und das Kapitel Influencer-Marketing. Ferner eine Softwarevorstellung für die Unterstützung von Content-Marketing. Weitere Übersichten, etwa für SEO-Tools und E-Mail-Marketing-Tools, wurden ebenfalls aktualisiert. Wichtige neue Entwicklungen in allen Teildisziplinen des Online-Marketings wurden erörtert. Auch wurden die dynamischen Inhalte (Servicelinks) aktualisiert. Das Buch erscheint im renommierten Gabler/Springer Verlag und hat über die Jahre viele Auszeichnungen erhalten.

C Stichwortverzeichnis

E

F

G

H

I

K

D Abbildungsverzeichnis

E Tabellenverzeichnis

Printed in Poland
by Amazon Fulfillment
Poland Sp. z o.o., Wrocław

68017420R00181

Printed in Poland
by Amazon Fulfillment
Poland Sp. z o.o., Wrocław

68017420R00181